权威·前沿·原创

皮书系列为
"十二五""十三五"国家重点图书出版规划项目

BLUE BOOK

智库成果出版与传播平台

北京蓝皮书
BLUE BOOK OF BEIJING

北京文化发展报告（2020~2021）

ANNUAL REPORT ON CULTURAL DEVELOPMENT OF BEIJING(2020-2021)

北京市社会科学院
主　编 / 贾旭东
执行副主编 / 黄仲山
副主编 / 王林生　陈　镭

社会科学文献出版社
SOCIAL SCIENCES ACADEMIC PRESS (CHINA)

图书在版编目(CIP)数据

北京文化发展报告.2020-2021/贾旭东主编.--
北京：社会科学文献出版社，2021.8
（北京蓝皮书）
ISBN 978-7-5201-8640-7

Ⅰ.①北… Ⅱ.①贾… Ⅲ.①文化发展-研究报告-
北京-2020-2021 Ⅳ.①G127.1

中国版本图书馆CIP数据核字（2021）第137452号

北京蓝皮书
北京文化发展报告（2020~2021）

主　　编 / 贾旭东
执行副主编 / 黄仲山
副 主 编 / 王林生　陈　镭

出 版 人 / 王利民
责任编辑 / 王　展

出　　版 / 社会科学文献出版社·皮书出版分社（010）59367127
　　　　　　地址：北京市北三环中路甲29号院华龙大厦　邮编：100029
　　　　　　网址：www.ssap.com.cn
发　　行 / 市场营销中心（010）59367081　59367083
印　　装 / 天津千鹤文化传播有限公司
规　　格 / 开　本：787mm×1092mm　1/16
　　　　　　印　张：24.75　字　数：371千字
版　　次 / 2021年8月第1版　2021年8月第1次印刷
书　　号 / ISBN 978-7-5201-8640-7
定　　价 / 128.00元

本书如有印装质量问题，请与读者服务中心（010-59367028）联系

▲ 版权所有 翻印必究

北京市社会科学院系列皮书
编辑工作委员会

主　　任：唐立军
副 主 任：鲁　亚　田淑芳　赵　弘　杨　奎
成　　员：唐立军　鲁　亚　田淑芳　赵　弘　杨　奎
　　　　　谭日辉　袁振龙　朱霞辉　安红霞　贾旭东
　　　　　杨　松　包路芳　施昌奎　刘　波　尤国珍
　　　　　刘仲华　马一德　孙　伟　陆小成　郭万超
　　　　　唐　鑫　常越男

本卷各专题主持人或参与撰稿人

安　静	陈国战	陈红玉	陈　镭	陈　文
程婧瑶	葛　菲	韩紫潋	何　群	胡　娜
黄晓丰	黄仲山	姜　茜	荆艳峰	景俊美
李重蓉	李　慧	廖　旻	刘　瑾	刘　敏
梅　松	藤依舒	王林生	王　鹏	王若惜
王淑娇	王文超	吴国保	奚大龙	晏　晨
杨京晶	尤　阳	岳　勇	张洪亮	张　凯
张　丽	郑伯全	郑　妍	郑以然	曾钦筠
朱　玲				

主要编撰者简介

贾旭东 中国传媒大学文化产业管理学院教授，博士生导师，文化和旅游部"十四五"规划专家委员会委员，文化产业促进法立法研究与服务课题组组长，曾任全国人大公共文化服务保障法立法专家咨询组成员、第三届国家公共文化服务体系建设专家委员会委员、北京市"十三五"规划编制专家咨询委员会委员，从事文化产业政策与法律、文化发展理论与实践、文化经济学研究。政策研究的主要贡献领域为文化产业促进法立法、城乡居民文化消费政策设计、革命文物保护利用片区划分与分县名单编制、人口老龄化的文化应对等。代表作有《利己与利他——"亚当·斯密问题"的人学解析》、《文化发展的理论与政策：基于文化竞争的战略研究》、《人口老龄化与文化发展研究》（课题组长）、《经济全球化背景下的中国文化产业政策及其影响》、《文化产业金融政策研究》和关于文化产业促进法的论文，主编《文化发展研究》。

黄仲山 文学博士，北京市社会科学院文化研究所副所长、副研究员，北京市文艺学会副会长，主要从事文艺理论、文化理论和首都文化发展研究。在《山东大学学报》《北京社会科学》《浙江学刊》《光明日报》等报章杂志发表各类论文100余篇。主持国家社会科学基金项目1项、北京市社会科学基金项目1项。参与编写《中国文学年鉴》《北京文化发展报告》《北京网络文化发展报告》等。

王林生 博士，北京市社会科学院文化研究所副研究员，研究方向为创意城市、文化产业。在各类报章杂志发表论文或评论近百篇，多篇文章被《新华文摘》、人大《复印报刊资料》全文转载。出版专著《拓展业态的边界：文化产业的转型升级与跨界融合》《图像与观者：论约翰·伯格的艺术理论及意义》，《联合国教科文组织（中国）创意城市发展报告》《深圳建设中国特色社会主义先行示范区文化短板突破研究》等各类研究主笔。

陈 镭 北京师范大学博士，北京市社会科学院博士后，北京市社会科学院文化研究所助理研究员，首都文化研究中心专职研究员，北京市文艺学会秘书长。主要从事文艺理论、文化理论、城市文化研究，出版《文化资本与北京文化创意产业》等专著。

摘 要

《北京文化发展报告（2020~2021）》是以北京市社会科学院文化研究所科研人员为核心编写团队，以习近平新时代中国特色社会主义思想、习近平总书记视察北京讲话为指引，以北京市委市政府关于北京文化发展建设的方针政策为指导，结合北京文化建设实际以及"十四五"时期文化发展重点目标，协同社会各界专家学者共同撰写的关于北京市文化发展分析与研究的年度报告。

本书系统回顾2020年北京市文化发展的总体形势与整体状况，对2020年文化发展与建设的新进展、新成就与新动态等进行分析。本报告坚持全面呈现与突出重点相统一的原则，聚焦北京文化发展全局中核心领域的关键性问题，通过数据挖掘、案例分析、横向比较等方法，重点考察北京市文化发展的现状、不足及其成因，并在此基础上提出具有针对性与可行性的对策建议。

本书分为总报告和分报告。总报告分为四个部分，第一部分对2020年北京文化发展整体态势与文化相关指数进行分析；第二部分总结盘点2020年北京文化各领域发展状况与动态；第三部分回顾北京文化发展"十三五"成就，展望"十四五"规划蓝图；第四部分关注2020年北京文化建设中存在的问题，并提出相应的发展建议。

分报告有文化建设与文化发展战略、文化基础设施与公共文化服务体系、文化产业与文化经济、文化遗产保护与文化交流传播四个板块。各个分报告关注北京文化战略与政策、公共文化服务体系、文化产业、文化遗产保

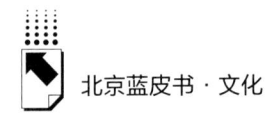

护与文化交流传播，涉及文化产业园区建设、城市创新发展、京津冀文化协同发展、城市副中心文化建设、市民文化活动、公共文化服务效能提升、文化财政金融、动漫游戏产业、网红打卡地、文化消费、胡同治理、文化旅游、历史文化名城、三条文化带、非遗传承等重点与热点问题，既有从宏观角度对北京文化发展全局的系统性分析，也有针对文化发展具体领域的细致研究，并且结合问题提出了切实可行的对策建议。

关键词： 文化建设　公共文化服务　文化产业　文化遗产保护　北京

目 录

Ⅰ 总报告

B.1 把握机遇、迎接挑战，稳步推进全国文化中心建设 …… 黄仲山 / 001
    一 2020年北京文化发展整体态势与指数分析 ………………… / 003
    二 2020年北京文化各领域发展状况与动态 ………………… / 015
    三 北京文化发展"十三五"答卷与"十四五"蓝图 …… / 032
    四 北京文化建设中存在的问题与建议 ……………………… / 038

Ⅱ 文化建设与文化发展战略

B.2 北京市文化经济政策评估及制度体系建设（2006~2019）
    …………………………………… 王 鹏 郑 妍 郑伯全 / 046
B.3 《北京市文化产业园区建设发展导则》研究
    …………………………………… 梅 松 廖 旻 奚大龙 / 063
B.4 2020年北京城市创新发展及其应对思考 …………… 陈红玉 / 075
B.5 2020年京津冀文化协同发展现状、特点、问题及对策
    …………………………………………………… 安 静 姜 茜 / 089
B.6 2020年北京城市副中心文化建设新进展 …………… 王文超 / 103

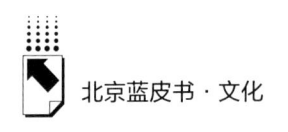

Ⅲ 文化基础设施与公共文化服务体系

B.7 2020年北京公共文化服务发展报告 ………………… 张　凯 / 116

B.8 2020年北京市公共文化服务效能提升进展及相关对策
　　………………………………………………………… 杨京晶 / 129

B.9 2020年北京图书馆事业发展报告
　　………………………………………… 藤依舒　朱　玲　黄晓丰 / 139

B.10 2020年北京基层公共文化空间拓展报告 …………… 陈　镭 / 153

B.11 2020年北京博物馆发展报告 ………………………… 李重蓉 / 164

Ⅳ 文化产业与文化经济

B.12 2020年北京文化财政金融的创新、问题与对策
　　………………………………………… 何　群　曾钦筠　王若惜 / 177

B.13 2020年新冠肺炎疫情下北京文化旅游发展报告
　　………………………………………… 荆艳峰　刘　敏　韩紫潋 / 192

B.14 2020年北京网红打卡地发展报告
　　………………………………………… 陈国战　郑以然　尤　阳 / 215

B.15 2020年北京市动漫游戏产业发展报告 ……………… 刘　瑾 / 232

B.16 2020年北京文化消费发展报告 ……………………… 张洪亮 / 244

B.17 后疫情时代北京演艺行业的探索突破、特征趋势
　　与生态体系建构 ……………………………………… 胡　娜 / 259

B.18 "十四五"时期北京市文化产业布局优化和功能提升研究
　　………………………………………………… 刘　敏　程婧瑶 / 268

Ⅴ 文化遗产保护与文化交流传播

B.19 2020年北京历史文化名城保护新进展 ………………… 晏　晨 / 283
B.20 2020年北京文化传播分析报告 ………………… 景俊美　吴国保 / 296
B.21 2020年北京非物质文化遗产保护与传承报告 ………… 黄仲山 / 307
B.22 2020年北京胡同治理现状及对策分析报告 …………… 王淑娇 / 324
B.23 首都新发展阶段推动"三条文化带"的保护与建设研究
　　　　………………………………………………………… 王林生 / 336
B.24 京郊民宿推动北京乡村文化振兴分析 ………………… 张　丽 / 346

Abstract …………………………………………………………… / 356
Contents …………………………………………………………… / 358

总报告
General Report

B.1
把握机遇、迎接挑战，稳步推进全国文化中心建设

黄仲山[*]

摘 要： 2020年，全球新冠肺炎大流行作为最大的黑天鹅事件，对社会各行业发展都产生了巨大的影响。北京文化几乎全领域、全行业都受到疫情波及，文化产业、文化旅游等在上半年同比下降明显，公共文化服务和文化遗产保护相关的文化活动、基建工程、项目运营、转轨改制等进度缓慢甚至停滞，在这种情形下，北京市及时出台一系列政策措施，稳定了局势，将疫情对文化发展带来的影响降至最低。随着下半年疫情得到有效防控，社会各领域都按下了"复苏键"，文化发展也迎来强劲反弹，公共文化场馆限流开放，文化产业各要素顺畅流通，文化活动逐步回温，文化项目、文化基建开始

---

[*] 黄仲山，北京市社会科学院文化研究所副所长、副研究员，主要从事文化理论和文学理论研究。

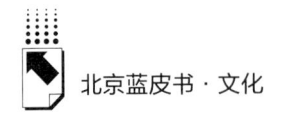

重启，体制机制改革的步伐加快。由于政策扶持干预和市场需求反弹双重因素作用，文化行业全年总体呈现局部收缩、整体微增的发展态势。

本报告针对北京文化未来发展的主要预测与建议如下。北京各区文化产业发展水平差距明显，随着北京城市转型发展和产业布局调整，可以预测"十四五"时期，北京各区文化产业的发展格局将是通州区、石景山区东西两翼齐飞，海淀区、朝阳区双峰并峙，东城区、西城区、丰台区整体比重稳中略降，近郊远郊仍是文化产业发展洼地，但怀柔区将形成文化产业新的增长极。2020年北京文化产业在内容生产领域逆势上扬，而内容生产一直是文化产业发展的主要瓶颈，相对于渠道、终端等领域的下降趋势，文化产业一定程度上实现了结构调整，蓄积了新一轮增长的势能，未来一两年如果政策和市场平稳运行，文化产业应该能迎来较大幅度的增长。应充分把握北京全国文化中心与科技创新中心两个定位的关系，文化相关产业要稳定地产生增量，最关键的是与科技融合，发展包括数字文化在内的新业态。

关键词： 新冠肺炎疫情　全国文化中心　首都文化　文化产业

2020年是机遇与挑战并存的一年，新冠肺炎疫情席卷全球，北京文化发展遭遇严酷的外部环境，内在结构也面临许多问题和障碍，但在长期发展强大势能的牵引下以及文化行业迎难而上的决心催动下，文化各领域走出强劲的复苏曲线，展示出强大的动力、十足的韧性与鲜活的生命力。2020年是北京文化面向新时代转型发展的关键节点，也是极不寻常的一年，发展过程总是暗流涌动，在全国文化中心建设的时代棋局中，挫折与挑战频繁出现,但最终无法阻止社会文化发展奔涌向前。综观北京全年的文化发展,虽然因疫情影响活跃性受限,但仍然亮点颇多,惊喜连连:中轴线景观亮出来,非遗直播火起来,网红打卡地榜单排出来,开往春天的列车通起来,北京这座举世闻名的古都,文化在历史传统与现代生活间完美融合,面对新时代愈发生机勃勃,愈加活色生香。

一 2020年北京文化发展整体态势与指数分析

2020年,北京文化发展因特殊的外部环境与内部动因呈现与往年不同的特点,其中最大的影响因素是新冠肺炎疫情,几乎波及文化各个领域,给文化发展带来巨大挑战,但由于发展惯性和政策支撑,许多机遇同样存在。2020年北京文化建设整体态势以及各领域发展状况呈现行业局部收缩、整体微增的情形,以及上半年发展遇阻、下半年明显反弹的趋势,这与社会其他行业发展状况是基本一致的。

(一)2020年北京文化发展全景扫描

2020年可谓文化发展建设工作波澜起伏的一年。开年之初,新冠肺炎疫情突如其来,文化建设的节奏步伐受到严重干扰,很多文化窗口行业处于停滞状态,收入锐减。以文化旅游为例,一季度旅游区收入4.84亿元,同比下降幅度为70.2%,说明疫情对许多依赖人流消费的文化业态打击巨大。文化生产消费环节也受到疫情干扰,一季度文化产业消费出现明显下滑,同比下降8%,全年人均教育文化娱乐支出同比下降36.2%,可以说,疫情对文化发展的影响几乎是全领域的。

在疫情防控背景下,北京市迅速调整政策,第一时间出台纾困惠企系列政策,其中包括针对文化企业的优惠政策,主要围绕保障文化产业正常运营,确保重要的公共文化服务建设项目不断线脱节而展开。其中最重要、最具针对性的是2020年2月19日出台的《关于应对新冠肺炎疫情影响促进文化企业健康发展的若干措施》(简称"北京文化28条"),帮助文化行业有效抵御疫情的冲击。该文件精准应对疫情条件下文化企业遇到的具体问题和实际难题，提出房租、税费等减免优惠，对重点行业企业进行资金补贴和政策扶助，多渠道提供金融服务，支持抗疫主题文艺作品创作生产，推动网络数字文化新业态发展，简化文化类政务服务流程等措施。28条措施涉及财政资金超过15亿元，扶持范围覆盖内容生产、实体书店、会展活动筹备、"投贷奖"和"房租通"等各方面，每一条具体的措施背后，都有强力的资金和财政政策支撑，确保这些措施能够高效率推进。综合2020年行业支出实际情况来看，北京全年市级一般公共预算支出2948亿元，其中文化旅游体育与传媒支出100.1亿元。受疫情影响，一些与文化相关的支出项目无法推动，文物修缮、"投贷奖"等项目未能按计划完成实施，支出相应减少，但其中部分新增支出用于扶持实体书店、电影等行业，帮助相关文化企业渡过难关。

此外，文化部门印发一系列行业指引性文件，加强文化和旅游行业疫情防控管理，如《新冠肺炎流行期间北京市演出场所防控指引》《新冠肺炎流行期间北京市互联网上网服务营业场所防控指引》《新冠肺炎流行期间北京市娱乐场所防控指引》《新冠肺炎流行期间北京市等级旅游景区防控指引》等文件，规范行业内疫情防控标准，落实相关防控措施。北京文化业态严格遵循疫情防控指引规程，阶段性地推进停工限流、复工复产等措施，文化各行业领域的秩序有条不紊，疫情对行业带来的伤害被控制在最小范围。

随着统筹推进疫情防控工作取得显著成效，社会经济克服疫情影响强势复苏，各文化和旅游场所陆续有限开放，迎来消费客流。文化产业受专门政策的扶持，开始走出一波强劲的反弹曲线，北京市文化发展与建设全面走上正轨，并在全年范围内形成一定的增长，规模以上文化产业收入同比小幅增长0.9%。上半年线下公共领域的宣传、展销等活动受到限制而大大减少，但也推动线上活动大大增加，多场重量级文化展会、交易会采用线上举办方式，如第四届中国"网络文学+"大会、第26届北京电视节目交易会等都是在线上举办的，取得了良好的传播效果。随着疫情得到有效控制，下半年线下各项活动开始发力，而且线上线下结合成为文化活动新模式。公共文化基础设施继续施工，文化产业的生产环节运转正常，消费环节逐步打通，文化新业态发展态势向好，数字新媒体文化等新兴产业逆势上扬，成为本年度最受关注、发展最为迅猛的领域。文化遗产保护各项工程全面启动，不少老字号企业站在文化抗疫一线，取得口碑和效益双丰收。文化旅游业经过上半年的停滞，下半年开始逐渐回暖，并借助国庆长假的契机渐入佳境。依托媒体发展优势，借助媒体融合成果，北京文化传播继续拓宽渠道、丰富内容、提升效率，传递大国首都文化形象，弘扬中华优秀传统文化，讲好北京历史故事，传承时代精神，提升了北京在国内外的文化形象。

（二）2020年北京与国内外重要城市文化相关发展指数比较分析

北京立足全国文化中心建设，文化资源和文化各项发展数据在国内城市中长期处于领先地位；北京在国际上又代表着东方大国的文化形象，在世界城市中占据举足轻重的位置。文化发展建设不仅与国内外城市紧密关联，其发展成就也需要放在国内外城市发展坐标体系中进行比较、分析、验证，从而在一个更大的视野中找准定位，发现不足，推动北京文化向纵深发展、与世界对话，促进城市文化竞争力不断提升，文化软实力不断增强。

国内外众多研究机构和团队每年都发布多个城市发展指数排名榜单，其中涉及文化的榜单也有不少，本文从指数排名的科学性、可信度和文化关联度出发，列举几种榜单进行分析，从中大致了解北京文化发展在国内外城市中的位置。

文化发展与城市整体发展势头、综合实力密切相关，城市发展势头迅猛，综合实力强，可以投入更多资源开展文化建设，吸引优质文化项目和人才等要素进入城市，文化产业的发展因此产生积聚效应，文化软实力才有可能占据高位。北京经过平稳发展，多项指标排名快速提升，至2020年已经位居世界前列。根据国际管理咨询公司科尔尼发布的《2020全球城市指数报告》，北京在全球城市综合排名中取得历史性突破，占据第 5 位，比上一年度上升 4 位（2019 年北京的排名是第九位），前 4 位城市依次是纽约、伦敦、巴黎和东京（见表 1），这说明北京已位居世界最具竞争力和最具发展潜力的城市之列。报告中解释了北京综合排名提高的原因，重点提到几个方面，除了商业活动指数排名较高、新的独角兽公司表现亮眼，另外一个重要因素是北京文化中心地位的提升，可见文化对于北京发展的重要作用。文化成为这座城市发展指数和竞争力排名的拉动因素，已经引起国内外研究者的广泛关注。

表 1　2015～2020 年全球城市综合排名

城　市	2020 年	2019 年	2018 年	2017 年	2016 年	2015 年
纽　约	1	1	1	1	2	1
伦　敦	2	2	2	2	1	2
巴　黎	3	3	3	3	3	3
东　京	4	4	4	4	4	4
北　京	5	9	9	9	9	9
香　港	6	5	5	5	5	5
洛杉矶	7	7	6	8	6	6
芝加哥	8	8	8	7	7	7
新加坡	9	6	7	6	8	8
华盛顿	10	10	11	10	10	10
上　海	12	19	19	19	20	21

资料来源：国际管理咨询公司科尔尼 2020 年发布的《2020 全球城市指数报告》。

另一个比较权威的城市竞争力排名榜单是由中国社会科学院财经战略研究院倪鹏飞博士牵头的团队发布的，主要包括城市综合经济竞争力和可持续竞争力指数等。根据 2020 年发布的《中国城市竞争力报告 No.18》，北京综合经济竞争力指数为 0.894，在深圳、香港、上海之后，位列第 4，相对于 2015 年，排名上升 1 位（见表 2）。可持续竞争力指数为 0.727，在香港、深圳、台北、上海之后位列第五，近几年排名基本保持稳定。北京两项竞争力指数在国内城市排名中都位居前列，而与国际主要城市相比则存在差距。根据倪鹏飞团队所在的中国社会科学院财经战略研究院与联合国人居署共同发布的《全球城市竞争力报告2020~2021》，北京经济竞争力指数为0.860，排第21位，可持续竞争力指数为0.692，排第47位（见表3）。中国城市中北京排在深圳、香港、上海之后，这说明北京尚有较大提升空间。《中国城市竞争力报告No.18》《全球城市竞争力报告2020~2021》两份报告，都充分考虑了文化方面的要素，明确将历史文化指数作为一项重要指标。在后一份报告中，针对全球城市进行监测的联合国可持续发展目标（SDGs）提到历史文化指数、文化设施指数，可持续城市和社会目标（SDG11）则包含遗产保护这一要素，因此这两份榜单所显示的国际、国内城市经济竞争力与可持续竞争力排名，可以作为北京文化发展指数的重要参考。

表2 2020年国内主要城市综合经济竞争力和可持续竞争力指数排名

城　市	综合经济竞争力		可持续竞争力	
	指数	排名	指数	排名
深　圳	1.000	1	0.901	2
香　港	0.982	2	1.000	1
上　海	0.975	3	0.765	4
北　京	0.894	4	0.727	5
广　州	0.825	5	0.685	6
苏　州	0.749	6	0.656	7
台　北	0.743	7	0.815	3
南　京	0.708	8	0.630	8
武　汉	0.704	9	0.601	10
无　锡	0.700	10	0.597	11

资料来源：中国社会科学院与经济日报社于2020年10月22日共同发布的《中国城市竞争力报告No.18》。

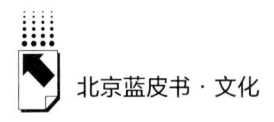

表3 2020~2021年国际主要城市经济竞争力和可持续竞争力指数排名

城　市	经济竞争力		可持续竞争力	
	指数	排名	指数	排名
纽　约	1.000	1	0.935	3
新加坡	0.947	2	0.959	2
东　京	0.942	3	1.000	1
伦　敦	0.939	4	0.901	5
慕尼黑	0.934	5	0.785	18
旧金山	0.933	6	0.833	7
洛杉矶	0.928	7	0.769	23
巴　黎	0.916	8	0.884	6
深　圳	0.904	9	0.826	9
香　港	0.897	11	0.903	4
上　海	0.894	12	0.722	33
北　京	0.860	21	0.692	47

资料来源：中国社会科学院财经战略研究院与联合国人居署于2020年12月共同发布的《全球城市竞争力报告（2020~2021）》。

《中国城市竞争力报告No.18》还给出一些分项指标的排名，北京的当地要素竞争力排第3位，生活环境竞争力排第12位，营商硬环境竞争力排第6位，营商软环境竞争力排第1位，全球联系竞争力排第3位，经济活力竞争力排第2位，环境韧性竞争力排第47位，社会包容竞争力排第17位，科技创新竞争力排第1位。分析这些分项指标排名，营商软环境竞争力和科技创新竞争力都排名第1，当地要素竞争力、营商硬环境竞争力、全球联系竞争力、经济活力竞争力等几项指标也位居国内城市前列，这与北京"四个中心"定位是基本吻合的，同时体现了北京近年来重点工作目标如优化营商环境的成果。另外，生活环境竞争力、社会包容竞争力都排10名之外，环境韧性竞争力排名只有第47位，而这几个分项指标与文化的关联性更强。生活环境、社会包容性都涉及文化环境和文化包容性问题，而环境韧性则影响文化旅游的发展布局，这些分项指标虽然没有直接点出文化的竞争力要素，但牵涉文化发展的有利因素以及短板，其中的关联性比较复杂。比如环境韧性问题，环境韧性不强虽然对旅游业整体的可持续发展不利，但从文化旅游这一领域来看，恰恰可以通过提升文化在旅游中的内容比重，减轻旅游业对自然环境产生的压力，实现环境保护与旅游业发展的平衡。

城市建设发展是一个系统性工程，包括经济发展、人口发展、社会治理、文化建设、生态环境治理等诸多方面，其中经济指标是各项指标的基础，文化发展程度受城市其他指标尤其是经济指标的影响制约。表4根据华顿经济研究院编制的《2020年中国百强城市排行榜》整理，这份榜单将城市综合发展水平按硬经济指标和软经济指标呈现出来，前者由GDP、居民储蓄、财政收入构成，后者则由科教、文化、环境、卫生构成，北京综合分值为95.62，排名第1，硬经济指标和软经济指标两个分项指标分别为95.82和95.29，都排名第1。不过相比硬经济指标，北京在软经济指标分值上相对国内其他城市的优势更为明显。

表4 2020年中国百强城市排行榜前十名城市指标分值

城市	硬经济指标分值	软经济指标分值	综合分值	排名
北京市	95.82	95.29	95.62	1
上海市	95.57	83.48	90.95	2
广州市	78.50	78.74	78.59	3
深圳市	88.28	59.36	77.23	4
杭州市	73.63	72.34	73.14	5
苏州市	77.41	60.81	71.07	6
武汉市	69.30	72.7	70.6	7
南京市	70.42	69.13	69.93	8
重庆市	67.12	70.78	68.52	9
成都市	67.19	69.97	68.25	10

资料来源：华顿经济研究院编制的《2020年中国百强城市排行榜》。

表5和表6显示的是华东理工大学社会工作与社会政策研究院发布的"新时代中国城市社会发展指数",城市社会发展指标体系分为经济发展与民生保障、人口发展与社会潜力、生态文明与环境治理、社会治理与公益慈善、公共教育与科技文化、公共医疗与居民健康、社会保障与社会救助这七个一级指标,北京综合指标评级为A++。从每个分类指标来看,北京在经济发展与民生保障、社会治理与公益慈善、公共教育与科技文化、公共医疗与居民健康这四个一级指标中都排名第1。文化发展在公共教育与科技文化这个指标下,联系北京科技中心和文化中心的定位,这一指标的评级结果应该是实至名归的。

表5 2020年中国城市社会发展指数综合指标排名

排名	城市	所属省份	评级
1	北京市	—	A++
2	上海市	—	A++
3	深圳市	广东省	A++
4	广州市	广东省	A++
5	重庆市	—	A++
6	杭州市	浙江省	A++
7	南京市	江苏省	A++
8	天津市	—	A++
9	武汉市	湖北省	A++
10	成都市	四川省	A++

资料来源:华东理工大学社会工作与社会政策研究院"中国城市社会发展指数研究"课题组发布的"新时代中国城市社会发展指数暨百强榜(2020)"。

现代文化的发展,需要强有力的科技实力支撑,当下许多文化形态和内容都是新技术催生的,如数字技术推动下的数字文化、互联网科技关联的网络文化生态等。北京立足全国科技中心,在科技创新发展方面优势明显。根据首都科技发展战略研究院发布的《中国城市科技创新发展报告 2020》

把握机遇、迎接挑战，稳步推进全国文化中心建设

表6 新时代中国城市社会发展指数

城市	综合排名		经济发展与民生保障		人口发展与社会潜力		生态文明与环境治理		社会治理与公益慈善		公共教育与科技文化		公共医疗与居民健康		社会保障与社会救助	
	指数	排名	指数	排名	指数	排名	指数	排名	指数	排名	指数	排名	指数	排名	指数	排名
北京市	A++	1	A++	1	A++	6	—	—	A++	1	A++	1	A++	1	A++	2
上海市	A++	2	A++	2	A	32	A	45	A++	2	A++	2	A+	2	A++	1
深圳市	A++	3	A++	3	A++	2	A	46	A++	5	A++	3	A+	12	A++	3
广州市	A++	4	A++	4	A++	1	A	40	A++	4	A++	6	A++	5	A++	6
重庆市	A++	5	A++	9	A+	11	—	—	A++	3	A+	48	A++	3	A	54
杭州市	A++	6	A++	6	A+	27	A-	76	A++	8	A++	8	A++	8	A+	12
南京市	A++	7	A++	5	A+	30	—	—	A++	7	A++	7	A++	10	A+	11
天津市	A++	8	A++	7	A+	21	—	—	A++	6	A+	23	A++	6	A+	9
武汉市	A++	9	A++	8	A++	5	A-	98	A+	11	A+	12	A++	7	A	52
成都市	A++	10	A+	12	A+	16	—	—	A++	10	A+	25	A++	4	A+	14

资料来源：华东理工大学社会工作与社会政策研究院"中国城市社会发展指数研究"课题组发布的"新时代中国城市社会发展指数暨百强榜（2020）"。

011

相关指数（见图1），北京的科技创新发展指数为0.8741，稳居全国第1位，而且与其他城市相比优势较大。

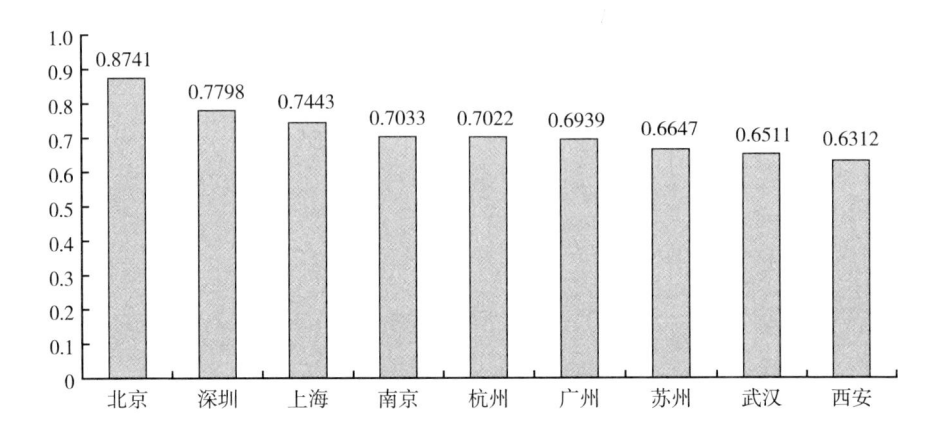

图1 国内主要城市科技创新发展指数排名

资料来源：首都科技发展战略研究院发布的《中国城市科技创新发展报告 2020》。

北京不仅在国内科技创新优势明显，在全球众多城市科技创新排名中也表现不俗。根据世界知识产权组织发布的《2020年全球城市创新指数》（见表7），排名前十的科技集群依次为东京—横滨、深圳—香港—广州、首尔、北京、圣何塞—旧金山、大阪—神户—京都、波士顿—剑桥、纽约、上海、巴黎。北京在这份榜单中排名第四，PCT国际专利申请量和科学出版物数量两项份额分别达到2.4%、2.79%，份额共计5.18%。对比2019年，北京第4名的排名没有变化，但两项份额都有所增长，PCT申请量份额、科学出版物数量份额分别由2019年的2.3%、2.65%提升至2020年的2.4%、2.79%。北京在全球城市、城市群创新指数比较中表现出较为强大的科技实力和创新能力，说明北京作为全国科技之都的含金量十足。北京确定"四个中心"战略定位，文化中心与科技中心是其中两个重要支点，文化与科技在城市发展进程中形成相互支撑、相互驱动的密切关系。北京在科技领域的地位某种程度上体现了文化的创新性，并且保证了文化领域拥有足够的发展后劲。

表7　2020年全球主要科技集群排名

排名	集群名称	PCT国际专利申请量	科学出版物数量	在PCT国际专利申请总量中的份额（%）	在科学出版物总量中的份额（%）	份额共计（%）
1	东京—横滨	113244	143822	10.81	1.66	12.47
2	深圳—香港—广州	72259	118600	6.90	1.37	8.27
3	首尔	40817	140806	3.90	1.63	5.52
4	北京	25080	241637	2.40	2.79	5.18
5	圣何塞—旧金山	39748	89974	3.80	1.04	4.83
6	大阪—神户—京都	29464	67514	2.81	0.78	3.59
7	波士顿—剑桥	15458	128964	1.48	1.49	2.96
8	纽约	12302	137263	1.17	1.58	2.76
9	上海	13347	122367	1.27	1.41	2.69
10	巴黎	13561	93003	1.30	1.07	2.37

资料来源：世界知识产权组织发布的《2020年全球城市创新指数》。

北京聚焦全国科技中心与文化中心建设，长期推动文化与科技融合发展，催生许多重要的文化科技融合性企业，涉及公共文化服务、数字内容生产、影视出版发行、文化旅游推广、文化活动展演、文化创意设计等众多领域。这些企业符合北京当下发展定位，而且顺应现代文化发展趋势，具有市场容量大、产业关联度高、文化生活贴合性强、行业发展前景好等特点。目前北京聚集了国内最多、实力最强的科技创新和文化服务类企业。恒大研究院的《中国独角兽报告：2020》统计了国内137家独角兽企业，北京独角兽企业共67家、占比达到48.9%，而上海、杭州、深圳分列第2、第3、第4名，数量依次为35家、20家与12家，占比分别为25.5%、14.6%、8.8%。这些独角兽企业许多是与文化行业直接或间接相关的，按行业分类，列前三位的是汽车交通、文娱媒体、电子商务领域，占据第二位的文娱媒体类企业有21家，其中北京有多家头部企业，如字节跳动、快手、猫眼微影、知乎等，都是文化科技融合性企业。在国内城市中，北京的这类企业无论是数量还是质量都占据领先优势，而且依托强大的科教优势、文化资源优势以及良好政策环境，每年都有不少文化科技融合性的初创企业进入市场，体现明显的集聚效应，引领新时代文化发展的潮流。

北京努力建设国际一流的和谐宜居之都，重视文化休闲与城市宜居性的关联，城市休闲化发展水平较高。根据华东师范大学工商管理学院休闲研究中心与上海师范大学休闲与旅游研究中心联合课题组发布的《2020中国城市休闲化指数》（见图2），北京城市休闲化指数为100，名列第1，上海的指数为95.26，列第2，从图中还可以看出，北京、上海大幅领先国内其他城市。排在前五位的北京、上海、广州、重庆、深圳，都是经济、人口排在国内前列的大都市，基本反映了经济发展水平，并且有更多资源投入文化休闲产业。巨量人口创造了巨大的文化休闲消费市场，在文化和旅游融合方面成效显著，这些因素集合起来，拉动了城市休闲化整体水平提升。

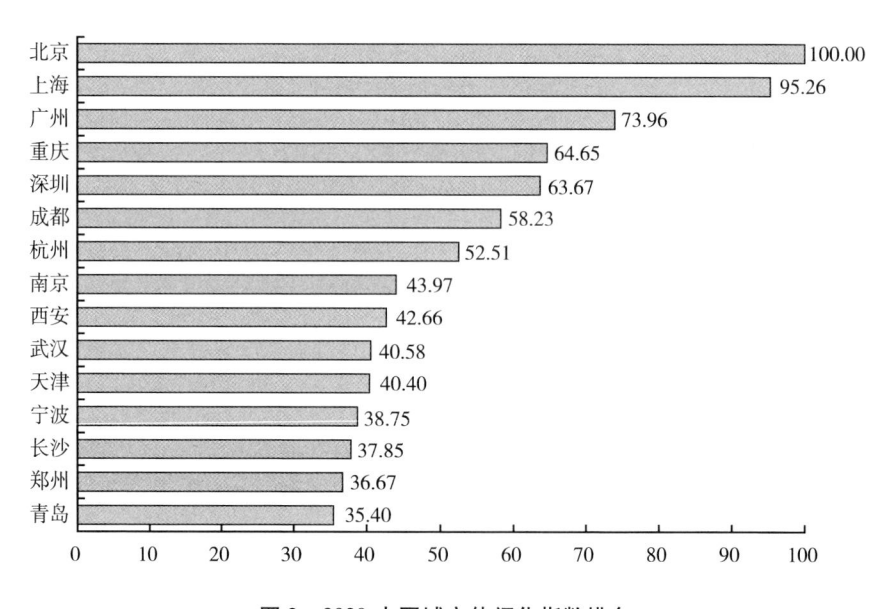

城市	指数
北京	100.00
上海	95.26
广州	73.96
重庆	64.65
深圳	63.67
成都	58.23
杭州	52.51
南京	43.97
西安	42.66
武汉	40.58
天津	40.40
宁波	38.75
长沙	37.85
郑州	36.67
青岛	35.40

图2 2020中国城市休闲化指数排名

资料来源：华东师范大学工商管理学院休闲研究中心与上海师范大学休闲与旅游研究中心联合课题组发布的《2020 中国城市休闲化指数》。

北京文化产业发展在全国具有明显优势，根据中国人民大学文化科技园、中国人民大学文化产业研究院发布的"2020中国文化产业系列指数"，北京在"2020年中国省市文化产业发展综合指数"（见图3）中名列第1，综合指数为88.94,"十三五"期间已连续5年保持第1,可见北京文化产业总体发展比较稳定,在全国维持了领先优势。"2020中国文化产业系列指数"还包含一系列分指数,北京的影响力分指数为34.95,排名第1;驱动力分指数为22.33,排名第2;生产力分指数为31.65,排名第3,说明北京文化产业在全国的影响力首屈一指,驱动力和生产力表现比较强劲,可持续发展能力比较强。总之,北京文化产业具有较高的发展水平和强大发展动力,全国文化中心建设底气充分,成色十足。

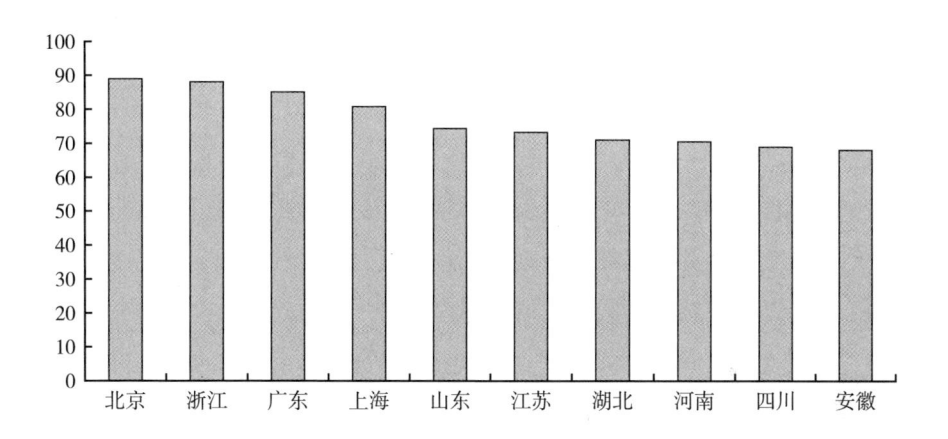

图3 2020年中国省市文化产业发展综合指数前十名

资料来源:中国人民大学文化科技园、中国人民大学文化产业研究院发布的"2020中国文化产业系列指数"。

二 2020年北京文化各领域发展状况与动态

2020年,北京文化克服疫情影响,发展整体向好,在文化发展各具体领域,基本都呈现稳中有进的发展态势。

(一)中轴线申遗有序推进,历史文化名城保护进入新阶段

1. 北京历史文化名城保护进入新阶段

《北京历史文化名城保护条例》于2021年1月底经北京市人大审议通

过，并于3月1日正式实施。条例确定北京历史文化名城范围涵盖全市所有区域，主要包括老城、"三山五园"地区以及大运河文化带、长城文化带、西山永定河文化带，将老城、"三山五园"地区等作为重点保护区域，既明确全域保护又强调重点保护。相对于2005年出台的版本，这一版条例覆盖更广、规定更细、措施更具体、目标更清晰、责任更明确，充分吸收借鉴了这十几年来历史文化名城保护工作成果经验，考虑了新时代历史文化遗产保护的重点要求，尤其是设专章明确"保护利用"，将历史保护、传承文化与满足人民文化生活需求结合起来，践行"让历史文化活起来"的理念。

2. 北京中轴线申遗进入关键时期

中轴线串联起北京市级非物质文化遗产代表性项目128项，沿线的北京老字号有40家以上，北京文物部门将中轴线申遗保护作为重要工作，全面带动老城整体保护。一年来北京围绕中轴线文化遗产保护展开工程，制订规章，引入资金，举办多场专题活动。工程方面，中轴线南段御道贯通已完成一期工程，二期正在规划设计，继续向南延伸，形成北京文化旅游的一张金名片。制度方面，起草《北京中轴线文化遗产保护条例（草案）》并面向社会征集意见。资金方面，2019年12月，经市国资委牵头组织，成立北京京企中轴线保护公益基金会（简称"中轴线基金会"），注册资金1000万元，筹集规模1亿元，2020年，中轴线基金会开始运作，资助了"世界遗产城市中历史街区的价值与保护研究"和"世界遗产祭坛研究"等项目。活动方面，"文化和自然遗产日"专门设"遗产日+中轴"板块，组织中轴线景点直播等系列活动。围绕中轴线的一系列建设整治与活动开展，不仅配合了中轴线申遗工作，也向市民传递了历史文化信息，营造了古都保护的良好氛围。

3. "一城三带"、"三山五园"重点保护格局日渐清晰

北京近年来在各类规划和政策文件中确定了"一城三带""三山五园"重点保护格局，针对文化遗产保护工作形成了制度性保障，2020年围绕重点格局展开了一系列保护措施。

东城区、西城区严格落实老城不能再拆的要求，重点开展保护性修缮以

及空间腾退、整治改造、活化利用。启动西城区大栅栏观音寺等片区退租项目；完成灵境胡同33号、35号以及粤东新馆、宜兴会馆腾退工作；历代帝王庙自2018年底封闭修缮，历时两年，于2020年底正式对公众开放；继续推进京报馆、庆云寺修缮工程；推出歙县会馆、晋江会馆（林海音故居）、梨园公会等7处活化利用项目。"三条文化带"保护力度加大。活动方面，8～10月举办"长城文化节"，在全市范围内开展22项主题活动；11月，举办以"行走运河，赋能小康"为主题的"2020北京大运河文化节"，沿线各区联动推出39项主题活动；规划编制方面，市文物局紧锣密鼓地编制大运河和长城国家文化公园建设保护规划，通州区发布《通州区大运河文化带保护建设规划》《通州区大运河文化带保护建设三年行动计划（2020～2022年）》，明确通州区大运河文化带保护的格局和重点。保护修缮方面，通州区路县故城遗址保护展示工程开工建设，总建筑规模约1.8万平方米，预计2022年完成主体建设，全面启动实施"三庙一塔"景区七大文物保护工程，并完成周边环境整治提升工程；昌平区加强对白浮泉遗址文物的保护工作，完成白浮泉遗址都龙王庙壁画修复工作；石景山区推动模式口文保区修缮改造工作，打造模式口历史文化街区。"三山五园"保护取得较大进展，2020年9月，国家文物局公布第一批国家文物保护利用示范区创建名单，全国进入名单的示范区有6处，北京海淀"三山五园"国家文物保护利用示范区名列其中。海淀区积极推进"三山五园"地区整治改造工作，东西水磨地区腾退工作基本完成，另有福缘门社区、挂甲屯社区等逐步启动改造整治工作。

4. 非物质文化遗产保护与活化利用迎来新篇章

2020年7月1日，《北京市非物质文化遗产传承发展工程实施方案》正式发布，将非遗保护与传承工作要求和任务明确化、细化、规范化。非遗名录体系建设继续推进，公布北京市第五批市级非物质文化遗产代表性项目名录推荐项目，共计53项，覆盖非遗全部十大门类。非遗线上线下活动相互补充，6月13日"文化和自然遗产日"举办近50场线上非遗宣传展示活动，推荐近50条"非遗+旅游"路线。非遗活化利用接入产业通道，在第

五届北京文化创意大赛中,非遗及IP开发类项目异军突起,23个项目入选百强。继续依托在京高校开展非遗传承人研习培训,自2016年试点研修研习计划以来,共培训全国各地的非遗传承人1140余人,提升了非遗保护与传承的水平。

(二)公共文化服务体系平稳运行,公共文化基础设施提档升级

1. 政策法规布局护航,公共文化服务体系建设持续推进

公共文化服务带有很强的公益性质,需要强有力的政策规划展开布局,推进工作,需要健全的法律法规保驾护航。2020年,北京市深入推进公共文化服务相关政策的制定和发布,于4月9日发布《北京市公共文化服务体系示范区建设中长期规划(2019年~2035年)》。这是一份面向未来一二十年的纲领性文件,提前布局北京公共文化服务体系示范区建设,明确北京公共文化服务体系建设发展的首善标准、社会主义核心价值观基础,提出中轴线申遗、构建"三条文化带"空间结构、构建现代公共文化服务体系、促进文艺全面繁荣、建设世界旅游名城等任务目标,为北京公共文化事业发展提供了清晰的航向。此外,关于公共文化服务的立法工作也在不断推进,立法机关已将"北京市公共文化服务保障条例"纳入立法计划,进入立法调研阶段。

公共文化服务体系建设还包含体制机制的优化完善,北京努力整合公共文化各层级、各部门资源,继续推动文化体制改革,夯实公共文化服务的体制机制。比如推进图书馆、文化馆总分馆制,到2020年,东城、西城、朝阳、海淀、石景山、大兴、平谷、房山等区已实现街道(乡镇)公共图书馆"一卡通"全覆盖。努力打通北京文化艺术活动中心与各区文化中心、文化馆的关系,从制度上明确职能、划分权责,更好地发挥文化中心、文化馆的作用。

2. 全民阅读营造尚读氛围,"书香北京"建设成就斐然

2020年,全市共举办各种阅读活动3万余场,影响和覆盖人群超过2000万人次。北京居民阅读数量和质量都达到较高水平,根据中国出版研

究院发布的2020年北京市居民阅读指数，居民年度的阅读指数达到83.62，其中居民"个人阅读指数"为87.98，同比增长6.8%；未成年人人均图书阅读量达到12.23本，呈持续增长态势；书香家庭建设成绩显著，有陪伴孩子读书习惯的家庭占比高达93.1%；成年居民则偏好数字化阅读，数字化阅读接触率达到87.7%。图书馆建设作为"书香北京"重要目标，取得了很大进展。2020年全市共有四级公共图书馆5935个，馆舍总面积达675384.83平方米，较2019年增加113978.63平方米，增幅达20.3%，其中城市副中心图书馆建设正快速推进，东城、顺义、丰台和门头沟等区级图书馆新馆建设工作也已完成，大大改善了各区居民的阅读环境和阅读体验。实体书店也是"书香北京"力推的项目之一，截至2020年11月底，全市实体书店达到1938家，在2019年基础上增加639家，同比增加49%，不仅在数量上列全国第一，而且人均占有书店资源也遥遥领先，每万人拥有0.9家书店，为"书香北京"作出最好的注脚。

3. 文化基础设施保持领先，公共文化场馆建设再上新台阶

除了"书香北京"建设，北京还致力于建设"博物馆之城"，大力推进博物馆等文化场馆建设。2020年全市新增博物馆14家，正式备案的博物馆总数达到197家。新增博物馆有两个特点，一是京味儿浓，如燕京八绝文化博物馆、二锅头酒博物馆等，二是民办博物馆占据主力，新增的14家博物馆中有9家是民办博物馆。12月，中国博物馆协会发布第四批全国博物馆定级评估结果，北京新增4家一级博物馆，分别为中国印刷博物馆、中国电影博物馆、北京汽车博物馆、清华大学艺术博物馆，另外新增3家二级博物馆和3家三级博物馆。北京拥有的国家一、二、三级博物馆总数达到41家，占全国总数1224家的3.3%，其中一级博物馆有18家，在全国各省区市中名列前茅，这说明北京的博物馆在数量和质量上都位居全国前列。除了图书馆、博物馆，其他公共文化基础设施建设也有条不紊地推进。2020年内，北京市文化中心工程项目顺利完工，石景山区文化中心建成开馆，北京画院改扩建工程、北方昆曲国际文化艺术中心、城市副中心剧院等建设工程则紧锣密鼓地施工。

4. 高水平文化活动提升城市品格，品牌活动成为北京文化金名片

北京文化界经过多年经营，打造了北京国际电影节、中国戏曲文化周、北京国际音乐节等一系列公共文化品牌活动，大大提升了北京的文化形象。8月22日至29日，第十届北京国际电影节成功举办，共展映中外电影300多部，举办10场电影主题论坛、4场大师班，并且首次以云端形式呈现电影节的精彩内容，形成富有特色的"云上电影节"。其中线上展映环节借助视频网站爱奇艺搭建的展映平台，展映约250部影片，在北京卫视、BTV影视和BTV青年三个电视频道循环播放20部中外影片。此外，电影节还搭建电影交流、交易的"北京市场"，获得了可观的经济成果，共有21个重点项目，46家企业110个项目进行签约，北京市场签约金额达到330.89亿元，同比增长约7%，突破了历史记录。除了系列品牌活动，北京各大公共文化服务部门还组织大量特色活动，虽然规模大小不一，但水平很高，比如故宫博物院于9月举办的"丹宸永固——紫禁城建成六百年"展，社会反响强烈。还有一些公共文化展览展演活动获得奖项，北京画院美术馆的"知己有恩——齐白石的师友情缘"特展获文化和旅游部评选的2020年全国美术馆馆藏精品展出季活动优秀项目。这些高水平文化活动体现北京公共文化的高品质与金标准，提升了城市的文化品格。

（三）文化产业发展有升有降，文化经济蓄积增长势能

2020年，北京文化产业发展虽受疫情影响，部分区域和局部领域出现下降，但总体上仍处于增长趋势。结合产业发展思路和方向来看，北京聚焦文化产业发展引领区建设，推动文化产业转型升级，建立现代文化产业体系，打造文化产业品牌矩阵，在文化服务业市场拓展、产业投融资、新业态发展等方面亮点颇多。

1. 文化产业发展有升有降，整体收入呈现小幅增长态势

表8统计的虽然是规模以上即年营业收入500万元及以上的法人单位生产收入和从业人员状况，却可以反映全市文化产业发展的基本面。从表中数据来看，北京全年规模以上文化产业收入同比小幅增长0.9%，考虑到新冠

肺炎疫情影响，能取得这样的成绩是非常不容易的。表中显示，文化核心领域总收入12986.2亿元，全年同比增长3.6%。文化娱乐休闲服务受疫情影响最深，因此降幅最大，达到31.8%；其次是文化传播渠道，降幅达到18.8%，此外，创意设计服务领域同比微降，降幅为0.6%，而新闻信息服务、内容创作生产和文化投资运营等领域同比都有不同程度增长，其中内容创作生产增长幅度最大，达到26%，新闻信息服务增长也达到12.9%，可以看出，疫情对内容创作生产影响最小，大量文化产品源源不断地产出，为疫情状态下人民文化生活提供养料。从文化产业发展环节来看，突破瓶颈的关键就是内容生产，而传播渠道、辅助生产和中介服务、消费终端生产等容易通过市场手段解决。内容创作生产环节能够逆势上扬，是一个非常良性的发展成就，为文化产业疫情后跨越式发展积累了足够的势能。

表8 2020年北京市规模以上文化产业发展状况

项目	1~12月收入 合计（亿元）	同比增长（%）	1~12月从业人员 平均人数（万人）	同比增长（%）
文化核心领域	12986.2	3.6	50.0	-1.9
新闻信息服务	4149.5	12.9	14.1	-1.2
内容创作生产	2898.8	26.0	15.6	2.7
创意设计服务	3374.9	-0.6	10.5	-5.8
文化传播渠道	2459.0	-18.8	7.5	-5.1
文化投资运营	24.1	0.2	0.2	1.5
文化娱乐休闲服务	79.9	-31.8	2.2	-7.9
文化相关领域	1223.1	-20.9	9.3	-8.3
文化辅助生产和中介服务	624.2	-24.0	7.7	-7.4
文化装备生产	108.2	-23.0	0.8	-20.5
文化消费终端生产	490.7	-16.2	0.8	-3.1
合计	14209.3	0.9	59.3	-3.0

资料来源：北京市统计局。

结合2020年北京市规模以上文化产业季度收入情况分析（见图4），第一季度北京规模以上文化产业收入2609.8亿元，同比增长-8%；第二季度为3241.6亿元；上半年总收入5851.4亿元，同比增长-5%。第三季度收入为

3741.7亿元,第四季度为4616.2亿元,全年达到14209.3亿元,同比增长0.9%,总收入同比增长率转负为正。从季度收入变化可以看到,全市规模以上文化产业收入走出了一波强劲的反弹曲线,第四季度增长尤其明显。

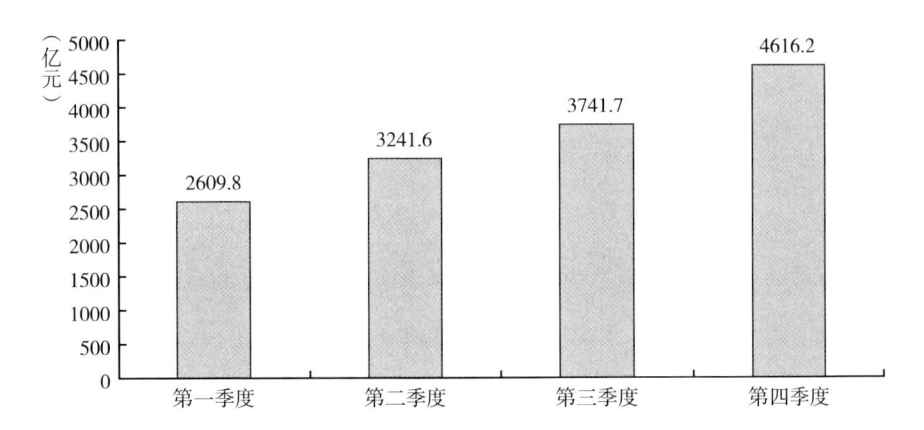

图4 2020年北京市规模以上文化产业季度收入情况

资料来源:北京市统计局网站。

图5显示自2013年以来北京市规模以上文化产业历年收入变化情况,可以看出连年增长的势头,2020年虽然增幅收窄,但从前面年度和季度增长数据来看,文化产业至2020年下半年已基本走出下降行情区间。综合来

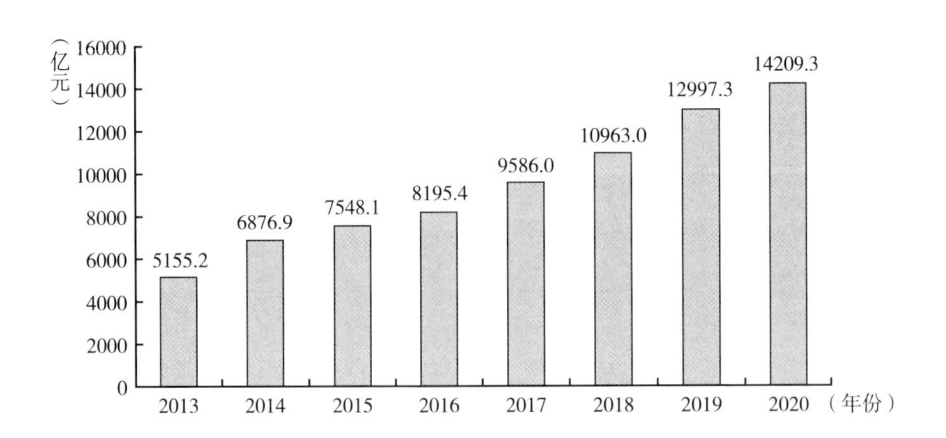

图5 北京市规模以上文化产业历年收入变化情况

资料来源:北京市统计局网站。

看往年发展情况和2020年走势，可以预测，未来一两年如果政策运行得当、市场要素流通顺畅，文化产业将迎来一轮较大幅度增长。

表9显示北京部分区2020年1~12月规模以上文化产业情况。从各区发展数据来看，海淀区规模以上文化产业收入占全市近六成，而延庆区、门头沟区、平谷区、密云区等郊区文化产业收入则比较低。从收入增长情况看，延庆区、怀柔区、房山区、门头沟区等都出现较大幅度下降，但这些区收入基数小，对全市总体收入增长的影响有限，东城区全年收入过千亿，但同比出现-25.1%的增幅，对全市文化产业收入增长整体影响较大。海淀区全年收入保持了12.1%的增长，且其占全市收入的份额很大，在支撑全市收入实现正增长方面起到了关键作用。各区收入增长最亮眼的是石景山区，同比增速达到了73.9%，实现收入772.1亿元，这首先得益于石景山以文化产业立区的政策思路。首钢文化产业园的成功运营、为克服疫情影响用足贷款贴息等支持政策也是石景山区文化产业收入实现跨越式增长的重要因素。

表9　北京部分区2020年1~12月规模以上文化产业情况

区　名	收入 合计（亿元）	收入 同比增长（%）	从业人员 平均人数（万人）	从业人员 同比增长（%）
东城区	1219.4	-25.1	5.2	-4.9
西城区	928.3	-4.6	7.3	-2.9
海淀区	7710.7	12.1	—	—
石景山区	772.1	73.9	2.3	3.4
通州区	334.2	15.4	1.0	-5.1
顺义区	130.0	-23.2	1.0	-12.5
房山区	60.0	-34.0	0.3	-13.3
门头沟区	21.7	-25.0	—	—
昌平区	124.0	-9.0	0.9	-13.1
平谷区	39.2	-16.3	0.5	72.9
密云区	49.6	-17.2	—	—
怀柔区	61.6	-44.7	0.5	-10.7
延庆区	2.8	-71.9	0.2	-2.7

资料来源：北京市各区人民政府网站。

北京各区文化产业发展水平差距明显，综合考虑城市转型发展和产业布局调整因素，结合当下发展态势，可以预测"十四五"时期，各区规模以上文化产业占全市比重大体的变化趋势如下。受疏解政策和调控措施影响，东城区、西城区文化产业占全市比重将稳中微降；海淀区借助科技优势走文化科技融合之路，文化产业后劲十足，但由于目前已经占据全市一半多的产值，未来几年占全市比重可能有所下降；朝阳区在文化传媒、文化商贸等方面占据优势，借助北京推进服务贸易扩大开放的有利时机，文化产业占全市比重会有所上升；丰台区缺乏可靠的产业支点，产值收入占全市比重较低，将长期维持目前水平，甚至比重还会略降；石景山区整合首钢文化产业园，产业集聚效应明显，文化产业应能持续增长，在未来五年有望追平西城区；通州区得益于城市副中心建设投入，文化产业占全市比重将快速上升；大兴区、昌平区等近郊区文化产业占全市的比重将基本维持当前水平，密云、平谷、延庆、门头沟等远郊区由于资源限制和发展定位等因素，文化产业产值短期内难以快速提升，占全市比重仍将较低；怀柔区由于科学城和影视基地建设双重利好，文化产业发展将在远郊区中独树一帜，产值比重将会直追昌平区、顺义区等近郊区。综合来看，北京各区文化产业发展格局将是通州区、石景山区东西两翼齐飞，海淀区、朝阳区双峰并峙，东城区、西城区、丰台区整体比重稳中略降，近郊远郊仍是文化产业发展洼地，但怀柔区将形成文化产业新的增长极。

2. 积极应对疫情，维护文化业态健康稳定发展

文化产业对市场冷热极其敏感，疫情冲击市场，文化企业生存受到威胁，北京文化部门精准施策，多管齐下应对疫情，采用财政补贴、投融资支持、产品推介等多种方式，保企业、稳业态、求发展，帮助文化产业渡过难关，实现增长。

为精准帮扶演艺团体和剧院，文化部门在疫情防控期间实施演出票价补贴政策，对北京市剧院、影院开展的营业性演出进行补贴，共有58家剧场1571场演出申报疫情防控期间演出票价补贴。另外，从电影专项资金中安排2000万元资金，对全市232家影院进行补贴，补贴额度最高达50万元。

从全市全年文化行业投融资情况来看,本年度全市固定资产投资同比增长2.2%,而文化、体育和娱乐业同比增长1.1%,增长幅度虽然略小于社会整体行业,但在新冠肺炎疫情不利因素影响下,仍能保持一定的增长,确属难能可贵。从全年政策性的投融资方向来看,主要是保障文化企业平稳渡过疫情危机。2020年,文化部门确定通过"投贷奖"资金支持899家企业,疫情期间通过"房租通"资金支持1457家企业。央行营业管理部发布专门针对北京文化企业的再贴现产品"京文通",并提供20亿元专项额度进行优先保障,将市级文化产业园约7900家入驻企业纳入首批"白名单",首批办理的"京文通"业务就为17家名单内企业提供资金支持3995万元。另外,北京市还通过基金资助扶持引导文化产品生产,2020年度北京文化艺术基金共资助项目115个,资助金额超过1亿元。

3. 加强平台和园区建设,构建文化产业良好发展环境

北京针对文化企业在市场中生存与发展搭建了一系列平台,如产品展销平台、产权交易平台、投融资平台等,同时配套建立产业园区,供符合条件的企业入驻并提供种种优惠条件,为文化产业良性发展铺平道路。

2020年,北京市在平台和园区建设的主要成就是延续并优化了既往的政策和措施,在管理方面更加规范。以各种形式搭建文化产品的展示平台与消费平台。北京文化创意大赛作为北京市支持文化产业发展的品牌活动,也为产品和企业提供展销平台和融资服务。北京文化创意大赛至2020年已举办5届,2020年的赛事设立了北京赛区和全国及海外赛区,北京赛区征集到参赛项目1738个,全国及海外赛区征集的参赛项目为1033个,将文化影响力扩展到全国乃至全世界。文创集市专注文化产品推介与销售,2020北京文创市集持续半年时间,走过中粮·祥云小镇、王府井大街、朝阳大悦城、北京坊、设计之都大厦等10多个站点,遍布东城、西城、朝阳、海淀、丰台、石景山、顺义等区,不仅为文化产品提供市场销售渠道,而且丰富了百姓文化生活。除此之外,北京文博会、服贸会等大型展会,也是文创产品重要的展示舞台。北京还举办一系列在全国具有影响力的专业拍卖会、销售会,比如文物拍卖,无论拍卖会场次还是成交额在国内都居于领先地位。

2020年受疫情影响，许多拍卖会转移至线上，截至11月中旬，全市举办文物拍卖会947场（线下76场、线上871场），成交额达到90多亿元，占全国文物拍卖总成交额的50%以上。

文化企业除了产品的生产与销售，另一个核心是产权问题，这是文化企业在市场中立足的关键要素，因此活跃的产权交易市场、便捷高效的产权交易平台对文化产业的可持续发展非常重要。2020年，北京市国有文化资产管理中心出资的国有文化企事业单位积极开展产权交易，全年通过北京文化产权交易中心共实施产权交易项目24个，挂牌总金额达到30.43亿元。北京市一些专业性的产权交易平台运转良好，比如北京电视节目交易会已成为国内重要的电视节目交易平台，被誉为"中国电视剧风向标"。2020年举办春秋共两场交易会，4月举办的第26届北京电视节目交易会，共有400家参展机构1185部项目线上参展，其中参展节目近900部、网络文学作品近220部。10月举办的第27届北京电视节目交易会，参展节目800余部、网文作品290余部，参会总人数约2500人、注册展商约370家、买家近100家。

文化企业融资问题历来是文化产业发展的瓶颈，北京一直尝试优化文化产业投融资服务体系，利用北京市文创金融服务网络平台为文创企业提供金融服务，设立"投贷奖"风险补偿资金，面向全市小微文化企业提供融资服务。2月，北京市发布《关于加强金融支持文化产业健康发展的若干措施》，提出加强信贷融资、风险投资和财政资金对文化企业的支持力度，引导文化企业利用资本市场各种金融工具，加快国家文化与金融合作示范区建设，促进文化金融机构专营化，建立文化企业信用评价体系，这一系列措施将进一步减轻文化企业融资压力。同月还出台《北京市文化产业"投贷奖"风险补偿资金管理办法（试行）》，规范风险补偿资金的运用管理，强调按"政府助力、机构尽责、风险共担、公开高效、普惠小微"原则进行管理。

文化产业往往需要集聚才能降低成本、增加效益，园区建设一直是文化产业发展的重中之重。9月召开的北京文化产业园区推介会，集中推介了98家市级文化产业园区，签约10个项目，签约金额达70.1643亿元。2020年北京市级文化产业园区认定评审中，共确定2020年度北京市级文化产业园区98家，这其中包括10家市级文化产业示范园区、10家市级文化产业示范园区（提名）、78家市级文化产业园区。依托这些园区，形成良性共生的文化产业发展群落，既有利于文化企业降低运营成本，也方便文化产业政策集中施行。

4. 聚焦数字经济，积极拓展文化新业态

数字经济是文化产业新的增长点，北京数字经济占比已经达到38%，居于全国前列。北京正努力实施文化产业数字化战略，积极寻求将数字经济与文化产业发展结合，培育数字相关文化业态，满足数字时代文化需求。7月，北京文投集团与新华网签署合作协议，就是瞄准数字时代的文化业态展开深度合作，实现数据共享，共同培育相关文化创意产业。

围绕数字文化主题举办各种展会活动。9月，举办"2020北京国际游戏创新大会"，汇聚上百位国内外知名游戏人、80余家游戏相关企业，分享游戏行业信息，探讨游戏产业发展。9~11月，举办"2020亚洲数字艺术展"，汇集了33位艺术家及艺术团队、来自11个国家和地区的32件顶尖数字艺术作品。本年度还推出"电竞北京2020"系列活动，包括举办北京国际电竞创新发展大会、"电竞之光"展览交易会、2020王者荣耀世界冠军杯总决赛等，助推北京电竞行业蓬勃发展。积极筹划成立一批电竞产业基地，规划首钢电竞产业园，打造新型文化地标。9月，中国电竞产业国际总部基地暨北京电竞小镇项目签约，落户朝阳区崔各庄乡，项目签约金额达35亿元。这些基地和园区将增强电竞产业集聚效应，形成未来北京文化产业新的生长点。

为配合数字文化产业发展，还建立了配套的产业园区。中关村科学城数字文化产业园作为全市唯一挂牌"北京市精品游戏研发基地"的园区，截至2020年底已有49家行业知名企业入驻，园区全年产值达100.12亿元，这体现北京积极拓展文化新业态的成果。

5. 借助服贸会东风，尝试推进文化服务业发展

习近平总书记在2020年中国国际服务贸易交易会全球服务贸易峰会上

致辞时指出，支持北京打造国家服务业扩大开放综合示范区，加大先行先试力度，探索更多可复制可推广经验；设立以科技创新、服务业开放、数字经济为主要特征的自由贸易试验区，构建京津冀协同发展的高水平开放平台，带动形成更高层次改革开放新格局。北京服务业发展得到国家政策层面的强力支持，早在2019年2月22日，国务院就发布《国务院关于全面推进北京市服务业扩大开放综合试点工作方案的批复》，支持北京市全面推进服务业扩大开放综合试点。北京市委市政府借服贸会的东风，积极筹划国家服务业扩大开放综合示范区建设。

受益于北京服务业扩大开放综合示范区建设的试点政策，文化服务业迎来新的发展契机。2020年北京全年服务业增加值增长1.0%，增幅比一到三季度提高0.9个百分点，科技服务业投资增长57.0%，文化服务业也在尝试新的开放举措，比如北京文化部门为美国龙之传奇发放0001号外商独资营业性演出许可证，这是首个在京独资设立的外商演出经纪公司，拉开了文化服务业扩大开放实践的序幕。随着国家服务业扩大开放综合示范区建设的全面铺开，文化服务业将越来越多地获得市场和政策两方面的支持。

6. 促进文化消费，支撑文化经济持续发展

文化消费是文化经济重要一环，也从根本上支撑着文化产业的发展。2020年，北京文化消费受到疫情因素极大抑制，随着疫情逐步得到控制，社会经济持续稳定恢复，按下了文化消费复苏的"快捷键"，文化生产和消费重回既定轨道，居民文化消费需求得到进一步释放。根据北京市统计局数据信息，2020年全市居民消费价格同比上涨1.7%，其中教育文化和娱乐类价格上涨2.5%，略高于整体居民消费价格涨幅，但总体来说上涨趋势比较温和。全市居民人均消费支出38903元，同比下降9.6%，其中人均教育文化娱乐支出3021元，同比下降36.2%。

12月，文化和旅游部、国家发展改革委和财政部公布了第一批国家文化和旅游消费试点城市名单，北京市东城区、朝阳区、延庆区入选，下一步将按文化和旅游部要求，培育文化和旅游消费新业态新模式，提升文化和旅游消费的质量水平。

每年的文化消费季是促进市民文化消费的重头戏,第八届文化消费季参与的文化企事业单位达到327家,开展活动近370项,举办各类文化消费活动累计11277场次,参与人次达23.89亿。文化消费季设立2020北京文化消费品牌榜,北京坊、北京时装周、原创抗疫话剧《抗疫12小时》等55个文化品牌进入榜单。文化消费季组织方还对第二十七届北京国际图书博览会、2020繁星小剧场精品展演、2020北京时装周等40项活动给予了资金等方面支持。此外,消费季活动还与本地文化结合起来,6月初启动的京范儿(FUN)消费季以"品味消费,京范儿(FUN)生活"为主题,将京味文化融入消费活动,将传统文化底蕴与现代时尚"潮范儿"完美结合,提升了文化消费的品质。

(四)坚持文旅融合,积聚文化旅游项目的口碑人气

2019年底,北京市出台《关于推进北京市文化和旅游融合发展的意见》。2020年是推行文旅融合具体措施的一年,虽然受到新冠肺炎疫情严重影响,但还是在多个关键环节尝试破局并取得了初步的成效。

2020年,北京市旅游区(点)共收入约42.4亿元,同比增长-52.4%,共接待16779.5万人次,同比增长-47.2%,由此可见,疫情对旅游业的影响非常大。但综合全年来看,一季度旅游区(点)收入4.8亿元,同比增长-84%;一、二季度共收入13.4亿元,同比增长-66.6%;一、二、三季度共收入27亿元,同比增长-60.2%,结合全年同比增长-52.4%来看,旅游收入的降幅在逐步收窄。此外另一组数据也显示了全年旅游业的发展变化:2020年北京全市观光园和乡村旅游接待人次为1877.5万人,总收入达到25亿元,从全年发展过程来看,一、二、三季度乡村旅游下降幅度较大,四季度观光园收入降幅收窄,乡村旅游收入四季度实现正增长,增长幅度为4.5%。

旅游业发展虽然遇到下行压力,但文化旅游融合发展推进顺利,借助网络等传播模式,北京文化旅游吸引了很多人气。11月,经过网络征集、专家咨询、网络投票等环节,北京市文化和旅游局指导推出"2020首届北京网红打卡地榜单",涵盖自然景区类、人文景观类等七大类主题,共评选出北京网红打卡地100个以及提名推荐97个。网红打卡地上榜名单中,自然景观类12个、人文景观类26个、文化艺术类14个、餐饮及创新零售类13个、街区园区类14个、住宿类13个、阅读空间类8个,其中朝阳区上榜网红打卡地最多,占据其中19个名额。这份榜单几乎覆盖整个文化旅游消费链条,带动一波新的文化消费热潮。

北京文化旅游发展的重点是开发郊区旅游,文化旅游的增量也更多地出自这里。2020年7月,文化和旅游部、国家发展改革委联合公布第二批全国乡村旅游重点村名录乡村名单,在入选的全国680个乡村中,北京占到23个。目前北京市共有32个乡村入选全国乡村旅游重点村名录,此外,"十三五"时期,北京市在美丽乡村建设方面取得突出成绩,完成3254个村庄的人居环境整治任务,这些乡村将成为北京市拓展文化旅游的重要支撑点,重点挖掘这些乡村的文化旅游资源,打造精品文旅线路,将带动郊区文旅产业的全面发展。11月,文化和旅游部公布第二批国家全域旅游示范区名单,北京市昌平区与门头沟区入选,加上入选首批示范区名单的延庆区、怀柔区、平谷区,北京市目前共有5个区进入示范区名单,都属于郊区,将为北京区域旅游资源整合、文化旅游融合发展提供新的政策支撑点。此外,市郊铁路作为文旅融合的重要基础设施,线路建设和景观提升受到集中关注和大力推进。3月初,克服疫情影响,市郊铁路怀密线景观提升工程全面启动,主要是进行主体栽植绿化,扮亮沿线景观,打造又一条"开往春天的列车"。

各区围绕自身文化资源特色开发文旅项目,比如东城区积极打造"故宫以东"文化旅游品牌,开发主题旅游线路,推出胡同文化系列节目《故宫以东》。海淀区主打"三山五园",推出文旅产品,将西郊线有轨电车打造成"三山五园"历史文化主题列车。通州区环球影城主题公园建设接近尾声,环球度假区在2020中国国际旅游交易会亮相,进行集中宣传,努力打造文旅新地标,通州区为实现北运河通州段全线通航,开工建设榆林庄船闸和甘棠船闸(杨洼船闸进入勘察设计阶段),并将在运河航线沿岸打造

"绿道花谷"和"延芳画廊"两大景区。平谷区举办的世界休闲大会虽然因新冠肺炎疫情推迟至2021年,但各项筹备工作正有条不紊地推进,场馆设施也基本建设完工。

北京还组织一系列活动,推广文化旅游项目,如推出"漫步北京""点亮北京""畅游京郊"等策划,推荐十几条"漫步北京"城市休闲旅游线路,举行"点亮北京·点亮四九城"活动,举办"畅游京郊北京乡村旅游季"等,并且从金融、基建等方面进行配套支持。2021年2月7日,市文旅局与北京银行联合发布"漫步北京及网红打卡地金融支持计划",北京银行将在未来5年为网红打卡地关联企业提供不少于200亿元意向性授信以及配套的一系列金融服务,这将为文化旅游的资源积累和转化创造良好条件。

(五)推动网络文化传播,打造城市文化形象的顶级流量

北京是拥有悠久历史的古都,也是国内外知名的现代都市。北京作为全国文化中心,承载着传承弘扬中华优秀传统文化的使命。结合北京现代都市文化风采,传播中华传统文化魅力,展示北京古典与现代融合的文化风貌,将北京的人、事、物、景打造为网络中的顶级流量,这是北京文化传播的目标和意义所在。

结合2020年北京文化传播发展情况来看,网络线上传播成为最重要的趋势和特征,这一方面是疫情挤压所致,另一方面也是近些年北京文化业界在网络传播领域深耕结下的果实。本年度许多文化活动都改为线上举办,如"全国基层院团戏曲会演""大学生戏剧节""大学生电影节"等,然而到下半年,虽然可以组织线下活动,但许多活动组织者和参与者已经习惯线上方式,一些活动专门优化流程设计,设置线上线下联动环节,为文化传播提供了新样式。此外,"互联网+文化"还以网络传媒和文化产业联姻的方式呈现出来,网络成为文化产品营销的利器。疫情期间网络新经济发展如火如荼,除电商平台销售外,网络直播更是闯下一片天。北京文化企业尤其是老字号纷纷尝试直播这种新玩法,截至年底,北京有一半老字号开启线上直

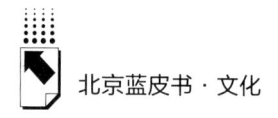

播,并取得不俗的营销成绩。

北京在推进文旅融合过程中,也借助网络进行文化传播。5月,北京市文化和旅游局开展线上云游北京活动;8~11月举办的长城文化节和大运河文化节,也都采用线上线下结合的方式举办系列主题活动:这一系列尝试为文旅行业的传播推广开辟了新路径,使人们逐渐接受"云游"的方式,大大提升了文旅推广活动的公众参与度。此外,文博行业也利用数字网络方式,开发线上观展的路径通道。北京市数字博物馆建设虽在多年前已经局部铺开,但观众观展习惯并未转变,通过疫情期间"云游"模式的建立与巩固,数字博物馆技术将更有用武之地。

北京拥有强大的传媒产业以及众多国内外知名的互联网企业,结合丰富的文化资源和内容,北京在国内外的文化知名度逐年提升。但由于围绕疫情产生的舆论争端,北京乃至中国在全球网络媒体中遭遇污名化,应该加强沟通联系,通过网络讲好中国抗疫故事,传递中国民众声音,展示大国首都的文化自信。

三 北京文化发展"十三五"答卷与"十四五"蓝图

2020年,北京文化发展处在"十三五"规划收官与"十四五"规划开局的关键节点。联系"十三五"时期整体分析,2020年是交答卷、开新局的一年,需要结合本年度发展状况对"十三五"时期文化建设做一个大致盘点,对"十四五"时期的文化发展格局和趋势做出相应的分析预测。

(一)"十三五"时期北京文化建设发展状况与特色

"十三五"时期,北京文化建设总体平稳,各领域都取得长足的发展,全国文化中心地位更加巩固。五年来文化发展状况,体现了几个突出的特色,呈现出文化演进的中长期趋势。

一是新老相宜,新潮流与老传统相得益彰,推动首都文化在现代与传统之间走出兼容之路。

重点围绕北京"古都文化、红色文化、京味文化、创新文化"进行保护、开发和利用，强调让北京丰富的历史文化资源活起来，结合首都活跃的文化创新氛围，将北京历史文化元素充分注入文创行业，开发大量充满传统风韵、京味特色又契合现代时尚生活风潮的文化创意产品，在每年定期举办的电影节、时装周、文博会、服贸会等重大文化会展活动中亮相，这种导向可使北京文化发展在拥抱现代文化潮流的同时，维系传统文化根脉。北京在历史文化保护与社会发展建设中逐步找到平衡点，投入大量资金进行历史建筑修复，围绕中轴线进行历史景观复原，将北京大运河文化元素运用于副中心文化场馆设计建造，这一系列举措使北京现代都市气象与历史古都风韵相互映照，北京的文化形象更加丰富立体，更具有历史与时代的穿透力，体现出北京的首都风范、古都风韵和时代风貌。

二是大小相参，大格局与小细节相互参照，促成首都文化走向科学发展之路。

"十三五"时期，北京从宏观视角为文化发展找准航向，以大视野把握文化发展脉络和走向，以大格局建设大国首都文化。一方面，严格按照《北京城市总体规划（2016年~2035年）》确定的城市发展理念和规划精神，从战略高度出发谋划科学合理的发展路径，以"一城三带"描述历史文化遗产的布局，以"四个文化"概括文化建设的重点，高屋建瓴树立文化发展总体理念，构建文化发展良性生态系统。另一方面，宏观的文化发展规划需要各种分级分类的落地措施进行推进，文化建设大的目标需要各种细致的工作一点一滴地完成实现。文化部门下沉到文化工作一线，深入文化各领域的细部，从人民文化需求出发解决文化供给结构性短缺问题，从文化毛细血管着眼解决"最后一公里"等文化供给痛点，实实在在推动文化服务进校园、进社区、进商场、进公园等，提升了市民文化获得感。在公共文化服务设施建设方面，全市已经建有四级公共文化服务设施6844个，覆盖率达99%；坚持做惠民文化季活动品牌，将文化惠民落实到演出票价补贴、文化产品促销、文化活动举办等具体事务中，这五年来，北京惠民文化消费电子券累积发放补贴1.8亿元，直接带动文化消费超过12亿元。在针对文化企业的融资服务和信息服务等方面，逐步做到贴身、贴心，建立各种差异化服务渠道，满足不同需求，取代原先的"一刀切"思维，从文化科学化发展目标出发推动文化行业精细化管理，不仅注重文化建设速度，更体现了文化的温度。

三是动静相生，文化活跃性与文化宜居性彼此催生，最大限度提升人民群众文化获得感。

"十三五"时期，北京不断尝试新路径，激活文化资源，活跃文化氛围，同时打出一系列令人眼花缭乱的政策组合拳，强化文化供给效率和公平性，提升城市宜居性。进一步明确城市历史保护与经济发展的关系，严格落实"老城不能再拆了"的战略要求，从制定常态化制度到实施具体举措，全面推进老城保护，老城大拆大建的风气得到彻底遏制，北京古都核心区的风貌不断得到修复，城市历史底蕴得以彰显，宜居性不断增强，体现北京文化浑厚底蕴和灵动风度。受一系列文化激励和扶持政策推动，每年都会有大量新的文化企业注册成立，数量远远超越国内其他城市，一批影视、传媒、动漫、艺术设计等优秀文化企业引领国内潮流，成为同行业标杆。举办各类群众性文化活动，"十三五"时期全市共举办各类文化活动34万场，下基层演出达到4.7万场。利用城市"留白增绿"疏解整治成果，拓展文化空间，五年来共新增城市绿地3600公顷，新建城市休闲公园190处，新添小微绿地和口袋公园460处，城市休闲空间扩大，文化活动也有了举办的场地，动感活跃的都市氛围与休闲安静的生活情趣相得益彰。

四是雅俗相依，文化殿堂风采与文化市井气息并立并存，共同构成首都文化的丰富样貌。

市民文化消费逐渐升级，对高品质文化产品的消费需求更加旺盛，新建一批较高规格的公共文化场馆，如城市副中心剧院、图书馆、博物馆三大院馆正在按高标准建设，将成为城市新的文化地标。一些老旧场馆也进行了整修，对北方昆曲剧院、北京画院等文化艺术单位进行改造，北京高品质文化场所大大增加，也使更多的高水平文化艺术作品有了展陈、展演空间。文化发展各项政策和举措更接地气，推出网红打卡地榜单，吸引社会公众关注和参与文化旅游发展。重视互联网文化业态发展，搭建互联网文化传播平台，越来越多的文化活动、会展信息和文化惠民政策等通过网站、微博、微信公众号发布，信息透明度越来越高，市民获取文化信息越来越容易。基层文化建设也取得较大进展，通过资金支持和政策帮扶，社区文化"最后一公里"问题一定程度得到缓解。文化内容生产方面，既重视重大题材作品以及高雅艺术的生产，也扶持鼓励内容精悍短小、充满市井百姓生活气息的文化艺术作品创作，以电影为例，既有现象级的《战狼2》《红海行动》等横空出世，也有《小巷管家》等小成本电影如雨后春笋冒出来，体现多样化的文化供给思路，促进了文艺繁荣发展。

五是产智相融，文化产业与智力行业共生共赢，形成产业发展良性循环通道。

北京是人才高地，文化行业拥有大量高知高智的人才，为产业发展提供丰厚的智力"蓄水池"，而文化产业的发展也产生较强的人才吸聚效应，初步形成产智融合、良性共生的局面。

结合文化产业收入和文化从业人员数量来分析，2018年开始采用文化产业标准统计口径，数据显示规模以上文化产业收入连年以较快速度增长，2018年1~12月规模以上文化产业收入10703亿元，同比增长11.9%；2019年1~12月的收入为12849.7亿元，同比增长8.2%；2020年尽管受疫情影响，1~12月收入仍同比增长0.9%，达14209.3亿元。然而相对于收入增长幅度，规模以上文化产业的从业人员数量增长不多，由2018年的59万人到2020年的59.3万人，几乎没有增长，这说明文化产业产出效率较快提升，文化产业高质量发展取得一定成绩。

北京在文化产业多个领域已探索出产智相融的科学路径，文化产业业界尝到与智力行业深度对接的甜头，智力行业从业人员也正在享受产业发展带来的回报。2020年4月26日至30日，第四届中国"网络文学+"大会与第26届北京电视节目交易会携手线上开幕，前者关联的是文学内容创作领域，后者则属于文化市场生产交易领域，在"网络文学+影视"模式下两者形成联合，促成网络文学IP内容创作迅捷地接入影视产业生产流程，不

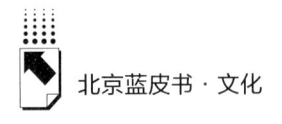

仅为影视行业生产注入新鲜血液，还解决了网络文学IP的转化问题，智力行业在产业中接受了检验，在市场中实现了自身价值。

（二）北京文化发展的整体格局与未来蓝图

北京文化发展与城市定位密切相关，与首都乃至全国的发展建设大潮流同向同行。北京城市发展正在经历深刻转型，在发展思路与发展模式上积极探索，由积聚资源体现增长转变为疏解减量谋求发展。文化对于首都高质量发展、可持续发展的意义就更为突出，在城市未来谋篇布局过程中的价值就更为重要。

从近几年北京文化发展的整体思路和具体举措来看，文化建设越来越深地融入整体的社会发展大格局，力求跟上时代潮流，沿着既定轨道稳步前行。北京文化在发展过程中，被赋予了引领者角色，承担着先行者的使命，立足本地，辐射京津冀区域，服务全国，面向世界，积极探寻文化建设发展的"北京模式"与"北京经验"，发挥全国文化中心示范作用，凸显首都在建设社会主义文化强国中的地位。如何建设大国首都文化，以首善标准做好首都文化这篇大文章，对于北京、对整个中国、对于这个时代都具有特殊意义。

北京将文化繁荣作为建设社会主义和谐宜居之都的重要任务，以宏阔的目标图景为先导，将文化发展作为实现首都功能的基础性目标，从多领域推进全国文化中心建设。2020年2月，中共北京市委印发《关于新时代繁荣兴盛首都文化的意见》，强调发展"四个文化"，即古都文化、红色文化、京味文化、创新文化；提出丰富高品质文化供给，满足人民群众多样化的文化需求；要求推动中华文化"走出去"，将北京建设为对外展示中华文化的首要窗口，这份文件为新时代北京文化发展建设举旗定向、谋篇布局，政策导向性很强。4月9日，北京市政府发布《北京市推进全国文化中心建设中长期规划（2019年~2035年）》，明确以首善标准建设首都文化，通过中轴线申遗推动老城整体保护与复兴；依托三条文化带构建历史文脉，打造与生态环境交融的文化空间结构；营造健康的文艺生态环境，实现文艺全面繁荣；创新公共文化服务体制机制，建成便捷高效的现代公共文化服务体系；

推动文化创新，建设具有国际竞争力的创新城市；挖掘文化旅游资源，突出中华文化魅力，建成世界旅游名城；加强文化传播能力，提升文化贸易水平，建设面向世界的文化交流窗口。2021年1月，北京市政府发布《北京市政府工作报告》，集中回顾了"十三五"时期首都发展建设情况，包括文化方面的工作：扎实推进全国文化中心建设，确立"一核一城三带两区"总体框架，文化软实力和影响力进一步增强。

北京建设全国文化中心，建设什么？怎么建设？经过"十三五"时期文化建设过程的磨炼，文化业界对于这些问题的理解越来越深刻，优化改进的思路越来越明确，文化发展的路径也越来越清晰。从大的目标格局来看，北京就是要在文化建设领域树立全国的标杆，发挥示范引领作用。一是树标准，即树立文化领域的规划标准、产业标准、评估标准等，形成文化发展的"北京标准"。二是做平台，即建立文化服务、文化传播、文化投资融资等平台，为全市乃至全国服务。三是强产业，即发展全国领先的文化产业体系，将文化相关产业建设成为北京城市发展的支柱性产业。四是兴生态，即构建关系和谐、沟通良好、文明健康的文化生态，形成人才、资金、文化内容等要素自由流通、文化产品供需平衡、社会文化氛围和谐的良性发展格局。

"十三五"以来，北京文化在发展方式上逐渐明朗，在发展路径上逐渐成熟。首先，坚持高端发展，构建"高精尖"产业发展结构，提升北京文化发展的品质，将北京打造为演艺中心、影视高地、设计名城、网络游戏中心、旅游名城、艺术品交易中心、会展中心等。其次，坚持创新发展，激活文化创新创意氛围，迎合历史发展的新时代，契合社会发展的新形势，不断寻求行业发展的新动能，开拓文化新领域和新产业。再次，坚持融合发展，以"文化+"融合科技、金融、旅游、体育等业态，使文化深度融入社会各领域。最后，坚持科学发展，配合疏解非首都功能的政策，寻求文化发展的机遇，结合城市减量发展的思路，在努力做文化业态增量的同时，也要形成有序增减的思路，根据北京文化发展规划目标和资源情况，科学引导文化产业的发展方向，构建引入、退出机制，将有限的人才、资金、政策配套资源用于扶持市场竞争力强、创新驱动力足、文化辐射面广的文化企业和文化

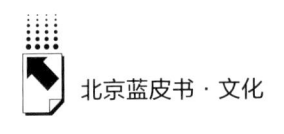

业态。

扎根首都文化建设的实践土壤,北京既是文化发展的一块试验田,依托巨大的体量和丰富的资源,北京也势必成为一片充满生机的文化沃土,不仅为大国首都文化建设提交答卷,也为国家文化千年之计开创新篇。从这种格局和角度来看,2020年不仅仅是"十三五"时期文化发展的一个终点,也不仅仅是"十四五"文化发展的一个起点,更是一段连续征程中的里程碑,记录过去一个时期文化发展的轨迹,并且导向未来文化发展的新征程。

四 北京文化建设中存在的问题与建议

北京文化业态在危机和机遇中度过2020年,克服疫情影响,维持良好的发展势头,这来自北京文化自身优势和固有韧性,但其中的问题同样不少,如地区失衡、结构失调、管理失序等问题在部分行业领域不同程度地存在,结合这些问题,需要不断从顶层设计到具体落实环节进行优化,从而推动北京文化发展新格局,形成文化发展新气象。

(一)坚持文化抗疫,确保北京文化业态平稳发展

完善防疫预案和应急机制,做好长期应对疫情准备。新冠肺炎疫情全球大流行是2020年最大的黑天鹅事件,社会各行各业都缺乏应对经验,文化发展受到的冲击尤其严重。经过一年的努力,北京文化业态承受住疫情冲击,并建立了相应机制和预案,积累了一些经验。但全球疫情依旧严峻,鉴于疫情在短期内难以彻底完结,仍需面对疫情的不确定性做充分考虑,提前谋划,精心布局,不断优化疫情防控应急机制,稳步推进文化行业发展,也为今后应对类似公共卫生事件提供行之有效的路径和方法。

利用疫情防控限流开放的契机,做好文化场馆(站)和旅游景区"整、促、提"工作。各文化馆(站)、博物馆、图书馆利用疫情期间限制开放产生的时间与空间空档,积极展开图书清理、展品维护、工作流程优化、系统升级等工作,促进公共文化服务部门提高工作效率,提升文化内质,增强应

对风险的能力。在条件允许的情况下，做好文化基础设施修建、修缮工作，将部分修缮计划提前，推动某些提升性项目开工建设，以填补疫情防控期间限制开放的时间空档，提振行业信心，提升服务能力和水平。

继续加大政策支持力度，帮助文化企业渡过难关。由于疫情影响，文化企业收入锐减，同时背负人员工资、场地租金、贷款利息等成本，许多企业遇到经营困难。因此需要在具体落实"北京文化28条"的基础上，继续加大政策支持力度，大力扶持困难企业，推动文化、工商、税务等部门主动暖企，了解并解决企业困难，做到精准施策。进一步优化文化旅游业的营商环境，简化文化产品审批流程，加大财政资金支持力度，给予文旅企业税收减免优惠，设立行业应急专项资金，为资金链紧张的企业提供过桥资金，解决部分企业燃眉之急。

建立疫情防控期间特殊的文化传播渠道，推动疫情防控主题文艺创作，将优秀的文化产品第一时间推出与公众见面。尝试引入公益机制，鼓励文化界参与文化公益，通过捐赠版权、投资入股等方式，释放和盘活文化产品存量资源，促进疫情防控期间文化消费，满足民众文化需求。

（二）加强全市统筹，推动各区文化均衡化发展

在2021年政府工作报告中，明确要求健全包括文化在内的公共服务体系，基本公共服务均等化水平要走在全国前列。从公共文化服务数量分布和质量水平来看，各区存在较大差距。目前全市文物局系统内博物馆共计49个，其中东城区、西城区、海淀区、朝阳区、丰台区、石景山区这6个中心城区有28个，占全市16区的一半以上。全市区级以上公共图书馆24个，其中六个中心城区有13个，也超过全市总数的一半。如果考虑人口分布情况，按2019年的数据，这六个中心城区人口达1123.6万，约占全市2153.6万人的52.2%，也超过总人口一半，似乎人均享有的博物馆、图书馆等公共文化资源差距在合理范围。但由于北京人口疏解政策，中心城区人口比例将逐渐降低，公共文化资源空间布局应提前谋划，适当向郊区倾斜。

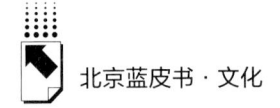

由于公共文化服务全市统筹，可以通过财政倾斜、规划调整、帮扶发展等方式尽可能缩小差距。相对于公共文化服务，文化产业各区发展不平衡现象则更为严重。文化产业发展具有很强的集聚效应，应更多地由市场调节。北京市首批认定的33家市级文化创意产业园区，有27家集中在东城区、西城区、海淀区、朝阳区这四个中心城区。另外根据北京市统计局数据，2019年全市规模以上文化产业法人单位收入共计13544.3亿元，其中东城区、西城区、海淀区、朝阳区、丰台区、石景山区这六个中心城区合计12244.2亿元，占全市收入90.4%。即便是六个中心城区，也存在严重的失衡现象，其中收入最高的海淀区达到6137.4亿元，而收入最低的丰台区仅有199.4亿元。虽然统计显示的是规模以上文化产业法人单位收入，具体的文化产业产值差距可能未必如此之大，但这也从一个侧面反映各区文化产业发展不平衡问题非常突出。

科学推动各区均衡化发展要避免同质化，而应强调特色化、差异化发展。各区找准定位，强调行业互补性，强化目前已初步成形的优势产业，在全市范围内形成合理的产业布局。如西城区利用丰富的文化遗产资源，发展非遗文创产业，打造天桥演艺区；海淀区依托中关村强大的科技产业优势，打造文化科技融合产业生态；丰台区主打戏曲文化，承办中国戏曲文化周等特色活动；怀柔区重点建设国家级影视产业示范区；平谷区致力于发展休闲文化，举办平谷世界休闲大会，发展休闲文化周边产业；通州区利用城市副中心文化配套建设，发展文化旅游、演艺、设计等产业；等等。这种互补性的发展思路将有利于文化资源合理调配，有利于实现北京城市区域规划目标，有利于产业合理积聚、科学发展，也有利于各区围绕优势产业进一步整合资源，构建文化生态，形成各区具有辨识度的文化风貌。

（三）通过政策与市场手段，推动文化产业高质量发展

文化产业在2020年经受住疫情考验，能够生存并延续发展势头的企业和业态，都具有较强的韧性和生命力。与此同时，也不能忽视政策调控和市

场推动的因素，这两方面都是文化产业发展存续的关键。

北京市不断提高对文化产业的管理水平和服务水平，通过文资办、文促中心等文化机构，直接使政策调控触及文化产业发展一线。北京市每年组织文化创意大赛、文化创意市集等高规格活动，连带充裕的文化扶持资金，有效引导和推动文化产业高质量发展。然而，文化部门和机构的管理服务仍有提升空间，需要继续推动智慧政务建设，提升文化类政务服务水平，将更多的文化审批等事务纳入其中，力求做到"网上办、掌上办、指尖办"。在构建文化产业发展方向上，应紧紧围绕国家文化发展大战略，顺应时代文化发展趋势，比如深入推进文化产业数字化战略，围绕数字化战略推进一批文旅"新基建"项目，推动文化行业大数据产品走向市场。

面对市场，应该积极发展文化服务业，构建文化产业市场拓展新思路。文化服务业是现代服务业重要组成部分，也是文化产业的核心领域，总体来说，文化产业与服务业的相互交叉形成文化服务业。现代服务业中科技、信息、商贸、文化等是一个密切关联的体系，数字产业、传媒科技、工业和建筑设计等服务业和文化具有千丝万缕的联系。以文化为产业内核的文化服务业依托市场和政策两方面的支撑，具有良好的发展前景。

文化服务业往往具有轻资产、高成长的特性，尤其是高端的文化服务业，更是依赖智力生产。北京作为文化知识人才富集之地，以强大的智力资源顶托文化服务业高质量发展，不仅可以拓宽文化产业发展路径，而且有利于减少对资金、土地等硬资源的消耗，符合北京的资源结构和发展定位。在文化服务业框架下，新经济和旧产业能够有效整合，文化和科技、贸易等能够很好融合。目前北京服务贸易占全国1/5左右，其中与文化服务相关的贸易占据相当比例，涉及文化产业资产评估服务、文化培训服务、文化投融资服务等，给北京文化服务业持续快速发展打下了良好的基础。"十四五"期间，借势国家服务业扩大开放综合示范区建设，北京文化服务业将迎来绝佳的发展机遇，并将助力文化产业新发展格局的形成。

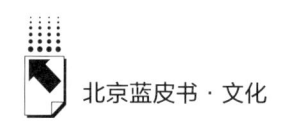

（四）整合投融资平台，打造文化企业融资快车道

文化产业融资需要解决两个方面问题：一是来"水"充足，即尽量扩大资金来源，增加资金注入；二是输"水"通畅，提升资金配置效率，将资金分配好。

2020年，北京地区仅有一家文化艺术类企业上市，即北京锋尚世纪文化传媒股份有限公司（简称"锋尚文化"）在深交所创业板成功上市，但上市后面临股价下跌的窘境，这说明即便是在北京这样的文化产业集中之地，文化企业享有诸多政策红利，在资本市场上仍然不被看好。大量文化类企业生存压力大、利润率低、淘汰率高，事实上属于高风险运营状态，因此不仅融资困难，融资成本也高，无法仅靠市场手段解决融资问题，这就需要政府的适当引导和干预，增加资金池的容量和流量。针对文化企业融资困境，政府每年投入财政资金用于文化企业投资、奖励、贷款等服务，2020年受疫情影响，"投奖贷"项目未能完成，2021年度应加大实施力度，并继续完善"投奖贷"联动机制，使政府财政杠杆能够撬动文化融资难题，带动全社会积极参与文化投融资。

北京市近年来针对文化企业融资问题搭建了多个平台，确实起到了引导资金配置的作用，但这些平台服务功能存在交叉，且不少融资渠道申请、审核等手续繁复，文化企业需要耗费大量精力了解融资优惠政策，许多融资优惠信息无法被中小企业及时获取，实质上增加了获取融资服务的难度。需要整合信息渠道，进一步提高信息透明度和易获取性；整合投资平台，打造简化版的融资快车道，使文化企业更快、更方便地获得发展所需资金；提升资金引流的能力，引导资金流向项目优质、内容优秀、价值优良的文化企业，借助金融杠杆，使文化市场优胜劣汰机制能充分发挥作用。

（五）谋求发展增量，拓展文化旅游融合发展新空间

中国社会科学院财经战略研究院倪鹏飞团队发布的《2020中国城市环境韧性竞争力报告》列出中国291个城市的环境韧性排名，北京排第47名，

报告还显示，京津冀城市群在东部地区城市群中排名相对较低，由此可见，北京及周边区域自然环境比较脆弱。发展文化旅游，文化能够更多地融入旅游内容设计，提升旅游体验，使旅游对自然环境承载力的需求降低，这对北京生态文明建设具有重要意义。

北京文化部门在文旅融合方面投入了很多精力和资源，但也存在着一些问题，比如许多新开发的文化旅游项目市场效果没有达到预期，旅游体验不尽如人意，在许多旅游线路的设计上没有形成突破，在生动性、趣味性方面还有待加强。在具体实践中，应注重在文化旅游资源存量基础上做加法，在增量方面下足功夫，尤其是针对文旅市场中最活跃的年轻消费者群体，量身打造文旅产品，使网红打卡地真正转化为长久的文化旅游品牌，避免昙花一现。一方面要做好网红旅游打卡地的资源建设，提升服务水平，使网红景点真正具有文化内涵；另一方面要运用互联网思维积极引流，使文旅景点的热度能够传导至线下，将信息流转化为实实在在的文旅消费流，避免出现线上线下冷热两重天的情况。

网络新经济形态构成了文化市场最为活跃的部分，在疫情防控背景下成为文化发展破局的一个重要突破口。应鼓励文旅企业从危机中寻找机遇，积极开拓线上市场，帮助企业搭建或完善自有的新媒体平台；组织文化企业展开交流，传授线上销售成功经验，实现行业内传帮带的机制；由文化部门牵头与京东、美团等电商开展合作，组团进行北京文旅产品销售，在网上打响北京文旅的品牌知名度，展现全国文化中心的文化底蕴、创意精神和开拓意识。

发展文化旅游，需要加强文旅品牌宣传，积累北京文旅品牌人气。与在京各报刊、电台、电视台、网络企业等媒体合作进行文化旅游推广，在各大媒体平台投放文旅宣传片或广告，精心构思旅游宣传语，推介北京旅游，宣传北京文旅形象。利用旅游景点封闭、限流的契机，与制片商合作开展纪录片、宣传片拍摄，制作景区数字化游览资源；鼓励文旅企业加大网络宣传力度，结合战疫抗疫主题，展示文旅企业良好形象，擦亮北京文旅品牌的金字招牌。

文化旅游发展还需借势北京重点推进的重大活动、重大战略、重大举措等，从而取得事半功倍的效果，比如借北京冬奥会举办的东风，推进冰雪旅

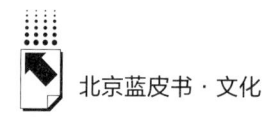

游，将北京传统冰雪文化融入其中。为配合北京夜经济发展战略，文旅部门可大力开发夜间文化旅游项目，精心打造"夜赏北京"线路，将日间景点游览与夜间文化体验串联起来，形成新的文旅消费模式。

（六）加快队伍建设，巩固首都文化人才高地

文化建设发展高度依赖人才，包括文化管理部门、文化研究机构、文化传媒、文化企业等，都需要大量运营人才、管理人才、创意人才和传播人才等。在各专精领域还要有一批专业性很强的技术人才，尤其是随着文化与旅游、商务、金融、科技等行业的融合不断加深，还不断产生各种跨界、交叉学科的专门人才需求。

虽然北京文化发展建设水平全国领先，并且依托各大高校与科研机构，在文化人才培育方面也占据极大优势，但文化领域仍然存在人才短缺问题。尤其是在基层，专业人员匮乏，高精尖人才严重不足，且面临不断流失的尴尬。基层文化部门往往一人多岗，身兼数职，而且耗费大量精力于事务性工作而非专业性工作。在公共文化服务建设中，文化部门购买社会服务也带来一些问题，部门人员逐渐变成项目发包和管理者，与文化专业领域脱节，业务素养长期得不到锻炼，逐渐失去对文化风尚的判断力和引领力。

加大对基层人才培养的支持力度，让基层部门人员从过多的事务性工作中解放出来，多从事实际的文化组织工作，参与相关的课题研究，锻炼能力、增强本领；灵活用人政策，吸收文艺骨干进入管理部门，让更多懂行的人做专业的事；人才培训是行业高质量发展的关键，可以利用疫情所形成的工作空窗期，以具体行业为单位，组织开展网络线上培训；借用当下网络公开课等成熟模式，组织北京文化旅游知识讲堂，面向全社会开放，不仅承担培训功能，而且承担文化传播功能，满足不同人群文化需求；增加业务培训频次和业内学习交流机会，为文化从业者提供更多、更优质的锻炼平台，促进人才合理布局；完善专业技术人员职称评定渠道，合理规划人才上升渠道，留足晋升空间，提升文化人才职业自豪感和满足感，使他们更积极自觉地为北京文化建设发展做出贡献；分级分类建立全市范围的文化人才数据

库，在人才认证、人才流动、人才培育等方面进行规范，真正做到善用人才、善待人才。

2021年是"十四五"规划开局之年，虽然新冠肺炎疫情尚未消散，但在文化业界共同努力下，北京文化发展已顺利步入正常轨道，并开始加速前行。北京文化业界将会抓住机遇，不惧挑战，充分发挥资源优势，挖掘发展潜力，引领全国文化发展风向，启动驶向"文化蓝海"的新航程。

文化建设与文化发展战略

Capital Culture Construction and Culture Development Strategy

B.2 北京市文化经济政策评估及制度体系建设（2006~2019）

王鹏 郑妍 郑伯全*

摘　要： 伴随着文化经济的发展繁荣以及文化体制改革的不断推进，北京市文化经济政策经历了三个时期的内涵演变。为准确、客观地评估北京市文化经济政策，本文构建了北京市文化经济政策评估体系，对2006年至2020年6月的北京市文化经济政策进行评估，并根据评估结果所反映的政策内容、政策效用、政策可操作性以及政策影响力和满意度等问题，对"十四五"时期北京市文化经济政策发展提出了相应的对策建议。

关键词： 文化经济政策　评估体系　文化体制

---

* 王鹏，北京市文化创意产业促进中心副主任；郑妍，北京市文化创意产业促进中心；郑伯全，北京蓝色智慧管理咨询中心董事长。

一 文化经济政策内涵界定

伴随文化经济的发展繁荣以及文化体制改革的不断推进,文化经济政策的内涵也在不断变化,从侧重文化事业到关注文化产业再到强调文化事业、文化产业融合发展,文化经济政策已成为"大文化"概念,涵盖文化产业、文化事业、文化传播等领域,是引导和支持文化经济发展的政策。十九届四中全会提出"完善以高质量发展为导向的文化经济政策",就是要以高质量发展为政策旨归,突出供给侧结构性改革,优化市场化资源配置机制,激发创新引领与创新驱动,从而推动文化经济高质量发展,为坚持与完善社会主义先进文化制度提供有力政策支撑。因此,完善以高质量发展为导向的文化经济政策,对北京市文化经济政策提出的要求是提高全要素生产率,激发创新、人才、数据、资金、土地等要素的配置效能;推动全产业价值链发展,打通投资、生产、消费、贸易等价值链环节,汲取文化经济高质量发展的创新动能。

二 北京市文化经济政策评估体系构建

结合完善以高质量发展为导向的文化经济政策的要求,基于对各类政策评估模型的理论研究,综合考量指标的科学性、可获得性,本文构建了北京市文化经济政策评估体系,对2006年至2020年6月的北京市文化经济政策进行评估。评估体系包括政策内容、政策效用、政策主体三个维度,共涵盖37个指标。政策内容主要是评估政策内容环节的完备性、时效性、协同性、前瞻性;政策效用主要是评估政策实施后的实际效果,包括经济效益、社会效益等方面;政策主体主要是评估政策对象对政策的反馈评价,着重关注政策执行主体对可操作性的评价,以及政策被执行主体(文化企业和社会公众)的满意度、政策影响力、政策执行力等方面。

本文综合采用文本标识、问卷调研、直接获取等方法获取评估指标原始数据,并选择"历史标准"作为评估标准,即通过采集不同时期的指标历史数据，来制定当前指标的评估标准。对于政策内容维度，采用文本标识法，对政策文本内容、政策发布时间、不同层级政策衔接性进行评价。对于政策效用维度，采用直接获取法，直接使用统计局、财政局等官方部门公布的数据作为原始数据，经科学计算后进行评估。对于政策主体维度，采用问卷调研法，获取政府部门、文化企业、社会公众对政策可操作性、政策满意度、政策影响力、政策执行力等方面的评价。

表1 北京市文化经济政策评估体系

一级指标	类别			二级指标
政策内容				政策完备性
				政策时效性
				政策协同性
				政策前瞻性
政策效用	供给侧	制度	市场体系	文化类行政审批事项精简数量
			市场主体	北京市文化上市企业数量
				文物局系统内博物馆及其他文物保护机构数量
				文物局系统内博物馆及其他文物保护机构参观人数
				公共图书馆数量
				公共图书馆建筑面积
		结构		文化国家高新技术企业数量
		要素	土地	单位用地文化产业生产值
			资金	全市地方财政文化体育与传媒支出
			人才	文化、体育和娱乐业城镇单位在岗职工年末人数
				文化、体育和娱乐业城镇单位在岗职工平均工资
			创新	专利授权量
				技术市场合同成交总额
				全市研究与试验发展(R&D)经费内部支出
				专利项目一审结案量
			数据	北京市统计局及北京统计年鉴发布的文化类指标数量
	需求侧		投资	文化、体育和娱乐业全社会固定资产投资
			消费	城镇居民家庭人均教育、文化和娱乐支出
				农村居民家庭人均教育文化娱乐支出
				文化设施的均衡性(以公共图书馆数量为基础)
				文化设施的均衡性(以公共图书馆总藏数为基础)
			贸易	文化服务贸易额/文化产品进出口总额

续表

一级指标	类别		二级指标
政策主体	政府	可操作性	概念界定和语句表述的明确度
			实施主体和实施对象的明确度
			优惠、奖励措施的明确度
			支持力度是否合适
			实施流程的明晰度
			政策的执行力
	企业	政策影响力	资金政策、人才政策、科技创新政策、制度政策、贸易政策的认知度
		企业满意度	资金政策、人才政策、科技创新政策、制度政策、贸易政策存在的不足
	公众	政策影响力	文化消费政策的认知度
			文惠券的申领效果
		公众满意度	文化消费政策存在的不足

三 北京市文化经济政策发展现状及趋势

自2006年北京颁发《北京市促进文化创意产业发展的若干政策》始，北京市各类文化经济政策纷纷出台，北京市文化经济走上发展的快车道，文化产业已成为仅次于金融业的支柱性产业。2018年，《关于推进文化创意产业创新发展的意见》出台，从顶层设计高度为推动文化经济高质量发展，加快全国文化中心建设指明了方向。

政策数量持续增长，已形成"1+N+X+G+O"的文化经济政策体系。2006年至2020年6月，北京市共计颁发196项[①]文化经济政策，"十一五""十二五""十三五"时期分别颁发27项、51项、118项，已形成"1+N+X+G+O"文化经济政策体系。"1"为北京市级规划以及市委市政府[②]出台的纲领性政策，共89项；"N"为北京市其他相关

---

① 仅包括北京市级部门颁发的政策，即"1+N+X+G+O"中的"1+N"。
② 发布主体包括中共北京市委（含办公厅、宣传部）、北京市人民政府（含办公厅）。

部门或相关行业的一般性政策，共107项；"X"为北京市各区层面的文化经济政策；"G"为国家层面的文化经济政策；"O"为其他兄弟省市的文化经济政策。

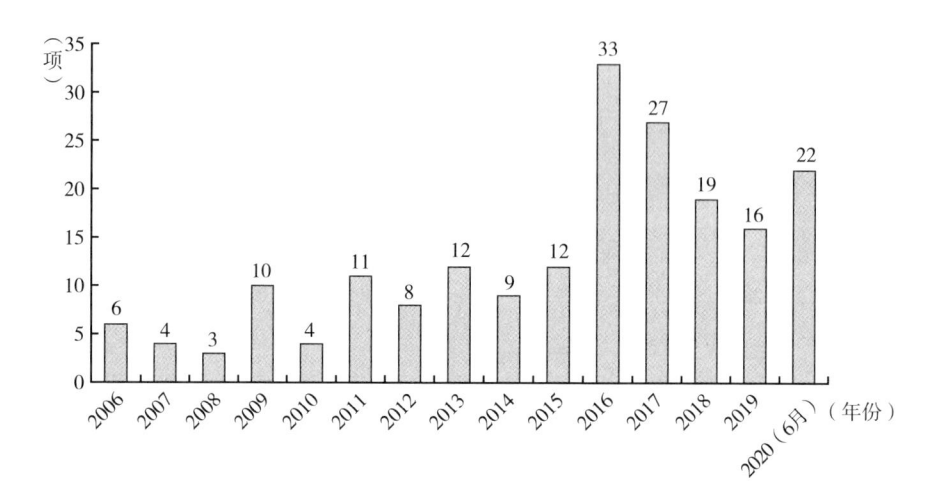

图1 2006年至2020年6月北京市文化经济政策每年发布数量

发文主体呈现多元化特征。北京市文化经济政策共涉及47个政府部门，15个部门参与发文达5次及以上。196项政策中，39项为联合发文。发文主体不仅包括中共北京市委宣传部、北京市文化和旅游局、北京市国有文化资产监督管理办公室（现北京市国有文化资产管理中心）、北京市新闻出版广电局等文化管理部门，还包括北京市商务局、北京市体育局、北京市金融工作局等其他领域的管理部门，发文主体日益多元化。

由"政府扶持"到"政府主导，市场参与"，再过渡到"市场主导"。"十一五"时期，北京市文化经济政策的核心特征是"政策扶持"。在文化产业发展的起步阶段，北京市大力深化文化体制改革，运用财政、税收等政策手段扶持文化产业发展，文化经济政策体系初步建立。"十二五"时期是"政府主导、市场辅助"推动文化产业发展的阶段，文化经济政策越发市场化、多元化。到"十三五"时期，文化经济政策过渡到以

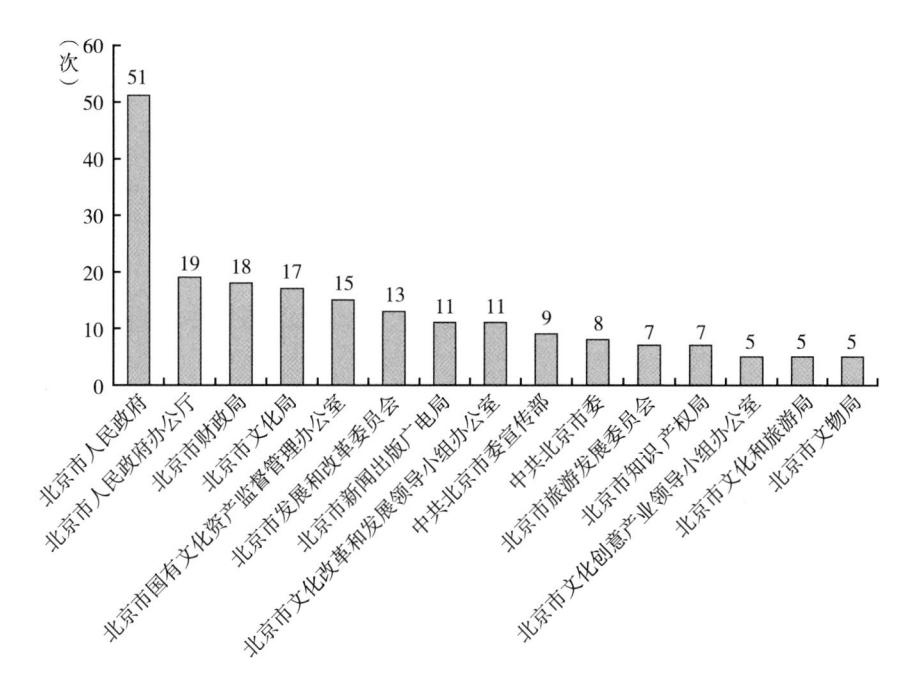

图 2　发文次数达到 5 次及以上的发文主体政策发布情况

"市场主导"为特征，北京市更加注重通过发挥市场机制的作用来推动文化经济发展，发布了"投贷奖"等创新政策，文化经济政策更为综合，政策手段越来越灵活，越来越尊重文化产业发展规律，科学、高效的文化经济政策体系进一步完善。

四 "十二五"时期北京市文化经济政策评估

（一）政策内容

完备性方面，"十二五"规划纲要中对历史文化名城建设、文化服务供给、文化产业发展、文化传播 4 个方面提出要求，规划期内均有相关文化经济政策作为支撑，但综合对比政策标准与政策现状，在新媒体、广播影视等领域的政策力度有待加强。

时效性方面，"十二五"时期实现同比提升，在具备可比性的 19 项文

化经济政策中,有15项政策时效性较强,数量占比为78.95%,较"十一五"时期增长了约2个百分点。4项政策的时效性稍显不足,涵盖旅游业、文化融合、文化行政审批事项精简、质量发展纲要等4个方面。

协同性方面,上下位政策的协同性逐渐提升,"十二五"时期针对国家出台的28项政策,北京市共颁发了30项落实政策,数量比"十一五"时期增加了114.3%。此外北京市各区出台了23项落实上位政策的文化经济政策,其中,海淀区、大兴区、通州区的政策协同性较好,分别颁发5项、4项、4项相应政策,有力支撑了公共文化服务体系构建、文化服务业扩大开放等重要部署的落地实施。

前瞻性方面,多项精简行政审批事项为文化市场主体发展破除制度性障碍。根据世界银行《2020年营商环境报告》数据,北京市营商环境位居全国第一、全球第28。北京市在文化内容版权保护、数字动漫发展等方面均有前瞻政策出台,为后续文化创意内容创新研发筑牢护城河,并推动如《西游记之大圣归来》《大鱼海棠》等大量优秀动漫成果诞生。

(二)政策效用

在制度维度上,行政审批事项精简成效显著。"十二五"时期北京共取消或下放行政审批事项18项,审批流程不断优化,行政审批制度改革快速推进。文化上市企业数量增长迅猛,截至"十二五"末期,北京市文化上市企业共有93家,较"十一五"末期增长447.06%[1]。公共文化服务机构服务效能有所提升,"十二五"末期文物局系统内博物馆及其他文物保护机构数量为77家,较"十一五"末期减少2家,参观人数同比上涨20.85%,2015年达2069.10万人次;公共图书馆达25家,与"十一五"末期保持一致,建筑面积为52.40万平方米,增长23.58%[2]。

---

[1] Wind数据库。
[2] 《北京统计年鉴2016》中"教育、文化"部分。

在结构维度上，文化科技融合进程不断深化，"十二五"末期北京文化领域有国家高新技术企业248家，较"十一五"末期的75家增长230.67%。"十二五"时期通过文化与科技之间的功能互补和链条延伸，文化产业逐渐向科技产业渗透，行业壁垒逐渐消解，融合进程持续推进。

在要素维度上，土地供给效率提升，"十二五"末期北京市单位用地文化产业生产值增长71.23%，为15.01万元/公顷[①]。财政资金支持规模扩大，"十二五"末年北京市地方财政文化体育与传媒支出为188.50亿元，同比增长137.53%[②]。"十二五"时期，北京设立了原创动漫形象作品、图书出版奖励及音像电子网络出版物奖励等专项扶持资金，覆盖领域与规模持续扩大。文化产业人才引进培育效果显著，"十二五"末期北京市文化、体育和娱乐业城镇单位在岗职工人数为17.17万人，增长了22.50%；在岗职工平均工资由79718元增长至132675元，涨幅达66.43%[③]，待遇水平加快提升，高端人才队伍规模进一步扩充。创新动力持续激活，专利结案量小幅下降。在科学技术支撑方面，"十二五"时期，专利授权量同比增长221.57%，平均达64552件/年；技术合同成交总额上涨154.27%，平均为2757.72亿元/年；研究与试验发展（R&D）经费内部支出平均为1167.57亿元/年，增长90.12%[④]。在创新服务能力方面，北京市专利项目一审结案量由"十一五"末年的516件下降为480件，降幅为6.98%[⑤]。统计部门公布的文化数据量小幅下滑。截至"十二五"末年，统计部门公布的文化领域的数据量为503个，相较于"十一五"末年减少了8.04%[⑥]，主要由"专业艺术剧团、艺术表演场所情况"相关指标减少引起。

---

① 由《北京统计年鉴2016》中"文化、体育和娱乐业生产总值"与"建设用地"计算得出。
② 资料来源：国家统计局分省数据。
③ 资料来源：《北京统计年鉴2016》中"人口与就业"部分。
④ 资料来源：《北京统计年鉴2016》中"科技"部分。
⑤ 资料来源：《北京统计年鉴2016》中"社会福利、社区、政法及其他"部分。
⑥ 资料来源：《北京统计年鉴2016》中"教育、文化"部分。

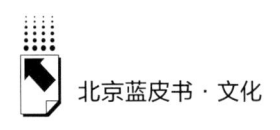

表 2 "十二五"时期北京市文化产业土地产出效率情况

指标	"十一五"末年	"十二五"末年	增速(%)
建设用地(公顷)*	336117.79	351873.91	46.88
文化、体育和娱乐业生产总值(亿元)**	294.60	528.10	79.26
单位用地文化产业生产值(万元/公顷)	8.76	15.01	71.23

资料来源：* 为《北京统计年鉴2016》中"固定资产投资和房地产开发"部分，** 为《北京统计年鉴2016》中"国民经济核算"部分。

在投资、消费与贸易维度上，文化投资规模维持稳定增长态势，"十二五"末年北京市文化、体育和娱乐业全社会固定资产投资上涨85.41%，达到133.31亿元[1]，表明文化产业吸引资本能力进一步提升，投资对文化经济发展繁荣的效能持续彰显。文化消费需求不断提升，文化设施均衡性有所提升，"十二五"末年，城镇及农村居民家庭人均教育、文化和娱乐支出分别为4028元、1145元，增幅分别为38.80%和16.48%[2]，群众文化消费需求规模不断扩张。"十二五"时期末，北京市各区公共图书馆数量的标准差为0.96，较"十二五"初期的0.97小幅下降；各区公共图书馆总藏书数的标准差为2.34，较"十二五"初期小幅增长[3]，表明各区文化设施分布的均衡性得到优化，但公共图书馆藏书的分布均衡性仍有待提升。文化贸易规模有所扩张，由"十一五"末年的16.75亿美元增至26.20亿美元，增长56.42%[4]。表明文化服务的国际化竞争优势更为显著，贸易规模进一步扩张，文化"走出去"步伐不断加快。

五 "十三五"时期北京市文化经济政策评估

（一）政策内容

完备性方面，"十三五"规划纲要中对社会主义先进文化创作生产、公

---

[1] 国家统计局分省数据。
[2] 北京市统计局居民收支。
[3] 根据《北京区域统计年鉴2016》中"公共图书馆情况"计算得出。
[4] 海关总署统计数据。

共文化服务、文化产业发展、文化交流传播4个方面提出要求,规划期内均有相关文化经济政策作为支撑,但从政策内容来看仍存在文化立法进程有待加快,媒体融合、艺术品交易、文创智库3个重点领域缺乏专项政策支撑,京津冀文化交流合作与国内文化交流的相应政策缺失等问题。

时效性方面,"十三五"时期有所降低。在具备可比性的48项文化经济政策中,有9项政策时效性较强,占比为18.8%;共有39项政策发布时间整体晚于其他省市,涵盖旅游业、实体书店、对外文化贸易、政府向社会力量购买公共文化服务、深化市级国有文化企业改革、文化行政审批事项精简、文创产品开发试点、休闲农业和乡村旅游、文化产业园区认定、应对疫情政策等方面。

协同性方面,上下位政策的协同性持续提升。"十三五"时期针对国家出台的53项政策,北京共颁布了50项落实政策,同比增加66.7%。此外北京市各区出台了21项落实上位政策的文化经济政策,其中海淀区、西城区、顺义区、昌平区的协同性较好,均有3项政策出台。

前瞻性方面,创新力度更高,出台数量更多。如"投贷奖"范围广力度大、方向直面企业、增加支持投融资机构、申报方式灵活,更具有前瞻性、精准性和可行性,在全国范围内引起反响,成为文化资金政策领域的创新引领者。在老旧厂房改造方面也出台多项政策,率先提供了可落地实施的具体指引。此外还有支持实体书店发展、推动文化文物单位文化创意产品开发试点、推动影视业繁荣发展等创新性政策,为全国文化经济领域的顶层设计设立了首都范式。

(二)政策效用

在制度维度上,行政审批事项精简步伐趋于稳定。基于前期工作,"十三五"时期共取消或下放行政审批事项6项。文化上市企业数量不断增加,2019年末文化上市企业数为237家,较"十二五"末期增长154.84%[1]。公共文化服务机构建设工作有待全面落实,截至2018年末,文物局系统内

---

[1] 根据Wind数据库筛选整理得出。

博物馆及其他文物保护机构达78家,增长1家,参观人数增长82.78%,达3781.90万人次/年;公共图书馆24家,减少1家,建筑面积增长9.92%,为57.60万平方米①。

在结构维度上,文化科技融合发展纵深加大。截至2019年末,北京文化国家高新技术企业数为326家②,较"十二五"末增长31.45%。"十三五"时期,北京文化科技企业持续利用科技手段推动文化内容形式、传播手段的创新,拓展到有声文化遗产发掘和整理保护、影视特效、数字内容等融合领域,不断培育文化经济高质量发展的新动能。

在要素维度上,文化产业土地供给效率大幅提升。2018年北京市单位用地文化产业生产值为18.22万元/公顷,增长21.39%③。财政资金支持规模扩大,2018年北京地方财政文化体育与传媒支出245.43亿元,增长30.20%④。"十三五"时期,北京市运用财政资金扶持实体书店、多厅影院及文化产业园区等市场主体高质量发展,支撑力度不断加强。文化人才吸纳集聚能力进一步增强,2018年末北京市文化、体育和娱乐业城镇单位在岗职工人数为17.92万人,增长4.41%;在岗职工平均工资达174827元,增长31.77%⑤。创新驱动后劲十足,在科学技术支撑方面,"十三五"时期,专利授权量平均为110922件/年,涨幅为71.83%;技术合同成交总额平均为4461.3亿元/年,上涨61.77%;研究与试验发展(R&D)经费内部支出平均为1645.00亿元/年,比上一时期增长40.89%⑥。在法治服务能力方面,北京市专利项目一审结案量由480件增至505件,涨幅为5.21%⑦。文化数据采集和发布规模有待提升,截至2018年末,统计部门公布的相关数

---

① 《北京统计年鉴2019》中"文化和体育"部分。
② 根据国家高新技术企业数据整理得出。
③ 由《北京统计年鉴2019》中"文化、体育和娱乐业生产总值"与"建设用地"计算得出。
④ 国家统计局分省数据。
⑤ 《北京统计年鉴2019》中"人口与就业"部分。
⑥ 《北京统计年鉴2019》中"科技"部分。
⑦ 《北京统计年鉴2019》中"公共管理、社会保障和社会组织"部分。

据量为495个①，较"十二五"末期减少8个，降幅为1.59%，对比核查"十三五"时期，北京市减少了"电影放映单位情况"的相关指标，增加了"规模以上文化产业法人单位基本情况"的相关指标，总体来看，"十三五"时期北京市文化产业数据量小幅下滑。

表3 "十三五"时期北京市文化产业土地产出效率情况

指标	"十二五"末年	"十三五"末年	增速(%)
建设用地(公顷)*	351873.91	354530.54	0.75
文化、体育和娱乐业生产总值(亿元)**	528.10	645.90	22.31
单位用地文化产业生产值(万元/公顷)	15.01	18.22	21.39

资料来源：*为《北京统计年鉴2019》中"固定资产投资和房地产开发"部分；**为《北京统计年鉴2019》中"国民经济核算"部分。

在投资、消费与贸易维度上，文化产业全社会固定资产投资水平有所下滑。2018年末北京市文化、体育和娱乐业全社会固定资产投资为121.30亿元，下降9.01%②，表明北京探索创新文化产业运营模式，从重资产转向轻资产模式。文化消费规模有序扩张，文化设施布局的均衡性有待增强。2018年末城镇及农村居民家庭人均教育、文化和娱乐支出分别为4402元、1436元，增幅分别为9.29%、25.41%③。2018年北京市各区公共图书馆数量的标准差与上一时期保持一致，为0.96；各区公共图书馆总藏书数的标准差为2.37，较"十三五"初期小幅增长④，表明各区域文化设施发展速度略有差异，文化设施均衡性有待增强。文化"走出去"步伐日益加速，2019年全年文化产品进出口总额达239.60亿元，比"十二五"末年的45.34亿元增长428.45%⑤，表明文化产品的国际市场竞争力进一步增强，国际交流互动日趋频繁，国际化品牌影响力逐渐彰显。

---

① 《北京统计年鉴2019》中"文化和体育"部分。
② 国家统计局分省数据。
③ 北京市统计局居民收支。
④ 根据《北京区域统计年鉴2019》中"公共图书馆情况"计算得出。
⑤ 海关总署统计数据。

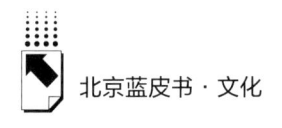

（三）政策主体

政府层面，选取"投贷奖"、"房租通"、市级文化产业园区认定、保护利用老旧厂房拓展文化空间4个重点工具性政策，对北京市及各区层面的相关政府工作人员进行调研，了解政策在概念界定、语句表述、实施主体、实施对象、各项措施、实施流程方面是否明确、支持力度是否合适，以及政策的执行力。总体来说，"房租通"政策的可操作性最强，其他政策仍存在以下问题："投贷奖"政策的具体引导行业和支持方向有待聚焦；市级文化产业园区认定政策的实施对象不够明确，各类园区的关系有待明确；老旧厂房拓展文化空间政策的可操作性有待提升；政策执行力存在区域结构差异。

企业层面，通过调研问卷分析政策认知度及满意度，在资金政策上，影响力有待提升，"房租通"政策认知度最高；痛点主要在于扶持金额较小。在人才政策上，认知度偏低，对办理户口或工作居住证的认知度最高，对出入境、海关通关便利政策的认知度最低，审批程序复杂是人才政策运行的重要难题，政策期待集中于户口与子女教育方面。在科技创新政策上，认知度已近四成，知识产权申报和审批手续繁杂是科技创新政策落地的难点。在制度政策上，认知度在三成左右，过半数企业认为对中小企业的扶持力度有待加大。在贸易政策上，平均认知度低于三成，对文化贸易专项政策的认知度最高，加强税收优惠力度是文化企业对贸易政策的主要需求。值得关注的是，近七成企业反映自己获取政策信息存在滞后现象，政策宣传力度有待加大。

公众层面，通过调研问卷重点调研社会公众对惠民文化消费季有关政策的态度，分析社会公众对文化消费政策的认知度和满意度，结果显示公众认知度和政策影响力较低，文化消费政策的政策辐射力有待提高；文惠券对文化消费的撬动作用有待增强；近九成受访者认为文化消费季政策的宣传力度需要加大，宣传范围有待扩大。

六 "十四五"时期北京市文化经济政策发展建议

根据前文的评估结果可知，"十二五"至"十三五"时期，北京市文化经济政策在政策内容、政策效用方面不断优化，发展能级不断提升，但仍存在一些不足。如政策内容方面，"北京市文化产业发展促进条例"亟待加快研究制定，《文化创意产业发展指导目录》有待更新，媒体融合、艺术品交易、文创智库三个重点领域的扶持力度有待加大，促进京津冀文化协同、全国文化交流方面政策缺位，政策颁布的时效性有待增强等。政策效用方面，统计部门发布的文化数据规模有待提升，文化产业全社会固定资产投资水平有所下滑，文化设施的均衡性有待提升。政策可操作性方面，"投贷奖"政策的具体引导行业和支持方向可进一步聚焦，市级文化产业园区认定政策中，三类园区的关系不够明确，老旧厂房拓展文化空间政策的可操作性有待提升。政策影响力和满意度方面，人才政策、贸易政策的知晓度最低，政策的宣传力度有待加大，不同所有制企业期待得到平等的扶持待遇，《文化及相关产业分类（2018）》制约了文化融合企业申报各项政策，资金政策扶持金额小，申报和审批流程繁杂。因此，针对上述问题，本文提出以下建议。

（一）健全顶层设计，筑牢首都发展高地

提升顶层政策时效。加快研究制定《文化产业发展促进条例》，遵照与《中华人民共和国文化产业促进法》等法律相衔接的原则，结合北京市文化产业发展实际，尽快出台文化地方性法规，固化首都文化经济实践成果，为文化经济发展提供根本遵循和法制保障。及时修订更新《文化产业发展指导目录》，深入调研各类文化市场主体，研判"十四五"时期北京文化产业的发展趋势及业态定位，适当放宽对书、报刊、本册的印刷与装订服务，花画、漆器、抽纱刺绣工艺品制造等业态的发展限制，强化对经济价值链必要环节的支撑，优化对非遗等传统文化的传承保护条件。

完善产业发展体系。补齐发展短板，针对文化产业发展中重点领域的薄弱环节，如媒体融合、艺术品交易、文创智库等，研究制定专项发展政策，注重政策实操性，明确具体行业和支持方向，加大扶植力度，切实优化文化发展体系。在此基础上，结合国际发展前沿，探索培育适合本土发展的新兴

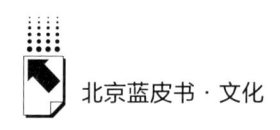

文化产业。推动产业融合，在深入研判市场综合发展趋势的基础上，提高政策制定的实效性，发挥首都文化政策引领作用，充分利用好产业发展资源，加大"文化+"融合发展力度，促进产业深度融合，挖掘培育文化产业与科技、教育、体育、旅游等相关产业融合发展新业态，打造经济发展新动能。

（二）强化要素保障，赋能高端发展定位

建立文化人才认定机制。制定针对文化人才的专项评定政策，尊重文化人才的引才用才规律，科学界定文化人才概念标准，贯彻落实外籍文化人才出入境、停居留便利化政策，在公租房、创新条件、医疗服务等方面为文化人才提供支持，保障骨干创意人才的知识产权收益分配权，创设海外学习与交流创设渠道，着力培养一批具备国际视野、文化素养突出、管理经验丰富的文化领军人才，为打造文化人才高地提供政策支撑。

促进资金政策提质增效。增强"投贷奖"政策引导行业和支持方向的聚焦度，持续开展政策创新，研究扩大"投贷奖"涉及金融机构范围的可行性，鼓励保险公司参与"投贷奖"体系，强化对文化企业的资金支撑。积极争取上级财政资金，提高对单个项目的资金扶持金额，增强文化企业和金融机构的申报动力。缩短文化资金政策的审批时限，精简审批程序，适当降低申报门槛，优化营商环境，持续发力特色金融，充分发挥资金政策的撬动作用。

推动数据要素高效配置。加强文化数据要素顶层设计，推动制定数据产权界定、数据开放共享、市场体系建设、个人信息保护、数据安全和跨境流动等方面的政策文件，为文化数据要素资源的统筹管理奠定基础。提升统计部门数据开放水平，建立文化数据资产清单，扩大文化经济数据采集和公布范围，鼓励文化行业协会、文化要素市场以及文化企业开放共享数据，搭建多方参与的数据资源开放、流动、交易机制，促进文化数据资源的高效安全配置，助推文化经济领域的科学决策和高效发展。

（三）壮大市场主体，激发产业发展活力

助推文化企业发展壮大。重点支持"专、精、特、新"中小文化企业

发展，筑牢文化"高原"基础。其中，对符合条件的小微文化企业，落实税费减免、社会保险费补贴等优惠政策，切实降低企业成本。同时，重点培育高能级的旗舰企业，健全全国文化企业30强、国家文化出口重点企业、独角兽企业、上市企业梯度培养机制，在市场资源、融资对接、上市辅导等方面强化政策扶持，立足"高原"创造"高峰"。

加大中介企业扶植力度。完善法律、推介、咨询等方面中介机构扶持机制，引导和帮助中介机构提高专业水平，规范中介企业服务内容权限，鼓励高水平外资中介企业入驻，培育综合实力较强的本土中介企业，尤其是对外文化中介机构，形成专业过硬、特色鲜明的行业品牌，充分发挥中介企业在市场开拓、资源配置、要素集聚等方面的重要作用，提高资源流动效率，打造富有活力的文化产业发展结构。

（四）拓展文化空间，树立示范引领标杆

优化园区管理机制，出台"文化街区"认定政策。明确市级示范园区、市级示范园区（提名）、市级园区这三类园区间的关系和定位，优化各类园区的分类扶持政策机制，形成常态化园区跟踪服务机制。引导和鼓励发展文化产业"云园区"，依托云计算、物联网、人工智能等技术手段，实现园区线下分散资源的云端汇聚，为入驻企业创设精准便捷的立体服务生态。紧跟园区产城一体化和文化消费升级发展趋势，研究出台"市级文化街区"的认定办法和管理机制，深刻激活文化消费动能，充分发挥文化街区在引领文化消费升级、彰显首都文化名片方面的作用。

提高老旧厂房政策的可操作性。针对老旧厂房工业设备再利用、老旧厂房改造的多部门协同机制、改造建设审批流程进一步细化政策条款，提高政策的可操作性。建立健全区级老旧厂房改造项目工作机制，形成工商、住建、规划、发改等多部门协同的组织机制，加强政策执行的宣传培训，促进老旧厂房拓展文化空间政策的加力提效，提升全市存量空间资源的利用效能。

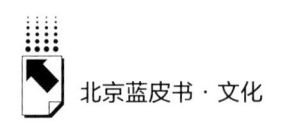

（五）优化发展环境，营造良好产业生态

营造有序的市场环境。优化文化领域行政审批程序。深入推进"放管服"改革，依法放宽文化市场准入，优化文化领域行政审批流程，加快"互联网＋政务服务"落实，确保政策开展顺承高效，营造公开、便捷的市场环境，保持营商环境在全国的领先地位。加强文化市场的安全管理。规范文化市场经营秩序，坚持扩开放与强监管相统一，强化文化市场监管，严厉打击违法违规经营和侵害消费者权益的行为，确保文化市场安全有序。

营造优质的服务环境。促进各所有制企业政策均等化。为国有企业、民营企业、集体所有制企业、外资企业创设公平共享的政策环境，促进市场自由竞争，降低企业经营的制度性交易成本，提高文化经济政策的普惠性、公平性。加大政策服务力度。研究制定文化经济政策常态化评估体系，确定政策评估责任主体，构建科学合理的评估指标体系。根据评估结果及时修订和完善相应政策，综合运用线上线下渠道，促进政策信息的高效传播，加快完善以高质量发展为导向的文化经济政策，强化政策对文化经济创新发展的支撑作用。提升公共文化服务效率与水平。以服务人民为中心，建设供给丰富、便捷高效的现代公共文化服务体系，完善公共文化设施网络建设，充分满足人民群众日益增长的公共文化需求，提升国民文化素质，营造良好城市形象。

营造协同发展的文化交流环境。一是促进本市内各区文化产业实现特色均衡发展，梳理现有文化发展资源，通过打造差异化精品文化区等手段，扎实推进具有区域特色的品牌文化标识建设。二是着眼于京津冀文化圈，以《京津冀协同发展规划纲要》为依据，共同组建文化产业协同发展机构，加快协同发展战略实施，强化沟通协调，破除发展阻碍，促进文化产业共建共享机制落地，充分发挥各自优势，形成文化发展合力。三是提升国内外文化交流方面的政策扶持力度，充分利用北京市得天独厚的政治文化优势，借助大型文化活动、国际文化交流活动等加强文化互动，推动重点项目的交流合作，加大对文化出海及文化贸易的扶植和保护力度。

B.3 《北京市文化产业园区建设发展导则》研究

梅松 廖旻 奚大龙[*]

摘　要： 文化产业是首都的重要支柱产业，文化产业园区是文化产业的主要空间载体。北京在推进全国文化中心建设中，努力实现全市文化产业园区转型升级、提质增效，并于2020年认定了98家市级园区。在对北京市近年的文化产业园建设发展政策与实践进行梳理的基础上，本文总结分析了北京文化产业园建设发展的成果，并对《北京市文化产业园区建设发展导则》的重要意义、指导思想、适用范围、基本原则、主要内容等做了全面深入分析，旨在为北京文化产业园区建设、管理与服务提供规范性引导，为政府部门对园区管理和认定考核提供参考。

关键词： 北京　文化产业园区　文化发展

党的十九届五中全会明确提出到2035年建成文化强国的远景目标，并强调在"十四五"时期推进社会主义文化强国建设，标志着我国文化建设在"两个一百年"奋斗目标接续推进中进入了一个新的历史阶段。全会通过的《中共中央关于制定国民经济和社会发展第十四个五年规划和二〇三五年远景目标的建议》强调，"规范发展文化产业园区"。2020年以来，习

---

[*] 梅松，经济学博士，北京市文化创意产业促进中心主任；廖旻，硕士，北京市文化创意产业促进中心产业发展部副部长；奚大龙，京文创研究院院长。

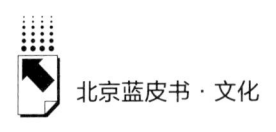

近平总书记两次就文化建设和文化产业发展做出重要指示，并在湖南考察时专程前往文化产业园区走访调研。

文化产业是首都的重要支柱产业。文化产业园区作为文化产业的主要空间载体，是文化产业高质量发展的重要支撑，是健全社会效益优先、两效统一文化创作生产体制机制的活跃力量，是发挥全国文化中心辐射带动作用的重要标杆。编制《北京市文化产业园区建设发展导则》有利于推动北京文化产业园区规范发展，提升能级，打造城市文化新地标。

一 加强规范引导是北京文化产业园区高质量发展的必然要求

（一）北京高度重视文化产业园区发展

当前北京正处于加快全国文化中心建设的重要时期，市委市政府高度重视文化产业园区建设和发展，从优化营商环境、制定扶持政策等入手，着力构建多层次、立体化的文化产业空间体系，让城市文化空间"靓"起来，成为城市有机更新的重要力量。近年来出台的《关于保护利用老旧厂房拓展文化空间的指导意见》《北京市级文化产业园区认定管理办法（试行）》《北京市文化产业高质量发展三年行动计划（2020～2022年）》等一系列政策，正推动文化产业园区迈向高质量发展。

（二）北京文化产业园区呈现出强劲发展势头

北京在推进全国文化中心建设中，努力实现全市文化产业园区转型升级、提质增效。2018年认定了首批33家市级文化产业园区，并推出"服务包"。2020年又修订出台了《北京市级文化产业园区认定管理办法（试行）》，并认定了78家市级文化产业园区、10家市级文化产业示范园区（提名）、10家市级文化产业示范园区。这些园区共集聚企业9540家，其中文化企业7337家，包括腾讯、新浪、网易、光线传媒、文投集团等文化核心领域知名企业,以及成长型文化企业和众多小微文化企业。园区入驻文化企业平均占比76.9%。2019年,园区文化企业实现收入总计7828.14亿元,缴纳税收总计286.24亿元,户均实现收入10669.4万元,约为北京文化企业平均水平的10倍;劳均产出268.09万元,约为北京文化产业劳均产出的两倍,高于同期北京市规模以上服务业企业劳均产出6.89%。

(三)北京文化产业园区参差不齐亟须规范发展

北京文化产业园区在取得巨大发展成绩的同时,也面临着一些短板和现实挑战。一方面,越来越多记录着新中国发展历程的工业遗产、商业街区已成功转型为文化园区,成为城市减量发展和有机更新的重要力量。另一方面,文化产业园区在快速发展的同时,也出现了规划不合理、产业定位不清晰、特色不明显、管理运营较粗放、服务体系不完整,以及公共文化服务不足等问题。这些问题如不及时解决,将掣肘北京文化产业园区可持续发展。因此,如何以高质量发展为导向,引导园区规范发展、高质量发展,是当前需要重视和解决的问题。

二 市级园区认定为制定导则奠定坚实基础

连续两批市级文化产业园区认定积累的丰富经验,不仅对全面梳理和科学研判全市文化产业园区的发展特征和问题短板起到重要作用,还对制定北京市文化产业园区建设发展导则具有十分重要的指导意义和借鉴价值。目前,北京市文化产业园区发展呈现以下特征。

(一)从文化到"文化+"深度融合,协同创新激发新动能

随着园区不断发展,文化产业园区内部企业化学反应不断发生,文化品牌效应不断释放,文化产业园区多重功能逐步显现,事业产业融合,双效统一效果显著。在事业方面,各园区非常注重公共文化服务,面向园区从业人员和市民举办形式多样的文化活动,一些园区还设有美术馆、博物馆、实体

书店、图书角、小剧场等公共文化空间，成为周边居民的"文化会客厅"。在产业方面，园区产业结构和生态体系特色日益鲜明，主导产业既涵盖了新闻信息服务、内容创作生产、创意设计服务、文化传播渠道等文化核心领域，也体现为园区日渐凸显的"文化+科技""文化+旅游""文化+商务""文化+金融""文化+体育""文化+创意""文化+教育"等多领域、多维度的"文化+"融合，凸显园区产业发展类型更多元、产业融合更深入，发展更具有优势。

（二）从厂房到园区全新转变，传统载体空间焕发新生机

文化产业园区建设与城市更新、文化复兴密不可分。北京许多文化产业园区都是由老旧工业厂房改造转型而来的，如798艺术区、751北京时尚设计广场、首钢文化产业园、天宁一号文化科技创新园等。从98家市级园区来看，由老旧厂房改造而成的园区占60%，它们既是城市工业文明的见证者，也是城市更新转型的亲历者；不仅成为城市新的产业聚集地，驱动城市产业转型升级，也成为新的城市文化地标，促进城市文化传承和创新发展，体现了文化产业助力城市更新、推动产业升级的积极作用。

（三）从1.0到4.0迭代升级，园区呈现多元创新发展生态

目前北京文化产业园区大多已超越了简单"房东与租户"的租赁关系（1.0模式）和基本产业服务关系（2.0模式），进入公共协作创新增值服务关系（3.0模式）阶段，部分园区正在探索共生发展全产业生态模式（4.0模式）。园区通过版权服务、技术支持、创业孵化、投融资、法律政策咨询等各类增值服务，既支撑园区内企业的成长，又打通产业链，形成生态圈，促进文化产业要素有序集聚和高效集约利用，助力北京文化产业高质量发展。

（四）从硬件向软件联动升级，科技赋能助园区品质提升

在文化科技融合发展日益深入的大背景下，尤其是随着互联网经济、移动新媒体的发展，一批文化科技新业态、新模式、新技术企业迅速成长，成

为推动文化产业创新发展的重要力量。这一趋势和特点在文化产业园区也得到充分体现。许多文化产业园区正在积极利用5G、AI、大数据等技术，围绕营造适合企业发展的园区生态，瞄准提升服务品质和空间绩效，积极推进"智慧管理服务"迈向"智慧产业生态创新驱动"。比如中关村文化科技园、清华科技园、E9区创新工场等园区，受到众多独角兽企业、文化科技融合企业的青睐。一批传统文化产业园区在园区转型升级过程中把引进文化科技类龙头企业、成长性企业作为重点，加强园区创新孵化空间的创新培育功能，加大对文化科技型项目、初创企业的扶持力度，从而带动园区"脱胎换骨""迭代升级"。

三 园区发展存在的短板亟须导则规范引导

近年来，北京发布了《关于保护利用老旧厂房拓展文化空间的指导意见》《北京市级文化产业园区认定管理办法（试行）》《北京市文化产业高质量发展三年行动计划（2020~2022年）》等政策，为文化产业园区建设发展带来重大机遇。但同时，园区在建设发展中仍面临着诸多挑战，尤其是突如其来的新冠肺炎疫情，给文化产业园区带来严峻考验。亟须强化顶层设计，通过研究制定文化产业园区建设发展导则引导和规范全市文化产业园区建设发展。目前，北京文化产业园区存在的问题包括以下几个方面。

（一）园区缺乏规划引导，难以带动周边资源协调发展

园区同质化现象的背后是园区规划定位的缺失。一方面，多数文化产业园区都希望能克隆成功模式，没有因地制宜，导致规划的文化产业园区未与区域文化资源、文化优势和文化特色相匹配，进而使园区在运营中困难重重。另一方面，很多文化产业园区在快速上马建设项目时套用传统工业园区的思维方式，未突出文化企业个性化特征，影响文化企业的创造活力。还有些园区存在贪大求全的想法，导致区域文化资源和文化人才难以跟上产业发展的需求。

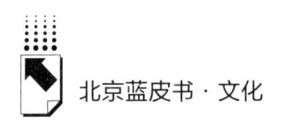

（二）园区建设无标准，难以满足园区可持续运营的要求

当前，文化产业竞争主要集中在高端技术、高端市场和高端产业链上，竞争的水平越来越高，竞争的焦点越来越集中，竞争的强度也越来越激烈。这种新形势必然要求文化产业特别是文化产业园区加快转型升级，走高端化、差异化、专业化、品牌化发展的新路子，充分利用国内巨大的市场容量，发挥规模优势和集聚效应。但是，文化产业园区行业还处在起步阶段，除了缺乏相关的管理与服务标准，管理机构职责和管理人员素质也缺乏标准指导，管理规范和绩效水平都亟待提高，许多园区整体发展水平与其所承担的高质量发展任务不相匹配，缺乏长远发展后劲和核心竞争优势。

（三）园区产业集聚弱，难以发挥辐射带动作用

调研显示，一些文化产业园区仍缺少具有带动产业发展能力的龙头企业，中小微文化企业市场竞争力较弱，园区内部产业链辐射带动作用有限，文化资源比较分散，有的文化产业园区缺乏文化标签和文化特色，难以形成规模经济。此外，文化产业园区之间缺乏互动协同，未形成统一的体系，导致产业链上下游关联性不足，辐射带动作用不显著。

（四）园区数字化思维不足，制约高效创新发展

通过市级园区认定评审发现，虽然一些园区开始采用智慧化、信息化手段提升园区运营管理水平，尝试智慧化升级，但大部分园区数字化思维不足，对数字化认识不够，对大数据、云计算等数字技术的应用水平还有待提升。一方面，许多园区无法掌握入园企业生产运营、项目推进和融资情况等动态信息，对园区产业缺乏有效监测与分析手段。另一方面，新冠肺炎疫情对园区智慧化数字化管理水平提出更高要求，物业管理、企业服务等传统线下服务模式向线上迁移，在线服务、精准服务、高效服务都对园区数字化运营管理提出新要求。

（五）人才短板依然突出，难以支撑专业化管理服务

人才对于提高文化产业园区核心竞争力至关重要，对文化产业园区建设运营服务有着不可忽视的影响。目前，北京文化产业园区人才需求与人才储备之间存在缺口。一是文化产业园区运营团队中高端人才缺乏，部分园区的管理团队缺乏具有文化产业园区实操经验的运营人才；二是园区入驻企业在细分行业领域缺乏技术型、引领型、专业型人才。市级园区认定评审发现，大部分园区在文化产业人才的指标上失分较多。

四 导则编制方案

《北京市文化产业园区建设发展导则》（以下简称"导则"）作为规范北京市文化产业园区建设发展的指引性文件，旨在为北京文化产业园区建设、管理与服务提供规范性引导，同时为政府部门对园区管理和认定考核工作提供参考。

（一）整体架构

导则共分两章，分别为"总则"和"园区建设与发展"。其中总则包括指导思想、适用范围、制定原则和修订与完善等四个部分。园区建设与发展是导则的核心，重点围绕园区"建设发展与运营服务"两大关键环节编制，包括发展规划、基础设施、智慧设施、入园条件、运营管理机构、产业发展服务、公共文化服务、统计监测考核及附则等九个部分。

（二）指导思想

为深入贯彻落实《北京城市总体规划（2016年~2035年）》，将北京市文化产业园区建设成为传播社会主义先进文化主阵地、文化产业高质量发展新高地、文化产业融合发展的前沿地、城市文化新地标和城市形象新窗口，优化文化产业空间布局，提升产业规模化、集约化、专业化水平，推动文化

事业和文化产业繁荣发展，建设文化产业发展引领区，为京津冀协同发展战略实施和全国文化中心建设提供有力支撑，根据国家和北京市有关文件精神，规范文化产业园区发展，结合北京市文化产业及园区发展实际，按照《北京市级文化产业园区认定管理办法（试行）》的有关原则，制定《北京市文化产业园区建设发展导则》。

（三）适用范围

导则适用于符合全市文化产业发展方向，从事文化产业空间开发、建设、经营和服务相关活动，并为企业提供基本物业服务、产业平台支撑、公共文化服务、创新孵化加速、投融资服务、党建及相关管理运营服务的创新空间载体。包括但不限于获得市级文化产业园区认定的各类文化产业园区、各类文化科技园区、产业孵化器加速器、相关产业基地及规划确定的文化产业空间载体。

（四）基本原则

导则编制坚持秉承"导向性、规范化、可操作"的原则，结合北京文化产业园区现有资源优势，引导园区推进软硬环境优化和运营管理服务提升。立足高起点、高标准，提升市级文化产业园区在规划、建设、管理、运营与服务方面的综合实力，提升全市文化产业园区建设发展水平。

（五）重点内容

导则围绕北京市文化产业园区建设发展的重点领域，聚焦发展规划、基础设施、入园条件、智慧设施、运营管理机构、产业发展服务、公共文化服务、统计监测考核等环节编制。

发展规划方面，导则从五个方面对园区建设发展提出具体要求。一是园区规划设计应符合国家和北京城市总体规划及相关法律法规要求，园区的土地和空间利用应符合区域控制性详细规划的要求。二是园区规划应根据《北京市文化产业发展引领区建设中长期规划（2019年~2035年）》

《北京市文化产业高质量发展三年行动计划（2020～2022年）》等北京市文化产业发展总体规划部署，以及区域产业发展规划等要求，结合城市发展目标和社会经济发展情况及用地、环境等综合要求加以确定。三是园区规划体系应科学、完整，包括但不限于产业规划、产业承载空间规划和相关专项规划。四是园区建设发展应以盘活存量用地和空间为主，建设规划应注重规模适中、布局合理、节约集约利用土地，具有前瞻性、系统性、实效性和可操作性，突出示范引领和辐射带动作用。五是园区产业规划应有明确的产业定位和行业特色，以文化产业为主导产业门类，推动文化与科技融合发展，符合首都文化产业高质量发展的方向，引入的企业不属于园区所在地的禁限目录清单。

基础设施方面，导则从水电热气路等基础设施、网络通信设施、节能环保、安全管理等四个方面明确提出了基本要求。强调园区应建设完善的道路、停车场、绿化、给排水、供电、供热、供气以及技术先进的通信及互联网等基础设施。同时，园区要对高耗能设施设备开展节能化改造，提高能源利用效率，打造绿色园区。

智慧化建设方面，导则从两方面对园区智慧设施建设提出了明确要求。一是园区应充分利用5G、大数据等新技术新应用，深化智慧园区建设，优化园区管理工具和管理手段。建立智能化信息服务支撑平台，为入园文化企业提供设备租赁、数据托管、软件租用等信息化应用服务以及研发设计、新业态孵化、商务合作、咨询培训、金融支持、设备共享等智慧化增值服务，构建线上与线下相结合的多层次园区智慧化服务体系，拓展园区"第二空间"。二是园区应在物业招商、空间管理、人力资源、增值服务等方面提升智慧化管理水平。

产业准入方面，导则从四个方面对入园条件提出具体要求。一是园区应建立入园企业准入和淘汰机制，严格要求入园文化企业生产和提供的文化产品及服务内容健康，符合社会主义核心价值观。二是园区应大力引入附加值高、社会效益和经济效益良好、单位面积税收贡献大、对区域经济发展促进作用明显的文化企业入驻。三是园区应重点引进和培育包括但不限于在线娱乐、网络视听、电子竞技、直播带货、数字音乐、云展览、智慧旅游等文化与相关产业融合类企业，大力发展新业态。四是园区入驻率应达到70%以上，入园文化企业的数量应占已入驻企业总数的70%以上。这也是北京市级文化产业园区认定的"双70"要求。

运营管理方面，导则从六个方面对运营管理机构提出要求。除了运营管理机构应为在北京市域范围内注册的法人单位、有规范的管理制度和运营机制、配备专业管理团队、具有较强的服务意识和较高的专业化运营管理能力、其开展活动应符合国家和北京有关法律法规、无违法违规行为等基本要求以外，特别突出"党建引领"，要求园区建立党组织，建立健全党建工作机制，落实意识形态工作责任制，积极组织入园企业参与党建活动；还要求园区建设党群工作活动空间，并配备必要的设备设施。同时，还强调园区应建立突发公共事件分类分级处置机制，做好疫情防控常态化工作；注重品牌价值凝练，打造园区品牌化、连锁化经营模式，形成示范引领，提升品牌影响力、传播力。

产业发展服务方面，导则从九个方面提出园区应提升文化产业服务水平的举措，包括更好满足入园企业办公需求、搭建产业服务平台、支持标准制定和知识产权成果转化、推动组建产业联盟、建立文化金融服务体系、推动"走出去"、加强人才建设、提供便捷政务服务、加强政策信息宣讲等。

公共文化服务方面，导则提出对于建筑面积大于10000平方米的园区，应建设包括但不限于实体书店、剧院剧场、博物馆、美术馆等公共文化空间，有效承载公共文化服务功能。同时，还明确提出要加强与所在街道社区联动，建设特色鲜明的公共文化空间，实现文化园区与文化社区的有机融合，并依托园区公共文化设施和公共空间，积极开展公益文化讲座、文化展览、文化沙龙活动等公共文化服务，形成社会效益优先，事业产业融合、双效统一的公共文化服务新格局。

统计监测考核方面，导则提出要持续优化细化文化产业园区建设发展体系，建立健全统计监测体系，完善园区文化企业信息资源数据，动态监测园区和入园企业的经济和社会效益指标，为分析评估园区建设发展情况提供数据支撑。同时强调建立健全对园区建设发展的考核机制，由文化产业主管部门牵头，定期对园区建设发展情况进行综合考核。

五 推进导则落地实施的建议

（一）加强系统谋划，做好园区顶层设计规划统筹

导则是一项系统化工程，上位需要规划和机制，下位需要制度保障和配套支撑。因此，从导则编制启动开始，须建立顶层统筹规划和体系机制，秉持整体一致性、传承性、连贯性原则，推动全市文化产业园区建设发展导则有关工作开展。要发挥好顶层设计的牵引作用，在全市层面统筹指导文化产业园区建设与服务，明确文化产业园区建设的战略定位和发展目标，探索建设全市文化产业园区与服务支撑体系的路径模式，做好包括规划布局、标准体系、运管模式、服务流程等功能的规划引导，形成全市文化产业园区建设体系化、专业化、标准化的设计图、架构图、施工图。

（二）强化标准指导，加快建立园区建设运营和服务的标准化体系

结合园区建设发展导则编制与实施推进工作，围绕文化产业园区规划、建设、运营、管理和服务等环节，加快制定"北京市文化产业园区智慧化建设标准""北京市文化产业园区信息资源数据库标准"等相关配套文件，加大宣传力度，推进全市文化产业园区建设运营和服务的标准化，全面推动北京文化产业园区规范化、专业化、标准化建设。

（三）聚合多方资源，开放搞活园区，形成共建共赢格局

一是鼓励多方资源围绕文化产业园区建设和服务，进一步释放第三方服务需求，支持园区与优质服务商实现精准对接。二是引导社会力量积极参与文化产业园区建设，积极探索股权合作、投资共建、委托管理等多种合作运营模式，培育形成一批连锁化、品牌化、生态化运营的园区专业运营机构，

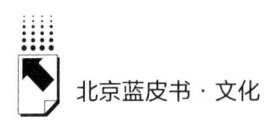

让文化产业园区真正发挥出推动产业升级的重要支撑作用。三是将园区建设主动融入城市更新进程，加强园区与社区街区应用场景融合，不断推动园区形成以人为本的生态环境体系。

（四）完善监管机制，建立健全监督评估保障体系

一是建立北京市级文化产业园区建设发展工作市、区联席会议制度，各区主管单位要按照各自职责要求，加强对文化产业园区建设发展的政策支持与服务支撑，不断提高"园区服务包"的含金量。二是加快推广《北京市文化产业园区建设发展导则》，发挥好导则在规范园区规划、建设、招商、管理、运营、服务与考核等环节中的"指挥棒"作用，确保园区建设与运营的水平和质量。三是进一步探索健全监督监管机制，支持各区按照导则确定的原则做好园区建设发展的监督考评工作，为市级文化产业园区认定、考核及评估提供常态化、动态化的基础数据支撑。四是鼓励行业协会等社会组织推动文化产业园区相关团体标准制定，发挥好标准的服务支撑作用。

B.4
2020年北京城市创新发展及其应对思考[*]

陈红玉[**]

摘　要： 作为创新型国家建设的重要途径，创新型城市建设也是首都城市整体创新转型的重要战略。2020年，首都城市创新发展呈现新的面貌，本文在对这一年北京在城市整体创新发展状况进行调研和梳理的基础上，分析了首都城市创新的政策供给、成果、亮点及其问题，指出北京在创新政策供给、文化创新与科技创新融合发展、加强文化创意产业品牌建设方面的各种举措，并对继续推进城市创新发展提出对策建议。

关键词： 北京　城市创新发展　创新转型

"加快建设创新型国家"是时代的需要，也是党的十九大报告特别提出的重要方面。2020~2035年是创新型国家建设的时间期限，这一阶段性的目标和任务必然更加重视创新，并将创新看成实现中华民族伟大复兴的重要支撑。在这一整体目标与任务框架下，北京作为首都，其创新型城市建设任务更加艰巨。2020年是"十三五"规划的最后一年，对于北京城市建设来说，也是深入创新和深度转型发展的重要一年。北京坚持在"四个中心"的基础上加快城市整体创新进程，坚持把加快创新型城市建设作为关系全局

---

[*] 本文是北京社会科学基金重点项目（16XCA002）与北京市社会科学院课题项目阶段性成果。
[**] 陈红玉，博士，北京市社会科学院副研究员，主要研究方向为文化创意产业。

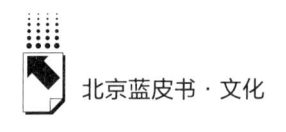

的举措，坚持文化创新与科技创新深度融合，不断强化创新作为首都城市发展的第一推动力。

一 2020年北京城市创新竞争力再创新绩

"科技创新"与"文化创新"是城市创新转型的重要推动力，一个国家甚至一个城市的创新发展主要体现在这两个维度。科技创新对于城市发展的作用越来越突出，正在成为城市发展的基础推动力，而文化创新正在成为城市创新的首要推动力。

目前，无论是在国家层面还是在城市层面，都把科技创新当作弯道超车的最佳选择。在国家层面上，为实现中国经济的高速增长与高质量发展，创新转型是国家的整体战略部署。2020年我国R&D经费投入的总量已经达到21737亿元，比上年增长10.5%，投入强度连续六年超过2%，可见我们国家始终坚持以创新驱动来建设创新型国家。在北京市层面，多年来一直坚持创新驱动的战略和原则，为推进建设全国科技创新中心和文化中心城市而努力。北京的创新基础比较好，有大量的研究院所、实验室、大学、高科技企业，这些创新主体之间的联系近年来不断得到强化，成果也不断增多。在创新投入方面，北京的R&D经费投入强度较大，与第二名拉开显著差距。

2020年10月22日，中国社会科学院、经济日报社共同发布《中国城市竞争力第18次报告》。报告对2020年的城市科技创新竞争力指数进行排名，前10名分别是北京、上海、香港、台北、杭州、深圳、武汉、广州、南京、西安。另外，在营商环境竞争力方面，北京始终排在第一位。不过，通过研究发现，北京虽然在创新竞争力和营商环境竞争力排名上名列前茅，但是在其他要素竞争力排名上还比较靠后，面临着其他城市的激烈竞争。要是从综合经济竞争力与可持续竞争力方面的排名看，北京位于香港、深圳、上海的后面，南京、武汉、无锡等城市上升势头强劲，北京的名次并没有算好。

城市创新竞争力是创意城市建设的重要指标，我们首先可以在城市创新竞争力这一指标上看出北京城市创新发展的力度。城市创新竞争力体现着创意城市建设的水平和层次，以往我们一般只是强调城市竞争力，城市竞争力是一个城市在整体水平上与其他城市比较的结果，现在单独把城市创新竞争力拿出来进行讨论，适当的时候还可以进行横向比较以显现差距。利用城市创新竞争力指标来对全国城市竞争力进行比较，说明创新对于一个城市的重要性。

2021年1月13日，第3次中国城市创新竞争力排行榜发布，该榜通过创新成果、创新投入、创新主体这三个维度来进行整体排名。研究使用的资料来源相对客观，主要来自国家知识产权局，还包括各地知识产权局、统计局、市场监管局、科技局等，也包括各城市国民经济和社会发展统计公报。通过对以上创新投入、创新成果、创新主体这三个维度进行权重计算，进而对这些城市进行排名，最后有25个城市入选这一榜单。

表1 2020中国城市创新竞争力排名

城市	专利分值	专利排名	R&D投入分值	R&D投入排名	创新企业分值	创新企业排名
北京	0.8124	2	1.0000	1	1.0000	1
深圳	1.0000	1	0.5417	3	0.5736	3
上海	0.5456	3	0.4702	4	0.5772	2
广州	0.5265	4	0.2106	14	0.3388	4
苏州	0.4399	5	0.2982	8	0.2544	5
杭州	0.3038	6	0.3326	5	0.1964	6
西安	0.1515	16	0.7382	2	0.0782	14
南京	0.2768	7	0.3132	6	0.1243	9
天津	0.2439	9	0.3050	7	0.1387	8
东莞	0.2658	8	0.1674	15	0.1532	7
武汉	0.1929	12	0.2500	12	0.1191	10
佛山	0.2286	10	0.0968	22	0.1175	11
成都	0.2123	11	0.1628	16	0.0986	12
宁波	0.1775	13	0.2513	11	0.0356	19

续表

城市	专利分值	专利排名	R&D 投入分值	R&D 投入排名	创新企业分值	创新企业排名
无锡	0.1465	17	0.2691	9	0.0709	15
青岛	0.1649	15	0.104	21	0.0841	13
合肥	0.1184	18	0.264	10	0.0514	18
重庆	0.1655	14	0	25	0.0648	16
厦门	0.0650	22	0.2324	13	0.0143	22
温州	0.1164	19	0.0573	23	0.0109	24
长沙	0.0654	21	0.1261	19	0.0599	17
郑州	0.1163	20	0.0206	24	0.0249	20
绍兴	0.0633	23	0.1598	17	0	25
南通	0.0448	24	0.1247	20	0.0118	23
大连	0	25	0.1399	18	0.0192	21

资料来源：中国城市发展研究会等主编《中国城市创新报告 2019》。

2020 中国城市创新竞争力排名综合考量了中国大陆所有地级以上城市。入选城市较多的省份依然是江苏、广东、浙江，其中有一些国家重点城市表现不错，广州、上海、北京、西安、成都、天津、武汉、郑州、重庆均登上榜单，其中，北京、上海、深圳、苏州、广州已经连续三年跻身前五名，成为中国创新城市发展建设的领跑者。

回顾最近几年的城市创新竞争力排名，北京均名列前茅，这说明，北京一直在创意城市建设方面积极努力且成绩突出。创新企业是城市创新主体之一，是创意城市的中坚力量。《中国独角兽报告 2020》提出中国独角兽企业总数有 166 家，北京连续两年在独角兽企业数量上取胜，2020 年以 69 家的数量再次夺得"独角兽之都"的称号，上海、杭州、深圳分别有 35 家、20 家、12 家。在创新成果方面，深圳的专利申请量和授权量等综合得分居首，超过北京和广州，上海排第四名。在这一排名中，共 25 个城市成功上榜，北京依然排名第一，深圳、上海和广州随后，苏杭两个城市成为创新竞争力中的强者。从创新投入来看，北京 R&D 投入分值居首位,而第二名不是上海或深圳,而是西安,这也可以看出后续的动力差异,北京依然面临着激烈竞争。

二 2020年北京城市创新发展新亮点

(一)创新政策供给持续给力

科技创新是文化创新的前提与支撑。在科技创新上,2020年的北京取得了一定的成果,这为城市整体创新打下了基础。当然,科技创新所取得的成绩离不开政策的优先支持,北京对于科技创新的支持历来很大。2020年,北京市政府出台的多项政策很好地突破了科技创新的原有壁垒,激发了创新主体的积极性与主动性,比如"科创30条",另外还有成果转化方面的,如《北京市促进科技成果转化条例》,这些政策发布后引起了很好的反响。2020年,首都还在建设"三城一区"、推动开放创新合作、承接国家重大科技任务、构建高精尖经济结构这些方面持续努力,为建设具有全球影响力的科技创新中心夯实基础。

北京市创新政策持续供给,这与国家对创新的支持政策也是分不开的。最近几年,国家层面也好,北京市层面也好,甚至每个区,都推出了很多与科技创新相关的政策和措施。2020年,一项新的领域被国家关注,国家开始对区块链方面的技术进行政策重点支持,把区块链作为自主创新的重点突破领域。北京积极响应,也要求政策上全方位扶持区块链相关的技术创新、理论创新、人才培养、产业应用,以加快全国科技创新中心建设。

国家层面的创新政策具有激励与示范意义,各地城市在激发创新活动与创意城市建设方面持续发力。区块链已经成为许多国家布局的关键领域,加快区块链技术研发和推动区块链产业创新,是国际上经济高质量发展和竞争优势提升的新的战略要点。中央已关注这一方面并就其现状、发展趋势进行探讨,要求将区块链相关自主创新作为未来几年的创新发展突破口,并要求适当增加投入。2019年底,北京市相关部门正式举行"区块链专题培训

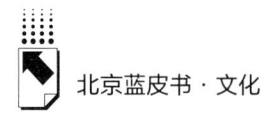

班"。除此之外，相关部门还提出在组织领导实施、强化一定的资金支持、完善监管机制、营造良好氛围等方面给予发展区块链技术全方位支持，在全国各大城市中率先形成区块链发展的"北京方案"。

当前，数字技术已然成为重构北京经济增长的新引擎。近年来，北京坚持减量发展，创新驱动发展，以科技创新带动城市创新。首都研发投入强度保持高位，甚至位于全球前列，推动数字技术与相关领域融合发展，搭建大规模高精度模拟预算平台，围绕高新技术企业税收优惠、国际资本跨境流动、知识产权保护与运用等方面，强化科技服务要素的联动。为了加快北京数字经济发展，打造数字经济的先导区与示范区，北京市制定了相关政策。2020年9月8日，新的关于数字经济的政策出台，该文件是《北京市促进数字经济创新发展行动纲要（2020～2022年）》，这一纲要明确指出，要加快发展首都的数字经济。首先，所坚持的方向要准确，在方向上要全面贯彻国家发布的文件精神。其次，所站的位置要高一些，北京的数字经济发展站位要高一些，不仅要成为全国数字经济发展的高地，还要引领和辐射全国。最后，还要坚持长远考虑，在数字经济发展的体制机制方面也要努力解决当前存在的问题。

通过《北京市促进数字经济创新发展行动纲要（2020～2022年）》，北京进一步明确了未来数字经济的发展目标和工作任务。在工作内容上，主要分为四个部分：总体要求、工作目标、重点任务、保障措施。具体主要包括：基础设施建设、数字产业化、数据价值化、数字化的治理规则、产业数字化、数字贸易发展。目前，北京数字经济的重点工程主要有数字技术方面的创新工程、产业协同提升方面的数字化工程、基础设施保障方面的建设工程。另外，在发展的整体方面和要求上，这一纲要还提出大胆探索新的发展模式和新的发展业态，以引领全国城市的数字经济，最终将北京市建设成为国际上认可的数字经济城市。

（二）围绕"五都一城两中心"目标建设创新创意城市

文化中心建设一直是这几年的关注焦点。2020年4月初，北京市政府发布了一项相关方面的政策，文件名称是《北京市推进全国文化中心建设中长期规划（2019年~2035年）》。该文件提出打造"五都一城两中心"的目标，并将围绕这一目标来促进创意城市建设，使首都的创意城市建设具有一定的国际竞争力。这里所说的"五都"分别是设计之都、影视之都、演艺之都、音乐之都、网络游戏之都，"一城"指的是"世界旅游名城"，而"两中心"则分别指会展中心和艺术品交易中心。从内容界定上看，"五都一城两中心"这一目标的提出，在一定意义上说明了设计、影视、演艺、音乐、网络游戏、旅游、会展业、艺术品交易等产业发展对于首都文化中心建设的重要性，同时也意味着北京在推进文化与金融、科技等相关产业融合发展方面所做出的努力。

第一，设计之都是创意城市建设的重要部分，围绕设计之都建设，过去几年里，首都集聚了一定的相关产业要素，集合了工业设计、服装设计、视觉传达设计、建筑设计等具有优势的设计类领域，同时也推动了设计与人工智能、智能制造、新能源汽车、新材料等高新产业的创新融合发展。当前，北京专业设计机构较多，专业设计方面的从业人员也比较多。北京加入"创意城市网络"后，逐渐步入创意快速发展时期。经过多年努力，设计产业已经成为首都创意经济和创意文化的重要方面。北京通过科技、文化双轮驱动，聚焦以可持续发展来建设科技创新中心和设计之都，例如，在实现科技、文化双轮驱动方面，首都以城市创意设计为主要策略，聚集了工业设计、艺术设计、文创设计等诸多类型的设计产业。

第二，在建设设计之都的基础上，继续打造影视之都、演艺之都、音乐之都、网络游戏之都。这几年，首都不断强调要增强原创优秀影视作品的创造能力，吸引优秀影视资源在首都集聚，加大对精品的支持力度，推出一批制作精良的作品和不同形态的高品位高质量的文艺演出产品。北京还在努力打造一批有特色、有活力的城市文化空间，加快推动北京音乐产业园、台湖出版物会展贸易中心等项目建设，并围绕相关主题，打造一批影视、出版精品力作。

第三，在世界文化名城方面，不断加大老城保护的力度，民众也都普遍

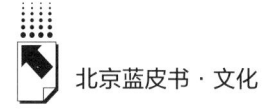

意识到老城保护的重要性。《北京市推进全国文化中心建设中长期规划（2019年~2035年）》这一文件提出了具体要求。文件明确提出"老城不能再拆"这一思路，并以中轴线申遗来推动城市整体创新发展，将什刹海一带、南锣鼓巷一带、雍和宫国子监一带、张自忠路北一带等13片文化精华区都作为重点街区进行文物腾退。腾退空间会优先使用在博物馆、图书馆、艺术馆等公共文化设施方面。

第四，"两个中心"的建设加快速度。"两个中心"建设的提出在目标上是非常明确的，就是打造会展中心和艺术品交易中心。2020年，艺术品交易中心的建设是非常迅速的，建成之后既与旁边的"画家村"宋庄形成资源联动，也将成为辐射全国的中国最大的艺术品交易中心。艺术品交易中心距离宋庄文化艺术园区仅500余米，交通便利。宋庄作为"画家村"早已声名远扬，吸引着众多艺术人才在此集聚，也积累了多年的艺术文化资源，目前已经成为很有艺术氛围的文化旅游区和艺术集聚区。

（三）文化科技深度融合新场景

区块链是2020年文化与科技融合的热点焦点问题。当前，在日益白热化的国际竞争中，区块链技术已成为世界各国科技布局的重点领域。为了在未来新时期的国际竞争中占领优势，加快区块链及其产业不断创新，也成为我们国家整体创新转型过程中的关键一步。我国在区块链领域反应很快，也拥有比较好的基础，目前有20个以上的省份都非常重视并陆续出台推动区块链产业的各种政策，逐渐地在制造业、数字金融、供应链管理等多个领域开始应用实践与探索。

北京较早重视区块链发展，已经将这一新兴科技发展看作文化发展战略和城市创新战略的核心问题之一。早在2018年，北京的科技创新就走在前列，比如有自主创新示范区的创新优势，并在这一优势下做出了诸多突破，初步成为国内综合金融科技创新区。2019年，《北京市推进政务服务"一网通办"工作实施方案》发布，同时也发布了《中国（北京）跨境电子商务综合试验区实施方案》，大力鼓励区块链、大数据等科技在商务和商业中的创新应用。2019年，为了打造安全可靠的区块链生态系统，北京市政务服务工作大会提出要探索依托区块链、大数据等新的科技智能审批方式。可见，北京很早就意识到要利用区块链科技创新促进城市整体创新。

这几年，首都理所当然地成为区块链专利申请最为频繁的城市，这一定程度上凸显了北京城市的创新实力。2020年初，IPRdaily创新指数研究中心经过研究证实了北京城市的创新进展。在对全国各大城市的区块链发明专利进行统计和分析的基础上，研究发现北京的成果喜人。该机构的《中国城市区块链发明专利排行榜（TOP30）》中，北京排名第一，报告还指出了全国区块链在专利方面名次靠前的城市以及首都区块链的十强企业，其中北京瑞策科技有限公司独占鳌头。瑞策科技2017年开始聚焦区块链领域，做区块链技术研发和上层应用开发，共申请相关专利279件，包括区块链数据共享、业务数据上链、互联网行业、数据交易、区块链金融等。

在政策服务上，首都也提出了依靠区块链的"北京方案"。2020年2月前后，北京发布了16条措施以专门促进中小微企业发展，两月后正式实施《北京市优化营商环境条例》，这些都和区块链有关。另外，北京市委书记蔡奇在"强化科技 支撑"方面提出，要更快更好地深化人工智能、区块链等新技术在城市创新方面的应用。2018年的统计数据显示，北京在区块链研究方面的科研机构有26家，占全国区块链研究机构总量的42%左右。近几年来，为了更好地发展区块链技术和产业，攻坚区块链技术研发难点，北京在人才培养、人才吸引、人才培训方面依然给予大量的政策支持和资金支持。

2020年初，北京在全国科技创新中心方面部署了重点项目，这一工作方案要求必须围绕区块链技术创新来积极推动城市经济与文化创新发展。2020年6月，北京再次发布相关的文件精神和行动方案，文件名称是《关于加快培育壮大新业态新模式 促进北京经济高质量发展的若干意见》，该文件指出了区块链方面的重要工作内容，要求培育区块链重点企业。其实从以上内容就不难理解北京区块链技术的发展为什么在全国一直遥遥领先了。2020年8月，国际区块链发展大会举行，其主会场虽然在赣州，但在北京

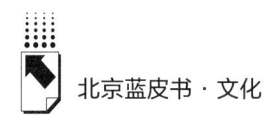

也设立了分会场，网络同步直播。这次大会成果丰硕，发布了区块链平台，也发布了世界500强区块链企业白皮书，并启动区块链专项基金。

2020年6月，区块链的"北京方案"正式出炉。北京市印发了《北京市区块链创新发展行动计划（2020~2022年）》，这一官方文件标志着北京在发展区块链这一技术方面走在最前列。该文件要求把北京建成区块链基础上的创新城市，并在技术应用、创新人才、产业发展等多个方面领先全国。其主要任务是，第一，创新引领，打造相关的理论和技术平台；第二，在市场需求的带动下，建设相应的多元领域的场景应用；第三，集聚优势，建立人才培训体系，致力于科技文化创新融合发展。

区块链技术的发展和进步，最终落脚点都是场景应用，这才是区块链技术发展的真正意义和使命。长久以来，北京都在不遗余力地推进区块链技术应用，从政务到企业，从司法到金融，从版权保护到食品溯源，几乎全方位布局。在城市创新发展的需求下，新的科技发展带动建设，实现多个领域的文化科技应用场景，而这其中任何领域的创新发展都会带来文化创意产业的创新发展。区块链科技创新发展必然会带来城市的整体创新转型，必然会促进文化创意产业的整体创新转型。

（四）疫情特殊时期的创新探索

这一年，受疫情影响最明显的是企业，在这种情况下，文化企业的处境也就更难了。"自从疫情发生以来，北京全市范围内总共有260家电影院停止营业，其中本已计划演出因疫情取消的有5392场，因疫情所关闭的文化馆站室有372个，另外关闭的博物馆也有183家，许多文化企业也陷入了经营的困难时期"[1]，企业不开工，没有利润，有的甚至连房租都交不起，有的资金链断掉整个企业也就跟着垮了。数据显示文化企业经济损失严重，诸多企业年收入同比下降一半以上，因此，如果能在房租、融资补贴、贷款延期、延缴社保等问题上给予支持，对于这些文化企业来说也是雪中送炭。

---

[1] 参见《文化创意产业动态》，2020年4月。

针对这种情况，北京对3000家文化企业的情况进行了研究，并积极响应国家疫情时期特殊政策的号召发布了28条措施。2020年3月，北京市政府印发了相关文件，文件名称是《关于应对新冠肺炎疫情影响 促进文化企业健康发展的若干措施》，这一文件主要提出了28条措施，要求在坚持做足增量、把握存量、长远考虑的基础上，集中力量解决文化企业的困难。28条措施的实行，内容上主要有促精品等5个部分，该措施提出文旅、新闻出版、文物、电影等方面的资金支持政策，可以根据实际情况提前拨付，也可以根据实际情况扩大范围。另外，凝聚行业机构、上下游企业、产业园区、政府等方面力量一起努力共同渡过这一难关。

28条措施还对创新文化内容生产给予重视，重点服务于文化产业的内容生产，强调多出精品力作的原则，在特殊时期强调更多支持反映抗疫事迹的优秀作品，广泛征集反映抗疫事迹的出版物、电视电影、纪录片等优秀作品给予支持。由于疫情，考虑到民众的文化消费基本上转移到网络上，对于网络教育、数字音乐、网络游戏等新兴业态作品给予扶持和鼓励，并根据当前形势提出要大力发展"文化+互联网"。总之，这28条措施是北京第一次在"一级响应"期间出台的文化专项措施，是在特殊时期对文化企业的专门支持。

疫情常态化期间，北京一直坚持发展文创品牌，关于文化创意的新生态不断产生。创意城市建设的品牌建设还在于创意产业园区的建设，2020年，北京文化创意产业园区建设持续进行。其实，"设计之都"也是北京的城市品牌，对于古都北京而言，是数千年悠久历史与尖端技术融合的现代创意城市典范。品牌一定意义上就是企业综合实力的体现，品牌力量也是文化创意产业的核心竞争力。北京市在克服疫情困难的同时举办了文创大赛，文创大赛的目的就是要通过大赛的形式对文创品牌情况进行一次全方位的把握。通过数据分析、量化评价、模型计算、指标比对和专家反复研讨对品牌进行多维评价，从而把真正好的文创品牌筛选出来，这些所入围的品牌也相应地代表了中国文创产业的发展水平。

同时我们也还可以看到小而优的品牌文创新生态。四年来，北京市文化

创意大赛通过努力，不断地吸引、发掘、培育了一大批优秀的文创企业。2020年初，经过严格评审，"中国文创新品牌榜"所公布的评选结果中不乏这样的文创企业，比如麻糖小课、亮相十三绝、原乡里、易企秀、可米生活等项目，这也从侧面反映了新的文创品牌正在不断涌现出来，尤其是小而优的文创品牌更加受到推崇。

四 关于进一步推进首都城市创新发展的有关思考

2020年，北京城市创新发展成绩显著，也面临着新的机遇与挑战。对于城市发展而言，北京按照党的十九大精神进行重新部署，加快步伐迈进创新型城市行列时间紧迫。另外，在坚持四个中心城市功能定位的基础上，北京建设文化中心与科技创新中心两项任务仍然非常艰巨，需要我们不断深入探索。

1.文化科技创新场景仍有待逐步摸索

北京在城市整体创新发展上一直坚持探索文化与科技深度融合全新路径。比如，区块链作为文化科技融合新场景，是北京率先反应并制定文件进行支持的。众多周知，全球区块链技术及其产业都还处于发展的早期阶段，大家都看出其良好的发展前景，并且都在竞争，自然也面临很多挑战。首先是技术上的不成熟，比如可扩展性较差、交易速度较慢、标准及其兼容性不足，目前区块链的商业应用与文化创新运用还有一些局限。在技术安全上，区块链还存在着共识机制、隐私保护、智能合约、算法安全、私钥保护等问题，可能带来信息安全、金融安全以及意识形态安全等新风险。同时，社会认知存在误区。大众很难区分到底是概念炒作，还是技术创新，容易将区块链和虚拟货币完全等同起来，目前在文化创意产业各行业方面应用的解决方案，很多还在于处于研发或者试验的层面上。

我们可以积极关注区块链技术在国际上的最新进展，在城市创新发展和文化创意产业方面的最新应用，关注其他国家在技术研发、政策制定、监管机制、产业应用等方面的动态，结合我国发展的实际做好对策探索。加强区块链技术的应用引导，引导区块链与文化创意产业深度融合，研究制定适合我们目前形势的区块链技术与产业中长期各项规划，结合文化产业行业和领域发展中的问题来进行科学判断。完善监管机制，积极参与国际标准方面的制定工作与活动，并不断提升在区块链标准体系中的话语权，设立扶持基金，建设相关服务平台，帮助区块链技术在文化、城市创新发展中起到推进作用。

2. 冬奥会前后以文化旅游创新融合发展来推进创意城市和文化中心城市建设

旅游不仅是文化传播的路径，也是国际交往的重要舞台。旅游承载的民间国际交流的直接渠道更鲜活、更可信、更平和、更有说服力和感染力。可通过构建优良的旅游环境，使来来往往的游客不断将我们的文化、经济、政治、社会生活理念广泛传播，旅游在国际文化的交流、交锋和交融中也能发挥重要的话语通道作用。北京旅游可以通过各种文化形式与内容的创新而进行策划与传播，利用旅游过程中文化、政治、经济、社会交往的多重属性，丰富和强化游客对首都北京的社会文化感知，使首都国际旅游交流活动成为塑造首都形象与国家形象的重要途径。在冬奥会背景下，新时代的北京文化旅游融合发展战略问题凸显，按照中央精神和北京市委市政府的要求，应该首先着眼于"四个中心"建设，认真针对这四个职能进行服务，特别是在国际交往中心和全国文化中心这两个工程的打造方面，充分发挥文化旅游业在提升首都功能方面的作用，在这一过程中，城市的创意功能也将被调动起来。

3. 坚持不懈地以文化和科技融合来推进城市创新发展新进程

对于北京而言，城市的创新气氛越来越好，创新活力也在不断增强，应加快促进文化创新业态的多样化，这些业态包括动漫游戏、创意设计、电子竞技、网络视听等，在不断健全的现代文化创意产业体系中，使文化与旅游、金融、体育、科技等日益融合发展。文化创意产业业态的丰富对于城市的创新发展来说是可喜现象，但由于处在转型的特殊阶段，目前文化和科技的深度融合和创新程度都是不够的。文化和科技创新新业态的出现虽然为文

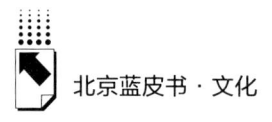

化消费与传播提供了新方式新方法新技术,但是在形式与内容的探索力度上还是远远不够的。有一些新兴小品牌目前还属于新生事物,还需要进一步在发展中壮大,新的形式还处于萌芽或者尝试阶段,新的内容可能还不太完整,其产业化程度也不够高。在这一层面上,文化品牌的打造还面临着艰巨的任务,怎样梳理出北京当前的重要文化品牌,未来怎样运营这些品牌资产等,都有待继续研究。目前还缺乏一种品牌化的理念和措施,这其实是一个很大的努力空间,总体上还需要在政策措施和保障机制上更加重视引导和激励。

B.5
2020年京津冀文化协同发展现状、特点、问题及对策

安 静 姜 茜*

摘 要： 2020年，京津冀三地的文化协同发展受到了新冠肺炎疫情的严重挑战，但三地在国家的统筹指导下联防联控，在共同抗疫中进一步促进了文化的沟通发展。京津冀三地在疫情中探索了网络传播文化的新方式，进一步促进了文化的传播，让文化深入人民群众。目前三地在协同发展中仍然存在一些问题，需要三地继续协同配合，共同推进文化繁荣发展。

关键词： 京津冀 协同发展 新冠肺炎疫情 网络传播文化

2020年，全国人民团结一心，在党中央的领导下打赢了疫情阻击战。京津冀三地响应习近平总书记在统筹推进新冠肺炎疫情防控和经济社会发展工作部署会上提出的要求，联防联控，共同抗疫。三地文化的协同发展围绕这一重大事件，充分发挥了文化和文艺工作的重要作用。京津冀文化的协同发展呈现了新的表现形式，出现了许多新的文化现象，也带来了新的发展机遇。三地的文化受到疫情影响，又在疫情中得到新的发展，取得了丰厚的成果。

---

* 安静，博士，中央民族大学文学院副教授，硕士生导师；姜茜，中央民族大学文学院2019级硕士研究生。

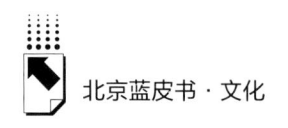

一 2020年京津冀文化协同发展建设的相关政策梳理

2020年,京津冀协同发展战略已经实施六周年,积累了相当丰富的经验。在新冠肺炎疫情的影响下,京津冀协同发展计划遇到了重大的挑战,与以往有明显的不同,最鲜明的体现是三地的文旅事业受到明显影响。面对突如其来的新冠肺炎疫情,国家积极调控,采取一系列方式补贴在疫情中的受灾对象。京津冀三地则在中央的领导下,联合抗疫,取得了丰硕的成果。

从国家层面看,国家各方面的政策都说明了在特殊时期,疫情防控应放在第一位,文旅展出应该随疫情状况变化。在疫情防控期间,国家采取各种方法调整文旅活动。在早期以取消、停止各类活动,转线下活动为线上活动,引导公共防护为主。从京津冀区域看,一方面,三地都积极贯彻落实中央政策,紧抓疫情防控,并科学利用中央拨发的疫情专项资金推动文旅企业复工与线上文旅展出。2月,天津市文化和旅游局发布《关于指导帮助文化和旅游企业克服疫情影响 用足用好相关支持政策的通知》,科学合理地利用疫情期间特殊政策与债券恢复文旅产业。4月,北京市人民政府发布《进一步支持中小微企业应对疫情影响 保持平稳发展若干措施》,积极响应中央号召,大力促进中小微企业复工。8月,河北省文化和旅游厅发布了《河北省文化和旅游厅关于公示2020年全国基层戏曲院团网络会演推荐剧目的公告》,促进文旅展出转向线上方式。另一方面,京津冀三地协同抗疫成为共同的主题,原定春节档期的演出全部做出调整。

表1 2020年京津冀三地文化发展相关文件

北京	《关于进一步明确疫情防控期间返京人员有关要求的通告》	北京市新型冠状病毒肺炎疫情防控工作领导小组办公室	2月
	《关于加强疫情防控、服务保障和重点建设协同联动实施意见》	北京市交通委、天津市交通运输委员会、河北省交通运输厅	3月
	《京津冀自驾驿站建设和服务标准》	北京市文化和旅游局	4月

续表

北京	《进一步支持中小微企业应对疫情影响 保持平稳发展若干措施》	北京市人民政府	4月
天津	《关于指导帮助文化和旅游企业克服疫情影响用足用好相关支持政策的通知》	天津市文化和旅游局	2月
	《天津市人民政府办公厅关于调整成立天津市大运河文化保护传承利用暨长城、大运河国家文化公园建设领导小组的通知》	天津市人民政府	4月
河北	《2020年京津冀文化和旅游协同发展重点工作方案》	河北省文化和旅游厅	4月
	《河北省文化和旅游厅关于公示2020年全国基层戏曲院团网络会演推荐剧目的公告》	河北省文化和旅游厅	8月

二 2020年京津冀文化协同发展建设的现状

2020年京津冀三地的各类文化活动均受到疫情的严重冲击。文旅活动大批暂停、文旅企业收入大幅降低、文化艺术工作者生存能力降低都是文化发展在这一阶段面临的严峻挑战。但是，京津冀三地在疫情中科学防控、联合抗疫、引导企业复工。不仅如此，三地还在挑战中抓住机遇，发展新型的网络线上文化，积极开拓了新的文化创新形式。线上的文化交流活动丰富了疫情中居家人员的精神文化生活，为稳定社会心理做出了重要贡献。同时，线上活动加快了技术手段的运用，扩大了文化活动的受众群体，探索出各种互动的新方法、新手段，这都是在疫情中积累的宝贵的经验。新型的"抗疫文化"记载了京津冀的抗疫精神，反映了特殊时期的特殊文化现象与精神文明，展现了京津冀人民团结一心、顽强抗疫的光辉形象。2020年7月，北京发布了全国文化中心建设未来15年规划，正式出台了《新时代繁荣兴盛首都文化的意见》和《北京市推进全国文化中心建设中长期规划（2019年~2035年）》，为做好首都文化这篇大文章打下了坚实基础，也必将对京津冀未来文化发展产生重要影响。

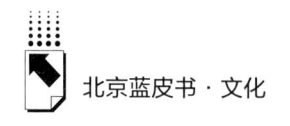

（一）传统文化

京津冀地缘相接、人缘相亲、地域一体，三地历史渊源深厚，交往半径相宜，具有协同创新发展的良好优势和基础，经常联合举办各类传统文化展出，共同促进传统文化发展，加快文化传播。2020年在新冠肺炎疫情的影响下，三地的文化活动受到严重冲击。各类文化活动在上半年都被取消或者转为线上活动。8月以后，京津冀的线下文化活动才逐步复苏。2020年京津冀的线上文化活动迅速发展，京津冀的传统戏曲线上展出共计700余场，与线下演出持平，成为展出的重要组成部分。2020年三地的传统戏曲线下演出约为854场，数量相较以往有极大的下降。其中演出最多的仍是北京，共545余场，演出戏曲剧种仍以京剧、评剧、河北梆子为主，还有花鼓戏、豫剧、昆曲等。天津演出场次为232余场，河北为77余场。三地联合表演的戏曲有京津冀戏剧名家演唱会、京津冀河北梆子青年演员大赛、京津冀评剧票友交流演唱会等。

表2 2020年京津冀三地传统曲艺类展演

展演方式	剧名	类型	演出地区	演出时间	演出场所/主办方
网络展演	京津冀优秀戏曲剧目展演季直播分享会之二	评剧	北京、天津、河北	11月	天津大剧院
线下展演	京津冀戏剧名家演唱会	京剧、评剧等	河北邯郸	1月	邯郸市工人剧院
	京津冀河北梆子青年演员大赛——《艳阳楼》《杜十娘》《太白醉写》《喜荣归》《徐策跑城》《林冲夜奔》等	河北梆子	北京、天津、河北	7月	河北电视台
	2020年京津冀评剧票友交流演唱会——《谢瑶环》《秦香莲》《王少安赶船》	评剧	河北廊坊	9月	河北省廊坊市广阳区文化广电和旅游局

2020年京津冀受到疫情影响，原来在春节假期期间举办的现场非遗、民俗活动大量减少，大批活动转为线上举行，网络直播活动成为重要的传播

力量，抖音、火山小视频等新媒体成为传播传统民俗活动的重要载体。例如，天津的非遗特产——蛤蟆吐蜜的制作过程就在抖音上被众多观众转载，京剧脸谱特效使用次数也高达上万次。再如"京津冀协同发展的前世今生"直播活动在线上直播了京津冀三地悠久的文化历史，展示三地历史特色，受到观众的好评。新媒体的传播方式可以让更多人加入京津冀文化协同发展的体验中。如何促进非遗传统文化与现代新媒体技术融合，在直播中吸引观众、留住观众进而产生深刻影响等问题，都是在2020年之后可以继续探索的课题。

表3 2020年京津冀三地文化遗产和民俗类活动

方式	活动名称	活动时间	线上播放平台/线下活动地区	活动内容	主办方
线上	"剪雪花，迎冬奥"京津冀非遗示范学校青少年剪纸作品在线展览	1月	石景山区文化中心	京津冀三地二十所学校师生精美的剪纸作品	北京市石景山区文化和旅游局、天津市南开区文化和旅游局、河北省张家口市文化广电和旅游局
	"京津冀协同发展的前世今生"直播活动	5月	微博/一直播"正阳门"	介绍京津冀三地文物行政部门及部分在京中央部委所属博物馆开展多方面合作的过程	京津冀博物馆协同发展推进工作办公室
	"张家口印象"2020年京津冀非遗线上展演活动	6月	官网	张家口市县区特色非遗项目、北京市石景山区以"剪雪花，迎冬奥"为主题的非遗文创产品和"少白派"京韵大鼓、天津市河西区王派快板、天津市河北区相声和太平歌词	张家口市文化广电和旅游局
	大运河非遗大展暨第六届京津冀非遗联展——线上展区	8月	官网	线上展分为旅游产品和公共服务、文化科技融合、典型案例推介等六大展区	河北省文化和旅游厅、北京市文化和旅游局、天津市文化和旅游局

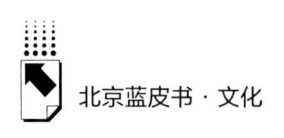

续表

方式	活动名称	活动时间	线上播放平台/线下活动地区	活动内容	主办方
线下	中华文化促进会传统文化委员会京津冀文化交流组委会启动仪式	1月	天津津利华大酒店	成立京津冀文化交流组委会,进一步拓展文化宣传的空间,创新文化发展的形式	中华文化促进会
	中国国际服务贸易交易会——京津冀博物馆协同发展文化创意展区	9月	北京	通过现场展示、互动体验等方式,让观众近距离感受京津冀博物馆文化特色与创意	京津冀博物馆协同发展推进工作办公室
	京津冀"博物馆进校园示范项目"中期成果专家评审会	9月	北京	评审会共邀请10名京津冀教育行业与文博行业专家作为评审嘉宾到场,对京津冀"博物馆进校园示范项目"中期成果展开评审。与会专家对项目主题、课程研发、教育目标给予充分肯定,并基于各自特长领域对示范细节提出指导性建议	京津冀博物馆协同发展推进工作办公室
	"新时代新风韵"优秀美术作品展——京津冀地区展新闻发布会	10月	天津远洋宾馆	由中央文史研究馆提供10幅馆藏作品、天津市文史研究馆提供10幅馆藏作品,评委提交作品10幅	中央文史研究馆中华文化促进会
	京津冀非遗精品展	11月	北京天桥艺术中心	参展非遗作品近50件,主要呈现的是传统美术和传统技艺类的非遗手工艺实物	北京市西城区文化和旅游局、天津市和平区文化和旅游局、天津市河东区文化馆等
	通武廊文化旅游创意产品展暨第八届廊坊特色文化博览会	11月	廊坊国际展览馆B馆	主要展区分为非遗精品展区、通武廊综合展区、非遗美食展区、非遗大讲堂体验区、文创旅游产品展区,同时举办开幕式、非遗研讨会等展示传播活动	北京市通州区文化和旅游局;天津市武清区文化和旅游局;廊坊市文化广电和旅游局

续表

方式	活动名称	活动时间	线上播放平台/线下活动地区	活动内容	主办方
线下	"博物馆文创与景泰蓝技艺创新人才培养"研修班开班仪式	12月	北京市珐琅厂	此次研修班由北京艺术基金全额资助,以中国景泰蓝艺术博物馆为依托,与国内博物馆领域、景泰蓝行业专家学者及设计师携手共建,提供高品质的研修培训课程	清华大学美术学院
	京津冀非物质文化遗产交流展演暨曹妃甸区"校城融合"非遗、地方戏进高校活动	12月	唐山工业职业技术学院	相声、杂技等非物质文化遗产展演	中共唐山市曹妃甸区委宣传部

(二)现代文化

京津冀传统文化历史悠久,现代文化也同样精彩纷呈。京津冀与时俱进,充分发挥三地特别是北京作为全国文化中心的重要作用。2020年,受到疫情影响,京津冀现代文化展出的线下数量同样迅速下降,线上展出数量增长。其中北京举办的数量最多,共4000余场,线上展出2100余场;天津近800场,其中线上展出500余场;河北近200场,其中线上展出100余场。综览京津冀的现代文化,在内容上多以世界经典艺术作品为主,汇聚了世界艺术的多样形式,话剧、音乐会、舞剧、艺术展等多种形式竞相上场。相比以往,2020年的现代文化展出数量有极大的下降,但是线上展出的数量大幅度上升。

表4 2020年京津冀三地现代文化活动

方式	活动名称	类型	活动地区	活动时间	活动场所/主办方
线上	新时代新风韵优秀美术作品展——京津冀入围作品展	美术展	北京、天津、河北	5月	天津美术馆
	乐舞相约——《天鹅湖》《堂·吉诃德》	芭蕾舞剧	北京、天津	6月	中央芭蕾舞团

续表

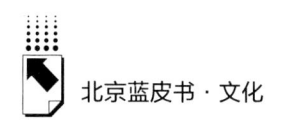

方式	活动名称	类型	活动地区	活动时间	活动场所/主办方
线上	《天鹅湖》《海盗》《吉赛尔》	芭蕾舞剧	北京、天津	7月	中央芭蕾舞团
	中芭60周年庆典GALA（中篇）——《春与秋》《堂·吉诃德》《仙女》	芭蕾舞剧	北京、天津	8月	中央芭蕾舞团
线下	首届京津冀大学生短视频大赛发布会暨电影《怪癖英雄》全球首映礼	视频影视	河北廊坊	11月	廊坊万达影院
	"魅力京津冀"系列活动2020文创动漫产业高端沙龙	文创动漫沙龙	北京、天津、河北	12月	北京朝阳国家文化创新实验区文化金融服务中心
	"欢乐科普行，共筑科技梦"——2020年京津冀科普旅游系列活动	科技展	北京、天津、河北	12月	北京市文化和旅游局

（三）抗疫文化

疫情期间出现了特殊的抗疫文化，这类作品创作时间短，但不乏精品力作，或歌颂"逆行人"，或鼓舞士气传播积极能量，或描写与病毒顽强抵抗的人民群众，展现了特殊时期我国人民团结一致抗疫的精神面貌。京津冀三地创作了大量的抗疫文艺作品，记录了时代的难忘印记。北京市文联、国家大剧院、北京广播电视台、北京京剧院等多家重点文艺单位都推出了以抗击疫情为主题的作品，涵盖了多种艺术形式。北京市文联组织创作的《爱是桥梁》、国家大剧院创作的《天使的身影》、朝阳区委组织创作的《心在一起》、北京广播电视台制作的《爱的方向》、北京市歌剧舞剧院创作的《逆行的背影》、北京京剧院创作的戏歌《战疫情》得到了人民群众的肯定。天津的精英剧场在线上举办了"抗击疫情主题文艺作品展"，展示了书法、绘画等作品。河北省石家庄市组织创作了抗击疫情主题文艺作品展示，征集抗疫作品。京津冀三地联合举办的抗疫文化活动也不在少数，三地团结一心，共同创作抗疫作品，支持抗疫。例如，由京津冀三地联合举办的"2020年京津冀抗疫非遗作品线上联展"通过展出剪纸、窗花等非遗作品的形式，将爱国之情与勇敢无畏的精神寄托在非遗作品中。这些作品宣传众志成城的抗疫精神，发挥文艺战线在抗疫过程中的积极作用，温暖人心，鼓舞斗志，成为2020年春天的独特风景。

表5　2020年京津冀三地抗疫文化活动

活动名称	类型	活动地区	活动时间	主办方
抗击疫情主题文艺作品展	书法、绘画等	天津	2月3日~3月9日	天津精英剧场
《我和我的祖国》	交响乐	北京、天津、河北	3月	北京交响乐团、天津交响乐团、河北交响乐团
《春风，又光荣地和我们相遇》《无法沉默》	诗歌	北京、天津、河北	3月	京津冀诗歌联盟
2020年京津冀抗疫非遗作品线上联展	剪纸、歌曲等	北京、天津、河北	6月	北京市海淀区文化和旅游局、天津市津南区文化和旅游局、河北省霸州市文化广电和旅游局
以艺抗疫——京津冀书法交流唐山路北特别展	书法作品	北京、天津、河北	6月	北京市西城区文学艺术界联合会、天津市文化和旅游局、河北省石家庄市文学艺术界联合会

三　2020年京津冀文化协同发展建设的特点

2020年，新冠疫情首先催生了线上展演和展览活动等诸多形式，三地文化交流的方式更加丰富多彩，受众群体更为广泛。在联防联控过程中，三地采取灵活多样的方式促进文化协同发展，加强了文化交流，体现我国社会主义制度优越性的文化更加深入人心。

（一）京津冀线上展出形式增多，文化交流频繁

2020年年初，受到新冠肺炎疫情的影响，京津冀地区大量的线下展出被紧急取消。在8月以前，各种线下的文化活动近乎于无。8月以后，各大剧院、音乐厅等陆续恢复正常，但线下展出明显受到严重冲击，数量与往年相

比大幅减少。同时，线上展出开始兴起，逐渐成为一种主要的文化展出形式。无论是传统曲艺类展演、现代文化活动还是非遗艺术都逐渐采取线上直播的方式。学习强国分享、官网直播、微信公众号分享、抖音直播、哔哩哔哩直播等开始成为文化传播的主要途径，改变了此前线下展出占主导的现象。

京津冀三地不断通过线上展出的方式进行合作，共同举办各种文化活动。例如疫情期间，天津大剧院就与北京、河北剧院联合举办了"京津冀优秀戏曲剧目展演季直播分享会之二"，在线上传播京津冀三地的优秀戏曲文化。网络直播的展出方式比线下展出更加方便、快捷，可供选择的网络直播平台多样。这促进了京津冀三地在文化活动上的交流，让三地的文化交流打破时间、空间的壁垒，让文化合作更便利、高效。

（二）京津冀在联防联控中增强文化交流

疫情暴发后，京津冀三地按照习近平总书记的要求，严格联防联控，加强三地的共同防疫配合。三地发布了《关于进一步明确疫情防控期间返京人员有关要求的通告》《关于加强疫情防控、服务保障和重点建设协调联动实施意见》等文件，促进了京津冀在物资供应、交通运输等方面的合作。京津冀三地在联防联控与团结作战中不仅收获了丰厚的抗疫成果，更收获了文化合作与交流的成果。三地在频繁的抗疫互助往来中还收获了文化认同感。

除此之外，京津冀地区还在疫情期间出现了一种新的艺术——"抗疫艺术"。京津冀加强文化合作，通过创造鼓舞人心的作品来支持抗疫工作。这些艺术作品来自现实的疫情，又对现实抗疫产生着积极的推动作用。它们无一不表现了中华民族团结一心的顽强精神，体现了团结统一、爱好和平、勤劳勇敢、自强不息的中华民族精神。这些艺术作品鼓舞了在疫情中勇往直前的"逆行者"，鼓舞了顽强战斗的人民。

（三）京津冀传统文化深入人民群众

京津冀三地历史悠久，有独具特色的京味文化与燕赵文化，还有众多丰厚的历史文化遗产。但是，传统文化由于其自身内容与形式上的局限性一度陷入了培养难、传承难、坚守难的窘境。

线上展出的兴起突破了传统文化继承与传播难的瓶颈。网络直播、短视频深受网民喜爱，是文化展示与传播的重要平台，它们为传统文化的传播开辟了新路径，让原来只在高雅剧院展出的传统艺术走向大众。这不仅促进了优质传统文化在人民群众中广泛传播，还进一步加快了传统文化的继承。例如，梅兰芳大剧院等知名剧院自疫情暴发后就开通了抖音与火山小视频账号进行线上直播，传播传统文化。许多年轻人被传统文化吸引，开始走进其中，不断了解中华传统文化，感受传统文化的魅力。通过网络传播优质的传统文化作品，用精湛的艺术吸引人，让传统文化在"互联网+"时代深入人心。

四 京津冀文化协同发展建设中存在的问题

总体来说，2020年，京津冀文化在挑战中获得了新的发展机遇，但是也存在一些需要改进的问题，解决这些问题可以为未来京津冀文化的协同进一步发展积累经验。

（一）京津冀经济文化仍有差距，文旅产业抗风险能力弱

京津冀三地在经济、文化等方面仍存在一定的差距。北京作为全国的政治与文化中心，有优势的政治、经济、文化资源，在京津冀协同发展中一直处于领先地位。天津是国家首批沿海开放城市，也是国家金融创新运营示范区与开发开放先行区，各方面资源不容小觑。河北历史悠久，是华夏文明的重要发源地，有丰富的文化资源。河北的经济虽不断发展，但与北京、天津相比仍然存在一定的差距。

北京、天津，特别是河北的中小型文旅企业受到疫情的巨大影响，大量企业入不敷出，难以维持基本运转，生存能力低。文旅产业大范围停工，中小型文旅产业抗击风险的能力弱。国家以及京津冀三地政府都出台了一系列

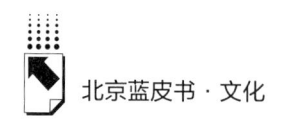

政策援助中小型文旅企业。文化和旅游部在2月发布了《文化和旅游部办公厅关于暂退部分旅游服务质量保证金　支持旅行社应对经营困难的通知》，北京市人民政府发布了《进一步支持中小微企业应对疫情影响　保持平稳发展若干措施》，天津市文化旅游局发布了《天津市文化和旅游局关于下达2020年旅游发展基金支持项目补助资金计划（第一批）的通知》。

（二）京津冀缺乏深度文化交流，文艺作品内容与形式难创新

京津冀三地在疫情期间文化交流加深，举办了许多文化活动展出。另外，三地还共同举办了特殊的抗疫文化活动，往来频繁。但是，三地的文化交流缺乏统筹性与体系性，三地的文艺展出作品也缺乏创新性。

从内容上看，三地联合举办的文化活动内容缺乏创新性。在传统文化中，以展出京剧、评剧、河北梆子等戏曲为主，黄梅戏与越剧等地方戏曲占比则较少；在现代文化中，以展出音乐会、舞台剧等为主，交响乐等占比也较少。另外，虽然京津冀三地在联合举办抗疫文化作品展出上做出了重大贡献，但是抗疫文化作品的创新性仍须进一步探索。从种类上看，京津冀联合创作的抗疫作品以绘画、书法、音乐作品为主，戏曲、视频等相对较少。从内容上看，京津冀联合创作的抗疫作品多是简单地刻画抗疫英雄、受难人民等，作品在内容上存在重复现象，缺乏有深度、有新意的艺术创作。

（三）京津冀线上艺术质量参差不齐，文化价值受挑战

疫情期间，京津冀三地线上展出迅速发展，微信公众号、抖音、火山小视频等成了重要的展出平台。不仅如此，展出主体也不限于官方剧院，网友可以随意在网上平台展出艺术作品，大众文化飞速发展。但是，这些线上艺术质量参差不齐，许多非官方的直播主体也令人担忧，甚至出现一些不法分子利用虚假的线上展出传播虚假文化甚至进行诈骗的事件。在这种情况下，线上的文化传播难以保证文化内容与价值观的正确性。一方面，京津冀三地往来密切，错误的文化传播会误导大众；另一方面，线上展出平台的低门槛

让一些低俗文化乘虚而入，受错误价值观导向的文化在网络迅速传播必定会带来危害。

五 推进京津冀文化协同发展建设的对策建议

本文充分总结疫情京津冀文化协同发展留下的宝贵财富，针对上述问题提出一些对策建议，以期在全面战胜疫情之后，京津冀的文化实现更好的协同发展。

（一）加强京津冀产业互动，促进疫情后市场复苏

京津冀要想更高效地发展，必须打破三地间的产业壁垒，打破封闭的状态，实现资源共享，增进三地的沟通与交流。一方面，为了保证疫情之后三地产业链稳定，京津冀应该加强三地产业的互动，增强三地产业的交流，建立健全产业互助体系，促进三地互利共赢，共同发展。另一方面，北京与天津有政治、经济资源，应当为河北提供资金、技术等方面的支持，合理利用资金促进发展。三地应该通过互动与交流解决各方在政治、经济与文化方面存在差距这一问题，缩小差距，寻求共同发展。京津冀产业互动可以保证疫情后消费稳定与市场复苏，可以为文旅产业的持续发展树立信心，最终实现持续稳定。

（二）促进文旅与其他产业结合，提升企业抗风险能力

要想从根本上提高京津冀文化产业的抗风险能力，就应该促进文化产业与金融、旅游、科技等其他产业沟通融合，并将文化产业作为龙头产业来打造，从而带动文化产业持续长久的发展。一方面，应该立足京津冀三地特色文化，深入挖掘历史文化资源，创造三地独具特色的文化产品、文化景点，打造京津冀联合发展的文旅产业。另一方面，应该通过旅游、金融、科技等行业来拉动文化产业发展，再通过文化产业的发展为其他行业提供更多优质的文化资源，以求双方互利共赢。

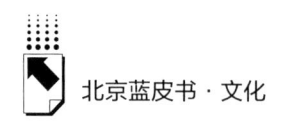

（三）建立健全京津冀文化市场的监管体系

线上文化展出要想更好地为人民服务，对社会产生积极的作用，就离不开文化市场的监管。京津冀三地应该联合建立健全文化市场监管体系，三地应加强交流沟通，形成完整的监管体系，提高监管效率。首先，应该以社会主义核心价值观为指导，确保在监管中支持健康有益的、允许无害的、抵制低级庸俗的、取缔淫秽反动的文化。要加强构建现代文化市场体系，保证文化内容的正确、健康、有益，促进文化市场健康繁荣发展。其次，在实际监管的过程中，要加强基层执法机构与执法队伍建设，严密落实监管责任，提升监管工作质量与工作水平。最后，要积极引导文化经营活动，落实安全生产责任，发挥监管作用，促进京津冀三地文化市场健康、繁荣发展，努力创造人民群众喜闻乐见的社会主义优质文化。

（四）引导抗疫文艺作品创新

创新是文化作品持续繁荣的活力与源泉，唯有引导文艺作品特别是抗疫作品不断创新，改变千篇一律的创作方式与创作内容才能创造出符合社会主义核心价值观、有现实意义的作品。积极引导抗疫作品创新是必不可少的。一方面，应该为文艺作品创作者发放补贴，通过调动创作者的积极性、保障创作者的生活来实现文艺作品的繁荣发展，引导文艺工作者在新的环境下创作。另一方面，应该在继承传统的基础上创新，将体现抗疫精神的时代作品与京津冀传统文化结合，将京津冀的特殊民俗文化融入抗疫时事，实现新的突破，创作出有新意、有特色的作品。

B.6
2020年北京城市副中心文化建设新进展

王文超*

摘　要： 2020年是北京城市副中心文化建设的关键之年，在深入挖掘以大运河为核心的历史文化资源、加快构建多点支撑的文化旅游发展格局、扎实推进公共文化服务高质量发展方面取得了成绩。"十四五"时期，城市副中心文化建设将进入新发展阶段，践行新发展理念，在逐步融入新发展格局中为全国文化中心建设作出更多贡献。

关键词： 城市副中心　文化建设　大运河　高质量发展

规划建设城市副中心是北京城市深度转型的生动写照，2020年尤其具有里程碑意义。市委领导多次视察城市副中心，要求传承历史文化底蕴，挖掘优质文旅资源，提升教育公共服务水平，把北京城市副中心打造成古今同辉的人文城市。"十四五"时期是城市副中心规划建设发展的关键时期，要深入学习贯彻党的十九届五中全会精神，立足城市副中心实际，更好践行新发展理念，在坚持绿色发展、强化科技创新引领、推动京津冀协同发展、提升对外开放水平、改善人民生活品质等方面拿出城市副中心行动，努力在探索形成新发展格局中走在前头。

---

* 王文超，博士，中共北京市委党校（北京行政学院）哲学与文化教研部讲师，研究方向为民俗学、北京文化。

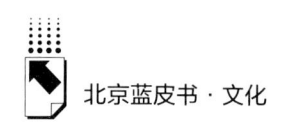

一 深入挖掘以大运河为核心的历史文化资源

副中心文化建设的首要工作是建设好大运河文化带。要做好大运河文化传承保护利用,保护好大运河沿岸的历史文化遗产,深化"一河三城、一道多点"保护格局,以大运河通航和国家 5A 级景区创建为契机,做好大运河沿线环境景观提升。积极贯彻落实总书记讲话精神,深入挖掘以大运河为核心的历史文化资源,为把城市副中心建设成为古今同辉的人文城市打下坚实基础。

(一)开拓文化遗产保护工作新局面

随着 2016 年路县故城遗址勘探发掘,城市副中心所在地的古老历史底蕴增添了一条千年足迹。作为通州地区目前所知最早的古代城址,曾获评"2016 年度全国十大考古新发现"的路县故城遗址,不仅展示了通州历史的"雏形",也是北京城市副中心历史文化遗产保护体系的重要组成部分。它充分证明了"今日北京城市副中心所在的位置早在 2200 多年前就是一个地区性的政治经济和文化中心,拥有丰富而深厚的文化底蕴和历史文化根基"[①]。

对于该文化遗产的保护工作,副中心创新性地实行了遗址保护展示工程与遗址博物馆并进的做法。当前,路县故城遗址保护展示工程已经开工建设,预计到 2022 年与之交相辉映的路县故城遗址博物馆也将完成主体建设,将共同为副中心增加一张历史文化金名片。2020 年在路县故城遗址发掘中又有新发现,在城外西南部发现较为集中的炼渣、炉壁残块、石(沙)范残块等冶铸业相关遗物,体现了汉代路城地区的手工业发展和经济状况,也为研究汉代冶铸业提供了线索。此外,在副中心城市绿心园区发现清嘉庆十三年(公元 1808 年)前大运河故道,旁边的小圣庙遗址是大运河北京段考

---

① 《"唤醒"千年古城》,《北京城市副中心报》2020 年 11 月 2 日,第 4 版。

古首次发现的祭祀河神的庙宇遗址。

在文物工程保护利用方面,"三庙一塔"既是副中心重要文物建筑,又是大运河文化旅游景区申报国家5A级景区的重要组成部分,2020年全面启动了景区内七大文物建筑保护工程,年内全部竣工。在大运河活态文化遗产保护层面,北京市委宣传部全国文化中心建设项目"北运河流域民俗文化普查活动及民俗志编纂"出版成果《北运河民俗志——图像、文本与口述》[①],重点探讨了北运河流域的民众生活图景和文化实践。

(二)推进历史文化街区改造提升

历史文化街区是生动再现大运河文化带历史底蕴的基础单元,城市副中心明确提出以街区保护带动文化带整体保护提升的战略,即以通州老城区历史街区保护带动路县故城遗址保护区、张家湾古镇保护区、漷县古城保护区历史片区以及一批重点传统村落的保护和建设。

在北京总体老城改造提升及老旧小区综合整治的过程中,本年度副中心共启动了15个老旧小区的综合整治项目,以"旧貌换新颜"为抓手切实解决群众生活中最关心、最迫切、最现实的问题,基本实现"六治七补三规范"的整治目标,在满足基本民生需求的同时,通过添设文体活动设施等方式来满足人民群众的基本文娱生活需求。副中心还实施了220个治理类街乡镇整体提升项目,使越来越多的背街和小巷成为展现街区文化和民众生活面貌的新景观。

北苑街道、永顺镇潞河中学北街和玉桥街道梨园中街一巷还荣获2020年十大"北京最美街巷"荣誉称号。经过对历史文化街区内环境整治和综合改造提升,口袋公园、歇脚座椅等居民共享的生活空间更加便利化、景观化、人文化、艺术化。如潞河中学北街用大运河、船、代表性建筑物等意象集中表达了汉字"潞"的多元内涵;梨园中街一巷用社区居民自制的民间艺术品装点社区,在整治提升设计中融入地方感;玉桥街道通过举办楼门文

---

① 毛巧晖等:《北运河民俗志——图像、文本与口述》,中国戏剧出版社,2019。

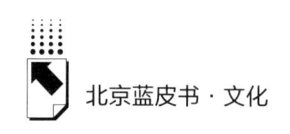

化创意设计大赛，引导居民组建楼门文化创建团队，在增进文化认同的过程中凝聚居民参与共建共治共享成果。

（三）焕发大运河保护利用新功能

近年来，北京将大运河通航作为重新焕发大运河新功能的重要抓手。市领导明确提出要加强统筹推进通航，打造旅游品牌，把北运河打造成城市副中心金名片[①]。2019年初步实现了北运河通州段（北关闸至甘棠闸段）率先游船通航。2020年3月，国家发改委、北京市和河北省联合公布《北京市通州区与河北省三河、大厂、香河三县市协同发展规划》，将共同致力于生态空间、景观廊道和轨道交通等建设。北运河（通州段）综合治理工程正在加紧施工，工程主要包括河道扩挖、景观绿化和通航三个部分，北运河新建甘棠船闸、榆林庄船闸和杨洼船闸等3座船闸，其中甘棠船闸、榆林庄船闸正在建设当中，预计2021年6月底实现试运行[②]。北运河廊坊段是京杭大运河的重点节点，也是北运河旅游通航的出京第一站。香河县正积极推动这一重要任务，编制了《北运河廊坊段旅游通航规划》和《北运河廊坊段旅游通航规划实施方案》，做好北运河沿岸环境整治、河道清淤、堤防砌筑等，确保在2021年6月基本实现旅游通航，与北运河通州段航道实现互联互通。在整个航道建设中，北运河通州段打造了"绿道花谷"和"延芳画廊"两大景区，廊坊段通过设置中心码头、旅游码头等，同步强化北运河沿岸景观建造和生态保护，提前为打造文旅融合的新发展格局奠定基础。

二 加快构建多点支撑的文化旅游发展格局

文化旅游是城市副中心"3+1"功能定位之一，做好文化旅游融合发展的大文章，是推动城市副中心高质量发展的重要推动力。城市副中心文

[①] 《以通州段通航为契机 把北运河打造成城市副中心金名片》，《北京日报》2019年9月19日，第1版。
[②] 《榆林庄船闸为运河通航加紧施工》，《北京日报》2021年1月19日，第5版。

旅游的基本格局是以环球主题公园为龙头，串联大运河文化带城市绿心、台湖演艺小镇、张家湾古镇、宋庄艺术小镇等通州极具特色的文旅板块，统筹推进城市副中心全域文旅产业发展，在京津冀文旅协同发展中发挥桥头堡作用。

（一）推进环球影城主题公园及度假区建设

环球影城主题公园及度假区是北京文化旅游的新地标，更是城市副中心加快构建多点支撑的文化旅游发展格局、推动文化旅游高质量发展的重要抓手。

作为文化旅游区的核心，环球度假区一期建设工程共占地约169公顷，拥有小黄人乐园、哈利波特的魔法世界、变形金刚基地、侏罗纪世界努布拉岛、功夫熊猫盖世之地、好莱坞和未来水世界七大主题景区。10月27日，北京环球影城主题公园未来水世界景区完成竣工验收备案，该景区由7个单体构成，占地总面积7453平方米。该景区于11月中旬正式移交美方运营团队，标志着主题公园正式进入竣工移交阶段，度假区标志球体也同步开启转动。12月31日，北京环球度假区宣布北京环球影城主题公园及度假区核心工程建设完工，开始进入运营准备和开园前的密集筹备阶段。另外，北京环球度假区亮相2020中国国际旅游交易会，宣布了首批21家旅游渠道官方授权合作伙伴，今后还将陆续携手更多旅游渠道合作伙伴，全面布局线上线下渠道，提供预订服务。

对于环球影城主题公园及度假区今后的建设与发展，市领导在检查调研时明确提出新要求——强化科技赋能，注重运用5G、人工智能等新技术，加强应用场景建设；要注入中国元素，突出本土特色，打造"北京版"主题公园；要充分做好开园前的各项准备工作，提前制定常态化疫情防控下的运营方案，严格落实疫情防控措施，做好应急预案，确保安全运营；要将重心向做好运营服务转变，加强与美方沟通合作，帮助做好宣传策划和推介，注重听取社会意见；抓好外围综合配套，细化交通、停车等方案，满足住宿、购物等需求；城市副中心管委会要抓好12平方公里文旅区规划建设；

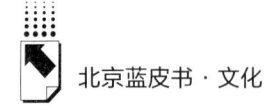

用好"两区"政策红利，吸引培育一批IP设计、动漫游戏、演艺娱乐等文化科技类企业，布局一批高品质消费设施，建设集科技、休闲、娱乐、潮流于一体的文化旅游综合体①。

（二）高标准建设三大特色小镇

特色小镇既是副中心推动城乡统筹发展的重要战略，也是促进文化融合发展的主要动力。当前主要以宋庄、张家湾和台湖三大特色小镇为中心，着力打造副中心文化魅力新名片。

宋庄艺术创意小镇本年度注重规划引领下的改造提升工程。小堡文化艺术广场将由商业广场改造提升为具有艺术特色和商业活力的艺术会客厅；小堡南街将改造为副中心高品质文化休闲特色示范街；印象街及周边区域的改造提升目标是建设集艺术创作、创意办公、展演、交易、交流、精品酒店、配套商业于一体的艺术商业街区。艺术小镇的改造提升将为多元文化元素、文化符号和文化业态提供生长空间，也将吸引更多艺术家参与小镇建设，共同提升区域文化品位。

张家湾设计小镇样板区铜牛老旧厂房改造项目本年度获得北京市文化产业园区基础设施资金支持，将腾笼换鸟建设北京未来·建筑设计区，通过引入前沿设计产业打造全新产业链，重点打造建筑设计、时尚设计、创新空间，推动设计与人工智能、新材料、节能环保等高精尖产业深度融合②。9月，北京国际设计周在张家湾设计小镇开幕，拉开其首次举办重要国际性活动的序幕。中国工业设计领域最具国际影响力的红星奖永久会址落户设计小镇北泡地块，今后将致力于打造文化活动核心区展示及公共服务体验区。

台湖演艺小镇的双益发文创园已吸引60余家企业入驻，涵盖戏剧创作、影视拍摄等领域。本年度尽管受到疫情影响演出行业遭受到很大冲击，但国

---

① 《把北京城市副中心打造成古今同辉的人文城市》，《北京日报》2020年12月6日，第1版。
② 《铜牛老厂房下月变未来设计园》，《北京城市副中心报》2020年11月25日，第1版。

家大剧院台湖舞美艺术中心仍有精彩演出，共举办台湖精品剧目展演、台湖星期音乐会、台湖暑期儿童艺术演出季和台湖演艺艺术周等55场高质量演出①。小镇临时会客厅项目部分功能投入使用，今后将更充分地利用环球影城主题公园溢出效应，吸引环球主题公园相关剧目演出、彩排、舞美设计等业务。同时致力于打造智慧小镇，更多应用全息影像、超高清视频等技术，将演艺与科技完美融合。

表1　2020年1~9月城市副中心规模以上文化产业情况

项目	收入合计(万元) 2020年1~9月	同比增长(%)	从业人员平均人数(人) 2020年1~9月	同比增长(%)
合计	2402924.3	23.1	10060	-5.5
文化核心领域	2172277.0	30.0	5392	0.7
新闻信息服务	51807.3	-12.8	413	-5.9
内容创作生产	42024.8	-20.4	1490	30.4
创意设计服务	1992950.6	39.6	2185	-5.1
文化传播渠道	36683.8	-50.1	1002	-7.6
文化投资运营	1198.1	11.8	12	-40.0
文化娱乐休闲服务	47612.4	-15.9	290	-19.9
文化相关领域	230647.3	-18.0	4668	-11.9
文化辅助生产和中介服务	110041.4	-23.6	3671	-10.6
文化装备生产	50019.5	-25.2	914	-18.3
文化消费终端生产	70586.4	0.2	83	13.7

资料来源：《通州区2020年1~9月规模以上文化产业情况》，http://www.bjtzh.gov.cn/bjtz/xxfb/202011/1321824.shtml。

三大特色小镇拉动副中心文化产业快速增长，2020年第一季度规模以上文化产业达113家，增速为36.2%，仅次于北京经济技术开发区，位列全市第二。从2020年1~9月规模以上文化产业收入状况来看，以创意设计服务和文化投资运营为主，这也充分体现了三大小镇对副中心创意设计服务

---

① 《台湖演艺小镇加速成为城市副中心文化新名片》，《北京城市副中心报》2020年12月7日，第1版。

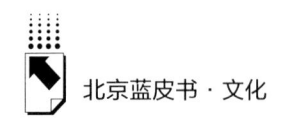

业的拉动作用。今后副中心也将继续关注艺术品交易、旅游休闲、出版发行、创意农业、综合演艺等重点产业门类，促进副中心文化产业高质量发展。

（三）全方位宣传副中心文旅资源

在2020年中国国际服务贸易交易会上，通州区融媒体中心通过融媒体直播方式展示副中心建设成果，推介副中心重点文旅景区，走进文创企业分享非遗保护成果。在市文旅局的统一部署和安排下，通州文旅还先后亮相第十六届海峡旅游博览会、2020第六届中国（厦门）国际休闲旅游博览会、2020年海南世界休闲旅游博览会，推介北京城市副中心文旅资源特色，重点介绍北京（通州）大运河文化旅游景区积极创建国家5A级景区的相关工作，以此加强与全国各地休闲度假区的交流，提升副中心大运河文旅景区的知名度和影响力。

为清除疫情影响，同时迎合当前新业态、新消费发展趋势，通州区文旅局与廊坊市文旅局共同举办"四地一家亲 相约副中心"主题活动，以整合区域文化旅游特色资源为目的，通过线路规划、网红体验、资源采集、网络直播、网媒加持等宣传推广方式，携手推介一河两岸北三县风光，推进京津冀文旅协同发展。三河市、大厂回族自治县和香河县分别结合各自文旅资源特点，制定出科技智慧三河游、异域风情大厂游、古今穿越香河游的文旅线路。积极打造数字文旅概念，开辟360VR全景漫游云展厅，使普通游客在云端就能感受自然景观和历史文化。四地资源整合、携手发展、共同突破的发展理念，为今后京津冀文旅资源的整合与融合发展提供了区域性经验和探索性成功案例。

三 扎实推进公共文化服务高质量发展

（一）三大文化设施建设进入新阶段

副中心剧院、图书馆、博物馆是副中心公共文化设施建设的重中之重，因地理位置特殊，位于城市绿心西北部市民文化休闲组团区，是城市副中心"一带、一轴、两环、一心"规划格局的重要组成部分。作为副中心文化新地标，三大建筑将承担起文化体验、共享交流、演艺演出、展览展示、休闲娱乐等提升城市活力和满足市民文化新需求的综合职能。

自2019年10月投入建设以来，北部的剧院项目建设率先开工，在2020年11月底已经完成垫层浇筑38000平方米、地板防水34700平方米、底板混凝土浇筑20000平方米[①]。与此同时，剧院项目周边共享配套设施及图书馆、博物馆也在加紧建设中，预计在2021年上半年完成主体结构封顶，2021年实现外立面亮相，2022年底完工。

（二）构筑绿色休闲公共文化空间

城市绿心森林公园于国庆期间正式开门迎客，仅国庆七天的累计接待人次达17.8万，成为北京新的"网红"打卡地。在构筑绿色休闲公共文化空间的过程中，城市绿心坚持绿色发展理念，最大限度地保留原有工业建筑并加以改造。植入新功能，成为健身、文创、餐饮等适应市民游客需求的文化空间，进而使老旧厂房在城市绿心重新焕发活力。如东方化工厂原址遗留的门房、麒麟雕塑等成为园内有工业特点的特色景点，东亚铝业工业遗迹变身为红砖广场、主题餐厅和健身中心，造纸七厂存量建筑将变身为文化创意中心，为市民提供文化创意展示服务。

与副中心环城绿色休闲游憩环同期开放的还有张家湾公园一期。公园前身是2000年前后在乡镇企业大潮中兴建的工业大院，2017年以来经过疏解整治提升使原有工业企业全部迁出，三期全部建成后，总面积将达1万多亩。公园以绿色休闲为定位，内设"泗水古巷""曹石印记""水巷茶棚"等文化景观，力图展示张家湾作为"大运河第一码头"的历史景象和红学底蕴。台湖万亩游憩园中的垛子公园建设了乡愁广场，以建筑再生品和镇里拆迁的旧红砖、旧木料为原料，在废旧物品再利用的同时，为市民营造一种怀旧的乡愁氛围。

---

① 《城市副中心三大建筑进入建设新阶段》，《北京城市副中心报》2020年11月23日，第4版。

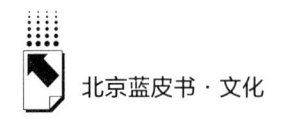

（三）持续打造大运河文化节

通州运河文化艺术节作为副中心近年来经营的文化品牌，在本年度提升为"北京大运河文化节"，于11月7日在通州大运河畔开幕。文化节由市委宣传部、中国新闻社主办，市委网信办、市发改委、市文旅局、市文联、市广电局、市文物局、市体育局、通州区委、通州区人民政府承办，八大板块、39项主题活动陆续在线上和线下同步启动，其中包括文艺创作、公众参与、文体融合、非遗活动、专题展览、云端展示、学术讲座及延展活动等[1]。本次文化节也是首次聚合大运河北京段沿线7个区的资源打造的综合文化品牌活动，致力于生动呈现大运河文化的历史脉络、当代价值、世界意义。此外，台湖文化艺术节等也通过展示富有通州区文化特色的艺术作品来增进文化交流，丰富市民生活。

（四）加大公共文化惠民工程投入

公共文化惠民是增强城市副中心群众文化获得感和幸福感的重要举措。目前副中心及拓展区已实现公共文化设施全覆盖，以通州文化中心为主阵地推动了35个智能图书馆建设，体系化建设了乡镇综合文化中心和村、社区综合文化室，并不断提升公共文化服务数字化效能，实施供给侧改革。本年度副中心继续加大了文体服务设施建设力度，加快了基层体育设施配建工作。

在"书香北京"政策引导下，副中心加大对图书馆和实体书店投入力度，疫情期间通州区图书馆公共阅读"不打烊"，采取网络预约有序提供便民阅读服务，加大力度通过官网、微信公众号等向读者输送丰富的数字阅读资源，开展线上活动405场，受众约20万人次，数字资源查询量达到了千万人次。民办非营利性社会组织通州运河书院关注人数同样可观。疫情期间，市政府及时出台《关于支持实体书店发展的实施意见》，加大对实体书

---

[1] 《2020北京大运河文化节开幕》，《北京日报》2020年11月8日，第2版。

店创新发展的优惠力度,副中心实体书店总量呈正增长趋势,本年度将有200余家实体书店可为群众提供便民阅读与文化消费服务。如潞县镇投入建设了北堤寺村、马头村、绿荫西区和潞县书院四家实体书店,服务村民文化需求。在文艺演出方面,星火工程将634场文艺演出送到百姓家门口,以构建"通州味"文化圈为目的,在丰富农村群众精神文化生活的同时,进一步促进了副中心文化认同与新发展。

(五)基层公共文化活动有序开展

在副中心城市社区及拓展区街乡,村史馆、文化馆等设施承担着基层文化建设的重要职能,这建立在党的十八大来通州区全面开展乡情村史陈列室建设工作的基础之上。11月5日,市委书记蔡奇以"四不两直"方式到潞县村村史馆察看,肯定了村史馆在保存历史遗存、石碑物件等乡村文化方面的特殊作用[①]。潞县村史馆较全面地展示了潞县古城风貌、百年来村民生活变迁、革命文化和当代乡村大众文化。另外,潞县村榆林庄文化展览馆举办了"大运河之子"刘绍棠作品展,旨在通过展陈刘绍棠以大运河农村生活为主题的优秀文学作品,带动普通大众和基层组织对地方生活文化的讲述与创作。近年来该村以展览馆为中心凝聚形成了一支地方文化精英力量,搜集整理和创作地方口传文本,重构乡民地方文化认同。永乐店马合店村史馆采取本村文化精英设计、村民捐赠、集体打造的方式,以汇集展示全村姓氏的方式凝聚民心,铸牢乡村文化共同体意识。除此之外,副中心及拓展区有深厚的体育文化基础,太极拳、门球等群众喜爱的体育活动持续开展,相关体育设施也在逐步更新。目前全通州有5个体育特色乡镇、80个体育特色乡村,于家务乡荣获2020年度"北京市体育特色乡镇"称号。

---

① 《城市副中心要更好践行新发展理念 打造绿色发展新优势》,《北京日报》2020年11月6日,第1版。

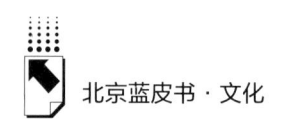

四 新发展格局下副中心文化转向的对策建议

（一）有序推进数字文化遗产保护工作

数字化是"十四五"时期文化建设的重要战略。目前，副中心文化遗产保护工作已经取得了明显成绩，涌现出一批重点项目，下一步就是要贯彻落实数字化战略，有序推进文化遗产保护数字化工作。一要做好文化遗产的数字化建档，按照新公布的国家文化大数据标准，对近年来副中心建设过程中新发掘的路县故城遗址等文物项目予以重点关注，继续完善区域性非物质文化遗产资源库建设，以期与国家文化大数据平台对接。二要深化文化遗产的数字化利用与活化，加强与数字文化产业、特色小镇等项目合作，共同开发利用副中心文化遗产，促成数字文化遗产系列产品更多更好地向社会供给，实现文化遗产的当代价值。三要建设数字文化遗产的更多新应用场景，依托文化和科技融合，将最新技术和文化遗产展陈、活化利用紧密结合，拓宽新应用场景，满足大众精神文化需求。

（二）打造大运河文化带特色文化小镇

副中心特色小镇建设重点突出了未来产业和新兴文化业态，但同时也应当注重大运河文化带原有乡镇的地方历史文脉和特色文旅资源，以文化资源整合和区域统筹规划为抓手，以文旅融合为目标打造特色文化小镇。副中心蕴藏着丰富的以大运河为主题的非物质文化遗产资源，内容体系涵盖了与文旅需求相匹配的饮食、文娱、祭典节庆、工艺产品、民俗活动等各个方面，但目前这些文化资源多沿北运河零散分布，很多非遗项目已经缺乏可依托的历史景观和文化空间，传承上有困难，发展上无市场。特色文化小镇建设应当抓住环球影城的溢出效应和三大特色小镇的产业集聚效应，立足于彰显大运河符号的文化空间建设，并在此基础上整合非遗等文化资源和相关产业，推动特色文化小镇落地。

（三）适应数字经济，着力发展数字文化产业

城市副中心"十四五"规划将以数字经济为方向，以绿色经济为特征，加快构建与主导功能定位相适应的现代产业体系。新发展理念与新发展格局表现在文化领域，就是要着力发展数字文化产业，进一步推动副中心拓展区内老旧厂房向文化产业园区的方向改造，深化文化与科技、金融融合，充分发挥三大特色小镇在艺术、设计、演艺文化等方面的龙头优势，集中发展数字艺术展示、数字场景应用、数字展演及其他沉浸式业态。与此同时，还要注重加快数字文化产业的基础设施建设，推进新技术的市场化应用以及副中心传统文化的数字化转型发展；促进数字文化产业发展，推动公共文化服务体系数字化建设，进一步提高群众共享共用数字文化资源的比例，不断提升公共文化服务体系的现代化水平。

（四）推动深化京津冀文旅产业协同发展

积极推动城市副中心文化与京津冀文化旅游协同发展，并将其始终作为出发点和落脚点。北运河贯通的副中心、河北廊坊和天津地区，在文化遗产及文化类型上具有相似性，今后应以北运河全线通航为契机进行文旅资源的组团设计与整合发展。在文化产业布局上，副中心可依托三大小镇集聚的创意设计产业，利用正在加紧建设的区域交通网在京津冀布局产业链、供应链，推动协同合作、共同发展。

文化基础设施与公共文化服务体系

Cultural Infrastructure and Public Service

B.7
2020年北京公共文化服务发展报告

张 凯[*]

摘 要： 2020年，北京克服新冠肺炎疫情带来的困难，持续推进公共文化服务的建设，在政策引导、空间拓展、数字文化资源建设、公共文化服务推广方面取得了重要进展。本报告梳理了2020年北京公共文化服务发展的现状，指出当前公共文化服务发展中还存在公共文化空间和设施布局不够合理、公共文化服务与文旅产业融合度不高、数字文化资源服务效能有待提升、街道社区公共文化服务设施服务效能不高等问题，未来需要着重加快偏远郊区公共文化服务设施的建设，深化公共文化服务与旅游的融合，打造智慧公共文化服务体系、探索多种形式的街道社区公共文化空间建设模式。

---

[*] 张凯，博士，北京市社会科学院文化研究所助理研究员，主要研究方向为文化研究。

关键词： 公共文化服务　公共文化空间　数字文化资源

2020年是"十三五"规划的收官之年。面对新冠肺炎疫情的挑战，北京市坚持以习近平新时代中国特色社会主义思想为指导，立足全国文化中心建设，在做好疫情防控工作的同时统筹推进公共文化服务事业的发展，取得了积极成效。

一　公共文化服务建设新政策新举措

"十三五"期间，北京大力发展公共文化服务事业，不断完善公共文化服务体系，提升服务效能，先后建成城市副中心剧院、北京文化中心等空间，全市已经建有四级公共文化设施6844个，覆盖率达99%，基本形成了"十五分钟公共文化服务圈"，共举办文化活动34万场，下基层演出达到4.7万场，极大地满足了北京市民的文化需求。在"十三五"规划收官、"十四五"规划即将开启之际，北京继续推进公共文化服务体系建设，优化公共文化服务空间布局，丰富文化内容，提升服务质量。

（一）新政策谋篇公共文化服务体系建设新格局

2020年4月9日，北京市委宣传部、市发展改革委等部门正式颁布《北京市推进全国文化中心建设中长期规划（2019年~2035年）》，为北京全国文化中心建设规划了具体的内容和目标。规划要求到2025年，北京的公共文化服务均衡充分发展，设施空间布局更加合理，服务内容更加丰富，高品质公共文化产品和服务供给能力持续提高，公共文化服务体系示范区全面建成，服务效能整体提升，公共文化促进城市经济社会发展能力显著增强；到2035年，公共文化服务体系示范区全面建成，服务效能整体提升，公共文化促进城市经济社会发展能力显著增强。

10月，《中共北京市委关于制定北京市国民经济和社会发展第十四个五

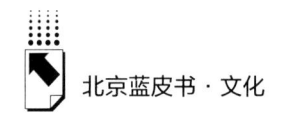

年规划和二〇三五年远景目标的建议》颁布，更加明确了北京未来发展的方向和目标。其中要求"十四五"期间公共文化服务水平进一步提升，推进公共文化服务体系一体化和公共文化服务示范区建设，积极兴建博物馆和实体书店，弥补目前城市副中心、回天地区、城市南部地区等地公共文化体育设施短板，提升公共文化服务设施的运行效率，让人民更加切实地享受文化建设的成果。

（二）多功能文化中心拓展文化服务空间

城市中的文化中心是对公共图书馆的有效补充，它能够综合多种文化服务样式，通过多功能的设施或场馆为市民提供各种文化服务。8月14日，石景山区文化中心正式对外限流预约开放。该文化中心是北京市第一家恢复开放的区级文化中心（文化馆），建筑面积4.1万平方米，涵盖文化馆、非遗中心、博物馆、美术馆、公益放映厅、报告厅等多种功能于一体；重点打造"国家级艺术院团惠民公益演出季""文博知识大讲堂""新片观影会""经典艺术走进石景山""跨文化艺术交流"等系列活动；开展各艺术门类的全民艺术普及培训，推出多元化美育课程；各种功能充分融合、互动，可达性高，土地集约化利用程度高，具有多元城市功能，是具备场所感和识别性的城市地域空间。

9月22日，美后肆时·景山街道市民文化中心正式开馆，这是美术馆后街地铁8号线盾构工程腾退后新建落成的地标级公共文化场馆，现由优和时光（北京）文化中心有限公司承接整体运营，其为两进式的四合院，地上一层、地下三层，共有活动空间21处，为市民提供阅读、歌舞、戏剧、国学、艺术、文创、园艺、美食、健身等主题的公共文化服务和特色文化体验。

（三）依托轨道微中心便利文化资源供给

轨道微中心是在轨道交通站点建设的具有多元城市功能的地域空间，它通过高度利用站点周边用地，促进生活性服务业、文化娱乐等多种功能和公共设施在站点周边布局，形成高品质、服务人民的活力中心，使市民在完成日常通勤的同时，能够就近完成购物、娱乐等活动需求，进而与城市公共服务中心体系、各级城市生活服务圈有机融合，推动城市空间的共建共享。根据12月颁布的《北京市轨道微中心名录（第一批）》的要求，北京首批要打造71个轨道微中心，涉及14个区、28条线路。轨道微中心的建成能够最大限度地利用北京公共交通站点的空间，拓展文化、娱乐等服务的形态和途径，为市民提供更为便利的文化生活产品。

表1　北京市第一批71个轨道微中心具体名单

单位：个

地区	数量	轨道微中心站点		
海淀区	3	13号线五道口	19号线牡丹园	昌平线六道口
朝阳区	10	3号线东风	17号线十里河、朝阳港	东北环线望京火车站
		28号线东大桥、光华路、核心区、北京东站、广渠路、广渠东路		
丰台区	7	16号线丽泽商务区、丰台南路、榆树庄		
		19号线景风门、草桥、新宫		玉泉路线卢沟桥路站
石景山区	2	11号线金安桥站、新首钢站		
通州区	9	7号线万盛西、万盛东、群芳、高楼金、花庄		
		22号线永顺		
		市郊铁路通州站、新通州西站、徐辛庄		
亦庄新城	6	17号线北神树、次渠北、次渠、亦庄站前区南		
		亦庄线荣昌东街、同济南路		
大兴区	6	S6线后辛庄、黄村火车站、大兴新城、瀛海南		
		R4线罗奇营、礼贤		
房山区	5	房山线良乡大学城、良乡南关		
		市郊铁路良乡、窦店、乐高乐园		
昌平区	9	13号线新龙泽、霍营、回龙观东大街、回龙观东		
		17号线未来科学城南区、19号线沙河商教园		
		S2线生命科学园、沙河北、昌平火车站		
顺义区	2	市郊铁路顺义火车站、牛栏山站		
平谷区	3	22号线马坊、马昌营、平谷		
延　庆	1	S2线延庆站		
怀密地区	8	市郊铁路怀柔南、怀柔、雁栖小镇、怀柔北、北房、统军庄、密云北、密云		

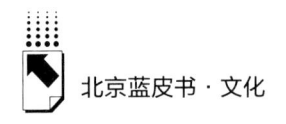

（四）建设博物馆之城

《北京市推进全国文化中心建设中长期规划（2019年~2035年）》指出，北京要积极鼓励社会力量兴办博物馆，打造布局合理、展陈丰富、特色鲜明的博物馆之城。2020年尽管受到疫情影响，博物馆建设速度放缓，但一年内仍新增了14家，正式备案博物馆总数达197家，其中非国有博物馆共29家。北京已建成的主题和特色博物馆涵盖历史、文化、科技、产业、生态等多个文化领域，对于展示北京的历史文化，丰富市民的文化生活，拓展爱国教育途径和方式有着积极的意义。这种主题化空间的设置能够为不同群体提供个性化的文化服务，探索博物馆与不同群体的链接方式。

表2 北京非国有博物馆登记备案名录（初步排查）

序号	文物部门备案	业务主管单位	法人登记部门（民政）
1	观复博物馆	北京市文物局	北京市民政局
2	古陶文明博物馆	北京市文物局	北京市民政局
3	北京中国紫檀博物馆	北京市文物局	北京市民政局
4	北京松堂斋民间雕刻博物馆	北京市文物局	北京市民政局
5	北京御生堂中医药博物馆	北京市文物局	北京市民政局
6	北京老爷车博物馆	北京市文物局	北京市民政局
7	北京百年世界老电话博物馆	北京市文物局	北京市民政局
8	北京晋商博物馆	北京市文物局	北京市民政局
9	北京和苑博物馆	北京市文物局	北京市民政局
10	北京英杰硬石艺术博物馆	北京市文物局	北京市民政局
11	北京御仙都皇家菜博物馆	北京市文物局	北京市民政局
12	北京国韵百年邮票钱币博物馆	北京市文物局	北京市民政局
13	北京文旺阁木作博物馆	北京市文物局	北京市民政局
14	北京市姜杰钢琴手风琴博物馆	北京市文物局	北京市民政局
15	北京励志堂科举匾额博物馆	北京市文物局	北京市民政局
16	何扬吴茜现代绘画馆	北京市文物局	北京市民政局
17	北京中华民族博物院	北京市文物局	北京市民政局
18	老甲艺术馆	北京市文物局	北京市民政局
19	北京睦明唐古瓷标本博物馆	北京市文物局	北京市民政局

续表

序号	文物部门备案	业务主管单位	法人登记部门（民政）
20	北京怀柔喇叭沟门满族民俗博物馆	北京文物局 北京市怀柔区文化委员会 （现怀柔区文旅局）	怀柔区民政局
21	北京金台艺术馆	北京市文物局	北京市民政局（原申请单位的分支机构）
22	中国马文化博物馆	北京市文物局	
23	北京崔永平皮影艺术博物馆	北京市文物局	
24	北京百工博物馆	北京市文物局	
25	北京航空航天模型博物馆	北京市文物局	
26	北京市朝阳区奥运森林艺术博物馆	北京市朝阳区文化委员会 （现朝阳区文旅局）	朝阳区民政局
27	北京市顺义区蘑菇博物馆	北京市朝阳区文化委员会 （现朝阳区文旅局）	朝阳区民政局
28	北京市通州区大运河翰林民俗博物馆	北京市通州区文化委员会 （现通州区文旅局）	通州区民政局
29	北京市昌平区九牧林氏古典家具艺术博物馆	北京市昌平区文化委员会 （现昌平区文旅局）	昌平区民政局

注：北京东旭民族艺术博物馆正在办理注销手续；炎黄艺术馆为事业单位；北京市朝阳区文物博物馆专门人才培训中心、北京华翰文化遗产博物馆研究院不属于非国有博物馆；1~21号为在北京市文物局备案及正式办理民办非企业法人登记的非国有博物馆（21家）；22~25号为在北京市文物局备案但未办理民办非企业法人登记的非国有博物馆（4家）；26~29号为在北京各区办理民办非企业法人登记但未到北京市文物局进行博物馆备案的非国有博物馆（4家）。

（五）公共活动空间建设

"十三五"以来，北京推进见缝插绿、留白增绿，新增城市绿地3600公顷，新建城市休闲公园190处，新添小微绿地和口袋公园460处。在这些公共空间建设中，北京优先选择具有代表性、示范性的项目，鼓励与城市更新、历史文化街区风貌保护、"疏整促"专项行动和老旧小区综合整治等区域和专项任务相结合，优先选择城市发展的重点区域和群众诉求比较强烈的项目。

2020年，北京有62个项目纳入城市公共空间改造提升试点，已有36

个项目获批陆续启动实施。后续试点项目主要涉及四大类型："地铁站及周边"初步选定崇文门站、朝阳门站、北海北站、菜市口站，将从便利公服设施完善度、景观环境品质等维度对现有车站进行一体化改建，调整进出站口位置、新增地铁换乘厅；"活力街区和滨水空间"类涉及东四南北大街公共空间改造、小月河滨水公共空间提升等10个项目，将扩展公共绿地，增加景观小品，优化道路组织；"城市客厅和街边公园"类有前门大江社区街巷胡同改造提升、云岗体育场周边公共空间改造等12个项目，将补充休憩座椅等城市家具，增加非标球场等健身设施及场地，使有限的公共空间最大限度地满足居民需求；"城市微空间改造"类涉及东城区北新桥街道民安小区南区、西城区大栅栏街道厂甸小区小微空间改造等6个项目，将聚焦和选取百姓身边需求反映强烈的"边角地""畸零地"等公共空间，通过一体化设计打造一批可供市民邻里交流、丰富生活、养心怡人的公共活动空间。

三　公共文化服务形式多样

2020年上半年，北京的公共文化空间因疫情原因全部关闭，传统的线下文化服务和活动也完全取消。为了满足市民的文化需求，北京举办了多种形式的互联网线上文化活动。随着疫情缓解，各个公共文化空间恢复开放后，北京各个文化机构仍普遍采用线上和线下结合的方式，弥补限流带来的不便。

（一）疫情期间线上文化活动成为公共文化服务主阵地

2020年疫情期间，为满足市民的文化需求，首都图书馆利用多平台、多渠道开展了丰富的线上活动，其中"首图讲坛"等线上文化讲座参与人次近4000万。通州区图书馆共开展线上活动405场，受众约20万人次，微信公众号粉丝增长量较2019年增加300%，数字资源查询量达到了千万人次。北京市委网信办主办、各区委网信办协办的"京·彩"北京文化网络传播活动共有30位明星、100多位达人助阵"爱上北京"短视频挑战赛，

19.4万网民自创自拍短视频向北京"比心",活动全网总曝光量达48.3亿次。石景山区公共数字文化服务平台"石景山文化E站"、手机App"石景山文E"及微信订阅号"石景山公共文化"已经成为地区群众享受数字阅读的主渠道。平台内容涵盖国学、音乐、书法、外文绘本、连环画、冬奥及西山永定河文化带等专题,方便群众随时随地线上阅读。特别是在疫情期间,数字平台精选推荐海量电子图书、文博名师讲坛、抗疫知识、经典影片、慕课等数字资源共计41TB,组织开展抗疫原创作品有奖征集、庆元宵猜灯谜、疫情防控知识大闯关等形式多样的线上文化活动,为群众居家战疫提供了丰富的"精神食粮"。

端午节期间,北京11家市属公园和中国园林博物馆推出13项线上端午活动,让市民线上品端午、听讲解、颂诗歌,共享安康端午节。除此之外,西城区开展各类线上公共文化活动共18项、45场,涵盖线上文化展、讲座、诗词展等多种类型;顺义区以"和满京城 奋进九州"为主题,组织开展70项线上文化活动;延庆区推出线上端午H5小程序,市民可以在这个小程序里划龙舟、包粽子、挂艾草,体验端午民俗,丰富端午假日生活。

(二)线下文化活动丰富市民日常生活

2020年下半年,随着疫情得到缓解,北京各个公共文化服务机构开始陆续开放,各种文化活动也相继开展。但与往年相比,2020年的线下文化活动的数量和参与人数都有了大幅的下降,且多以线上线下联动的形式开展。9月20日,"艺术让生活更美好——2020年全民艺术普及月"正式启动,这是首都市民系列文化活动重启之后首个全市性群众文化活动,主要采用线上资源与线下活动联动的方式,打造"线上可学,线下可习"的立体艺术普及平台。活动期间举办线上线下公益文化活动1691项、7903场,总服务人次接近2000万。

除此之外,许多公共文化服务空间也在常态化疫情防控的要求下推出多种文化活动。七夕节期间,北京11家市属公园和园博馆按照线上游览、现场参观两条主线准备了"文艺七夕"、"情怀七夕"和"家庭七夕"等一系

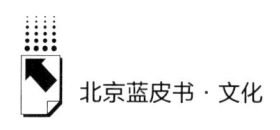

列各具特色的游园活动。中秋、国庆"双节"期间，北京地区博物馆推出100余项文化活动，其中近30项活动在线上或线上线下同步开展，此外还有13家博物馆将在中秋当天延时开放。9月至11月，东城区双休日和节假日在地坛公园和玉蜓公园举办百姓周末大舞台活动，演出内容涵盖综艺、戏曲、儿童剧、杂技专场等，共计演出100场。

（三）公共阅读活动丰富多彩

2020年北京全市统筹举办各类线上线下阅读活动3万余场，影响和覆盖人群在2000万人次以上。北京阅读季期间举办了社会名人晒书、文化名家荐书、著名作家直播、社交话题问答等活动，发挥北京资源和平台优势，让全民阅读推广活动更新潮、更具吸引力，营造网络书香氛围。北京阅读季组织云上阅读公开课及其他形式的线上相关讲座、访谈等活动，全年网络累计参与量达30亿人次。北京市2020年居民阅读总指数大幅提高，达到83.62。其中，居民"个人阅读指数"达到87.98，同比增长6.8%；未成年人人均图书阅读量达到12.23本。同时，成年居民数字化阅读偏好明显，数字化阅读接触率达到87.7%。

三 北京公共文化服务发展中的问题

（一）公共文化空间和设施的布局仍不够合理

由于经济发展水平和人口居住密度不同，北京各区的公共文化服务设施分布仍略显不够平衡。目前来看，城六区集中了北京绝大部分的公共文化服务设施和资源，而偏远的郊区或农村数量较少。除此之外，近年来北京新兴起的一些高新技术产业园区附近，相应的公共文化服务配套设施也很难满足当地群众的需求。照目前的规划来看，北京会持续在郊区和公共文化服务设施较少的地区建设新的场馆，但这些新场馆多意图建成集借阅、演出、数字体验等多种功能于一身的大型文化活动中心，虽大大提升了这些地区人民文化生活的体验度，但在便捷性上略显不足。因此，在服务效能上，"十五分钟公共文化服务圈"大多只是在城六区和郊区一些新近开发的住宅区，而其他地区的居民仍难以享受到公共文化服务建设的成果。

（二）公共文化服务与文旅产业融合度不高

文旅融合是当前北京将文化资源优势转化为发展动能，展现城市历史文化形象的重大举措。近年来，北京文旅融合发展速度较快，成果也颇多，但相应的文化服务配套设施仍显不足。大致看来，北京的公共文化服务建设多仍给本地市民提供服务，市属的图书馆、街道社区文化活动中心等文化设施并未充分考虑游客的文化需求。再者，由于许多旅游景区偏离市中心或居民聚居区，这些地带的文化设施普遍较少。随着北京文旅融合的发展繁荣，尤其是以文化体验、教育等为代表的深度游渐成热门选择后，游客们在景点、景区或酒店的逗留时间会越来越长，对周边配套服务设施的需求也会越来越多。目前来看，即便是位于北京市区中心的什刹海、南锣鼓巷、后海等景区，周边的商业化配套设施都非常完善，面向游客提供公共文化服务的空间却凤毛麟角。更值得注意的是，北京目前在大力开发夜间旅游市场，丰富游客的旅游体验，但北京能够实现24小时服务的公共文化空间严重不足。

（三）数字文化资源服务效能有待提升

2020年突发的新冠肺炎疫情改变了人们的社会生活方式，也对城市公共文化服务的形式提出了新的要求。疫情期间，北京所有的公共文化设施都处于关闭状态，下半年疫情好转之后也都采取限流的方式避免人群大量聚集。所以，2020年也是北京网上数字文化资源发展最快的一年，"网上阅读""线上直播"等形式极大地满足了市民们居家防疫的文化需求。但总体来看，北京数字文化资源的种类和数量仍略显不足，尤其是公共图书馆中数字化资源并不能完全替代线下的图书阅览。再者，数字资源服务的个性化程度不够。疫情期间，以首都图书馆为代表的各种公共文化服务机构都推出了获取数字资源的客户端，也较以往更便利了读者阅览和使用数字资源，但我

们很难见到有根据读者不同需求而进行个性化推送的服务，如学生居家学习期间，相关的数字教育资源仍然较少。再如阅读推广活动，虽然在2020年"阅读季"期间推出了许多个性化的线上阅读活动，但相应的个性化的数字资源配送较少，这也是未来北京公共文化服务数字化进程中亟须解决的问题。

（四）街道社区公共文化服务设施服务效能不高

目前北京的公共文化服务设施的覆盖率已达到较高水平，市区内的一些街道社区都已经有了设施较为完善的阅览室。但在实际使用中，这些公共文化服务空间存在许多问题。首先，使用率不高。许多社区阅览室建成后，很长时间都没有周围社区居民关注，而且社区阅览室的开放时间一般都仅限于白天，对于一些工作人群而言，这样的设施很难触及。其次，文化资源配套不够个性化。由于街道社区公共文化服务设施面积一般较小，无法做到所有资源都面面俱到，但在资源配送中往往还是会程式化地将所有类型资源都投入进去，造成了"数量达标"却"质量不高"。最后，活动宣传较少。近年来，市区内一些建设较好的社区公共文化服务机构按照辖区内人群的年龄结构推出了一些较有特色的文化活动，如老年书法课堂、合唱团等。但总体来看，这些专注于辖区内人群的个性化文化活动仍然较少，尤其是在郊区一些年轻人较多的社区，类似的文化活动非常少。如何根据辖区内居民的需求组织公共文化活动，是街道社区公共文化服务机构需要思考的问题。

四 北京公共文化服务发展的对策建议

（一）加快偏远郊区公共文化服务设施的建设

北京最新的全国文化中心建设规划中指出，公共文化服务需要均衡充分发展。虽然目前总体来看北京的公共文化服务设施覆盖率已达到较高水平，但一些偏远郊区服务设施的缺失仍在制约着北京公共文化服务全覆盖的进程。对此，首先要加大对这些地区资源的投入力度，不管是设施的建设、财政的补贴,还是文化资源的配送,都要优先满足这些地区的需求。其次,减少郊区中大型公共文化活动中心的建设,代之以分布更广、服务更便利的社区或农村书屋。郊区由于人口分散,仅靠几个中大型的图书馆或文化中心难以满足市民文化服务便利化的需求。最后,创新形式,充分利用郊区闲置房屋或空间建设公共文化服务设施,鼓励农村地区"农家乐"等旅游空间增设公共文化服务设施,充分利用旅游空间交通便利、人群相对密集的优势,增强公共文化服务的效能。

(二)深化公共文化服务与旅游的融合

文旅融合根本上是为了扩大社会上文化产品的供给,满足人民群众的文化需求。因而,文旅融合同时也包含公共文化服务在旅游中的实现形式。首先,公共文化服务的服务人群不能仅限于一城一地市民的范畴,而应扩大到考虑游客的文化需求。在这一点上,北京的公共文化设施除了提供基本的文化服务功能外,还要针对游客的需求增加旅游信息服务导览、景区文化内容展示等服务。其次,在车站、机场、酒店等地设立面向游客的公共文化服务设施,打造集书报借阅、信息查询、旅游投诉等多种功能于一体的服务站点,弥补北京旅游服务空间上的断点,同时也能够为周围市民提供一定的公共文化服务。最后,有条件的景区,可以采用改造利用闲置空间或引进实体书店等方式,建设集合阅览、信息服务、休息茶歇等功能的"游客驿站",既能满足游客的文化需求,又提升了游客的旅游体验。

(三)打造智慧公共文化服务体系

北京作为互联网之都,应充分发挥互联网高新技术的优势,更多运用新媒体、大数据促进公共文化服务提升效能。随着疫情防控的常态化,线下的公共文化服务必然无法满足市民们的文化需求,线上的数字文化服务的比重将来会越来越大。目前,通过移动客户端的阅读、直播、共享已经成为人们日常生活中的常态。人们不需要借助公共图书馆等机构就能购买(甚至免费获得)文化产品,这必然对当前数字公共文化资源的建设和推送提出了新的要求。首先,数字公共文化资源必须秉持免费共享的原则。除自建的数字资源外,北京公共文化服务机构还可以与市场上数字资源的供应商合作,以政府采购的形式丰富自身的数据库,建设真正可以替代线下文化服务的数字化内容。其次,增加个性化服务形式。依靠大数据和读者资料库,充分分析和了解读者阅读喜好和文化需求,有针对性地通过客户端为读者推介文化资料。最后,加强数字文化社区建设,建立以公共文化服务机构为主导的市民文化交流空间,真正塑造一个互联网上的市民文化共享平台。

(四)探索多种形式的街道社区公共文化空间建设模式

街道社区公共文化设施的利用率不高,很大程度上还是因为设施自身的空间和容量有限,无法为周围居民提供多样化的文化服务。首先,由于空间有限,街道社区公共文化服务机构的资源应秉持"少而精"的原则,根据周围社区居民的年龄结构、知识架构等因素配置不同主题的文化资源。其次,这些设施可以采取与社会机构合作的形式引进新的文化服务资源,例如书店、咖啡馆、培训机构等,在厘清政府与社会运营主体之间权责分配的基础上,找到双方合作的契合点。尤其是实体书店的建设,截至2020年11月底北京市实体书店数量为1938家,比2019年增加639家,同比增长49%,实现每万人拥有0.9家书店。这些书店在书店传统业务的基础上努力探索新的经营模式,拓展阅读与休闲、娱乐乃至旅游体验的融合,拓展书店的经营范畴,对市民的吸引力甚至超过了一些公共文化服务机构。最后,加强志愿者队伍的培养。在已有工作人员的基础上,广泛吸纳志愿者参与,尤其是可以与社区居民合作实现共建共享的志愿者,由此可以最大限度地了解和满足社区居民使用设施的时间和兴趣偏好,从而提升街道社区公共文化设施的使用效能。

B.8
2020年北京市公共文化服务效能提升进展及相关对策

杨京晶[*]

摘　要： 2020年，北京不断完善公共文化服务体系，加大公共文化设施建设投资力度，深化文化领域供给侧改革，着力提升公共文化服务效能。伴随着全市公共文化法律体系、制度体系、设施建设日臻完善，公共文化服务效能有待提高、公共文化产品和服务水平参差不齐成为制约本市公共文化服务高质量发展的瓶颈。对此，应当采取深化体制机制创新、开展供需"双侧"改革、推进文化资源整合共享、加大要素保障力度等措施，推动北京市公共文化服务效能进一步提升。

关键词： 公共文化服务　服务效能　文化事业　北京

公共文化服务效能是公共文化服务体系高质量发展的核心指标，公共文化服务效能提升是公共文化服务体系改革及创新发展的根本途径。党的十九届五中全会明确将公共文化服务体系和文化产业体系更加健全纳入"十四五"时期经济社会发展主要目标，而且强调公共文化服务体系建设不仅是提升国民素质和社会文明程度的重要任务，还是彰显国家文化软实力的核心抓手。近年来，北京市通过不断完善公共文化服务体系政策、加大公共文化

---

[*] 杨京晶，北京国际工程咨询有限公司工程师，研究方向为文化产业。

设施建设投资力度、深化文化领域供给侧改革，着力提升公共文化服务效能，取得了积极的成效。

一 2020年北京公共文化服务体系建设新政策新举措

（一）持续优化公共文化服务设施网络

2020年，北京市公共文化服务体系全面提升发展，通过优化公共文化设施空间布局，补齐城市副中心、城南地区以及回龙观、天通苑、方庄等大型社区公共文化设施短板，形成市-区-街乡-社区（村）四级公共文化服务网络，基本实现基层公共文化设施全覆盖。同时，开展重大文化设施建设，推动国家"文化重器"落户北京，建设如城市副中心三大建筑（图书馆、剧院、博物馆）、北京市文化中心、北京人艺国际戏剧中心、北昆国际文化艺术中心、北京歌剧舞剧院、南部演艺中心、亦庄文化演艺中心、北京画院等一批城市新地标，实现石景山区文化中心等一批区级标志性公共文化设施建成投用，有效提升了北京市文化影响力和竞争力，切实发挥了全国文化中心示范作用。

（二）切实提升公共文化服务供给水平

2020年，北京不断加强公共文化资源整合，提高文化综合服务效能，以公共文化设施为依托开展了精彩纷呈的文化活动。稳步推进"博物馆之城"建设，2020年正式备案博物馆数量达197家，新增博物馆14家，其中5家为国有博物馆，9家为非国有博物馆（民办博物馆）。实现公共图书馆"一卡通"全覆盖，开通404个街乡成员馆，全市读者在街道（乡镇）图书馆即可享受通借通还的便捷服务。开展2020年首都市民系列文化活动2.2万场，开展全民艺术普及月系列文化活动，举办线上线下公益文化活动1691项、7903场，总服务人次接近2000万。实体书店数量达1938家，位列全国第一，较2019年增加639家，同比增加49%，实现每万人拥有0.9

家书店，为满足人民群众日益增长的精神文化生活需求发挥了重要作用，发挥了全国文化中心的示范引领作用。

（三）逐步完善公共文化服务政策体系

2020年，北京有效实现政策体系搭建、创新政策持续供给，通过发布一系列重磅规划政策，为公共文化服务政策体系完善筑牢发展基石。

2020年2月，中共北京市委印发《关于新时代繁荣兴盛首都文化的意见》，这是继2011年《中共北京市委关于发挥文化中心作用 加快建设中国特色社会主义先进文化之都的意见》以来，为进一步繁荣兴盛首都文化，发布的新时代背景下的首都文化建设意见。该文件从八大方面出发，按照首都"四个文化"（即传承发展源远流长的古都文化、丰富厚重的红色文化、特色鲜明的京味文化、蓬勃兴起的创新文化）基本格局展开，提出新时代繁荣兴盛首都文化的基本思路和21条主要举措。其中，将"丰富高品质文化供给，增强人民群众文化获得感幸福感"作为繁荣兴盛首都文化的一大方面，强调从提升服务水平、强化国家地标性文化设施影响力、优化文化设施布局，办好各类品牌文化活动等方面着手，建设现代公共文化服务体系。

2020年4月，北京市推进全国文化中心建设领导小组印发了《北京市推进全国文化中心建设中长期规划（2019年~2035年）》以及配套规划《北京市公共文化服务体系示范区建设中长期规划（2019年~2035年）》，这两项规划是继2016年发布《"十三五"时期加强全国文化中心建设规划》后，面向近年来中央对文化建设的部署、人民对文化建设的需求、文化建设自身的形势和任务发生的一系列变化，面向未来一个时期做出的首都文化顶层设计。这两项规划明确提出公共文化服务体系建设2025年目标为公共文化服务充分均衡发展，设施空间布局更加合理，服务内容更加丰富，高品质公共文化产品和服务供给能力持续提高；2035年目标为公共文化服务体系示范区全面建成，服务效能整体提升，公共文化促进城市经济社会发展能力显著增强；并通过加快推动全国文化中心建设，推动北京全面建成公共文化服务体系示范区，在全国发挥示范引领作用。

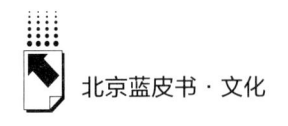

2020年，北京市发改委进一步落实《关于印发加强市级政府性投资建设项目成本管控若干规定（试行）的通知》。为了实现政府投资项目成本全周期管控，重点针对项目决策时对建设成本与运营成本缺乏统筹考虑导致的后期运营成本较高的关键问题，将运营成本纳入政府投资项目决策审批和成本管理，实施资金全口径管控，实现分散在不同部门的市级政府性资金项目管理统筹衔接。自此，公共文化设施建设项目建设前期需统筹考虑开办费和运行维护资金，综合平衡一次性投资和后续运行的刚性需求，进一步驱动公共文化设施运营提质增效。

2020年12月，北京市东城区人民政府与北京市科学技术委员会联合印发《关于进一步加强文化与科技融合发展的实施意见（2020～2022年）》，以科技助力文化领域供给侧结构性改革，释放文化产业新动能，提出发挥国家公共文化服务体系示范区优势，通过上线新版"东城文化云"、打造未来公共文化服务新场景、开展东城区文化中心智慧图书馆建设、推进数字博物馆建设，提升公共文化服务的数字化、网络化、智能化水平，通过推进文化领域科技应用场景落地，增加博物馆、文化馆等重点公共文化场所服务内容，带动文化新消费。

二 2020年北京公共文化服务效能提升新做法新亮点

（一）文化综合体成为公共文化服务设施建设新方向

公共文化设施是指用于开展公共文化服务的建筑物、场地和设备，包括图书馆、博物馆、文化馆（站）、纪念馆、乡镇（街道）和村（社区）基层综合性文化服务中心和公共数字文化服务点等。伴随时代的发展，公共文化设施已经渐渐从仅具有单一功能的场地逐步转变成为综合性的知识中心、活动中心、交流中心和休闲中心。

2020年8月投入使用的大型公共文化设施如石景山文化中心，考虑到区域多方位的公共文化服务需求和京西地区缺少大型公共文化设施的现实情况，顺应文化设施发展趋势，将文化馆、非物质文化遗产中心、博物馆、影院、实体书店和全民健身中心综合布置，有效整合各类文化资源，搭建"文化＋体育""公益性＋准公益性"的文化综合体，在更大范围覆盖群众多方面、多层次的文化需求，一站式提供区域内群众所需的公共文化服务。同月建成的街道级市民文化活动中心如美后肆时。景山市民文化中心，将地铁8号线盾构工程腾退用地打造成为胡同"网红"打卡地，以美为主线，设置美剧场、美作馆、美食馆、美阅馆、美影馆、美衣馆、美体馆、美好交流中心等二十余个活动空间，以跨界思维优化资源配置，重塑公共文化空间，精准化、多元化实现基层公共文化服务供给。

（二）科技赋能成为后疫情时代公共文化服务效能提升新突破

2015年，北京先于全国其他地区，在《关于进一步加强基层公共文化建设的意见》中提出公共文化服务"标准化、均等化、社会化、数字化"的建设目标，致力提升公共文化设施智能化水平，将公共文化服务数字化建设作为重点，搭建公共文化数字服务网络，实现不同场馆间数字产品和信息交换。2020年新冠肺炎疫情暴发后，全市公共文化设施积极开展"云端"活动，发力线上内容，用好数字化、精细化服务手段，保证公共文化服务内容丰富、有效供给。对内加强内部信息化、数字化管理，统筹协调、分配、监督工作，及时掌握设施场馆、资源、设备、工作人员状态等情况，促使工作效率有效提升；对外利用App、小程序、官方网站、微信公众号等，优化数字化智慧服务。同时，重视文化科技融合，利用VR、AR等技术手段，创新文化产品新形态。

疫情之下，北京市公共文化设施广泛通过线上活动、云游直播等方式保障公共文化服务内容供给，涌现出一批科技赋能公共文化服务的典型案例。首都图书馆拓展移动应用程序，"阅读北京"登录"北京通"App和支付宝小程序，实现在线办证、馆藏查询、数字阅读推送功能，通过首都图书馆网站、"首图数字图书馆"微信服务号和客户端、首图市民学习空间等多种方式提供数字资源。"北京数字文化馆"等线上平台矩阵作用得到充分发挥，

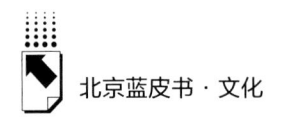

通过广泛征集发布各类抗击疫情的文化艺术作品、上线八大类400余门2万余集慕课文化课程、在微信公众号和微博开设"全民艺术普及"专题、开展"诵读培训线上展示"等直播活动、举办"动漫北京"线上二次元艺术节活动、直播云游古北水镇等景区等，实现线上公共文化服务"不打烊、全免费、无门槛"。

（三）资源联动成为公共文化产品品质提升新路径

为提升公共文化产品和服务供给能力，北京公共文化服务设施一方面补短板、锻长板，提升自身文化产品（服务）策划能力；另一方面积极开展资源联动，依托本土文化资源塑造公共文化设施特色文化品牌，扩大影响力。

部分设施从区位出发，与周边公共文化设施连片发展并进行优势资源互动，凸显自身特色。如海淀北部文化中心结合海淀区文化科技融合发展的战略要求及科技创新核心区的特色，精准对接驻区科技企业需求，长期开设少儿机器人、编程一小时、亲子科学实验等科技类公益培训课程，举办涵盖科技创意体验、科技课程参与、科技展览、科技讲座等多种形式的体验活动，推动文化与科技跨界融合。

部分设施从产品切入，打通国家级、市级、区级、街道级资源，实现"设施搭台，央地唱戏"，使国家级、市属院团和机构演出活动走近百姓。如石景山文化中心与中央芭蕾舞团、国家京剧院、北京交响乐团等院团以及首都博物馆签订合作协议，携手举办"国家级艺术院团惠民公益演出季"和"文博知识大讲堂"活动，将国家级和市级优质文化活动带到群众身边。

部分设施从宣传推广发力，在设施内部设置与"互联网＋"时代公共文化需求更为适合的功能空间（如直播间等），积极参加国际性展会，扩大自身文化影响力。

2020年，直播成为5·18国际博物馆日、"书香中国·北京阅读季"等重要活动中不可或缺的宣传推广手段，疫情期间北京市民日渐将"看直播"

作为读书看报、收听广播、观看电视、观赏电影、观看演出、参加文体活动之外的文化生活新方式，文化产品也普遍可以通过融媒体、全媒体开展传播，有效扩大公共文化服务覆盖面。9月，中国国际服务贸易交易会在京举办，北京地区22家全国博物馆文创产品开发试点博物馆集中亮相，展示国内领先的博物馆文创开发工作成果和中国文化之美。

（四）社会化运营成为公共文化服务设施运营新模式

随着公共文化服务供给侧结构性改革持续走深，社会化成为公共文化服务改革的焦点。北京积极探索政府主导、社会力量参与、多方共赢的"北京模式"，推动公共文化服务社会化从"有没有、够不够"跨入"好不好"的3.0阶段。2020年，北京涌现一批通过委托运营、民办公助、政企补贴等模式开展社会化运营的典型案例，一批具备条件的专业化运营企业通过提供连锁店式管理服务实现了成功复制。

多个区积极推进公共服务社会化运营，竞相探索社会化运营"北京模式"。东城区秉承"崇文争先"理念，继2016年率先试点政府向社会力量购买公共文化服务工作，2018~2019年扩大试点范围后，2020年5月率先出台《公共服务设施社会化运营指导意见》《基本公共文化服务内容标准》，为公共文化服务效能提升提供了模块化、标准化、流程化的方法体系。海淀区积极开展以北部文化中心为代表的公共文化设施社会化管理运营创新实践，以明确设施服务项目、内容、数量、质量、资金、效率、考核和信誉等要求的合同为约束，以集政治监督、行政监督、业务监督、财务监督、第三方监督、理事会监督和履约考核于一体的全流程、立体化监督机制为保障，通过引入社会化运营单位为公共文化服务"注入活水"。石景山区以创建国家公共文化服务体系示范区为抓手，于2020年7月出台《关于进一步推动基层公共文化设施社会化运营工作的实施意见》，通过健全完善运营采购工作机制、引导规范运营服务内容、高效实施运营绩效考核、积极探索创新延伸类服务项目、多途径加大承接主体扶持力度等方面的举措，加快探索基层公共文化设施社会化运营方面的创新实践。

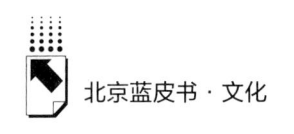

（五）创新一系列公共文化服务效能提升新方法

面向公共文化设施现实存在的问题，各运营单位积极响应时代需求，主动"对症下药"，为实现公共文化服务效能提升开展广泛实践。

房山区文化活动中心为解决专业人员有限、周末时段设施使用率较低、现有培训经费难以满足群众需求、培训课程结构不合理等瓶颈问题，首创"场地换服务"模式，一方面满足事业单位财务管理"收支两条线"的制度要求，另一方面有效丰富公共文化服务产品，实现服务效能提升。委托专业机构评估低效教室周末使用权所对应的场租，将场租折算为培训服务时长，吸引优质社会培训机构通过工作日在中心开展免费培训置换周末场地利用机会。通过置换服务，馆舍使用率大幅提升，培训门类进一步丰富，培训班次有效增加，补齐了以往缺失的幼儿艺术培训短板，切实发挥了市场在文化资源配置中的作用，推动形成多层次、多方式的公共文化服务供给体系。

2020年被称为直播带货暴发年，直播带货成为公共文化服务新场景。2020年3月，天坛、观复博物馆等携手登陆拼多多直播带货。5月，淘宝直播间推出"5·18文创节"，吸引薇娅等头部主播成为"文化传承官"。7月，"北京文创云市集"通过淘直播、北京时间、圆点直播、映客、一直播、快手等多家平台同步直播，市文促中心主任梅松与电视节目主持人、薇娅淘宝直播团队签约主播李静共同为北京文创产品推介带货，一批网红文创产品C位出道。

三 进一步推进公共文化服务效能提升的对策建议

（一）深化体制机制改革创新，释放文化发展活力

持续完善立法、严格执法和大力普法，通过制定实施《北京市公共文化服务保障条例》等地方性法规，对"管文化"、"办文化"和"创文

化"主体进行依法治理，进一步提升公共文化服务领域的地方性法治化水平，最大限度避免出现公共文化服务效能低下、经费保障不力、政策贯彻不实等问题，在保基本、促均等的基础上，促进公共文化服务往高质量方向发展。

参考"小政府、大社会"的思路，推动实现"政府身兼双职（运动员和裁判员）包干办文化"向"政府精准管文化、社会积极促文化"转变，推动公共文化服务"四统一"管理机制（统一标准、统一部署、统一监督和统一评估）建设，引入竞争机制并将考核评价结果向社会公开。

制定推动公共文化服务社会化发展的指导意见，坚持"政府主导、社会参与、共建共享"的工作原则，建立促进社会力量参与公共文化设施建设运营的体制机制，通过委托运营、民办公助、政企补贴合作等模式，支持社会机构提供优质文化服务，逐步增加社会力量在公共文化服务领域的贡献度。

（二）供需双侧改革并重，激发设施运营效能

做足公共文化设施新建项目前期论证，坚持"以需定建"和"建设运营并重"，将运营方案作为项目前期论证的重要组成部分，综合考虑项目开办经费、运营模式、运营维护资金规模及来源，提高设施运营能力。将设施配套服务功能纳入建设方案，按需设置餐厅、咖啡厅、文创商店等与服务业务相关的非盈利配套设施，满足群众基本需求。探索公共文化服务差异化供给，在满足国家规定开设免费公共文化服务项目的基础上，可根据自身功能和特点设置部分服务内容并适当收取费用。

进一步鼓励社会力量参与公共文化服务，壮大和发展公共文化服务供给主体，鼓励各类市场主体公平竞争，通过市场手段进一步促进公共文化服务提质增效，实现文化产品和服务的优胜劣汰。支持文化服务主体自下而上地探索参与公共文化建设的新办法、新路径，公益性文化事业单位深化改革，社会力量公共文化服务机构进一步发挥服务潜能，创造更多高品质的文化产品和服务，让公共文化服务更具活力和影响力。

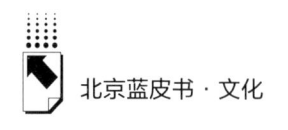

（三）推进文化资源整合共享，实现内容集聚发展

依托"北京云"、北京市公共文化服务和设施运营管理平台等市级资源调度平台，统筹全市公共文化服务资源、服务项目和服务需求，从运营服务角度出发，优化资源配置，实现技术互联互通、内容共生共享，全面提升北京市公共文化资源均等化和数字化水平。

推动融合发展，加强文化事业、文化产业间多维度供需对接，丰富"文化+旅游""文化+教育""文化+科技""文化+体育""文化+生活""文化+农业"等公共文化内容产品，推动文化消费水平与公共文化服务效能双提升。推动京津冀区域公共文化服务合作，加强公共文化服务资源联通和共享，推进区域公共文化服务一体化发展。

（四）加大要素保障力度，确保设施可持续运营

建立健全公共文化服务体系三级财政保障机制，基于设施运行刚性需求和现实需要，按时足额拨付，按需加大支持力度，采取政府购买、项目补贴、定向资助、贷款贴息等方式，提高财政资金使用效能，将运营经费保障作为公共文化服务效能提升的重要条件，保障公共文化设施实现长期可持续运营。

健全公共文化服务人才保障体系，加强政策对公共文化服务专业人才的激励作用。在事业单位分类改革、人员编制"只减不增"的大背景下，进一步完善选人机制，采取社会公开招聘、内部选拔等多种方式，选择专业化公共文化管理干部、业务人员。积极开展内部交流、外部培训活动，探索通过高校定向委培等形式，增强人才可持续性供给能力，着力培养一批业务能力强、专业化水平高、创新性能力强的公共文化服务人才，健全群众文化组织员、文化讲解员、公共文明引导员、阅读推广人和电影放映员等队伍；培育文化活动策划人、群众文化大家、基层文化能人等公共文化领军人物。加强政策对公共文化服务专业人才的倾斜度和保障力度，通过人员晋升、物质激励、编制激励、精神激励等不同形式全方位留住人才。

B.9
2020年北京图书馆事业发展报告

藤依舒 朱玲 黄晓丰*

摘 要： 2020年北京市图书馆发展主要围绕新馆建设、文献借阅和流通服务效能、"一卡通"以及总分馆体系建设等方面开展，全市图书馆勇于面对疫情新环境新需求和新技术带来的机遇与挑战，发展成效显著。报告通过分析全市图书馆发展面临的现实问题，提出推动线上线下阅读空间服务提质、社会化运营效能提升、阅读推广服务创新和智慧公共图书馆建设等对策建议。

关键词： 图书馆 线上阅读 数字化 文化权益

2020年是"十三五"规划收官之年，北京市积极贯彻落实《"十三五"时期全国公共图书馆事业发展规划》，图书馆行业由投入建设期进入效能发展期。北京市以创建国家公共文化示范区为契机，深入实施国家重点文化工程，积极推进总分馆制建设和数字化建设，各级图书馆服务设施不断完善，文献资源日益丰富，服务理念不断创新，服务能力显著提升，社会效益明显增强。

北京市图书馆在设施网络、文献资源和服务效能等方面均处于国内领先

---

* 藤依舒，博士，北京师范大学人文和社会科学高等研究院、首都文化创新与文化传播工程研究院副教授；朱玲，博士，北京师范大学文化创新与传播研究院、首都文化创新与文化传播工程研究院讲师；黄晓丰，博士，北京师范大学文化创新与传播研究院、首都文化创新与文化传播工程研究院讲师。

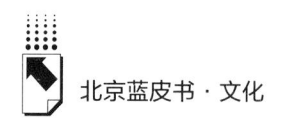

地位，积极响应全国文化中心建设发展要求。2020年4月《北京市推进全国文化中心建设中长期规划（2019年~2035年）》出台，指出应把图书馆建设作为全国文化中心建设的重要内容；要将副中心图书馆建设成为标志性文化设施；依托区域性综合文化中心建设规划，优化图书馆布局，构建以公共图书馆、综合书城、特色书店、社区书店等为支撑的十五分钟现代公共阅读服务体系；全市要加快图书馆数字化转型，到2035年实现图书馆各区全覆盖；为进一步激发图书馆的活力，推进图书馆法人治理结构改革，吸纳有关方面代表、专业人士、各界群众参与管理；各区县进一步加强图书馆建设，突出文化引领发展，助力全国文化中心建设。

一 2020年北京市图书馆发展现状

图书馆工作越来越受到市委、市政府的重视和支持，各级政府不断加大文化基础设施投入力度，为北京市图书馆事业发展提供了坚强保障。2020年北京市图书馆发展主要围绕新馆建设、文献借阅和流通服务效能、"一卡通"以及总分馆体系建设等方面开展，成效显著。

（一）新建四级图书馆总量及图书馆馆舍面积显著增加

2020年北京市图书馆新馆建设取得重大进展，图书馆建筑面积有较大幅度增长。据统计，2020年全市共有四级公共图书馆5935个。其中市级图书馆1个、区级图书馆22个、街道级图书馆159个、乡镇级图书馆186个、社区级图书馆2193个、村级图书馆3374个。从建筑面积来看，全市四级图书馆馆舍总面积达675384.83平方米，较2019年增加113978.63平方米，增幅达到20.3%。市级图书馆方面，新建北京城市副中心图书馆，增加建筑面积约7.5万平方米。同时，东城、顺义、丰台和门头沟等区级图书馆新馆建设工作也完成。随着社区文化中心的增加，新增多个街道（乡镇）和社区（村）级图书馆。城市副中心市级图书馆，作为全市重点建设的三大文化建筑之一，力争打造首都文化新地标，其核心功能将由传统的藏阅向藏借阅一体化、多媒体体验、素质培训等功能拓展,形成与首都图书馆功能互补、共同发展的良好局面,成为立足城市副中心、辐射京津冀的实体智库和现代化的复合型图书馆。

(二)全市馆藏资源及文献外借和流通率显著提高

2020年受新冠肺炎疫情影响,全市图书馆流通人次和书刊文献外借量大幅降低。通过总分馆制,全市图书馆"一卡通"服务体系、24小时城市书房和完善的图书配送机制逐步完善,近些年全市图书馆流通人次和文献借阅册次逐年上升。"十三五"期间统计数据表明2016~2019年,市、区两级图书馆合计流通人次从1402万上升到1986万,增加41.65%,年均增幅超10%;书刊文献借阅册次从2016年的1025万上升到1625万,增加58.54%,年均增幅近15%。

表1 2016~2020年市、区两级图书馆流通人次和书刊文献外借册次

单位:万人次,万册次

项目	流通人次					书刊文献外借册次				
	2016年	2017年	2018年	2019年	2020年	2016年	2017年	2018年	2019年	2020年
市级图书馆	525	528	508	539	53	235	213	209	196	45
区级图书馆	877	1027	1395	1429	221	790	834	994	1429	243
合计	1402	1555	1930	1986	274	1025	1047	1203	1625	688

(三)全市公共图书馆"一卡通"体系进一步完善

2020年由首都图书馆牵头各区图书馆落实完成"重点提升100个街乡社区活动中心任务",将100个街道(乡镇)图书馆全部建设成为北京市公共图书馆"一卡通"服务体系成员馆,并纳入各区图书馆总分馆体系和各区图书服务资源配送体系。截至2020年底,"一卡通"网络覆盖全市16个区、333个街道(乡镇),建有率达到100%。东城、西城、朝阳、石景山、海淀、大兴、平谷、通州、密云9个区实现"一卡通"服务全覆盖,一卡

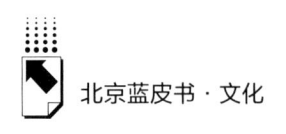

通联网成员图书馆达420家。

依托北京公共图书馆计算机信息服务网络，在全市四级图书馆服务体系持续推广图书"一卡通"服务，实现一馆办证、通借通还、资源共享、信息共通，为市民文化权益保障打下坚实基础。图书"一卡通"服务就是读者办理一张联合读者卡，可以在任意一家成员馆借阅图书文献资料，也可以享受在线浏览众多数字资源的云端服务，同时还可以在开通"一卡通"通还服务的成员图书馆异地还书。受2020年新冠肺炎疫情影响，2020年"一卡通"成员馆共办理借书证10.31万个，比2019年减少6.99万个。全市"一卡通"体系的快速发展，有效提高了北京市公共文化服务标准化、均等化、数字化、便利化水平。

（四）全市图书馆总分馆体系建设完成，服务体系向基层延伸

2020年全市图书馆总分馆体系已经形成由1个中心馆、22个区级骨干馆、345个街道（乡镇）级和5567个社区（村）级图书分馆，以及24小时自助图书馆、数字文化社区、共享工程基层点组成的服务体系。其中，首都图书馆是市级总管，作为北京市图书馆服务体系的中心馆，承担统筹协调功能，同时负责开展全市公共图书馆服务体系建设，为区级图书馆、街道（乡镇）图书馆文献资源建设、人才队伍建设、读者服务工作、管理工作等提供指导和支持。区级图书馆作为市级总馆的区级成员馆，是所在区的街道（乡镇）图书馆的区级总馆，负责规划、组织实施辖区总分馆建设，统筹全区资源，共建数字资源库，通过管理平台统一调度分馆和服务点的业务工作，指导开展区内图书借阅、阅读推广以及群众性文化活动[1]。街道（乡镇）图书馆作为中心馆的街道（乡镇）成员馆，同时也是各区级馆的分馆，承担基本阅读、文献外借等职能，就近为市民普及科学文化知识，提供公共信息，开展阅读推广等活动。

---

[1] 于景琪、刘佳：《首都图书馆推进北京市图书馆总分馆制建设探索与研究》，《山东图书馆学刊》2018年第6期，第55页。

2020年，各区图书馆根据既定计划，落实《推进文化馆图书馆总分馆制实施方案》，推进以区图书馆为总馆、街道（乡镇）图书馆为分馆、社区（村）图书室为基层服务点的总分馆制建设。首都图书馆发挥中心馆职能，加强业务指导，针对个别基层图书馆服务中的问题，发布《关于督导基层图书馆增强服务意识满足读者阅读需求的通知》，指导各区图书馆发挥总馆职能，建立检查指导、长效监督和快速反应机制，对辖区基层馆进行全面的检查，依据"1+3"及相关文件对基层图书馆的要求，在开放时间、图书更新流转、网络资源使用与推荐、读者阅读活动等方面进行督导，发现问题及时帮助解决，确保基层图书馆各项业务正常开展。

二 2020年北京市图书馆建设成就

2020年是北京城乡群众阅读获得感不断增强的一年，面对新环境、新需求、新技术带来的机遇和挑战，全市图书馆勇于面对，不断探索，努力拓展自身服务功能。馆藏资源日益丰富，数字化特征更趋明显，运行机制日益完善，服务质量明显提高，阅读产品和阅读活动供给能力明显增强，数字化设施全面普及，信息技术应用更加深入，实现了快速、稳健发展。

（一）精准对接市民阅读需求，完善图书配送机制

2020年进一步完善市、区多级图书配送机制，有效地推进区域图书馆资源的共建共享，实现了图书馆服务双赢。2020年，首都图书馆牵头各区图书馆继续推进基层图书服务资源整合工作，指导各区图书馆按照《北京市基层图书服务资源整合实施方案》及《2020年农家书屋重点出版物推荐目录》要求，做好辖区内基层图书馆（农家书屋）新购文献的统一采购、加工和配送工作，确保出版物导向正确、品类丰富，加强供需对接，扩大基层群众的选择权和参与权。2020年，各区图书馆为基层图书馆配送图书、报刊共计1089万元、29.7万册。截至2020年底，全市基本完成国家新闻

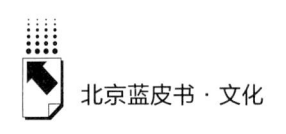

出版署关于"每年每个农家书屋补充图书不少于60种、开展阅读活动不少于4次、出版物配备资金不少于2000元"的文化权益保障和公共文化服务建设要求。

（二）阅读推广活动丰富多彩，打造系列特色阅读品牌

2020年图书馆服务积极响应云端发展要求，结合防疫工作和公共文化服务工作两重需要，打造图书馆特色品牌活动。2020年区级以上北京公共图书馆举办读者活动9700场，共计4051.5万人次参与，其中线上活动7380场3914.5万人次参与。与2019年相比，虽然受到疫情影响读者活动减少2154场，但参与活动人次总量增加近10倍。北京市红领巾读书活动全年举办2127场，参与活动46.3万人次。其中青少年经典导读全国范围累计有1342所学校、6.9万名学生线上参与活动，"北京市青少年经典导读"平台208万人次点击使用。

全市诵读大赛以"为爱发声"为主题，共有近两千名选手参与比赛、近五万读者关注，产生万余部诵读作品，其中原创文章近500篇，最终产生81位"领读者"。"十佳优读空间"展示活动，推选出10家示范基层图书馆。"阅读之城"发布200种"城市荐读书目"，初评收到读者投票37万票，向全市发布30种《2020年请读书目》。"最美书评"评选出70篇优秀作品，2019年获奖作品《书意心影》已结集出版。"阅读伴我成长"主题活动继续开展"我的书屋 我的梦"农村少年儿童阅读实践活动和"读书小状元"评比活动，最终评选出优秀作品60篇、优秀指导教师27名、"读书小状元"74名。

在特色品牌活动方面，已连续举办十年的"书香中国·北京阅读季"打造了多个具有重大影响力的阅读品牌活动。2020年"阅读北京"系列文化活动以"书香助战疫，阅读通未来"为主题，依托公共图书馆四级网络，线上线下联动。微博"阅读北京"话题阅读人次达1660万，双微平台文章阅读人次达346.8万，视频播放量累计达273万次，直播活动观看量达850.4万人次，活动参与和关注人次达1260.6万。从整体来看，全市各区

图书馆结合区域特点，组织丰富的阅读活动，如东城区第一图书馆的"书海听涛"、西城区第一图书馆的"外交官带你看世界"、延庆图书馆的妫川文化大讲堂、石景山区图书馆的小小书虫俱乐部亲子故事会等，深受读者欢迎。同时，为适应防疫要求，海淀区图书馆举办了"玩转四大名著，谁人与我争锋"在线知识竞赛，西城区"阅读春天"、"海棠诗会"两项活动合并以直播方式开展，丰台区利用网络直播方式开展"长辛店历史与文化专题讲座"等活动，丰富了市民文化生活需要。

（三）助力全国文化中心建设，古籍保护事业成绩显著

按照国家"中华古籍保护计划"的要求，2020年北京市继续深入古籍普查工作，完成第六批《国家珍贵古籍名录》申报工作，市属古籍藏书单位共有27部古籍入选名录；首都师范大学图书馆入选全国古籍重点保护单位；完成《北京市十五家区级公共图书馆古籍普查登记目录》出版工作；完成《北京市古籍保护中心古籍普查登记工作报告》；为市文物局图书资料中心复审500余部古籍数据；同步开展《北京市古籍保护中心工作专刊》编辑印制工作，持续促进古籍宣传推广。随着古籍修复工作稳步发展，相关部门牵头编制北京地区"全国古籍修复机构及古籍修复师名录"，北京市古籍保护中心修复人员增加，修复面积扩大。举办"一朝妙手完残缺，正如云开睹日出——探秘古籍修复"网络直播活动，取得良好的社会传播效果和社会公益服务典范效应。

（四）响疫情防控要求，线上线下阅读推广服务形成新特色

2020年新冠肺炎疫情瞬间打乱了大家的生活秩序和节奏，作为城市文化灯塔的图书馆也因疫情被按下了暂停键。在新冠肺炎疫情防控常态化要求下，北京全市各区图书馆在做好馆内防疫、人员管理的前提下，积极开展形式多样的线上阅读活动，推送丰富多彩的数字阅读资源；宣传防控疫情知识，倡导大众以健康的心态科学应对疫情。

为满足读者居家学习的需要，全市各区公共图书馆共同响应北京市图

馆协会倡议，整合全市公共图书馆数字文化服务平台、App、公众服务号等渠道，通过报纸、电视等多渠道推出《送您一份北京市公共图书馆数字文化资源攻略》，方便市民更便捷高效获取丰富的数字资源，以文化暖人心，以行动防疫情，为广大读者在家中度过非常时期提供了多种选择，丰富了首都群众的精神文化生活。

东城区第一图书馆与北京摄影爱好者协会合作，积极探索线上讲座模式；东城区第二图书馆举办在线展览；西城区第一、第二图书馆每天在线为读者答疑，推送防疫知识；西城区青少年儿童图书馆积极举办防疫线上活动；朝阳区图书馆进行视频阅读推广；通州区图书馆推出具有地方特色的微信公众号——"北运通州""瞰通州"；海淀区图书馆、大兴区图书馆推送数字资源文化大餐；延庆区图书馆开展各类主题的线上阅读活动；石景山区图书馆将优质的线下讲座转为线上推送；顺义区图书馆推出各类线上公共文化服务活动，鼓励市民宅家不添乱、线上涨知识。

同时，北京市公共图书馆通过线上平台积极宣传科学防疫知识、倡导健康生活方式，开展向奋战在一线的医护人员致敬等活动，进一步凝聚广大读者共克时艰的信心和决心。首都图书馆进行防疫安全知识宣传及数字化阅读推广；东城区第一图书馆推出防疫相关的问答活动；东城区第二图书馆在线上讲解实用的防疫知识；西城区第一、第二图书馆发出"抗疫"主题的征稿活动；海淀区图书馆组织"为武汉加油"作品征集活动；通州区图书馆推广法治通州公益宣传片；密云区图书馆采取传统宣传和新媒体融合方式拓宽宣传教育渠道；大兴区图书馆第一时间发布权威防疫指南。

（五）积极利用新媒体创新服务，数字资源建设成绩显著

基于已有数字化建设基础，北京市图书馆数字资源建设成绩显著。利用新媒体技术，没有时间和空间局限的虚拟图书馆业态已经成为北京图书馆服务的重要组成部分。北京区级以上公共图书馆普遍实现无线网络全覆盖，官方网站、微博、微信公众号、App等全方位多渠道为读者提供服务。例如首都图书馆推出了官方专属 App，支持安卓和 IOS 系统，最新版 App 支持馆藏查询、资讯公告，以及休闲杂志、懒人听书、电子图书和学术资源等服务。读者仅需下载一个 App 即可浏览使用多种资源。首都图书馆官方微信公众号"首图数字图书馆"还提供馆藏查询、绑定读者卡、查询借阅记录等功能外，同步提供数字资源服务和数字资源推荐。读者绑定读者卡后，可以直接使用嵌入微信号的电子书、有声书、杂志、古典音乐、科普视频等数字资源。公众号还通过每周的推文提供电子书荐读、新书上架、活动通知等信息。

2020 年，市、区两级图书馆数字资源馆藏也进一步扩容。作为市级总馆，首都图书馆拥有数字资源库 108 个，其中外文资源库 10 个、自建资源库 6 个。6 个自建资源库分别是"北京记忆"、首图动漫在线、首图讲坛资源库、古籍插图库、古籍珍善本图像数据库和 VOD 视频点播。读者通过"一卡通"，即可免费远程访问数字资源，把"在馆"的图书馆资源变成"在线、在手、在任何地方"的资源，使图书馆资源无处不在。2020 年全市共享数字资源库达 20 余个，以首都图书馆为代表，其馆提供的各类型数字资源总使用量达 3931.6 万次。

三 北京市公共图书馆建设面临的新问题

北京高度重视市民文化权益保障工作，至今已出台了促进公共文化服务、文化产业发展的一系列政策，打造了一批重大文化项目和重要文化民生工程，以保障市民文化权益。例如，2020 年出台《关于新时代繁荣兴盛首都文化的意见》提出建设现代公共文化服务体系、满足群众多样化精神文化需求的措施办法。2019 年出台《北京市推进全国文化中心建设中长期规划（2019 年～2035 年）》明确提出要健全完善人民文化权益保障制度。北京市公共图书馆作为公共文化服务体系的重要组成部分和开展社会教育的公共文化设施，在不断优化发展的过程中仍旧面临新的挑战和问题。

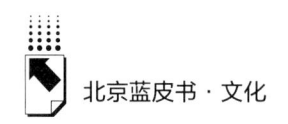

（一）平衡不同地区图书馆建设差异所导致的公共文化服务设施发展差距

全市图书馆新馆建设不断取得重大进展，馆舍建筑面积随着年度发展呈现递增趋势，四级图书馆的馆舍布局逐步完善。在图书馆馆舍及设施建设方面，中心城区分布相对集中，数量多、级别高；远郊区建设相对滞后，人均拥有量不足。图书馆作为公共文化服务的重要载体，其布局主要集中在东城区、西城区、朝阳区和海淀区等核心城区和通州等城市功能拓展区，而平谷、密云、大兴、房山等远郊区的图书馆设施和公共文化服务与核心城区比相对滞后。以北京市全民阅读为例，具体到藏书量、人员配备、图书馆开馆时间这些具体指标上，排名第一的西城区的阅读座位数、总藏书册数、文化馆数，都远高于北京市均值水平，而排名末尾的延庆县作为山区县，在村基层服务点、益民书屋建设数量方面并不逊色，但在公共图书馆数量、阅读座位、总计订阅报纸和期刊份数等方面较其他区存在不足。

（二）发展图书馆智慧化服务与垂直化管理模式保障市民阅读文化权益

随着一卡通"体系进一步完善，全市图书馆面向市民需要提供信息和知识资源共享的线上服务，与硬件馆舍建设发展相对应的是，数字化图书馆建设势在必行。现行管理体制还没有脱离传统图书馆的限制，缺乏标准化和规范化管理，馆藏阅读资源很大程度上"待字闺中"，信息化传播共享落伍。从图书馆发展全市布局来看，因各区资源、资金、人力投入差异，各级图书馆缺乏统一规划布局，图书馆数字化建设仍处于各自为政的状态，馆藏重复现象严重。实施图书馆数字化建设，在管理上，要以首都图书馆为总枢纽，统筹经费、人员、资源，实行统一领导管理、统一标准设计、统一服务目录和标准、统一资源配给、统一人员培训、统一绩效考评；要构建集智慧感知、无人值守、自助导览、志愿服务、阅读体验等多元文化活动于一体的高品质、集约化、综合性新型公共文化空间，探索出适应疫情常态化发展的垂直统一管理模式，满足市民文化权益的发展要求。

（三）进一步推动图书馆阅读推广服务与互联网技术实现创新融合

作为阅读推广活动的主要阵地，公共图书馆肩负着引导阅读、推广阅读的社会责任。疫情冲击使公共图书馆遭遇"寒冬"，同时又为公共图书馆的发展提供了新的成长空间与可能，迫使全市公共图书馆加速阅读推广服务的创新探索进程。疫情常态化考验着公共图书馆如何在闭馆期间做到"服务不打烊"，丰富市民"宅家抗疫"期间的精神文化生活，为读者提供满意的线上阅读推广服务。这些新要求促使公共图书馆建立相应的应急服务体系，主动借助新媒体平台优势，为读者群体开展具有创新性、时效性的阅读推广活动；能够在疫情闭馆期间不断探索和引导市民的阅读新需要并开展相应的线上服务，抓住线上服务机遇构建新型阅读推广模式。此外，创新融合的服务评价也应当成为完善读者图书馆使用和服务评价体系的重要部分，以疫情为契机强化和读者之间的互动，开创全民"云阅读"新局面。

（四）抓住智慧化平台建设为图书馆体系向基层延伸发展带来的新机遇

与数字化发展新挑战相对应的是，如何在后疫情时代适应新的社会发展环境，推动图书馆服务由线下走向线上，转变为常态化的云端智慧平台公共图书馆服务。这不仅要求公共图书馆加快智能硬件设备研发、升级、更迭，更要求图书馆能够建立数据资产，具有优化大数据存储与分析平台系统功能，能够通过整合和扩展数据源，构建读者行为、业务效能、资源效能、能耗管理相结合的智慧型服务。进一步依托资源丰富、类型多元的数字资源，为市民提供便捷的移动数字阅读服务；根据市民的个性化需求，通过线上与线下相结合的方式实施订单服务；整合分析

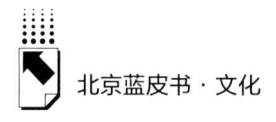

全市各级图书馆大数据资源，为宣传、文旅等文化管理部门提供决策服务，需要公共图书馆走向云端，以智慧平台为依托，向总分馆一体化管理平台、数字资源平台、纸质资源平台和服务平台的方向发展，从而在疫情常态化、用户移动化的社会发展情景下，实现首都公共图书馆特色资源跨平台、跨地区流动。

四 提供高质量公共图书馆服务的对策建议

十九届五中全会提出"十四五时期社会文明程度应得到新提高，公共文化服务体系应当更加健全"。面向这一总体目标，需要坚持"以满足人民日益增长的美好生活需要为根本目的"，坚持保障读者基本公共文化权益这一根本原则，主动把握全国文化中心建设发展机遇，不断推进首都公共图书馆事业实现跨越式发展。

（一）整合资源推动线上线下阅读空间服务提质

推动线下线上两个阅读场景服务提质，全面提升首都阅读空间建设水平。线下空间中需要不断完善无障碍设施和关怀空间，扩大未成年人阅读空间，增设母婴室、第三卫生间等多样化功能空间。通过社会化运营模式吸引社会力量，合作共建新型城市微阅读空间、美丽乡村阅读室、胡同里的公共文化空间。适应疫情管控的常态化发展要求，坚持"内容为先"原则，推进全市各级公共图书馆中的"云上阅读馆""视听图书馆"等数字资源库建设。关注读者服务体验和分层次需求，尤其是"一老一小"等群体面对的数字鸿沟、智能鸿沟，为特殊需要群体提供技术支撑和替代服务。探索5G场景下图书馆智慧化服务新体验，借助新技术和新媒体优势，构建涵盖微博、微信、抖音、小程序等的多维度新媒体融合矩阵，提供个性化、深层次的新媒体服务，提升公共图书馆服务的精准化水平。

（二）推进社会化运营，提升服务效能

资金保障不足往往制约着公共图书馆的建设和发展。数字化图书馆建设突出的就是"数字化"，它要求设备先行，就需要购入大量的现代化硬件设备和相应的数据库，大量的资金投入必不可少。公共图书馆在争取财政拨款的同时，可在当前法人治理结构建设的基础之上，进一步创新体制机制，探索适合中国国情的公共图书馆法人治理结构，将党委成员引入法人治理结构，强调法人治理结构中的党委会保障制度，更好地促进首都图书馆的社会化发展和规范化运营，吸引社会资本参与图书馆数字化建设，同时保证首都图书馆对意识形态职能的坚守。

（三）推动公共图书馆阅读，推广服务创新

科学布局首都图书馆和北京城市副中心图书馆两馆发展，支持两馆辐射各级图书馆发展。以副中心图书馆智慧机械书库等新建设标准为契机，高质量建设新一代图书馆数据中心和技术平台，对接智能立体书库系统、自动分拣系统、文献智能调阅系统，支持全市图书馆实现高效服务机制，在外借服务、预借服务、调阅服务、文献传递、阅读推广、参考服务等方面实现全方位无缝联动和高度信息化。为适应疫情常态化防控下阅读需求，打造公共图书馆特色服务，既强调大众、专题、行业协调服务，又强调大众、特色、保障服务，能为提升市民文化素养提供优质服务，又能为保障市民文化权益注入可持续发展动力。以公共图书馆服务数据化、平台化、移动化"三化"为特色，开拓首都公共图书馆服务全新格局。

（四）推动"智慧+"公共图书馆资源建设

智慧图书馆是目前关于图书馆未来形态的共识，体现了科技赋能的新时代发展逻辑。随着新技术发展，"智慧+"在各行各业的运用不断深化，"智慧+"服务项目在图书馆建设中得到越来越广泛的应用。智慧图书馆建设中的各类"智慧+"服务项目，如智慧墙、智能书架、传感系统、智慧

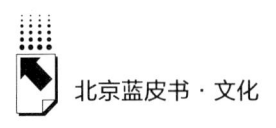

座席等均取得新的成果和新的进展。国家图书馆多次提出了建设"全国智慧图书馆体系"、在全国层面谋划推动图书馆事业智慧化转型发展的工作设想。作为全国文化中心,北京市公共图书馆发展应当把握北京城市副中心图书馆建设的时代契机,首先要强化以数字资源为中心的馆藏建设,提高数字馆藏资源的组织管理水平,促进全市图书馆资源共建共享。其次是探索大数据、云计算、新媒体、5G、人工智能、AR/VR、语音识别等各类智能技术与公共图书馆服务场景的有机融合,有序推进应用开发与着陆。

随着"藏书于民"大流通体系的建立,将图书馆打造成首都市民就近享受文化熏陶、体验城市文化的"第三文化空间"。整合移动服务、数字阅读、线上活动,实现馆内馆外、线上线下服务一体,提供读者触手可及的"云上图书馆"服务。在坚持惠民、利民原则的基础上,体现公共文化内涵,保障首都市民文化权益,展现全国文化中心先行示范作用。

B.10
2020年北京基层公共文化空间拓展报告

陈 镭*

摘 要: 2020年,北京大力扶持实体书店发展,利用疏解腾退空间促进公共文化服务更加科学规范,在建设基层文化中心、运动健身场所等方面取得了重要进展。本文梳理了2020年北京公共文化空间拓展情况,指出了基层公共文化空间拓展存在的问题,包括实体书店需要可持续发展、民办博物馆面临经营发展难题、公园文化服务能力有待提高、地下空间改造利用程度还很低,等等。未来需要加强文化空间与商业公共空间互动,创造社区公共文化生活的新形式,全面提高公园的文化服务能力。

关键词: 北京 公共文化空间 社区 书店 博物馆

2020年,随着《北京市推进全国文化中心建设中长期规划(2019年~2035年)》等政策措施的发布,北京基层的公共文化空间拓展获得了更有力的政策支持:在利用疏解腾退的城市空间为基层提供公共文化服务、兴建体育健身场所等方面取得了新成绩;克服疫情带来的不利影响,实体书店数量大幅增加,完成了扶持计划制定的具体目标。与此同时,实体书店、利用腾退空间发展的文化设施、民办博物馆等文化空间要获得可持续发展,还需要在转变管理运营方式等方面做出更多努力。

---

* 陈镭,博士,北京市社会科学院文化研究所助理研究员,研究方向为城市文化。

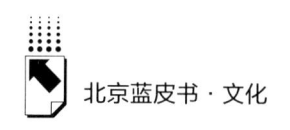

一 基层公共文化空间拓展的新政策新举措

（一）腾退空间利用更加科学规范

北京近年来在利用疏解、腾退空间提供公共服务和发展城市文化方面取得了很大成绩，2020年的政策措施主要体现在文物建筑活化利用、地下空间改造利用、利用腾退空间发展体育设施等具体领域。本年度发布的《北京市推进全国文化中心建设中长期规划（2019年~2035年）》提出，中轴线文物腾退空间将优先用于补充公共服务功能。作为历史文化名城保护重点地区的西城区、东城区都推出了自己的文物建筑活化利用计划。北京在2019年底出台了《北京市地下空间使用负面清单》（以下简称《负面清单》），与文化有关的包括禁止在地下二层及以下设置娱乐场所、经营性体育活动场所，不得在居民区地下空间设置娱乐场所，地下空间不得设置儿童活动空间，人防工程也不得开设游乐厅、网吧等。根据北京市人民防空办公室的解释，不得设置儿童活动空间等条款主要是指经营性的设施，"《负面清单》不禁止社区活动空间的使用"[1]。2020年是落实《负面清单》的第一年，地下空间的改造利用越来越趋向于为社区提供公共服务。除此之外，本年度发布的《北京市促进新消费引领品质新生活行动方案》《关于开展危旧楼房改建试点工作的意见》等也都提到了地下空间、腾退空间的改造利用问题。2020年底发布的《北京市体育设施专项规划（2018年~2035年）》鼓励各主体利用工业厂房、商业楼宇等存量建筑空间更新改造建设体育设施，尤其是改建成冰雪运动场地，在公园等公共场所内增设体育锻炼设施和专门的运动路线。

---

[1] 参见《解读〈北京市地下空间使用负面清单〉》，http://www.beijing.gov.cn/zhengce/zcjd/201911/t20191128_690908.html。

（二）大力扶持实体书店发展

疫情给实体书店发展带来了巨大冲击，著名图书市场监测机构北京开卷公司的调查结果显示，2020年全国图书零售市场呈现负增长，为近20年来的首次，而之前的五年保持了10%以上的年增速[1]，实体书店受到的冲击尤为剧烈，全国约47%的实体书店在2020年处于亏损状态[2]。实体书店在电商时代原本就很明显的经营困境进一步加剧。北京两年前发布的《关于支持实体书店发展的实施意见》曾提出一系列具体的建设目标，2020年为应对疫情、完成目标任务，全市层面都进一步强化了扶持补贴。市委宣传部2月26日就实体书店扶持工作发出紧急通知，提出了包括预拨房租补贴、全市特色书店（最美书店）评选及补贴等在内的16项措施。各区也采取了相应措施：西城区发布《实体书店、阅读空间扶持资金暂行管理办法》，朝阳区设立1000万元专项资金用于支持实体书店恢复经营，海淀区发布《关于进一步促进海淀区实体书店发展的实施意见》，顺义区发布《支持实体书店高质量发展扶持资金管理办法》等。2020年落实的政策措施包括补贴、奖励、政府购买服务等，市、区两级的扶持资金达到2.4亿元，市级财政补贴奖励实体书店406家，帮助相当一部分实体书店缓解了资金压力，挺过了经营最困难阶段。与此同时，协助实体书店开辟电商渠道、免网络平台入驻费等措施也有利于书店的转型和长远发展。

二 北京基层公共文化空间拓展的新进展

2020年，北京基层公共文化空间拓展的成绩主要体现为克服了疫情带来的不利影响，实体书店数量大幅回升并加强了文化服务功能；又出现一批利用疏解、腾退空间兴建的基层公共文化设施、体育健身场所；各类城市公

---

[1] 《图书零售市场规模首现负增长》，《国际商报》2021年1月19日。
[2] 《客流营业额下降，2020年近五成书店亏损》，《国际商报》2021年2月2日。

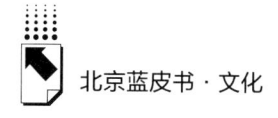

园、小微绿地的数量继续大幅增长；民办博物馆成为"博物馆之城"建设的重要力量。

（一）实体书店数量大幅回升

北京从 2016 年开始投入专项资金扶持实体书店发展。截至 2020 年 11 月底，全市实体书店数量为 1938 家，万人拥有量达到 0.9 家，其中特色书店 200 家，面积超过 1000 平方米的综合性书城共 39 家，完成了《关于支持实体书店发展的实施意见》提出的建设目标，其中 2020 年新增的实体书店数量为 639 家[1]，体现了政策扶持的力度。这一轮的实体书店扶持计划注意了新增书店的选址，一是使书店分布更加均衡化，"一区一书城"就是这种思路的体现，例如房山的华彩复兴书城开业以及新华书店重装开业弥补了本区以前没有大型综合性书城的缺陷；二是注意在人口稠密区域新建一批特色书店，例如外研书店在海淀区东升科技园开设分店，形成一处重要的公共文化空间，与园区及企业形成互助合作关系，后者给予书店一定的补贴；三是注意在经营主业的同时发展复合业态和提供公共文化服务，很多新增书店都设置了对外开放的文化活动空间，定期举办讲演、对谈、幼教、新书推广、文艺表演等文化活动，提供饮食、文创产品、周边产品等多种服务。以阅览为主的新型阅读空间在本年度也有新增，如朝阳区齿轮厂文创园内的梦想书坊北齿空间，是梦想书坊系列文化空间的新店，与公立图书馆合作，提供读书阅览、文化活动场地及餐饮服务的东城区青年湖南街阅想书店则是由化工出版社书店改造而成的，与传统书店相比增加了借阅和举办文化活动等功能。

（二）利用腾退空间建设市民文化中心的水平提高

2020 年，又有一批由疏解腾退空间改造的基层综合文化服务中心建成开放。景山街道市民文化中心是美术馆后街地铁 8 号线工程腾退后建成的

---

[1] 《北京今年新增实体书店 639 家》，《北京青年报》2020 年 12 月 26 日。

文化设施，是一处新建的面积达5411平方米的两进四合院，有三层地下空间。中心委托第三方社会化运营，开辟了21个不同类型的活动空间，提供沙龙、市集、亲子、手作、演出、舞蹈、饮食、展览、戏剧、书画、健身等多种文化服务，既有免费的展览、讲座、演出、放映等基本服务项目也有相对平价的收费项目，体现了目前基层综合文化中心的高水平，形成一处街道级的旅游地标。通州台湖镇文体活动中心由蓝空印刷厂腾退后建设而成，建筑面积4000多平方米，通州区文化馆、图书馆台湖镇分馆等机构都设在这里。

（三）利用腾退空间建设体育场所的规模扩大

北京近年来建设体育健身设施的力度很大，很多区把这项工作纳入总规划，西城区还发布了体育健身设施建设的行动计划。利用公园绿地、边角地、疏解腾退空间兴建的运动场地越来越多，社区地下空间改造为健身空间的也很多，新建的综合文化中心普遍设有运动场地。2020年，有一批规模较大的由腾退空间改造的运动场所出现。朝阳区十八里店乡的建材市场腾退后建成了十里河体育中心，面积达2.3万平方米。大兴区旧宫镇与首农集团南郊农场合作，把腾退空间改造成"聚+球场"足球主题运动场，6块场地的总面积达2.4万平方米，达到了举办国际赛事的标准。西城区西外大街新兴东巷11号院仓库已改造成一处1.2万平方米的多功能运动场。新开放的通州城市绿心森林公园有30多处运动休闲场地，目前正在把东亚铝业的旧厂房改造成大型健身中心。新建的通州台湖镇文体活动中心等综合性文化服务中心配有大量的健身器材设备。通州北苑街道1150平方米的地下空间改建为一座小型游泳健身馆。景山市民文化中心、朝阳区的"地瓜社区"也都在地下空间设有健身场所。

（四）腾退文物建筑的活化利用加快

首都核心区的历史文化资源最为丰富，需要活化利用的文化遗存最多。西城区在原有6处活化利用成功案例的基础上，2020年又推出了第一批文物建筑活化利用计划。7处已经完成腾退的文物活化利用项目——歙县会馆、晋江会馆（林海音故居）、钱业同业公会、西单饭店旧址、聚顺和栈南货老店旧址、梨园公会、新市区泰安里——已形成53份利用方案，都包含公共文化服务性质的展览展示和自主经营部分。此外，景山观德殿已开放，其中两进院落为少年宫；北海公园春雨林塘殿、画舫斋等改为书画展室；北京动物园鬯春堂、陶然亭公园蒹葭轩即将改造。东城区正在推动鼓楼、正阳桥疏渠记方碑、永定门、广内大街207号院（曹雪芹故居）、宏恩观、僧格林沁祠、贝子奕谟府、南新仓等历史文化遗存的活化利用，拟建曹雪芹纪念馆等文化设施。海淀区紫竹院问月楼的餐厅、颐和园耕织图景区内的职工用房已经改为公共文化空间，京张铁路遗址公园、颐和园福荫轩书店等项目正在建设中。

（五）城市公园数量继续攀升

近年来随着北京绿化造林、疏解增绿力度的加大，四环至五环周边形成了巨大的"一环百园"公园环带，不同体量的休闲公园、郊野公园、森林公园、口袋公园、小微型绿地等都有所增加。市园林绿化局提供的数据显示，北京市在2018年底有注册、非注册的各类城市公园615处[1]，而2020年底的数量达到了1090处[2]。公园数量激增为市民文化休闲生活提供了很好的活动空间。新开放的大兴西红门生态园是在出租大院、建材城腾退后建成的，共有6片园区，设有运动健身场地。通州新开放的城市绿心森林公园面积巨大，是东方化工厂、东亚铝业等企业腾退后建成的，2020年开园面积为5.39平方公里。朝阳区也有坝河常庆花园等8处疏解腾退公园开放。一些老牌公园利用原有设施提升了服务能力，2020年市属公园增设景山公园观德殿、颐和园耕织图、北海公园画舫斋等10处公共文化空间，主要开展科普、展览、民俗体验等文化活动。

---

[1] 《北京市公园一年接待3亿人次》，《北京日报》2019年7月26日。
[2] 《今年再建26处绿色休闲公园》，《北京晚报》2021年2月4日。

（六）民办博物馆成新增博物馆主力

北京的博物馆受疫情影响，到2020年底有近一半尚未恢复开放。2020年全市新增14家博物馆，正式备案博物馆总数达到了197家[①]。目前，民办博物馆已成为北京"博物馆之城"建设的重要力量，本年度新增博物馆中有9家是民办博物馆，主要是原来的收藏馆、艺术馆、陈列馆等正式注册成为博物馆，例如北京菜市口百货公司的黄金珠宝博物馆、红星酒厂的二锅头博物馆、设在承恩寺内的燕京八绝博物馆等，后者由燕京八绝协会及燕京八绝文化发展公司建立。这些新增博物馆基本利用了原有的场地和空间，主要发挥了三个方面作用：首先是博物馆本身围绕文化主题进行的收藏、展示和研究功能；其次是位于郊区、街道社区的新增博物馆参与基层公共文化服务；最后是利用这些文化资源为区域性的休闲旅游增加了厚度，成为旅游线路上可供选择的新环节。

三 基层公共文化空间拓展存在的问题

（一）实体书店需要可持续发展

北京的实体书店数量在政府政策的强力支持下回升得很快，但从统计数据也可以看出，目前全市有近1/3的实体书店是2020年才开业的，还有相当大的比例是近三年以内开业的，这些书店在离开资金扶持之后能否持续发展尚待检验。实体书店有房租、人力成本方面的支出，需要一定库存量，进货时无法拿到跟电商平台一样的折扣，在多个环节处于不利位置。根据北京开卷公司的追踪数据，全国实体书店的销售额从2015年以来一直处于下滑状态，而且下滑程度逐渐加剧[②]，与图书总零售额的持续上涨形成

[①] 《北京市去年新增14家博物馆》，《北京日报》2021年1月18日。
[②] 《图书零售市场规模首现负增长》，《国际商报》2021年1月19日。

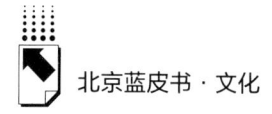

鲜明对比。实体书店只有转变营利模式才能获得可持续发展，然而目前正在转型的书店同质化现象较为严重。很多书店经过了"网红"式装修设计，大多采用卖书加咖啡、文创产品的模式，吸引年轻读者前往"打卡"拍照，但在读者的新鲜感消失之后如何以主营业务维持长期发展是个严峻问题。

（二）民办博物馆面临经营发展难题

民办博物馆按兴办主体分为企业、社会组织和个人兴办三类。北京2020年新增的民办博物馆主要是由企业举办的，在场地和后勤方面都有一定保障，而个人兴办的博物馆则在运营成本方面有很大压力。这些博物馆仅依靠门票收入很难维持收支平衡，也缺乏策划专题展览的经费。还有很多具有博物馆性质但未正式注册的场馆也面临同样问题，能享受到的政府帮扶政策较少。2020年的疫情对民办博物馆的影响比国有博物馆大得多，因其非营利性质在申请中小微企业房租减免方面遇到了困难[1]。此外由于资金限制，民办博物馆往往还存在场馆面积小、专业性弱、从业人员少、知名度低等问题。

（三）公园文化服务能力有待提高

北京近年来新增的公园数量巨大，但主要是功能单一的郊野公园、湿地公园、森林公园或普通绿地等，提供公共服务的能力和水平有待提高。从景观营造的角度看，这些公园强调"野趣"，只重视植被、绿化和自然景观的维护，公园景观缺乏主题和文化特色，或者即使有所体现也采用了十分老旧的表现形式，园内的雕塑、喷泉等类型的公共艺术作品水平不高，跟不上城市发展需要。从功能角度看，大部分新增公园配置了一定的健身器材，除休闲健身外基本不具备更多的文化服务功能，没有专门开辟公共文化空间，难以满足市民多方面的户外活动需要，甚至无法提供必要的餐饮、休憩服务。

---

[1] 《全球近13%博物馆或无法重开　私立博物馆：疫情后还想活着》，《北京日报》2020年6月12日。

从空间分布看,环路周边的郊野公园分布十分密集,往往没有文化主题和功能定位上的差异。这些新增公园目前呈现的特征,体现了市发改委和园林绿化局2007年发布的《本市绿化隔离地区郊野公园环建设的指导意见》的精神,即不追求主题和特色,主要发挥绿化隔离带功能。但是随着北京城市规模不断扩大,四环、五环周边很多地区已经成为人口稠密的居住区,居民有旺盛和多样化的文化需求,郊野公园不能再满足于绿化隔离带的单一功能定位,应当更多地在基层文化服务中发挥作用,实现物尽其用,弥补远近郊区基层公共文化设施的不足。

(四)地下空间改造利用程度还很低

城市建成区的地下空间过去主要被用作地下小旅馆、出租屋、小商铺,居住条件差且存在安全隐患。北京在2011～2014年、2015～2018年上半年、2018年下半年～2020年先后进行了三轮普通地下空间治理,整治效果明显,实现了人防工程住人清零。但这些存量空间目前重新利用的比例还不高,闲置的情况比较普遍[①]。地下室改造成公共文化空间的困难主要有三点。首先要解决防水防潮、湿度控制、消防安全等问题。其次,北京很多居民楼地下室、半地下室最初的设计都是为了居住,结构上被分割成很多小房间,改造利用存在难度。最后,要变成吸引居民的公共文化空间需要整体的设计构思,重新装修,社会力量要参与地下空间的利用,面临不小的前期投入费用。改造以后建立怎样的盈利模式、如何平衡提供社区公共服务与可持续发展也是需要考虑的关键问题。

四 北京基层公共文化空间拓展的对策建议

城市文化空间拓展不只是一种物理意义上的空间营造,也是一种集体文化生活的建构,赋予物质性的建筑、空间、场所以公共性。后者的意义甚至

---

① 《北京地下空间整治实现动态清零》,《北京青年报》2019年3月8日。

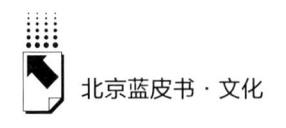

更重要，因为只有集体文化生活建立起来，市民才有长期使用这些空间、进行文化消费的意愿，才能激发城市文化活力。无论基层公共文化空间是哪种形式的载体——实体书店、基层文化活动中心、地下空间改造的文体设施、民办博物馆、腾退文物建筑改造的文化设施等——都要从公共生活角度进行空间改造和日常运营，而不是在一般意义上销售文化产品和进行文化展示。

（一）文化空间与商业公共空间互动

商业和旅游在城市公共空间发展中扮演了重要角色，实体书店、民办博物馆要取得成功需要搭配这种公共性，同时又为其做出独特贡献。目前国内较为成功的连锁书店西西弗、言几又等企业主要不是靠咖啡来盈利的，书店咖啡的翻台率低，利润远不能与专业咖啡店相比，图书销售仍然是这些书店的主营业务。一方面，这些成功的书店大多开在客流量大的商城内，把其中一部分顾客引导到文化消费中来，书店并不追求面积大和品类全，而是通过数据分析把精选书目推荐给消费者。这些到商城消费的顾客普遍重视购物的即时性与契合度，遇到满意的图书不会为了省钱在电商平台下单。另一方面，商城或更大的商圈也需要书店、博物馆及其举办的文化活动来提高整体文化品位，往往会在租金上给予优惠。对于无法进入商圈的实体书店、博物馆来说，利用产业园区、旅游景点等的公共性同样是这一逻辑的体现，但需要根据目标人群改变经营品类、装饰特色、文化活动主题、展览主题等。

（二）创造社区公共文化生活的新形式

把腾退空间、地下空间改造成基层公共文化空间，是在目前大城市土地价格昂贵、建筑成本较高的情况下，能找到的一种最为便捷的改善基层公共文化服务的方式。改造的关键是发展出社区新的文化生活形式、缔结新的社会关系。虽然街道和社区居委会日常会组织一些文化活动、公益活动，但参与者十分有限。这些新改造的空间为居委会、社会力量（商业）、居民三方的联合提供了一种更大范围的可能性，让社区可以依靠自身力量去发展各种类型的群众文化活动。北京目前比较成功的朝阳区"地瓜社区"改造项目，是通过街道投资、专业团队设计来完成前期改造的，后期运营也由第三方负责，如与居民协商提供免费服务的种类以及收费项目的范围标准、对外开放程度等。很多公益项目由退休职工、全职妈妈以及周末假期参与进来的其他居民兼职，运营方还可以定期邀请社区外的志愿者参与。由于老旧居民楼的地下空间结构大多是若干独立的小房间，可满足多种类型的文化活动需要。类似的空间改造不一定都由政府包办前期投入，一些拥有产权的企事业单位也有改造利用的意愿，但需要专业团队来运作。

（三）全面提高公园的文化服务能力

北京各类郊野公园、森林公园、小微公园数量高速增长，总量已经相当可观，需要进一步提升其公共服务尤其是文化服务的能力。北京城市规模扩大之后呈现出多中心发展的态势，围绕产业发展和功能定位形成了不同的组团，城市各组团都有形成区域文化特色的动力和潜力。本地居民有着旺盛的精神文化需求，只依靠市中心的文化设施无法充分满足这些需求，而远近郊区的基础文化设施又较为薄弱，需要优化各类公园的服务能力。可利用现有的场地和设施，开辟一些进行展览展示、科普教育的公共文化空间，展示本地历史文化的渊源和脉络，在景观营造上增加区域文化元素；当引入一些公益性的文化项目和经营性的服务项目，增强公园自身造血能力，全面提高公园的服务性、实用性、学术性和公益性。

B.11
2020年北京博物馆发展报告*

李重蓉**

摘　要： 2020年，北京博物馆经历了疫情考验，于危中寻机，积极尝试创新模式，探索符合时代特色和历史潮流的道路，但尚处于起步阶段。本报告从博物馆的数量级别、归属分类、藏品数量、展览活动和参观人数等方面，对2019～2020年度北京博物馆发展状况进行梳理。结合博物馆行业的发展趋势和相关实际工作，对北京博物馆存在的问题做出分析，指出在文物活化、品牌战略、IP营销、平衡发展等方面的问题；提出加速文物活化工程建设、打造博物馆品牌、增强与观众的互动性和加强馆际交流学习等对策建议。

关键词： 博物馆　文物活化　品牌战略

经过多年的努力，北京已形成多学科、多层次、广布局的博物馆体系和纵横交织、经纬缜密的博物馆布局，正在积极打造"博物馆之城"。北京博物馆的广度、密度和深度为全国城市所独有，这些博物馆将成为见证和代表我国优秀文化和先进文明的一张金名片。2020年是特殊的一年，但北京地区博物馆的创新尝试让我们认识到，"云端博物馆"并非特殊时期的特殊举措，而是顺应了时代要求和历史潮流，将成为博物馆今后的发展方向。立足

---

* 本文写作得到国家文物局王汉卫博士的帮助，谨致谢忱。
** 李重蓉，历史学博士，中国国家博物馆副研究馆员，研究方向为秦汉史、文物研究、图像学。

当下，面向未来，了解并思考博物馆所面临的形势和挑战是当务之急，本报告尝试从这些问题出发，围绕目标任务提出相应的对策建议。

一 北京地区博物馆发展现状分析

（一）数量与级别

截至 2019 年底，国家文物局数据显示全国已备案博物馆达 5535 家；自北京市文物局公布的数据可知，北京地区备案博物馆有 183 家，实有博物馆 163 家（历年备案的博物馆中有 20 家因上级或本单位组织机构调整而合并、撤销），可推算北京已备案博物馆在全国的占比约为 3.3%。另据北京市文物局最新统计，截至 2020 年底，北京市备案博物馆已增至 197 家，实有博物馆 180 家左右[1]。

关于博物馆级别，从 2020 年 12 月 21 日中国博物馆协会发布的第四批国家级博物馆名单可知，连同前三批定级名单，国家一、二、三级博物馆总数达到 1224 家，占全国博物馆总数的比例达到 22.1%。其中一级博物馆 204 家、二级博物馆 455 家、三级博物馆 565 家。

就北京地区博物馆而言，第四批新增一级博物馆 4 家，在全国新增的一级博物馆中占比达 5.41%；本地总数达到 18 家，在全国一级博物馆总数中的占比达 8.78%，与山东省并列第一。第四批新增二级博物馆 3 家，二级博物馆总数为 10 家。第四批新增三级博物馆 3 家，三级博物馆总数为 11 家。北京地区一、二、三级博物馆总数为 39 家，占全国前三级博物馆总数的比例达到 3.19%。

从博物馆总数及前三级占比可知，北京地区博物馆在全国处于优势地位，总量多、增长快、高级别博物馆占比大。这体现出了首都北京深厚的人文底蕴与文化积淀、市民对于高层次精神文化的需求与自觉接受，

---

[1] 参见《北京市文物局 2020 年工作总结》，北京市文物局官网，2021 年 1 月 10 日。

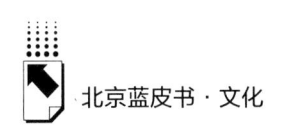

博物馆在与广大民众的良性互动中快速、优质发展，具有广阔的发展前景。

（二）归属与分类

北京地区博物馆种类丰富，隶属关系较为复杂，既有国有性质也有社会团体、企业、私人性质等；既有属于文化和旅游部的，也有隶属于其他政府部门、军事部队、社会团体、商业机构、民间企业、高等院校与科研机构等的。例如既有直属于文化和旅游部的故宫博物院、中国国家博物馆等，直属于国家文物局的北京鲁迅博物馆等，直属于北京市文物局的首都博物馆等；也有直属于中国人民银行总行的中国钱币博物馆，直属于北京市公安局的北京警察博物馆，直属于中国历史研究院的中国考古博物馆，还有以清华大学艺术博物馆等为首的各大高校博物馆、公司内部建设的博物馆、民间私人设立的观复博物馆等。

国家文物局曾统计2019年度全国博物馆的相关情况，公布了北京地区157家博物馆，按照其归属性质分类，当中属于文物系统的博物馆共有68家、各类行业博物馆有66家、非国有博物馆有21家，以文物系统的博物馆数量为多。

据北京市文物局统计，截至2020年底，北京市已备案的197家博物馆按行政隶属关系划分，央属61家、市属49家、区属45家、非国有42家。

北京地区免费开放的博物馆有90家，约占实有总数的一半；利用文物保护单位作馆舍的博物馆有50家，说明北京地区博物馆仍以公益服务为主，且在地理环境上拥有资源优势。能够直接使用古建筑作为馆舍，既有利于保护古建筑本身，也能够节约办公的成本，但也对博物馆的管理能力提出了更高要求，即如何将这些文物保护单位本身的历史价值、艺术价值更好地传承和传播，并发掘其时代价值、现实教育功能。

（三）藏品数量

藏品数量是博物馆的立馆之本。国家文物局数据显示，截至2019年底，北京地区藏品数量超过100万件/套的博物馆有2家，即故宫博物院、中国国家博物馆，这两家博物馆的藏品量分别为186.34万件/套、140万件/套，累积约为北京地区博物馆藏品总量的70.15%（北京地区博物馆藏品总量约为465.2万件/套）；藏品数量超过10万件/套的博物馆有8家，即中国地质博物馆、中国农业博物馆、中国人民革命军事博物馆、北京自然博物馆、首都博物馆、中国钱币博物馆、中国现代文学馆、中国邮政邮票博物馆；藏品数量超过1万件/套的博物馆有28家；藏品数量低于1000件/套的博物馆有34家；藏品数量低于100件/套的博物馆有9家；藏数量显示是零或空的博物馆有17家。其中，珍贵文物数量超过1万件/套的博物馆有5家，即故宫博物院、中国国家博物馆、北京鲁迅博物馆、首都博物馆和北京文旺阁木作博物馆。

北京地区博物馆的藏品总数庞大、质量优良，在全国博物馆中优势明显，但不同性质和类型的博物馆所藏数量差距较大、质量不一。

（四）陈列展览与教育活动

国家文物局数据显示，2019年全国各地的博物馆面向公众推出的展览和教育活动极为丰富、各有特色、质量持续提升，其中北京地区博物馆的相关数据具有代表性。就举办陈列展览的数量而言，2019年北京地区博物馆以恭王府博物馆为第一名，共计64个；中国国家博物馆为第二名，共计63个，二者分别位居全国的第五、第六名。北京地区博物馆的展览数量多为30个以下，其他超过30个的博物馆分别为中国妇女儿童博物馆（47个）、中国国家画院美术馆（43个）、北京航空航天模型博物馆（40个）、炎黄艺术馆（39个）与故宫博物院（34个）。总体而言，北京地区博物馆年均举办展览600余个。

2019年北京地区博物馆所开展教育活动的次数，超过10000次的有2家——中国科学技术馆（23597次）、中国国家博物馆（13150次）；超过1000次的有6家——北京自然博物馆（6515次）、中国人民抗日战争纪念馆（3074次）、故宫博物院（1584次）、北京汽车博物馆（1256次）、李大

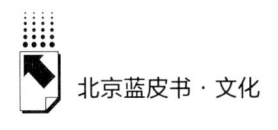

钊烈士陵园（1208次）与北京英杰硬石艺术博物馆（1183次）；超过100次的有20家；10（含）~99次的博物馆最多，有71家；10次以下或显示为0的共有58家。

（五）参观人数与志愿者

2019年北京地区博物馆的参观人数统计结果显示，参观人数与博物馆的规模、容量具有一定联系，如前两位分别是故宫博物院（1933万人次）和中国国家博物馆（739万人次）。另外超过100万人次的博物馆还有18家，超过10万人次的博物馆有37家，0~10万人次的博物馆有92家，显示为0的博物馆有8家。总体而言，北京地区博物馆服务观众超过5000万人次。

另外，参与博物馆建设和服务的志愿者等社会力量积极踊跃，博物馆志愿者队伍注册二级志愿服务团体达50多个，超过5000人，年服务观众人数超过13.6万人次。在总体高人气、掀起"博物馆热"的大背景下，北京地区不同博物馆的参观人数、志愿者数量等也存在差异，这与不同博物馆的馆舍位置与条件、藏品数量和质量、所举办展览及活动的差异有关。一般而言，一家博物馆的硬件决定了观众人数与口碑的好坏，如何展示所藏所有并产生影响力、提升关注度和美誉度，是博物馆未来发展必须思考的问题。

（六）以创新举措应对疫情的不利影响

2020年新冠肺炎疫情突袭全球，使人类面临严峻考验，全国各地公共文化服务设施暂停开放，恢复以后也采取了限流措施，如何创新服务模式成为文博界无可回避的命题。不少博物馆、出版单位、文化企业等机构盘活并免费开放更多数字资源，借助新媒体新技术推出云展览、云直播、云游览等，让公众享受不同形式的在线服务。北京地区博物馆同样于危中寻机，在做好常态化疫情防控形势下恢复开放工作的同时，创新工作模式、创造工作亮点，向广大公众交出了一份令人满意的答卷。在系列重要举措中，最具新意的是积极尝试线上线下相结合的途径、让文物"活"起来。比如依托大数据平台建立全市博物馆统一参观预约平台，公开藏品信息4万余件/套；通过"云展览+直播+云讲堂+云活动"等形式，打破博物馆的常规形态，重塑形象，丰富了疫情期间市民的精神文化生活。这些创新打破了传统的博物馆时空格局，带给公众全新的视听感受、观展体验，获得公众的好评。"云端博物馆"必将成为未来博物馆发展的一个方向。

二 北京博物馆现存的主要问题

北京地区的博物馆有多种优势，取得了显著成绩，但也存在一些问题，比如博物馆品牌该如何有效维护，如何提升美誉度并降低负面评价；在当前的"博物馆热"中，如何加强精细化、专业化管理，更好地与国际接轨；如何进行流程梳理、完善博物馆制度，做到职责明晰、管理规范；如何培养博物馆人才梯队，提升从业人员的专业水平，在增加知识储备的同时提高职业素养；如何更好地继承和发扬好传统文化，发挥博物馆的公共服务功能。

在诸如此类的问题中，北京地区博物馆共同面临、亟待回应的核心问题，应是思考在历史大趋势中博物馆有什么特殊使命，新时代对于博物馆有什么新要求。只有着眼于历史潮流和时代背景，我们才能辨识和理解其中最迫切的问题。对此，我们从以下四个方面提出博物馆建设需要思考的问题。

（一）转变观念，亟须创造条件实现文物活化

文物活化是博物馆未来发展的必经之路，云端博物馆将逐渐成为新时代文化生活的新方式。然而目前北京博物馆的文物活化工程尚待破题，任重道远，存在的问题主要有以下几点。

1. 文物活化的内容价值有待深入挖掘

北京地区博物馆在文物活化工程中，展藏比有待提高，尚不能完全兼顾知识性、教育性与娱乐性。目前大量珍贵的文物资源仍然沉睡在博物馆的文物库房内，相比国外一流博物馆（如卢浮宫的藏品使用率为3/5），我国博

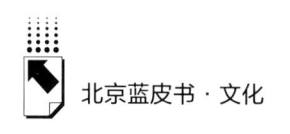

物馆藏品利用率普遍偏低，北京地区几个大馆展出的藏品都未达到总量的1/10，且更换率低。文物资源的整合、盘活和利用都还需要加快。

文物活化要通过研究、展览、阐释、传播，让人们在多媒体互动中，从听觉、视觉、触觉全面体验文物内涵与价值，将传统文化的正面力量传递给公众。在叙事上要故事化，表达上要网络化，以贴近当下社会观众习惯的方式，引导网友审美从"娱乐喧哗"走向"人文静美"，体会到深厚的知识积淀。但显然北京地区博物馆在这方面还亟待提升，目前对藏品、展览、教育活动等优质文化内涵的挖掘还不够，未能提供高效、优质的文化产品和服务，内容生产存在不足。

2. 文物活化的范围途径有待扩展

博物馆文物活化涉及的范围是全方位的，不仅表现为展陈方式，也包括藏品三维数据中心、智慧化文物库房、沉浸式体验场所、智慧展厅及楼宇乃至博物馆信息基础设施等全方面的建设和维护。在这些范围途径上，除了少数博物馆刚刚在活化之路上启程外，北京地区大部分的博物馆尚未起步。就博物馆整套管理体系而言，藏品保管方式、文物库房、文物修复、文物展陈、建筑设备的修建维护等一系列工作，离数字化的道路还有一段距离。

3. 新媒体新技术的开发应用有待加强

在"一切皆媒体"的时代，移动智能互联正对文博行业进行重构，把博物馆这一文化殿堂带入"无界"时代。但北京地区博物馆对于新媒体新技术的开发和运用尚待加强。除个别大型博物馆外，其他博物馆特别是中小型博物馆所使用的技术手段仍然较为陈旧，对于外界新技术的接收、转换及应用程度不高。

新的博物馆形态由数字博物馆和虚拟博物馆共同组成，但北京地区博物馆普遍在运用3D建模、全景、VR等技术手段上较为欠缺，遑论文物活化工程需要的人工智能、物联网、大数据、云计算等高端技术。新技术的开发还须与数字视觉内容融合共生，逐渐实现在博物馆的应用和推广。科学技术如何与文化内容契合，达到最好的呈现状态，也是需要思考和努力的。

（二）提升业务专精化，亟待实施品牌战略

北京地区博物馆的总数与有等级的博物馆数量，和全国其他省区市的相比，皆占优势。但随着定级评估工作的展开，所暴露出的问题也较为明显，其中最主要的问题就是定位不够明晰、品牌塑造不够专精，导致发展障碍。

博物馆定级评估是文博行业的重要工作，其评判标准、指标也是各家博物馆发展所应努力的方向。目前中国博物馆协会已开展了四次定级评估工作，公布了四批相关名单，其中入选的博物馆既有首次参加评估并取得等级的，也有在已有等级基础上成功晋级的，从中可得出如下规律。一是，获得等级或晋级的博物馆的范畴扩大，如从隶属于文物系统范畴扩大到其他行业范畴。二是，获得等级或晋级的博物馆的专业化程度加强，一些专题性、特色化的博物馆崛起，促进行业多元化。三是，对博物馆行业整体的规范化要求提高，评价体系与国际接轨，各项标准逐渐精细化、清晰化。

定级评估工作推动博物馆从整体上实施品牌战略。所谓"文化品牌"是指具有广泛普及性、强大影响力和高度认同感的一种文化标识，它经过了长时间的淘汰和积淀，承载着民族历史、文化价值和社会主流精神[1]。一家博物馆自身形象的定位，由其使命职责与功能定位所决定，既要在藏品保管与征集、展览策划与陈列、社会宣传教育、考古发掘、学术研究、人才培养、信息化建设、财务管理、安全保卫等工作上直面挑战、勇于实践、革故鼎新，考虑观众所需、保证社会效益；又要兼顾业务研究和运行保障，提升博物馆的品质专业性和服务力。博物馆文化品牌的塑造，与其知名度、美誉度紧密相关，最终要获得业界专家、社会公众与政府的认可，实现社会效益和经济效益的高度统一，切实提升知名度和社会美誉度，产生深远的影响力。

然而长期以来，北京地区的博物馆品牌建设意识薄弱，讲故事能力不足，传播渠道与内容狭窄。其一，在面对文化市场竞争加剧、博物馆行业蓬

---

[1] 范玉刚：《践行社会主义核心价值观的原则、载体与路径研究》，《湖南社会科学》2013年第4期。

勃发展、观众需求多元化的外部压力时，博物馆品牌建设的深度和广度问题更为明显。长期以来，尽管博物馆文化历史悠久，具备丰富的文化底蕴和数不胜数的符号元素，但博物馆文化与大众社会长期处于泾渭分明的文化体系中，两者缺乏互动，博物馆缺乏开掘文化另类呈现的可能性[1]。"博物馆热"是近些年才兴起的，但品牌建设的意识与能力缺失，导致优质文化内容挖掘与专业化运营团队缺乏、受众与博物馆教育传播之间联系单一等问题。其二，讲故事的能力缺乏，主要是博物馆主动设置议题的内容创作力不够，使用观众乐于接受的方式、易于理解的语言的能力不够。其三，文化传播面较窄，大部分只涉及对展览的传播，而对于博物馆的其他重要工作职能、重大活动，很少主动引领媒体公众聚焦，长期内敛，不善于、不勤于发声，受到舆论的困扰。

（三）提高营销创意性，亟待深入发掘博物馆的 IP 资源

博物馆作为一种向社会提供文化教育的载体，需要创意营销方式，推广自身传播文化、服务社会的功能形象。但博物馆营销普遍容易陷入的误区有三点：一是沦为简单的文创产品营销；二是由于其对文化素养的要求高，容易被披上高端的"外衣"，在营销推广过程中唱起"独角戏"；三是对博物馆的 IP 资源开发利用不足。北京地区博物馆在这三方面也未能幸免，具体体现为在营销中未能深度顺应互联网特点，容易产生居高临下的传统的单向营销模式与观念。在营销中，缺乏与观众、网民的互动内容与方式，形象不够接地气，让人生畏，难以从现今网络生态年轻化、轻量化、趣味化的环境中脱颖而出。比如博物馆面向公众推出的话题未能契合时下社会热点或公众内心，即使是有料的"干货"，却因未能与当下时新的语言氛围融合，而无法引发公众兴趣、受到广泛重视和产生影响力。又比如未能开展更多互动的文化活动，公众的关注度不够，满意度更是无从谈起。再比如博物馆官方平台与访问者的互动沟通不够，用户参与式的博物馆微信平台阅读理念还没有

---

[1] 陈刚：《新媒体与博物馆信息传播》，《中国博物馆》2012 年第 1 期，第 27~28 页。

普及，互动性文章所占比例不高，推送文章的品质、与用户沟通的力度都有待加强，用户黏性不足。

博物馆的IP的建设与运作不够，未能和谐地将传统文化与时尚文化相融合，生产出社会和经济双重效益。传统文化、高雅文化与观众喜闻乐见的大众文化、流行文化之间仍然存在隔阂，博物馆中文化教育和商业娱乐的概念融合度不高。博物馆文化对于庞大年轻网民群体的吸引度还有待提升，年轻网民是IP经济最重要、最具有活力的组成部分。在注意力经济时代，要抵抗他们的审美疲劳，用创意的方式提高他们的参与度，建立将传统与创意并行、年轻化和差异化并重的IP理念。

（四）不同级别的博物馆之间发展不平衡

目前北京地区有等级的博物馆在总数中的占比仍然较小，高级别的博物馆占比依旧偏低。未定级、低级别的博物馆与有等级、高级别的博物馆相比，在各种资源如展馆面积、藏品数量、展览数量、教育活动次数、参观人数乃至硬件设施、经费支持、名气热度等方面都有较大差距。从前面相关的统计数据可知，在各项资源分类中占据头部的博物馆，虽然与位于中间层的博物馆相比数量较少，但拥有的资源量往往远超位于中间层博物馆的资源量总数。

基础条件影响到发展前景，可以想见如果任其发展，未来各级别博物馆之间的差距会与日俱增，中小型博物馆很可能发展缓慢甚至发展停滞，造成更大的不平衡。这不利于形成文博圈层内的整体良性循环。

三 北京地区博物馆建设发展的对策建议

（一）加速文物活化工程的建设步伐

转变思维，更新目标，通盘规划，将文物活化作为博物馆未来发展的重要方向，整合展览、馆藏文物的信息，积极开发博物馆的云看展、网络直播

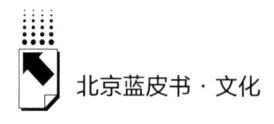

等资源，建设博物馆数字技术矩阵，改善观众的观展体验。北京地区的博物馆首先要加大对信息技术的投入力度，提升对先进科学技术的开发和利用率，将之与博物馆文化有效结合，互相激发潜能。二要大力推进文物资源的数字化建设，拓宽文物信息的开放渠道，实现文物信息资源的共享开放。三要致力于展览活动的智慧化、数字化，进一步打造沉浸式展览，全面提升观众的观展体验。

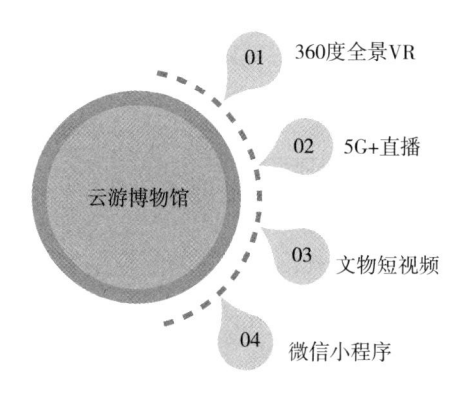

图 1　博物馆数字技术矩阵

例如 2020 年 2 月，在国家文物局的指导下，中国国家博物馆等 9 家博物馆联合在抖音推出"在家云游博物馆"活动，通过直播、VR 等形式，以音视频全息清晰、360 度全景逛展等高清呈现文物细节的技术手段，打破了博物馆的传统静态印象。短视频平台赋予博物馆新的能量，云端博物馆意味着使博物馆的存在形态突破传统限制，构建一个以数字化信息为主要内容的虚拟世界，加速重塑文化产业的生态系统和文博领域生产、传播、消费的崭新格局；也使博物馆的科教功能焕发出新的生机，让文化资源惠及更多的观众；还能激发人们去实地感受的兴趣，起到线下引流的作用，博物馆的文化共享价值也由此提升。

（二）积极打造博物馆品牌，持续深耕博物馆 IP 运营

随着公众对于文化消费的需求增多，博物馆传统的呈现方式、产品模式

已经越来越难满足公众的体验和个性化需求，其生存方式面临变革。未来的发展趋势要求博物馆思考实施品牌战略，深度挖掘博物馆的藏品内涵，促进博物馆文化产品的开发。博物馆的品牌建设既需要立足本馆文化资源，具有自身的特色；又需要面向整个文博行业、广大观众以及国际文化，具有广阔的社会性和世界性；还需要适应文化市场发展的要求。

在今后的发展中，北京地区的博物馆一要坚持自己的独立性，内向挖掘潜力，倚重本馆既有的资源和文化特色，挖掘其底蕴和内涵，从中吸取养料，传承其优秀基因并致力于将其发扬光大，打造专属的文化品牌。二要拥有兼容并包的气度、善于甄别的眼光和学习转化的能力，积极谋求具有广泛性的文化价值，以便能够和外界乃至于世界其他民族紧密联系、互通有无、共同发展。面对纷繁多元的外来文化，还要明辨是非，有选择地接纳。三要注意将文化价值、社会效益与市场价值相结合，切中消费场景，开发系列型产品增强博物馆文化品牌的辨识度。继续与行业巨头合作，产出富含传统元素的跨界产品，打造"文化+科技"的互联网消费体验。

例如，在打造文创产品品牌上，中国国家博物馆推出过一款"会说话"的棒棒糖语音导览。棒棒糖外形以国博馆藏清乾隆粉彩大吉葫芦壁瓶为模板，内植骨传导芯片，可与手机蓝牙配对，集传统文化、现代科技、生活审美与趣味于一体，实现了一边品尝糖果，一边收听有关文物讲解语音的观展体验。这款产品成为国博美食文创系列中的升级版代表，文物与食物的融合也成为国博公认的一大品牌特色。国博持续探究自线上至线下，从展览到藏品，覆盖经济、科技、文娱多圈层的IP运营路径，成功把握网络消费环境特征，关照了消费者体验，增加了博物馆文化品牌的辨识度。

（三）增强与观众的互动性，创意UGC增强用户黏性

博物馆基于自身深厚的文化底蕴，往往带给普通公众高冷端庄的距离感。在当今"互联网+"迅速发展的时代，新媒体平台是博物馆在网络世界宣传自身和连接受众的重要载体，只要善于利用，就能够有效拉近博物馆与观众的距离，在观众眼中树立起崭新形象，深度融合传统文化与现代表

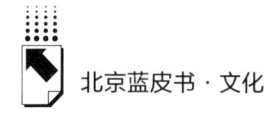

达。而随着文化体验的市场竞争加剧，北京地区博物馆应该转变传统的单向文化教育传播思路，立足于观众的体验，转向更多关于观众动机、需求和满意度的综合估计和研究。

具体而言，北京地区博物馆一方面要善于运用新媒体平台的社交互动属性，以自身文化特色为核心，依靠灵活多元的互动方式吸引用户。比如可以在博物馆的官网、官微等新媒体平台、数字平台上，以互动性的发文内容，塑造亲民形象。另一方面，聚合优质内容是吸引流量的重要因素，北京地区博物馆可筛选UGC（用户内容生产）进行线上呈现，凝聚个人创意的UGC能为博物馆圈粉积累素材，构建较为灵活的网络形象。

（四）加强博物馆的馆际交流学习，互补共赢

北京地区博物馆应加强馆际交流和学习，互通有无，弥补差距，相互促进。一方面，中小型博物馆应积极向大型博物馆学习取经，开阔视野，转换思维，借助后者的成熟模式、完善机制、成功经验、资源优势等弥补自身的不足和差距。另一方面，中小型博物馆也拥有大型博物馆所欠缺的灵活性、创新性和活力，能够给予后者以一定刺激和启发。只有秉持合作共赢的愿望，创新合作的模式，切实落实合作规划的步骤，北京地区博物馆彼此之间才能形成良性互动和循环，共同营造出健康光明的文博生态圈。

综上，2020年北京地区博物馆在既有基础上有所开拓和创新，工作局面不乏亮点；但也存在一定的问题和局限。在未来的发展中，应注意将博物馆自身特色与时代背景、行业趋势相结合，顺应历史潮流，取得更为长远的进步。

文化产业与文化经济

Culture Industries and Culture Economy

B.12
2020年北京文化财政金融的创新、问题与对策

何 群 曾钦筠 王若惜*

摘 要： 2020年，北京在文化财政金融领域实现了疫情防控背景下的多方面创新。在文化财政方面，北京市紧跟疫情态势调整预算，加大各文化类基金和专项资金投入，多措并举扶持文化企业渡过难关；在文化金融方面，北京市创新文化金融支持工具实现银企精准对接，推动国资入股北京上市文化企业，大力降低文化企业融资成本。但北京市文化财政金融领域也面临着文化消费循环有待恢复、数字文化产业全球重心调整、文化资本市场持续遇冷和文化金融服务有待优化整合的问题。对此，应当多方合力加快文化生态重塑过程、优化数字文创金融对接效率、促成文化资本市场健康发展和整合文

---

* 何群，博士，中央财经大学文化与传媒学院副院长、教授、硕士生导师，研究方向为文化产业、创意经济；曾钦筠、王若惜，中央财经大学文化与传媒学院艺术管理方向研究生。

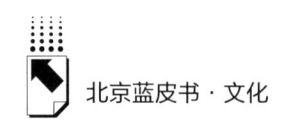

化金融服务资源来应对这些挑战。

关键词： 文化产业　文化财政　文化金融

2020年，在疫情影响下，全国文化产业发展遭受到了前所未有的冲击，作为全国文化中心的首都北京更是如此。通过对财政预算与专项资金的切实调整、对相关文件的发布与落实，北京市在文化财政领域多措并举，确保北京文化金融政策体系在抗击疫情的特殊时期起到引领作用，实现了在疫情防控背景下的多方面创新。

一　北京市文化财政金融的创新进展

2020年，为应对新冠疫情给首都文化产业带来的冲击，北京从文化财政预算、文化金融政策、各文化类基金与专项资金等方面入手，连发新策，积极面对挑战，有效帮助首都文化产业渡过难关，助推文化产业向"文化+互联网"的数字化高质量发展新方向进军。

（一）北京市文化财政的创新

1. 调整细分预算，维持文化事业有序发展

2020年初以来，考虑到疫情在国内和全球范围内对旅游、演出、博物馆、会展、文化交流等行业的影响，北京市下调相应科目的项目支出预算，保证了各单位基本运行费用，有效支持了特殊时期北京相关文旅事业有序发展。

北京市一般公共预算收入经综合测算由5817.1亿元减少为5467亿元，下降6%左右。统筹考虑收入减收、中央特殊转移支付增加等因素，北京市按照收支平衡原则压减市级一般公共预算支出，其总体财政支出预算方案由

原计划增长1%调整为-4%[①]。据已公布的北京市2020年1~10月财政收支情况，1~10月的文化旅游体育与传媒支出预算为160.3亿元，下降19.8%[②]。可见，受疫情影响，北京市财政总支出减少，其中文化财政的支出降幅最大。

调整后，北京市2020年文化旅游体育与传媒支出预算为1067376万元，比2020年原预算减少67284万元[③]。但从文化和旅游部2020年度部门预算细分项调整来看，全国艺术表演场所、文化展示馆项目预算不减反增。其中，文化展示及纪念机构（项）相较上年增长254.4%、艺术表演场所（项）增长49.02%[④]。北京市也紧跟文旅部脚步，如其中的艺术表演场所、艺术表演团体（项）便是由2019年度调整预算数的36942万元与40838万元上调为2020年度的57146万元和43125万元[⑤]。可见，尽管大部分科目支出预算在调整后有所下降，但下降的主要是其中的非刚需类项目支出预算，而基本支出预算多数与2019年持平，甚至有所增加。

综上所述，尽管2020年面对疫情影响和落实中央过"紧日子"的要求，北京市文化财政预算相比2019年有所调减，但从细分科目的调整及落实上可以看出北京市对保障人民基本文化权益、维持文旅事业健康有序发展、维护国际文化影响力的信念和决心。

2. 政府多措并举扶持文化企业渡过难关

2020年，北京市紧跟疫情防控态势，立足防疫扶持及促进文化产业高质量发展两方面，多措并举，助力遭遇重创的北京市文化产业渡过难关。

[①] 《北京市人民政府关于提请审查批准北京市2020年市级预算调整方案的议案及说明》，http：//www.beijing.gov.cn/gongkai/caizheng/czbg/ysbg/202012/t20201217_2167564.html。

[②] 《北京市2020年1~10月财政收支情况》，http：//czj.beijing.gov.cn/zwxx/czsj/czsz/202011/t20201112_2134094.html。

[③] 《北京市2020年市级一般公共预算收支调整预算表》，http：//www.beijing.gov.cn/gongkai/caizheng/czbg/ysbg/202012/W020201217667175534006.pdf。

[④] 《文化和旅游部2020年度部门预算》，http：//zwgk.mct.gov.cn/zfxxgkml/cwxx/ysjs/202012/W020200611569277553647.pdf。

[⑤] 《北京市2020年市级一般公共预算支出计划情况明细表》，http：//www.beijing.gov.cn/gongkai/caizheng/czbg/ysbg/202012/W020201217667175534006.pdf；《北京市2019年市级一般公共预算支出执行情况明细表》，http：//www.beijing.gov.cn/gongkai/caizheng/czbg/ysbg/202002/W020200204481098050145.pdf。

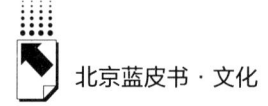

2020年2月,国内防疫形势严峻,北京市政府、市委宣传部、市财政局等多部门联合印发《关于应对新冠肺炎疫情影响促进文化企业健康发展的若干措施》《关于加强金融支持文化产业健康发展的若干措施》《北京市文化产业"投贷奖"风险补偿资金管理办法(试行)》等三条防疫扶持类政策。它们配合着《新冠肺炎流行期间北京市演出场所防控指引》等多项与文化产业有关的具体防疫措施,通过加大再贴现资金支持力度、支持文化企业发债融资、进一步完善"投贷奖"联动体系建设等方式,引导文化企业充分利用资本市场金融工具,鼓励金融投资机构服务文化企业,大力支持文化企业复苏。

2020年5月劳动节期间,北京市如常发放惠民文化消费电子券,并在适时推出网络阅读、在线课程、文化电商等数字文产项目,积极拓展线上文化产品和服务。2020年上半年,北京在"文化+互联网"领域实现收入3247.6亿元,占文化产业收入比重为55.5%,同比增长21.6%,增幅提高12.1个百分点①。

2020年6~12月,在国内疫情相对稳定及数字文产领域取得不错成绩的情况下,北京市《中共北京市委北京市人民政府关于加快培育壮大新业态新模式促进北京经济高质量发展的若干意见》《北京市关于打造数字贸易试验区实施方案》等7个与数字互联网语境相关的促进文化产业高质量发展的文化财政政策,激发数字新基建带来的新动能,推进文化与科技、旅游、金融等融合发展,培育发展新型文化企业、业态、消费模式。据北京统计局于2021年1月4日发布的2020年1~11月北京规模以上文化产业情况统计数据,文化产业收入合计已由2020年1~2月相关文化财政政策实施前的同比增长-11.7%,向好转变为增长2.3%。

综上,2020年,北京市文化财政从抗疫扶持与助推文化产业高质量发展两方面入手,多措并举,扶持文化企业渡过难关,确保文化财政金融政策体系在抗击疫情的特殊时期起到引领作用;紧跟疫情发展态势,积极调

---

① 《新经济展现活力 新动能茁壮成长》,http://tjj.beijing.gov.cn/tjsj_31433/sjjd_31444/202008/t20200805_1974563.html。

表1 2020年1~11月北京规模以上文化产业情况

项目	2020年1~11月北京市规模以上文化产业情况			2020年1~2月北京市规模以上文化产业情况		
	收入合计（亿元）	同比增长（%）	从业人员平均人数（万人）	同比增长（%）	收入合计（亿元）	同比增长（%）	从业人员平均人数（万人）	同比增长（%）
合　计	12334.5	2.3	59.2	-3.1	1438.2	-11.7	56.4	-2.5
文化核心领域	11297.6	5.5	49.9	-2.1	1314.4	-10.0	46.6	-2.9
新闻信息服务	3596.6	12.9	14.1	-1.3	469.3	1.8	14.2	-2.7
内容创作生产	2544.1	38.1	15.5	2.3	189.0	-16.0	13.6	0.1
创意设计服务	2944.2	-0.7	10.5	-5.7	348.5	-6.0	9.4	-3.5
文化传播渠道	2122.1	-17.8	7.5	-5.1	296.4	-23.3	7.1	-8.3
文化投资运营	20.1	-3.7	0.2	1.3	1.7	-16.1	0.2	4.0
文化娱乐休闲服务	70.5	-34.5	2.2	-8.7	9.5	-34.8	2.2	-1.5
文化相关领域	1037.0	-23.3	9.3	-8.3	123.8	-26.7	9.8	-0.3
文化辅助生产和中介服	525.3	-26.2	7.7	-7.4	76.6	-16.2	8.2	3.6
文化装备生产	83.9	-29.1	0.8	-19.9	7.0	-55.0	0.7	-19.7
文化消费终端生产	427.8	-18.0	0.8	-3.3	40.2	-35.0	0.8	-13.5

资料来源：北京统计局。

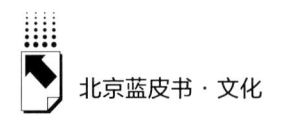

整相关政策，协调新技术、新渠道和新消费习惯，助推文化产业与科技深度融合，积极引导文化企业走上"万物数字化""万事互联网+"的科技赋能新赛道。

3.各文化类基金和专项资金做出调整

受疫情影响，各种文化基金和专项资金都及时做出调整补偿疫情损失，总体调整内容主要涉及三个方面。第一，提前或延长申报时间。北京宣传文化引导基金、市级电影专项资金等都调整了申报时间，以期给更多项目申报机会。第二，增加疫情专项补贴。北京宣传文化引导基金增加了特殊补贴申报，针对疫情期间制作受到影响的项目，新增电影产业疫情专项补贴支持经营困难的中小型影院。第三，关注线上数字文化内容。北京宣传文化引导基金鼓励数字文化内容服务，北京广播电视网络视听发展基金提高网络视听节目资助比例，加大了对线上数字内容的补贴力度。

2020年度北京宣传文化引导基金项目提前启动申报工作，鼓励北京数字出版企业及相关文化机构在疫情期间免费为大众提供优质数字文化服务，并推荐其中优秀内容进行基金的申报。受疫情该基金做出调整包括确保了上半年资金拨付到位和新增疫情补贴项目，对2020年春节档因疫情未能上映的北京生产影片给予宣传发行补贴，对春节期间正处于集中创作期，因疫情而暂停的重点项目给予创作和制作特殊补贴。

为确保因疫情延后生产上线的视听节目也能够纳入申报范围，北京广播电视网络视听发展基金则为疫情调整评选要求，评选要求调整为2019年6月30日至2020年7月30日期间创作生产和上线播出的作品。于2020年8月6日和2020年9月29日两次公布补助名单，补助包括各类电视广播视听节目共计89部和网络视听节目69部。相较于2019年，网络视听节目资助项目增加了39部，大幅提高了网络视听节目的受助比例。

另外，财政部和国家电影局联合发布《关于暂免征收国家电影事业发展专项资金政策的公告》后，北京市积极响应落实，退还2020年北京市影院缴纳的专项资金。2020年度市级电影专项资金也提前启动申报工作，确保上半年资金拨付到位；针对北京市影院放映的国产影片，加大补贴力度；关注因疫情而经营困难的中小型影院，设立电影产业疫情专项补贴，从电影专项资金中安排2000万元给予影院作为疫情补贴，最终确定对232家影院进行补贴，最高补贴额度近50万元。

上述基金和专项资金的注入，为北京市文化产业在疫情期间的存续与发展注入了生机与活力。及时调整的资金补偿方向，支持北京文化企业，特别是中小型文化企业度过疫情特殊时期。

（二）北京市文化金融的创新

2020年，为了进一步落实全国文化中心建设的战略定位，促进疫情期间金融资源与"互联网+文化"资源有机结合，实现银行等金融机构对于文化产业的有效扶持与深入对接，北京市开展了一系列文化金融抗疫创新行动。

1. 创新文化金融支持工具实现银企精准对接

2020年1月开始，中国人民银行营业管理部、北京银保监局、北京银行、国家开发银行北京分行、工商银行北京分行、农业银行北京分行、中国银行北京分行、建设银行北京分行、北京中关村银行、中关村担保公司等多家金融机构相继研发推出"京诚贷"、北京文化企业专项再贴现支持工具（简称"京文通"）、中关村企业抗疫发展贷、"云担保"线上业务受理系统等多个专注于疫情期间服务文化企业的文化金融产品，切实提升疫情期间的适配性，精准对接困难文化企业，切实履行《北京市文化产业"投贷奖"风险补偿资金管理办法（试行）》《关于加强金融支持文化产业健康发展的若干措施》等相关政策，形成金融服务科技文化企业的多方合力。

2020年2月25日，北京市银企对接系统上线企业融资需求填报系统，该系统能够主动收集企业融资需求，引导银行主动提供融资服务，从银行端发力促成银企快速、精准对接。截至2020年3月末，各银行累计走访企业

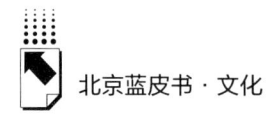

达50310户，其中有融资需求的企业为5363户，融资需求率达10.7%，607家企业得到各银行融资支持共计181亿元，其中中小微企业占96%[1]。至2020年8月，33个市级文化产业园被纳入北京市银企对接系统，囊括7900余家文化企业[2]。

2020年8~12月，在疫情相对稳定的情况下，第十届北京国际电影节中国电影投融资峰会、首都文化产业投融资项目路演推介会暨2020北京线上文化产业投资峰会、2020首都文化产业投融资峰会暨北京文化企业上市培育基地年会等文化产业投融资峰会相继召开，为文化企业和投融资机构搭建了线下对接交流平台，提高了银企对接精准度，促进了北京市文化产业复苏与繁荣发展。其中，一直致力于推动北京文化产业特别是电影产业发展的北京文投集团，开创了无形资产融资租赁先河，打造了文化产业融资发展的"北京模式"。其累计为170家影视企业提供融资40.84亿元，为149家影视企业提供担保57.42亿元，有效解决了影视企业融资困境[3]。

2. 推动国资入股北京上市文化企业

2020年前两个季度文化资本市场受疫情影响巨大，整体形势严峻，第三季度文化产业重点行业与核心领域开始恢复增长，资本市场融资事件增多，市场信心逐步恢复。尤其值得关注的则是2020年频发的国资进入北京上市文化类企业的现象。

2020年2月11日，北京文化的第一大股东中国华力控股集团有限公司（以下简称"华力控股"）与北京市文科投资顾问有限公司（以下简称"文科投资"）签署了合作意向协议，华力控股拟向文科投资转让其直接持有的北京文化的股份约1.09亿股，占北京文化总股本的15.16%。而后，2020

---

[1] 《北京市银企对接系统已覆盖企业近6万户》，https：//finance.sina.com.cn/roll/2020-04-02/doc-iimxyqwa4777047.shtml。

[2] 杨伟中：《金融赋能文化产业发展的首都实践：清华金融评论》，http：//finance.eastmoney.com/a/202011241712548521.html。

[3] 《中国电影投融资峰会举办　签约30亿》，https：//baijiahao.baidu.com/s?id=1676170545883494833&wfr=spider&for=pc。

年 7 月 6 日，青岛国资旗下的市直国有独资企业青岛西海岸控股发展有限公司又通过拍卖平台，以 3.8 亿元的价格持得北京文化 5447 万股股份，占总股本的 7.61%，成为公司重要股东。

此外，2020 年 4 月 28 日，华谊兄弟传媒股份有限公司（以下简称"华谊兄弟"）发布非公开发行 A 股股票的预案，预案拟以 2.78 元/股的价格，以非公开发行的方式，发行合计不超过 8.24 亿股，募集资金总额不超过 22.9 亿元，此次华谊兄弟募集资金主要是为了补充流动资金及偿还借款。同样值得关注的是，此次定增也引入了国资，其中山东经达科技产业发展有限公司（以下简称"山东经达"）是济宁市高新区管委会直属的全资国有企业，实际控制人为济宁高新区国资办公室。在此次定增后，山东经达将合计持有华谊兄弟不超过 1.99% 股权。

2020 年，国资频频入股上市文化类企业，不但为企业提供了资金和资源的支持，还鼓舞了文化产业整体向好的信心。国资入股文化行业属双向所需，对于文化企业来说，可以通过国资来缓解资金压力，对于国资来说，可以通过影视行业的外部性增强宣传和品牌效应。

但总体来看，影视寒冬的情况仍在疫情中延续，资本进入愈加谨慎，国资入股影视公司能否助力国内影视行业走出寒冬还有待观察。另外，资本还尝试不断助力旅游依靠 VR、AI 等新技术，助推文化产业进行线上创新探索。

二 北京市文化财政金融面临的问题

2020 年，面对疫情，北京市虽然开展了一系列文化财政、金融创新行动，有效保障了人民群众享受精神文化产品与服务的权益，促进了首都文化产业在数字时代的创新性发展和文化中心的建设步伐。但不可否认，北京市在文化财政、金融领域还面临一些困难和挑战。

（一）被疫情破坏的文化消费循环有待恢复

作为文化产业主传导机制，消费循环的速度和连续性决定了文化产业的总量与质量。新冠肺炎疫情的高传播性与隐匿性致使各地防控措施不断升级，线下消费空间被强制隔断①。作为祖国人口流动最密集频繁的经济文化交流中心，首都北京面临着极大的防疫压力，无论是景区、酒店还是演出场所、电影院，市内临场体验型文化产业的消费循环关键环节都存在着一定缺失，产生了电影业票房大幅度缩水、旅游人次大幅度下降等接续问题。再加上停工停产、延迟开学等因素带来的时间挤占，疫情期间人民预期收入下降、大量消费支出集中于刚性消费所导致的支出挤占，以及被疫情所伤害的消费者信心不足，导致了文化消费的锐减，破坏了本处于良性态势的文化消费循环。

如何在全球疫情日趋严重、防疫抗疫进入常态化"拉锯战"式的今天通过对文化财政金融的调整，及时引导首都文化产业的划时代转型与发展、恢复被破坏的文化消费循环，是如今形势下亟待解决的问题。

（二）应对数字文化产业全球重心调整

目前，海外疫情形势不容乐观，中国过去跟跑或并跑的数字文化产业，迎来了积极拓展海外市场、冲刺进入全球领跑地位的关键时期。这是机遇也是挑战。据Hootsuite相关报告，TikTok（抖音国际版）现存海外月活跃用户超8亿人，以2020年2月近1.13亿次的下载量，成为当时全球下载量最大的应用②。但很快，号称在TikTok上有超过1.2亿的月活跃用户、除中国以外最大用户市场的印度在6月29日这一天宣布，禁止包括TikTok在内的59款中国手机应用软件。2020年8月1日，字节跳动同意剥离TikTok北美业务，由微软接盘。这预示着接下来北京文化企业的出海之路还将遇到许多险阻与坎坷。

此外，由于全球新冠肺炎传播态势依然严峻，联合国教科文组织紧急呼吁全球39个国家和地区的4.21亿学生减少聚集、远程上课，钉钉成为其推

---

① 《疫情给文化产业带来了哪些影响》，https://baijiahao.baidu.com/s? id =1662910502264879657。
② 《疫情给文化产业带来了哪些影响》，https://baijiahao.baidu.com/s? id =1662910502264879657。

荐的网课平台，用户突破11亿大关。如何把握这一危机与机遇并存的关键时期，助力全市数字文化产业出圈、出海，甚至凭借首都独有的人才与技术优势，使北京成为数字文化产业全球重心所在之处，相关部门还需给出更加切实可行的政策与举措。

（三）文化资本市场持续遇冷

在经历了前几年的热钱涌入之后，近两年多项监管政策落地，一方面加速文化行业向着更加规范化和更健康方向发展；另一方面也让文化产业进入了"资本冷静期"和"政策严管期"。2019年至2020年上半年，总体文化产业投资规模和数量小有起伏并回落，其中北京地区总计1197起文化产业投资事件，总计规模达1037亿元，在全国范围内排在首位，但总体市场没有回温迹象和稳定上升态势，并不乐观。

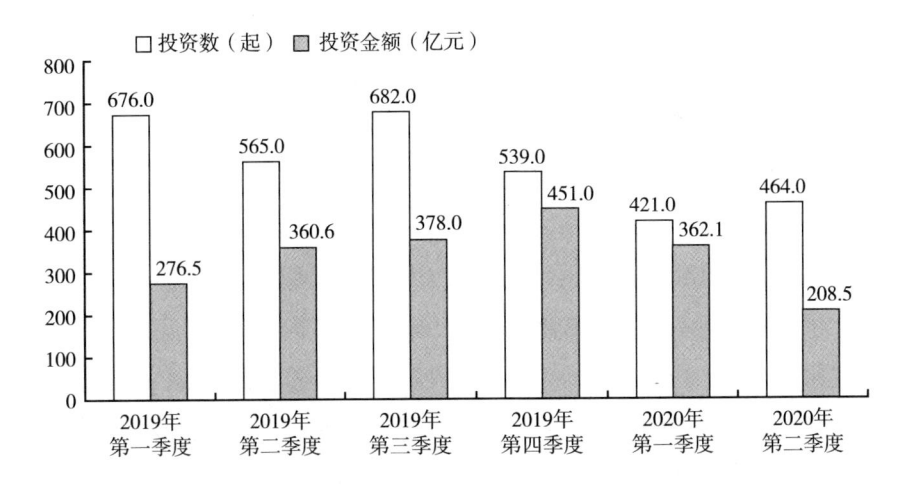

季度	投资数（起）	投资金额（亿元）
2019年第一季度	676.0	276.5
2019年第二季度	565.0	360.6
2019年第三季度	682.0	378.0
2019年第四季度	539.0	451.0
2020年第一季度	421.0	362.1
2020年第二季度	464.0	208.5

图2　2019~2020上半年中国文化产业投资情况

另外，2020年北京地区仅有一家文化艺术类企业上市，即北京锋尚世纪文化传媒股份有限公司（以下简称"锋尚文化"）于2020年8月24日在深交所创业板成功上市。锋尚文化是创业板注册制推行后的首批过会企业，也是其中唯一的文创类企业。虽在疫情期间，锋尚文化在2020年上半年仍

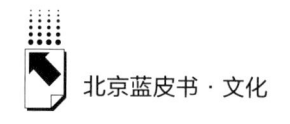

保持着较好的盈利状态，但发行首日锋尚文化创出242元/股的新高后，其股价一路连跌，自至9月9日跌破发行价138.02元/股。这种情况也从侧面说明了文化企业在资本市场遇冷，不被资本所看好。

（四）文化金融服务有待优化整合

回顾"十三五"期间，北京市围绕文化产业高质量发展，通过"文化+金融""文化+科技""文化+旅游"等战略布局，有力地推动了文化经济政策方面的创新。目前，北京市已为文化产业搭建了多种金融服务的平台，包括投融资平台、版权交易平台、信用评级平台、知识产权服务平台等多个平台，共同推动文化和金融融合发展，所提供的服务已经比较广泛和具体，但是从众多的服务平台内部来看，其中不乏金融服务相近、服务交叉重复等问题。

另外，近年来国家层面、北京市层面与市辖区层面都出台了一系列的政策文件来推动文化与金融的融合，但很多文化企业，尤其是中小型文化企业对相关政策信息的获取仍比较滞后。造成该现象主要有两方面的原因：一是北京市缺少一个统一平台对现今已有的政策信息归类整理，二是一些政策缺乏具体的实施细则和应用指南。当文化企业有融资需求时，缺乏直接、有效的途径快速了解文化金融政策，来获取文化金融服务资源。

文化产业具有一定的特殊性，现今北京市虽搭建了众多金融服务平台来促成文化和金融的融合，但专门针对文化金融服务的平台稀缺，而已有的众多金融服务平台的功能繁复交叉，导致文化企业获取金融服务及相关政策信息的渠道不通畅、缺乏专业性指导等问题仍然突出。

三 解决北京市文化财政金融问题的对策

针对以上问题，北京市政府可以从以下方面探索文化财政、金融的创新发展路径，持续推动北京文化创意产业的创新发展。

（一）文化财政金融多方合力加快文化生态重塑过程

2020年，北京许多文化企业由于疫情影响难以正常复工，遭受重创的线下文化消费环境倒逼文化企业进行数字化内容生产。在这一背景下，部分文博单位及文化企业开始积极探索数字化生产经营道路，如八大博物馆联合淘宝直播开展"云春游"等线上文旅活动。远程会诊、远程办公、在线教育、互联网教育等线上互联协作型数字文化行业及平台得到了快速发展。这些都离不开科技新基建的扎实建设。

在当前语境下，修复已遭破坏的文化消费循环需要紧抓当前文化内容不断进行数字化生产的突破口。可以通过创新文化金融支持方案、进一步完善特色金融评价考核体系等手段，引导金融机构资金与相应文化金融产品向传统文化产业数字化转型方面倾斜。并且加大对科技、数字文创等能够深入数字文化产业生态链条之中的科技文化部门、企业的财政扶持力度，如创新发展PPP融资模式、推动专项债投入科技新基建等，鼓励社会资本向5G、VR、物联网、特高压、人工智能、数字文化平台的建设与维护上流动。还可通过聚焦细分领域、完善文化金融服务对接平台，不断深化数字文化价值，促进传统行业与互联网深度融合。可通过发放数字文化消费券等具体举措，引导大众的数字文化消费习惯向好发展，在网络化、数字化、智能化的消费过程中实现良好的线上文化消费新循环，加快文化生态重塑过程。

（二）提高数字文化产业与金融对接的效率

据以往经验，疫情之后或将出现补偿性消费热潮。虽然此一时间节点何时到来很大程度上取决于全球疫情防控状态，但国内依靠数字化催生的全新消费形式必将迎来发展良机。

致力于打造"全球数字经济标杆城市"的北京市，须立足其独有的科技、人才优势，进一步发挥北京银企对接系统等线上金融平台的数字分析、金融服务功能，积极支持数字文化产业发展。可在相关金融平台上新增专属出海文化企业、产品的融资需求填报功能，帮助本市有出海能力与需求的文化企业快速、简便地获取帮助，引导相关银行主动、精准地根据数字文化企业的特点提供融资服务，强化银行对数字文化企业的金融服务意识，从需求端发力，提高数字文化企业与金融对接效率，促成银企快速对接。

此外，北京市还可据此情况出台相关数字文化金融扶持政策，帮助相关数字文化企业获得快速积极的国内融资渠道与相关政策支持，助其抵挡数字文化产业全球重心调整过程中的风险，更好地抓住机遇。

（三）各方协同促成文化资本市场健康发展

2020年12月31日，沪深交易所正式发布新修订的退市新规，包括《上海证券交易所股票上市规则》、《深圳证券交易所股票上市规则》、《上海证券交易所科创板股票上市规则》和《深圳证券交易所创业板股票上市规则》等。此次调整被称为"史上最严退市新规"，退市制度改革与注册制改革并驾齐驱成为"十四五"时期资本市场全面深化改革、加强基础制度建设的两大关键抓手。退市新规的修订更加速了市场的优胜劣汰，因此，除了制度规制和政策引导外，文化企业打铁还需自身硬。

首先，文化企业应注重"文化+"的主流业态，疫情加速文化内容线上消费习惯普及，新消费模式快速涌现，推动文化产业供需结构调整。消费端变化带动文化产业供给端变化，线上内容与模式创新加速，线下传统文化产业应加速升级，形成"双循环"发展新格局。其次，企业要加强保护知识产权的意识，全面关注IP开发、运营和管理，对知识产权的保护形成规范的概念和流程，促进整个文化产业大环境的健康发展。

综上，北京市文化资本市场的健康发展需要政府和金融机构协作助推，深化资本市场改革，引导资本支持文化企业发展，文化企业则应加强自身建设，以质取胜。文化资本市场无论是过热还是遇冷，最终都需要各方努力来促成一个健康的文化资本市场，以助推整个文化产业的高质量发展。

（四）整合文化金融服务资源

北京市可考虑由政府牵头，银行和金融机构共同合作，有效整合文化金融服务资源，设立统一标准，促成建设统一的一站式文化金融服务平台，为全市的大中小文化企业提供更直接、更便捷的金融服务。

在线下，北京市可一如既往地在文化园区内设立文化金融服务中心。在较为集聚的文化企业园区之中，文化金融服务中心可优先了解到文化企业的金融服务诉求，一方面为文化企业提供投融资合作等专业和配套服务，有效解决文化企业融资难、慢、贵等问题；另一方面还可配套展览展示、项目路演、高端沙龙、项目洽谈等公共服务功能，更好地为文化企业提供一站式便捷服务，从而真正起到金融支持中小微文化企业的作用。

在数字化语境下，北京市在线上推行统一、专业的文化金融服务数字化平台非常必要。特别是在 2020 年初，国内疫情形势严峻，企业和用户对线上金融服务的需求大大提升，利用数字化的数据归纳和分析能力，可以快速有效地整合文化金融服务的资源，大幅度提高文化企业金融服务的效率。比如，在 2019 年底由朝阳区政府和北京金控集团共同打造的朝阳区中小微企业金融综合服务平台，使得朝阳区内中小微企业不仅可享受到朝阳区各项金融扶持政策，而且还可以获得依托金融科技手段、多维信用体系和组合金融资源等推出的金融服务。借鉴朝阳区中小微企业金融综合服务平台的经验成果，逐步建立北京市文化企业金融综合服务平台，有效整合北京市的文化金融政策、文化产业相关资源、文化金融服务资源，为北京市文化企业的快速复苏与发展提供真正有力的金融服务支持。

整体而言，北京市在疫情防控背景下迅速对文化金融财政领域进行政策调整，大部分措施主要围绕保障文化产业正常运营、力保中小微文化企业平稳度过疫情期和助推文化产业向数字化、高质量发展而展开。相信疫情过后，北京市文化产业将迅速恢复往日生机和活力，继续发挥建设全国文化中心的龙头作用。

B.13 2020年新冠肺炎疫情下北京文化旅游发展报告

荆艳峰　刘　敏　韩紫潋**

摘　要： 2020年是新冠肺炎疫情在全球肆虐的一年，疫情对全球旅游业造成了重大的打击，北京文化旅游的主要工作内容是以北京城市功能定位为核心，围绕七大世界文化遗产和"三条文化带"建设，以深化文化和旅游供给侧结构性改革为主线。本文分析2020年新冠肺炎疫情下，北京文化旅游业发展状况；调研北京市民夜间文旅消费行为；总结北京文化旅游发展在推动"内循环"为主的经济新常态下所呈现的新特点，并预测未来发展趋势。

关键词： 疫情　文旅融合　夜间消费

2020年是全面建成小康社会的决胜之年，是"十三五"规划的收官之年，同时也是新冠肺炎疫情在全球肆虐的一年。疫情对全球旅游业造成了重大的打击，不仅催化了世界文化旅游发展的变革趋势，也改变了居民文化旅游消费行为方式和社会公共管理模式，而且这一改变将随着疫情常态化管理逐渐得以固化，形成永久性和持久性的影响。

---

* 本文是北京市社会科学基金重点项目（15JGA032）的研究成果。
** 荆艳峰，博士，北京联合大学旅游学院副教授，研究方向为旅游经济；刘敏，博士，北京联合大学旅游学院教授；韩紫潋，北京联合大学旅游学院学生。

北京文旅在 2020 年的主要工作环境是抗击疫情以及疫情防控常态化、精准化，主要工作内容是以北京城市功能定位为核心，围绕七大世界文化遗产和"三条文化带"建设，以深化文化和旅游供给侧结构性改革为主线，在推动以内循环为主的经济新常态下，"消费升级＋消费下沉"双线并举，精准有序实现复商复市，在创伤中探索文化旅游跨界融合、营商创新和产品业态创新转型，推动非遗保护传承，丰富文旅产品供给，使文化旅游业呈现更好的修整性、引领性和通达性，为人民群众提供更好的生活体验和精神指引。

一 2020 年北京旅游业发展背景和政策配置

（一）发展背景

1. 从抗击疫情到疫情常态化管理再到疫情常态化、精准化管理

2020 年元旦前后，COVID－19 疫情突如其来。1 月 23 日，北京市在全国率先宣布取消包括 17 个庙会在内的 4300 多场春节假日文化活动；关闭全市 372 个文化馆、图书馆、街道乡镇综合文化中心，6457 个社区村文化室和 183 家博物馆；取消 5392 场营业性演出、10 场大型体育赛事[1]；全市娱乐场所、互联网经营场所和影院全部暂停营业；关闭 181 家封闭式管理的旅游景区。1 月 24 日北京市启动重大突发公共卫生应急一级响应，1 月取消旅游团组 13525 个，涉及游客 24.2 万人[2]。随后，北京市落实《北京市人民政府办公厅关于进一步支持打好新型冠状病毒感染的肺炎疫情防控阻击战若干措施》要求，向旅行社暂退 80% 旅游服务质量保证金，并开展重点检查。3 月 9

---

[1] 《北京市文化和旅游局_工作动态_日发 12.3 万提示短信，应对返京大客流，北京文旅行业多措并举"战"疫情》，http：//whlyj.beijing.gov.cn/zwgk/xwzx/gzdt/202002/t20200212_1744600.html。

[2] 《北京市文化和旅游局_工作动态_加强文化和旅游行业防控，全力应对新型冠状病毒感染的肺炎疫情》，http：//whlyj.beijing.gov.cn/zwgk/xwzx/gzdt/202002/t20200202_1744587.html。

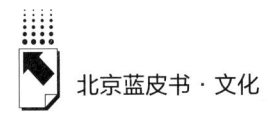

日，新国展作为入境人员集散点启用。随着疫情逐渐得到控制，《等级旅游景区有序恢复开放实施方案》实施，初期有序恢复开放等级旅游景区74家，等级旅游景区开放率达31%。4月30日，北京市响应级别由一级响应调整为二级响应。6月6日，新发地疫情再次暴发，北京重大突发公共卫生事件三级应急响应上调为二级。7月20日零时起，北京市重大突发公共卫生事件应急响应级别调整至三级，推动旅游企业复工复产，鼓励具有首都特色的博物馆游、科技旅游、文化街区旅游、红色旅游、民俗旅游等文化体验游；鼓励开发适应游客需求的旅游线路、旅游目的地、旅游演艺、沉浸式体验项目及创意旅游商品。国庆中秋假期，北京市迎来436场文艺演出。12月北京又出现本土病例，有5处被列为中风险地区，疫情防控又进入应急状态。一年来，北京文旅在抗击疫情、疫情常态化管理和疫情常态化、精准化管理的环境中艰难摸索。

2. 全球经济在缓慢复苏中又遭受重创

从经济背景来看，近几年我国正处在转变发展方式、优化经济结构、转换增长动力的关键期，经济下行压力日益加大；国际经济艰难复苏、中美关系复杂严峻、疫情在全球泛滥，世界经济运行阻力进一步增大。因此内需驱动型经济（内循环）成为突围上策。"夜间经济"这一提振经济的良策尚未完全启动，就因疫情原因放缓。经济紧缩造成居民预期变化，文化旅游消费雪上加霜。

（二）政策配置及效果

1. 政策制定

为做到疫情防控与文旅重启并重，北京市各级行政机构在2020年相继出台了一系列防控措施和系统性文化旅游复苏计划，加快推进和引导与疫情防控相适应的旅游产业形态和管理模式，鼓励文化旅游进行产品创新、服务创新和模式创新。

在疫情防控方面，1月24日，文化和旅游部办公厅下发《关于全力做好新型冠状病毒感染的肺炎疫情防控工作暂停旅游企业经营活动的紧急通知》；2月12日，北京市文化和旅游局质监所发布《关于新冠肺炎疫情导致的旅游服务合同纠纷化解指导》；3月10日，北京市发布《关于应对新冠肺炎疫情影响促进旅游业健康发展的若干措施》，落实疫情防控、企业帮扶各项工作，暂退80%旅游服务质量保证金，免收2020年18600名导游注册会员会费，并启动建立"导游爱心互助金"；3月11日，市文旅局会同市财政局下发了《关于使用2020年旅游发展补助资金支持旅游企业共渡难关的通知》，明确3.45亿元旅游发展补助资金重点支持旅游企业应对疫情渡难关；3月31日，《北京市等级旅游景区疫情防控工作指引》和《等级旅游景区有序恢复开放实施方案》发布。在疫情得到基本控制以后，文化和旅游部又发布了新的防控措施指南，将剧院等演出场所上座率从50%上调至75%，景区最大接待量由50%上调至75%。此外，旅游行业协会也先后出台了《新型冠状病毒疫情防控汇编》以及旅游饭店、旅游景区、旅游餐饮、民宿行业《防控工作指导手册》。世界城市联合会发布《新冠肺炎疫情影响下城市旅游业复苏振兴行动指南》和《新冠肺炎疫情下世界旅游业恢复与发展报告》，提供策略分析和趋势研判。

除此之外，为做好文旅管理规范化和十四五规划制定，4月9日，发布《关于新时代繁荣兴盛首都文化的意见》《北京市推进全国文化中心建设中长期规划（2019年~2035年）》；9月17日，发布《乡村民宿服务要求及评定》；10月1日，正式施行《在线旅游经营服务管理暂行规定》；10月30日，召开了《北京市文化和旅游行业信用分级分类监管暂行管理办法（征求意见稿）》和《北京市文化和旅游行业失信信息信用修复与异议处理办法（暂行）》两个文件的征求意见会。此外还制定《北京市旅游公共服务设施改造建设技术手册》《北京市A级旅游景区导览标识设置规范》《北京市国家全域旅游示范区初审验收实施方案（2020年）》。

所有政策旨在帮助旅游企业进行疫情管理、规范经营、复工复产，旨在促进消费市场复苏，为文旅发展提供了强大的制度保障。

2. 政策效果

北京市从1月24日起关闭了全市封闭式管理的181家旅游景区，暂停3016家旅行社经营活动；全市旅行社退团涉及游客76.45万人，涉及金额25亿人民币；同时，加大统筹督导服务力度，积极帮助旅行社组织境外的

旅游团组安全、平稳、顺利、分批次返京；通过政策供给，退还部分旅游企业质量保证金，协助23家企业申请房租补贴1600余万元；提升旅游融资担保服务水平，京郊旅游担保体系担保金额为7.8亿元，在保项目达800余项，缓解了疫情给企业带来的短期资金压力；推动旅游投融资交易，北京旅游资源交易平台累计挂牌项目845宗，挂牌金额2589.12亿元，其中成交项目177宗，成交金额75.6亿元；做好京郊旅游保险服务，京郊旅游保险体系为4300余家中小微旅游企业和民俗村户提供保险服务，累计承担风险金额83.832亿元；发挥财政奖励资金引导效能，投入近3.8亿元用于支持帮扶旅游企业；推动全市普惠政策落地；提高行政审批效率；加大旅游投诉调解力度；向全市4.8万名旅行社员工、1.8万名注册导游、6.2万名酒店员工开放北京旅游在线教育平台，开展在线业务培训；推动旅游业与动漫、影视、演艺、体育等产业融合发展；推进环球主题公园等重大文化旅游项目建设；推进"一键游北京"项目；填补在线旅游领域立法的空白；通过支持旅游企业参展，推动后疫情时代健康旅游，推动旅游业与健康产业融合发展；打造100个文化旅游体验基地；启动10个精品酒店建设工程；完成500家乡村精品民宿的提质工程；打造"漫步北京""点亮北京""畅游京郊"三大品牌，为文旅发展保驾护航。

二 2020年北京旅游市场发展简况

受COVID-19疫情发展及常态化防控和严防境外输入政策影响，北京文化旅游行业遭受重创。全体文化旅游产业从业人员和行政管理部门以顽强的生命力坚守岗位，积极为抗击疫情提供坚强的后援，并取得了抗疫和文旅行业复工复产的初步胜利。

（一）旅游三大市场发展数据

据北京市文化和旅游局官网数据，2020年1~3季度，北京市接待游客总量为11394.2万人次，同比增长-53.4%。其中国内游客11369.1万人次，同比增长-53.0%；入境游客25.1万人次，同比增长-91.1%。实现旅游总收入1651.6亿元，同比增长-64.3%。其中实现国际旅游收入3.5亿美元，同比增长-90.9①。

1. 入境旅游

入境旅游市场方面，据北京市文化和旅游局官方网站公布数据，2020年1～11月，北京入境旅游者合计310199人次，同比增长-91.2%，其中接待外国人242908人次，同比增长-91.9%。外国人客源市场前五位是美国（5.2万人次）、韩国（2.3万人次）、日本（1.8万人次）、德国（1.6万人次）、加拿大（1.1万人次）②。

2. 国内旅游市场

2020年1～3季度，北京市旅行社外联（组团）国内旅游总人数831498人次，同比增长-77.0%；接待旅游者人数401284人次，同比增长-84.6%③。

3. 出境旅游市场

2020年1～3季度，北京市旅行社组织出境旅游人数471240人次，同比增长-87.1%。日本77338人次（-89.4%）、澳大利亚47901人次（-54.9%）、泰国41985人次（-88.5%）、韩国20687人次（-87.7%）、新加坡19835人次（-79.5%）④。

4. 旅游（区）点情况

2020年1～11月，北京市旅游（区）点收入合计383380.6万元，同比增长-53.7%。其中，门票收入187193.4万元，同比增长-61.9%；商品销售收入12431.0万元，同比增长-46.5%；其他收入183756.2万元，同

---

① 《全市旅游总体情况》，http：//whlyj.beijing.gov.cn/zwgk/zxgs/tjxx/lyzt/202011/t20201102_2127318.html。
② 《北京入境旅游者情况》，http：//whlyj.beijing.gov.cn/zwgk/zxgs/tjxx/rj/202012/t20201223_2183846.html。
③ 《旅行社外联（组团）接待旅游情况》，http：//tjj.beijing.gov.cn/tjsj_31433/yjdsj_31440/ly_32068/2020/202010/t20201021_2116895.html。
④ 《旅行社组织出境旅游情况》，http：//tjj.beijing.gov.cn/tjsj_31433/yjdsj_31440/ly_32068/2020/202010/t20201021_2116899.html。

比增长-41.4%。接待人数15626.2万人次，同比增长-48.5%。其中，境外人数44.1万人次，同比增长-93.2%[1]。

总体来看，2020年北京市经历疫情发生、疫情防控常态化、新发地疫情重现、疫情防控常态化和精准化等特殊情况，旅游业发展呈现断崖式下跌、基本停滞、触底反弹、慢慢恢复、稳中向好的缓和U形恢复和振兴发展走势。到年底疫情再次发生，全市又进入紧急状态，景区和酒店接待游客政策又缩紧。

（二）节假日旅游市场发展状况

1. 春节小长假

受疫情影响，2020年春节假日期间，北京市接待旅游总人数为146.6万人次，同比下降81.9%；旅游总收入为10.8亿元，同比下降86.8%。郊区民俗游累计接待游客4.2万人次，同比减少96.3%；营业收入503.7万元，同比减少95.5%[2]。

2. 清明小长假

清明节北京颐和园等7家市属公园全面实施网络预约购票，控制总量，分时错峰。11家有限开放的市属公园取消了春季赏花、清明传统民俗等各类文化活动。

3. 五一小长假

五一小长假，北京接待旅游总人数为463.3万人次，恢复到上年同期水平的55%；实现旅游总收入41.8亿元，恢复到上年同期水平的36%。一半多等级景区和星级饭店恢复运营，乡村精品民宿入住率达90%。北京重点监测的100家商业流通企业实现销售额39.6亿元，恢复至上年同期水平的94.1%，消费市场有序回暖[3]。5月1日起，市、区两级公共图书馆和美术

---

[1]《旅游区（点）活动情况》，http://tjsj.beijing.gov.cn/tjsj_31433/yjdsj_31440/ly_32068/2020/202012/t20201216_2165974.html。

[2]《北京多措并举助旅游企业渡难关》，新华网，http://www.bj.xinhuanet.com/2020-03/11/c_1125696649.htm。

[3]《北京"五一"假期接待游客463.3万人次 恢复到同期五成以上》，央广网，http://news.cnr.cn/native/gd/20200506/t20200506_525079635.shtml。

馆根据自身条件有序恢复开放。北京市等级景区有238家，恢复开放140家，占比为58%；星级饭店有402家，恢复营业277家，占比为69%；星级民俗旅游户有6042户，恢复营业2839家，占比为47%；乡村旅游特色业态有547家，恢复营业173家，占比为32%；乡村精品民宿有699家，复工数446家，复工率达64%[1]。

4. 端午小长假

端午小长假在二级响应中度过。据中国经济网产业文化频道制表数据，旅游市场在"景区接待游客量不超过最大承载量30%"这一限量开放、预约开放、错峰开放、有序开放的大背景下，北京旅游业有序恢复，接待国内游客135万人次，同比减少76.8%；乡村旅游接待游客13.3万人次，同比减少93.5%；实现旅游收入0.72亿元，同比减少75.9%；实现乡村旅游营业收入0.17亿元，同比减少92.2%。马蜂窝大数据显示，国内旅游热度排行前十的旅游目的地排名中，北京居上海、三亚、成都之后，列第四位[2]。

旅游企业复工复产有序推进，全市238家等级景区，开放149家，开放占比为63%；402家星级酒店，营业318家，营业占比为79%；7288家乡村旅游经营单位（户），营业2619家，营业占比为36%。乡村精品民宿深受游客喜爱，182家乡村精品民宿假日平均入住率为62%。

5. 国庆中秋双节小长假

国庆和中秋双节假期，北京市共接待游客998.2万人次，较上年假期增长8.4%；旅游总收入达115.0亿元，较上年假期增长2.9%。其中，外省来京游407.4万人次，较上年假期增长5.4%；实现旅游收入91.0亿元，较上年假期下降1.7%；市民在京游590.8万人次，较上年假期增长10.6%；实现旅游收入23.9亿元，较上年假期增长25%。全市公园、景区、演出场所、娱乐场所、上网服务场所、图书馆、博物馆严格按照75%限量执行，

---

[1] 北京市文化和旅游局_工作动态_"逛京城、游京郊——2020年'中国旅游日'北京市文化和旅游局线上云游北京活动"成功举办，http://whlyj.beijing.gov.cn/zwgk/xwzx/gzdt/202005/t20200519_1902517.html。

[2] 《2020年已过半，各省旅游市场恢复得如何？》，https://m.sohu.com/a/405227294_168029。

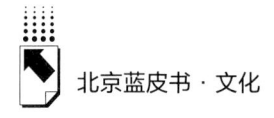

收费管理的开放景区100%实现了门票预约。市民在京游人均花费405.2元,较上年假期增长13.0%。10月1日~8日,举办营业性演出共计88台436场,吸引观众12.6万人次,实现票房收入2470.8万元。在演出场所限量75%的防控政策下,演出场次已恢复至2019年国庆假期的75.7%,观众已恢复至61.2%,票房已恢复至60.7%。假日期间全市共组织各类公共文化活动469项1593场,参与市民群众约为925万人次[①]。

三 基于北京夜间热点街区客群的文旅消费调查

(一)调查背景

2019年,国务院发布《关于进一步激发文化和旅游消费潜力的意见》,将大力发展夜间文旅经济作为夜间经济的重点内容。《北京市关于进一步繁荣夜间经济促进消费增长的措施》指出:要着力发展"时尚活力型、商旅文体融合发展型、便民服务型"夜间经济形态,营造开放、有序、活跃的夜间经济环境,打造具有全球知名度的"夜京城"消费品牌。文件指出,未来将要打造的夜间文旅消费热点街区为前门和大栅栏、三里屯、国贸以及五棵松。

(二)调查方法

本部分以北京夜间文旅消费热点街区(前门和大栅栏街区、三里屯街区、国贸街区、五棵松街区)客群作为调查对象,通过问卷调查法,分析夜间文化旅游的消费基本状况,揭示北京夜间文旅消费特征。问卷主要分为四大部分,一是基础背景的调查,包括性别、年龄、人均月收入、文化程度等;二是针对北京夜间文旅消费热点街区客群进行消费行为研究;三是了解客群对于夜间文化旅游消费的需求及影响因素;四是找到北京夜间文化旅游

---

① 《北京市文化和旅游局_工作动态_国庆中秋双节北京文旅市场持续回暖,文旅消费升级特征明显》,http://whlyj.beijing.gov.cn/zwgk/xwzx/gzdt/202010/t20201008_2105726.html。

发展现存问题。问卷发放时间为2020年3~4月，疫情原因，发放方式为网络发放，回收问卷209份。经检测，本问卷Crobach's Alpha值为0.806，系数约为80%，故分析的数据具有很高的内在一致性，可靠性较强。

在本调查中，"夜间"定义为当日18点之后至第二天凌晨，"文化旅游消费"含本地客人和外地客人的游览交通（通勤除外）、门票（含景区、博物馆或各类娱乐及演艺）、餐饮、文创购物消费（基本生活用品除外）。

（三）消费行为分析

1. 北京夜间文旅消费参与者画像

有72.25%的受访者曾经去过以上热点街区进行过夜间文旅消费；11.96%的受访者去过其他街区参与过夜间文旅消费；还有15.78%的受访者未参与过任何区域的夜间文旅消费活动。可见，夜间文旅市场还有很大的挖掘空间（见图1）。

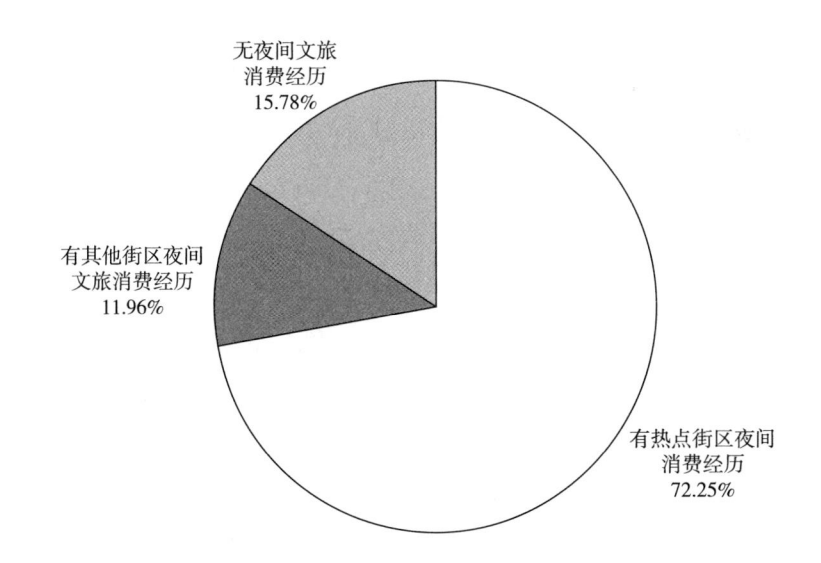

图1 北京市热点街区夜间文旅消费经历

受访者中参与过以上四个热点区域夜间文旅消费的人群主要特征如下。

以本地客群为主。参与夜间文旅消费的客群中长期居住在北京的占81.46%，外地来京游客占18.54%（见图2）。

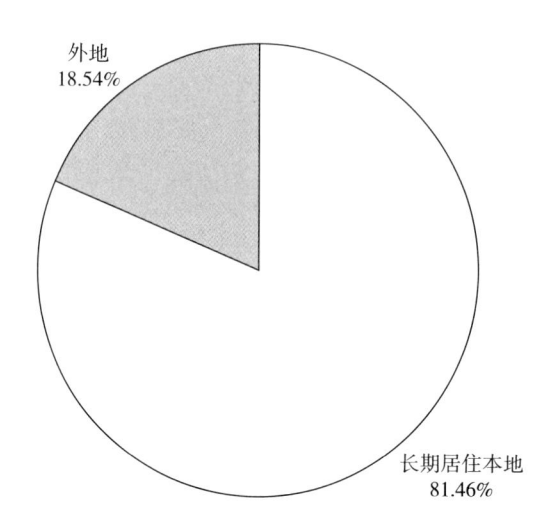

图 2　北京市热点街区夜间文旅消费客源占比

女性是主体。热点区域文旅消费人群中，女性占63.58%，男性占36.42%。可见，女性是夜间热点地区文旅消费的主力人群（见图3）。

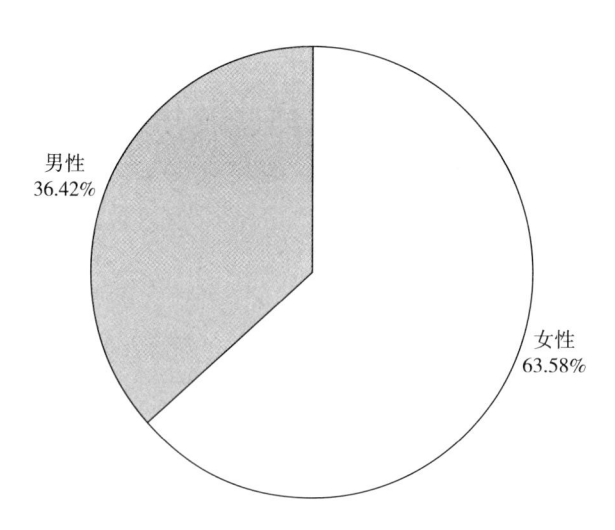

图 3　北京市热点街区夜间文旅消费客群性别占比

青年是主体。去过夜间热点地标的群体中，18~25岁的青年占54.97%；26~45岁人群占22.52%；46~65岁人群占19.21%；其余年龄段占3.31%。

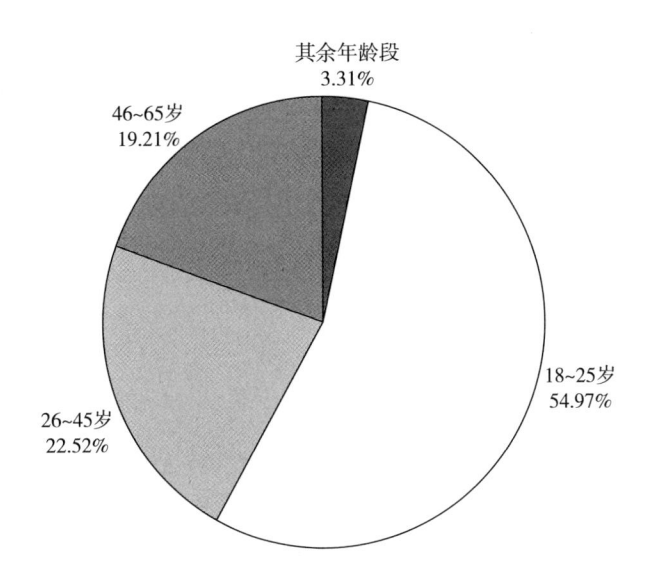

图4　北京市热点街区夜间文旅消费人群各年龄段占比

受过高等教育群体比例高。本科以上人群占夜间消费总体人群的62.91%，硕士及以上学历人群占12.58%；大专学历占9.27%%；高中及以下学历人群占15.23%。

中高收入群体在夜间文旅消费中并不占主体。参与过夜间文旅消费的人群中月收入3000元以下的占47.02%，3001~6000元的占25.17%；6001~10000元的占19.21%，10001~20000元的占7.28%；20000元以上的占1.32%。这和消费主体是25岁以下人群有关系，大部分是刚参加工作或还未参加工作的年轻人。

2. 夜间热点街区的文旅消费参与率

通过对热点街区夜间文旅消费的调查，按照受访者参与率（在此街区进行过夜间文旅消费的客群在受访人群中所占百分比），从高到低排序为三里屯街区（48.34%）、前门和大栅栏街区（33.11%）、国贸街区（28.48%）、五棵松街区（28.48%）和其他街区（11.96%）（见图5）。

[图表：北京市夜间消费各热点区域的参与率，数据为：三里屯街区 48.34%、前门和大栅栏街区 33.11%、国贸街区 28.48%、五棵松街区 28.48%、其他 11.96%、都没去过 15.78%]

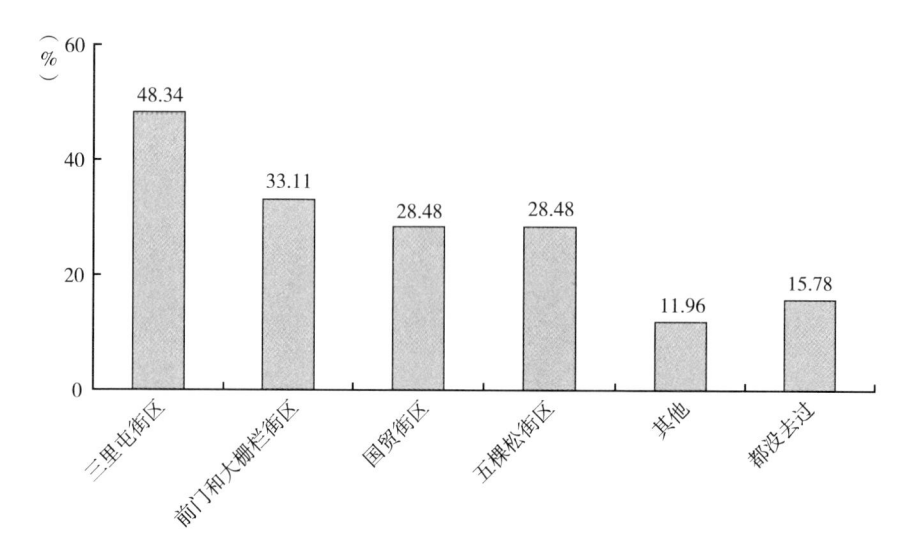

图 5　北京市夜间消费各热点区域的参与率

3. 北京市夜间文化旅游消费行为具体特征

参与夜间文旅消费的出游形式以自由行为主（74.83%），半自助游（11.26%）和跟团游（13.91%）只占很少部分，部分受访者未曾经历过夜间文化旅游活动（15.89%）。出游目的以观光游览、放松身心和感受文化为主，从高到低依次为观光游览（54.97%）、放松身心（50.33%）、感受文化（46.36%）、打发时间（26.49%）、结交朋友（22.52%）（见图6）。

[图表：北京市夜间文旅出游目的，数据为：结交朋友 22.52、打发时间 26.49、感受文化 46.36、放松身心 50.33、观光游览 54.97]

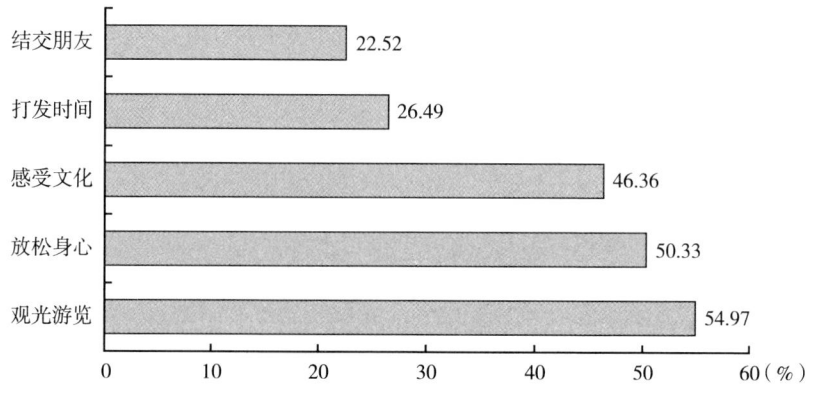

图 6　北京市夜间文旅出游目的

出游时间集中，以18～21点居多，占80.79%；21～24点占13.91%；24点至凌晨只占5.3%（见图7）。出游频率并不高，每月出游1～3次的占56.29%，4～6次的占6.62%，6次以上的占1.99%，能不出去就不出去的占35.1%。陪同人员以家人和朋友为主，家人占63.58%（其中伴侣占62.91%），同事朋友占63.58%，个人独自出行占21.19%，旅行团队成员占7.95%，其他占1.32%。在进行夜间文化旅游前，大部分访客（62.91%）会做攻略，提前搜集好出游信息、提前订票和住宿；31.79%的访客会视情况而定；而5.3%的客群选择随心游（不做攻略）。单次人均出行消费金额以201～400元为主（49.01%），200元及以下的占25.83%，401～600元的占16.56%，601～800元的占5.96%，801～1000元的占1.99%，1001元及以上人的占0.66%（见图8）。

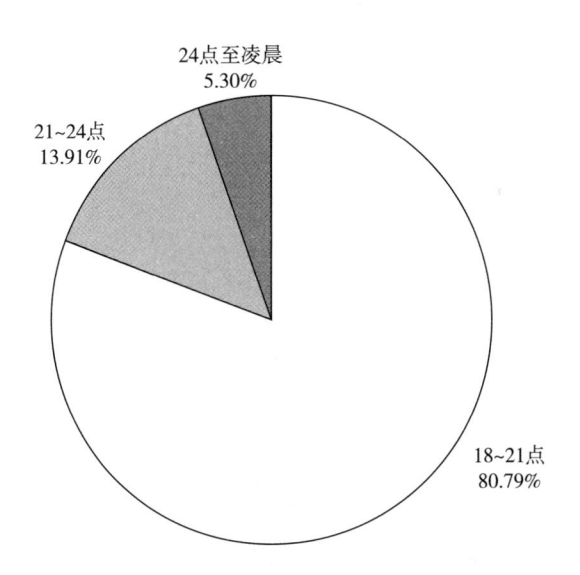

图7　北京市夜间文旅消费时段

大部分访客了解夜间文化旅游信息的渠道主要为亲友推荐和在线搜索。具体情况为亲朋好友推荐（81.46%）、旅游攻略网站（61.59%）、在线旅游预订平台（41.06%）、杂志和旅游宣传手册（22.52%）、电视广告广播（21.19%）、旅行社咨询（13.25%）（见图9）。在经历过夜间文化旅游后，

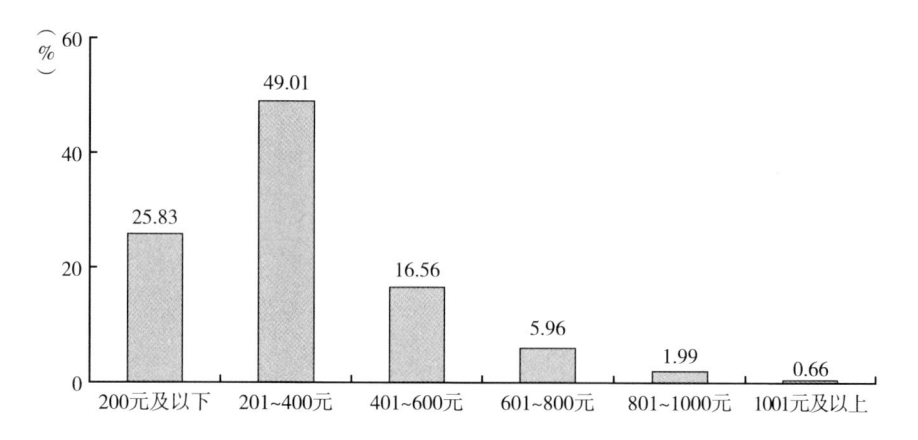

图8 北京市夜间文旅人均消费额

11.26%访客会经常在大众点评、马蜂窝等App上评价分享，62.25%的人偶尔评价分享，而从不评价分享的则占26.49%。

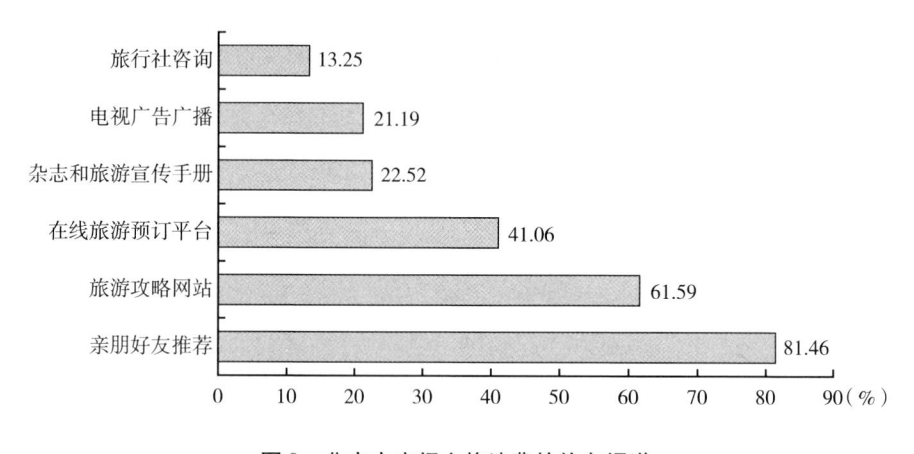

图9 北京市夜间文旅消费的信息渠道

（四）北京夜间文旅消费需求及影响因素

1. 客群对夜间文化旅游消费需求

在问及夜间文旅消费需求时，美食夜市消费意愿最强（82.12%）；夜间节事（如"紫禁城·上元之夜"灯会）次之（66.89%）；景区、博物馆、剧场等文娱场所夜游（如德云社听相声，歌剧院看演出）排第三（54.3%），之后是城市街区夜游（43.05%），如胡同游；夜间实景演出（30.46%），如北京APEC文艺演出晚会、2019国庆汇演等；其他占1.32%。

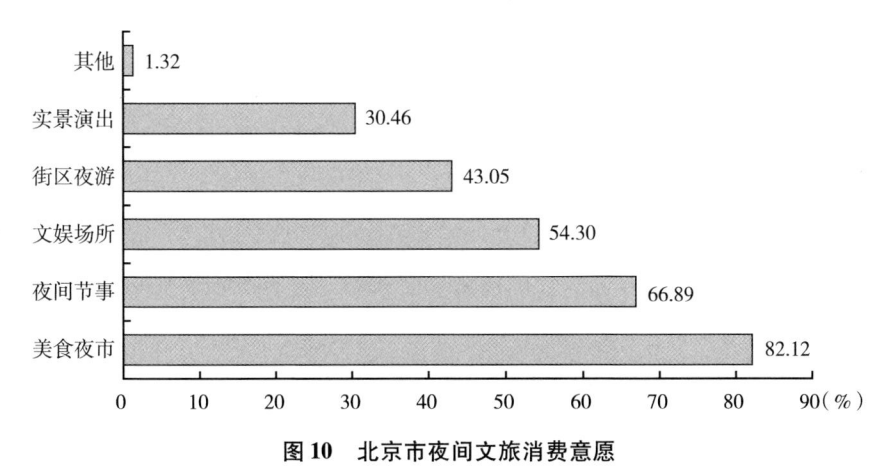

类别	百分比
其他	1.32
实景演出	30.46
街区夜游	43.05
文娱场所	54.30
夜间节事	66.89
美食夜市	82.12

图10 北京市夜间文旅消费意愿

消费重点需求按从高到低排序为：饮食（80.79%）、娱乐活动（52.98%）、购物（47.02%）、门票（25.83%）、住宿（23.18%）、交通（19.21%）。

类别	百分比（%）
饮食	80.79
娱乐活动	52.98
购物	47.02
门票	25.83
住宿	23.18
交通	19.21

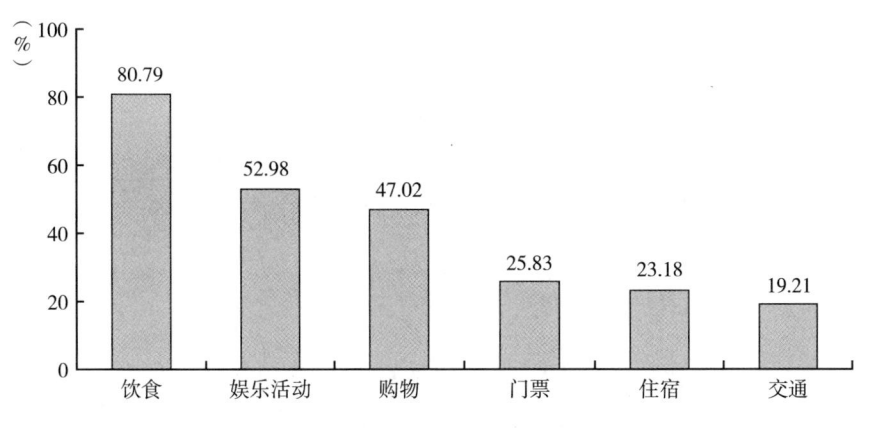

图11 北京市夜间文旅消费花销意愿

对于喜欢的夜间文旅产品如果有打折促销、联票等相关促销活动，62.91%的访客表示会视优惠考虑购买，33.11%的访客明确会直接参与打折活动，3.97%的访客表示对促销活动无动于衷。可见活动优惠对于夜间文化旅游消费是有积极带动作用的，但大多数人还是会理性对待促销优惠活动。对于促销形式，访客最倾向于优惠券或打折（59.6%），其次是送礼品或增值服务（21.85%），再次是提供联票（12.58%），抽奖（5.96%）因为奖品可能并非自己喜爱的东西或转换为实际优惠的成本较大而吸引力弱。在优惠打折促销活动中，访客会考虑自身消费能力（70.2%）、便利性和优惠限制条件（56.95%）、优惠面值（45.03%）及有效期（31.13%）。可见，即使是夜游，访客文旅消费还是趋于理性。

2. 影响夜间文化旅游消费的具体因素

影响夜间文化旅游出游意愿的因素是便利的交通条件（65.56%）、完备的夜间设施（60.26%）、旅游费用充足（59.6%）、安全保障（58.28%）、多元且高质量的旅游产品（52.98%）和其他（2.65%）。

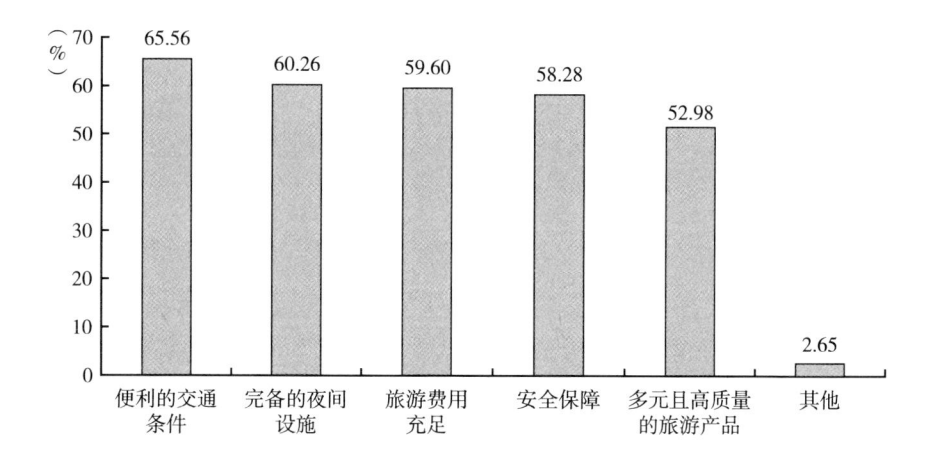

图12 北京市夜间文化旅游出游意愿的影响因素

对于夜间文化旅游项目，访客看重的首先是创新独特性（63.58%），其次是互动体验好（57.62%），再次是文化底蕴深厚（48.34%），还有价格合理（43.71%）、好评度（42.38%）和知名度（36.42%）。阻碍性的因素主要是安全问题（60.26%）、白天行程过满夜间无法畅游（59.6%）、夜间交通不便（41.06%）、夜间文旅消费设施不完备（19.21%）、无合适项目（17.88%）、夜间活动信息获取不方便（12.58%）和夜间出游花费过高

(11.92%)。

3. 夜间文化旅游消费满意度及重游意愿

问卷采用李克特5级量表，1为非常不满意，5为非常满意。经过测评，客群对北京市的夜间文化旅游消费综合满意度平均数为3.54，标准差为0.839，处于中等满意水平。

进一步地，客群对价格合理的评价均值是3.36，标准差为0.779。价格合理程度处于中等水平，价格水平满意度评价低于综合满意度评价。

结果显示，愿意再次尝试北京夜间文化旅游的平均值为4.41，标准差为0.94，可见虽然消费整体满意度一般，但客群重游意愿较高。

（五）对未来北京市开展夜间文化旅游活动的建议

访客认为首先应该营造良好夜间出游环境，包括改善交通、公共设施等（66.23%），其次应该开放更多种类的夜间文化旅游资源（59.6%），再次应该提高夜游产品独特性、创新性（54.3%）。此外，还有政府应该实施相应政策促进夜间文化旅游（44.37%），多开展一些夜间文化交流活动（40.4%），塑造提升夜间文化城市品牌（34.44%）和其他（保障夜间出游安全、提升停车的便利性、控制客流量及提高夜间文化旅游产品体验性，总计占1.99%）。

本报告为促进北京夜文旅消费提出了以下建议。

1. 塑造建立"夜京城"文旅品牌形象

在保障夜间出游安全、增设夜间公交线路、营造良好夜间出游环境的前提下，建设多片夜间文化旅游重点消费街区，打响"夜京城"城市品牌知名度，提升北京夜间文化旅游消费吸引力。

2. 旅游景区多举办夜间文化交流活动

从故宫"紫禁城·上元之夜"夜间灯光秀的活动效果看，著名旅游景区夜间开放对于游客消费吸引力还是很大的。其他景区如博物馆在疫情防控精准化、常态化背景下，可以适当举办夜间文化主题交流活动，以此为更多游客提供更为丰富的夜间文化旅游体验。

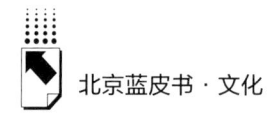

3. 在 OTA、旅游攻略网站等渠道投放夜间文旅宣传广告

可控地加大 OTA 平台及旅游攻略网站对于北京美食的产品广告宣传力度，打造以"美食+夜间文化娱乐活动+购物"为特色的夜间跟团游产品，促进北京夜游文化传播。

4. 增强夜间文旅产品创新性、独特性与互动体验感

对于夜间文化旅游产品，要注重于提升产品自身创新性和互动性，增强游客在夜游过程中的参与感；自然人文旅游景区也可以适当延长开放时间，让游客体会夜间魅力。夜间经济可提振消费，改善北京文旅的夜游环境，还有很多工作值得去做。

四 各旅游业态发展情况及其趋势总结

（一）各旅游业态发展情况

1. 北京乡村旅游发展

因为疫情，北京出境游和出京游先后受到管制。短途旅游成为主要的消费渠道。加之 2019 年 12 月北京市文旅局等八部门印发的《关于促进乡村民宿发展的指导意见》赋予乡村民宿经营住宿业务的合法身份，京郊旅游特别是乡村旅游重点村、精品民宿、红色旅游成为体验热点。目前北京已累计创建了 38 个中国美丽休闲乡村、32 个全国乡村旅游重点村、274 个星级民俗旅游村、6000 余个星级民俗接待户、699 家乡村民宿品牌。民宿在疫情防控条件下，异军突起，结合乡村社区共建与专业化、标准化、品质化发展，综合亲子研学、观光采摘、农事体验、景区导游，成为住宿服务的新业态融合载体。目前北京市已形成乡村民宿品牌 699 家，盘活闲置农宅 2000 余户，吸引社会资本近百亿元，乡村民宿正在成为乡村经济社会发展新的增长点。9 月 15 日，《乡村民宿服务及评定》地方标准经发布。首批 50 家星级民宿已出炉，其中 36 家 5 星级民宿、14 家 4 星级民宿。2020 年国庆期间，乡村旅游经营单位（户）累计平均客房入住率为

63%。其中乡村精品民宿入住率近90%，高峰期入住率在95%以上，同比增长16.8个百分点。

2. 冰雪旅游发展

北京目前有滑雪场20个、室内冰场32块、气膜冰场18个、公园天然冰场5个。2020年元旦期间，北京市举办了千人滑雪体验活动。但由于疫情影响，春节前后营业暂停。在疫情得到控制之后，北京市联手津、冀、蒙以及区域旅游合作联盟分别进行了冰雪旅游的联合营销。12月5日，京张高铁延庆线开通，为京冀蒙冰雪旅游的发展提供了良好的条件。"冰雪+文化""冰雪+旅游""冰雪+体育""冰雪+科技"不断融合渗透，创新发展和合作推广相继上马。助力冬奥会举办，冰雪旅游给广大市民和国内外游客带来更具文化内涵、更具创新价值的冬季旅游体验，以此带动北京市冬季文化和旅游市场蓬勃发展，促进文旅消费。

3. 全域旅游建设

2019年9月，北京市延庆区、怀柔区、平谷区入选首批国家全域旅游示范区名单，2020年11月18日北京市昌平区和门头沟区又相继入选第二批国家全域旅游示范区名单。从整体看，北京市的全域旅游示范区创建工作体制机制逐步完善、规划与政策体系日趋丰富、基础设施和公共服务设施不断完善、旅游商品供给体系进一步壮大、旅游市场秩序进一步规范和改善、资源保护与生态环境建设成效显著、旅游品牌影响力逐步扩大。

4. "北京礼物"发展

旅游纪念品及文创产品对弘扬地方特色文化、改善文化旅游消费体验、增加旅游收入有良好的促动作用。近年来北京不断助推文创产品的研发和展卖，使文创产品开发不仅成为地方文化IP的展示方式，也成为推动文化和旅游深度融合的一种手段、一个载体。特别是非遗旅游活化和遗产地文创产品开发，使得"北京礼物"的品牌影响力进一步彰显。

5. 非遗保护传承与旅游活化

2019年6月1日，《北京市非物质文化遗产条例》正式实施；2020年4月，非遗保护工作被纳入《北京市推进全国文化中心建设中长期规划

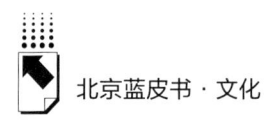

(2019年~2035年)》。之后，市文旅局还与市委宣传部、市财政局联合出台《北京市非物质文化遗产传承发展工程实施方案》，对"十四五"期间非遗保护工作做出专项规划部署，从传承人群梯队培养、品牌活动打造、分类保护机制构建等方面，全方位、多层次助推非遗项目的传承与保护，进一步提升全市非遗保护传承水平。

非遗的旅游活化，不仅可以使非遗技艺有新的创新窗口，同时也找到新的市场出口，借助旅游营销渠道扩大非遗的文化感染力，提高传承能力，对旅游业发展也起到良好的促进作用。游客在非遗体验中享受文化成果，在非遗传承中守护精神家园。2020年北京市在非遗保护传承和旅游活化方面做了很多有益探索。通过网络电商平台，组织非遗老字号开展复工复产促消费活动；助力非遗老字号店铺及传承人经营发展，更广泛便捷安全地融入群众现代生活；依托首都高校的学术和教学资源积极实施中国非物质文化遗产传承人群研修研习培训计划，帮助非遗传承人提升非遗保护传承水平；建设非遗展销馆和非遗传播孵化园。

未来十五年内，全市将着力完善多层次非遗名录体系，规范项目认定和管理制度，强化保护传承效果评估；聚焦传承人梯队建设，完善名家师承、青年传承、娃娃继承的非遗代际传承发展机制；坚持政府主导、社会参与，促进非遗与相关产业融合发展，努力构建非遗保护传承的"北京样本"。

"非遗+旅游"将为旅游业注入优质文化内容，为非遗保护传承和发展振兴注入新的内生动力。非遗"见人、见物、见生活"的沉浸式展示，不仅打开了旅游市场，同时也探索了非遗促消费、展形象、树品牌、传技艺的市场化保护新途径，对接了市民更高品质的生活需求。

（二）发展特点及趋势

1. 旅游消费活动属性转变

旅游消费需求受疫情防控措施和经济下行影响发生属性变化：旅游活动正在从结构完整、人员密集、计划周详、"诗和远方"属性的社会仪式性、标签化的正规活动向解构片段式、散在分布、随性出发、近地自助的小微型常态化生活方式转变；微旅游、微度假、微活动、微体验等短途游、定制游成为生活性常态；周边游、自驾游等低密度出游形式受追捧；在景区和各类场所，游客预约、流量管控成为日常；编制安全应急预案和开展应急演练成为管理日常；非预约不参观、保持健康距离成为市民的基本认知。未来，疫情的记忆创伤将继续发挥作用。文化旅游消费将出现新的消费形式和新的潜能释放路径。

2. 科技赋能旅游

为了应对疫情及疫情常态化管理，旅游业在摸索中不断调整和创新。在疫情最严重的时期，北京旅游业采用了"云游"直播方式，实现了线下推广和线上体验的结合。会展创新了"线下+线上"双展模式，线下侧重形象展示、互动体验和流量导入，线上注重云洽谈、云直播、云会议等功能，进行信息展示、旅游目的地远程推广、远程商洽。旅游目的地推广采用了节目内容推送、抖音直播、达人推荐、现场带货、网红种草、3D特效、AR和VR等立体综合传播方式。文艺活动融入了体感交互体验式舞台。利用技术创新驱动旅游产业创新、促进产业链恢复与重构、带动扩大就业、激活文旅消费等主要策略，充分发挥了旅游产业的经济拉动作用。未来，科技将搭乘抗疫快车加速变革旅游产业，带动经济走上可持续发展之路。

3. 夜经济中文旅融合的强化

2019年，北京市在全国率先出台了《关于推进北京市文化和旅游融合发展的意见》，明确了文旅融合发展的基本路径和内容，是北京文化和旅游在更深层次、更广范围、更高水平上实现融合发展的基本遵循和工作指南。作为文旅融合的新路径，夜间文旅经济受到重视。一年来，北京市文化和旅游局推出了"点亮北京夜间文化和旅游提升计划"，充分利用夜间消费的高峰期，不断强化文化旅游内容的融合，拓展文旅融合深度，将旅游与餐饮、演艺等消费要素结合起来，引导形成丰富多彩、主题鲜明、功能多元的夜间文旅消费产品体系，以夜经济赋能内循环。北京市统计局发布的2019年北京市夜间消费调查报告发现，超过7成被访者有夜间消费活动，每人每次平均消费多在300元以内。"00后"夜间消费金额最高，奥林匹克公园成为最

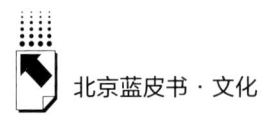

热夜消费商圈。美团平台大数据显示，2020年国庆期间，北京市夜间景区门票及外卖订单量与上年同期相比分别增长12.66%和16.25%，体现出夜间休闲娱乐对消费的较强带动作用。夜间消费成为疫情后生活服务业消费复苏的重要增长点。夜间文旅融合产品将产生新型业态形式，成为提升目的地文化内涵和游客文化体验感的新生力量，满足人民群众对美好生活的新期待。

4. 文化旅游推广立体化、数字化

2020年，北京市文化和旅游局推出了"网红打卡地"。榜单分自然景区、人文景观、文化艺术、阅读空间、街区园区、餐饮及创新零售、住宿共七大主题评出100个推荐打卡点，涵盖了文旅各类体验和消费场景，适应新生代群体的认知方式。"全民寻找桃花源"也集电视节目、网络短视频、网络直播等综合媒体方式，成为共享和推广目的地的立体营销模式。未来北京文旅目的地推广将继续通过新媒体进行深度推广，建立多样化、立体化的信息全媒体矩阵，多维度、多形式挖掘和推广北京的文旅资源，形成立体化高技术含量的数字化体验系统。

B.14 2020年北京网红打卡地发展报告

陈国战 郑以然 尤 阳[**]

摘 要: 近年来,打卡式旅游催生了网红景点的涌现,针对北京旅游中热门景点人满为患、新景点开发分流效果不理想、产业链与周边不完善、夜间旅游不活跃等问题,2020年,北京市文化和旅游局推出了"首届北京网红打卡地"评选活动,七大类别100个网红打卡地上榜。这些具有"中国风""北京味儿""国际范儿"的打卡地既传承古代文明成果,也展示伟大复兴成就;既是城市更新计划的体现,也助力乡村振兴工程,有效促进了北京文化旅游发展和全国文化中心建设。

关键词: 文旅融合 打卡式旅游 网红打卡地

近年来,打造网红打卡地成为全国各地增强旅游吸引力、提升城市形象的重要手段,重庆、西安、成都等城市都借此获得了成功。北京市文化和旅游局于2020年8月8日启动了"首届北京网红打卡地"评选活动,揭开了推动北京网红打卡地发展的序幕。

---

[*] 本文为2020年度北京市教委基本科研业务费资助项目"北京旅游国际影响力提升策略研究"的阶段性成果。
[**] 陈国战,首都师范大学文化研究院副研究员,主要研究方向为文化旅游;郑以然,首都师范大学文化研究院副研究员,主要研究方向为城市文化;尤阳,首都师范大学文学院研究生,主要研究方向为文艺理论。

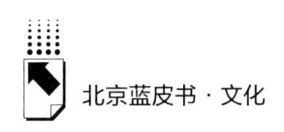

一 打卡式旅游的兴起

近年来，随着快手、抖音等短视频平台的出现，我国旅游领域出现一些新变化，其中较为突出的是打卡式旅游的兴起，以及大量网红景点的出现。在这些网红景点的带动下，重庆、西安、成都等成为新媒体时代的网红城市，旅游吸引力大幅度提升。

所谓打卡式旅游，主要是指不以深度体验为目的，而仅仅满足于到达某一景点，并将自己的旅游过程拍成图片、视频等发布到网上的旅游方式。近年来，这种旅游方式受到很多年轻人的追捧，以至英国的《经济学人》杂志也注意到这个新现象，并用"daka"这个译名向欧美国家介绍中国的这种旅游文化。打卡式旅游催生了很多网红景点，比如，2019年国庆期间，杭州一个叫"立马回头"的公交站走红网络。因为这个名字很有趣、很新奇，所以吸引了很多人到这里打卡。再比如，黑龙江省肇东市有一个叫"宋"的火车站，这是全国唯一一个以单字命名的火车站，成为很多火车迷和猎奇者的打卡地，有人专门辗转多趟火车，就为去看一下这个小火车站①。

打卡式旅游催生了网红景点的涌现，带动了当地旅游发展。比如，自从洪崖洞、李子坝轻轨站、长江索道等成为网红景点以后，重庆的旅游竞争力大幅攀升。在2017年中国最热门的50个旅游城市排行榜中，重庆排名第一。在某知名旅游网站统计的2018年"五一"小长假境内热门景点中，让人颇感意外的是，重庆的洪崖洞排在北京故宫之后，居热门景点第二名。在世界旅游与旅行理事会（WTTC）评选的全球发展最快的10个旅游城市中，重庆位居榜首。再比如，近年西安的文化旅游推广也有意利用网红逻辑，尤其重视利用抖音短视频进行推广，以致西安被人戏称为"抖音之城"。仅西

---

① 参见黄帅《"打卡式旅游"兴起，是因为我们太浮躁了吗?》，《中国青年报》2019年10月8日。

安永兴坊的一个"摔碗酒"视频,就达到了千万级的浏览量。在抖音上的爆红也让专程来西安旅游的游客数量暴增,2018年西安实现旅游总收入2554.81亿元,比上年增长56.4%。

近年来,北京也出现了一些网红景点。比如故宫,它的文创产品受到很多年轻人的追捧,2017年故宫文创产品的销售收入达到15亿元。2018年,国家博物馆等七家博物馆在抖音平台合作推出"第一届文物戏精大会",4天时间里播放量突破1.18亿次,这一数字相当于大英博物馆2016年全年参观人次的184倍。自2017年初建成以来,位于前门的北京坊就成为北京文化的新地标,其中的PageOne书店、无印良品旗舰店等都成为"打卡圣地"。但是,目前这些网红景点基本上集中在核心区,并没有起到降低核心区的旅游密度的作用。

二 北京推出网红打卡地的背景和意义

作为首都,北京发展旅游不仅具有产业方面的意义,还增强了国民的国家认同。因此,北京要不断提升旅游吸引力,通过旅游讲述中国故事,增强全民族的向心力和凝聚力。当前,北京市旅游市场规模十分庞大,对国内游客有强大吸引力。根据《北京市2019年国民经济和社会发展统计公报》提供的数据:2019年北京市接待国内游客3.18亿人次,增长3.7%;实现国内旅游总收入5866.2亿元,增长5.6%。仅2019年"十一"黄金周期间,北京市就接待游客920.7万人次,实现旅游总收入111.7亿元。不过,在这些数据背后,也隐藏着一些长期存在的问题。

(一)游客过度集中在热门景点,导致人满为患

2019年全年,故宫博物院参观人次达到1933万,当之无愧是世界上参观人数最多的博物馆。自2015年实施每天限流8万人次的措施以来,故宫每年限流的天数逐年递增,2018年是76天,2019年达到111天。同样火爆的还有八达岭长城、颐和园等景区。2018年,八达岭长城共接待游客超过

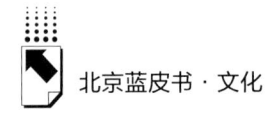

990万人次，当年"十一"期间，八达岭长城一天接待游客达到8万人，给景区带来巨大压力。对此，自2019年6月1日开始，八达岭长城也采取限流措施，每天限流6.5万人次。不过，即使采取了限流措施，这些景区在旅游旺季依然人流不减、拥挤不堪。一些不知道限流政策而没有预约的游客依然会集聚在景区周围，不仅没有降低游客密度和交通压力，而且严重影响这些游客的旅游体验。

（二）新景点开发力度不够，分流效果不理想

自新中国成立以来，外地游客到北京旅游的必到景点就包括天安门广场、故宫、八达岭长城、颐和园等，70多年过去了，游客的旅游选择依然没有发生太大变化。对于大多数外地游客来说，2008年以后仅增加了鸟巢和水立方。而对于一些年轻游客来说，798、南锣鼓巷、三里屯一度成为热门选择。然而，近几年来，北京并没有出现具有广泛吸引力的新景点。如今，随着人们生活水平的提高，很多人都不止一次来北京旅游，他们需要更多的旅游选择。热门景点长期人满为患，一方面显示出北京旅游具有强大的吸引力和可观的市场潜力；另一方面也凸显北京新景点开发的严重滞后。

（三）旅游产业链不完善，门票收入占比过高

与国内同类景区相比，北京各景区的门票价格普遍偏低，比如，故宫旺季成人票价格为60元，八达岭长城为40元，颐和园为30元。但即便如此，门票收入依然是北京景区收入的主要来源，2017年，各景区门票收入占总收入的60%，而商品销售收入仅占3%，其他收入占37%。这表明，北京拥有得天独厚的旅游资源，游客数量十分庞大，但旅游产业链依然不够完善，很多游客都是到一些知名景点匆匆一游，缺乏深度体验，也缺乏进一步消费的欲望。

（四）缺乏夜游项目，夜间旅游经济不活跃

夜间旅游项目是旅游产业的重要组成部分。借助独特的地理条件，目前

国内很多城市都开发了独具特色的夜游项目，如上海的黄浦江夜游、广州的珠江夜游、南京的夫子庙夜游等。还有一些地方通过旅游演艺丰富游客的夜间选择，如山西平遥的"又见平遥"、河南开封的"大宋·东京梦华"等。与这些地方相比，目前北京还缺乏有影响力的夜游项目，三里屯酒吧吸引的大多是年轻人，普通游客的夜游选择并不多。2019年7月，北京市出台《关于进一步繁荣夜间经济促进消费增长的措施》，推出了13项具体举措。但受到气候因素和消费习惯的制约，目前外地游客在北京的夜游选择依然十分有限，丰富的夜间演艺活动并未充分转化为旅游资源优势，对外地游客的吸引力不大。

大量游客聚集在核心区，不仅严重影响游客的旅游体验，进而影响北京的城市形象，还加大了核心区的交通压力和环境压力。2017年9月4日，市委书记蔡奇在东城区、西城区调研时强调："切实把人口密度、建筑密度、旅游密度、商业密度降下来，努力使核心区静下来。"在疫情防控常态化背景下，北京更是需要打造更多具有吸引力的新景点，以疏导与分流热门景点的游客，并塑造北京充满现代感和年轻活力的城市形象。

三 "首届北京网红打卡地"评选活动

2020年，北京市文化和旅游局及时推出了"首届北京网红打卡地"评选活动。本次活动由北京市文化和旅游局、北京市商务局、北京市委网信办指导，北京市旅游行业协会、北京演出行业协会、北京动漫游戏产业协会共同主办，旨在通过社交媒体的新形态，通过网友推荐、专家评审、网络投票等环节，推选一批口碑好、认可度高的景点景观，展现首都北京的城市新面貌、古都新风尚、时尚新地标、消费新场景，进一步推动北京全国文化中心建设。

（一）网红打卡地线索征集

评选活动于2020年8月8月在"新晋网红打卡地"隆福广场正式启动，通过电视台、电台、报纸以及全网新媒体平台进行广泛宣传，在"文旅北京"

微信公众号、北京时间网站及客户端进行征集。活动得到了北京市民、国内外游客和全网网友的高度关注和积极参与，网络社交平台上#pick 我的北京网红打卡地#网络话题得到网友积极响应，阅读量达 1995 万次，有些网民甚至在推荐中分享自己对网红打卡地的体验感受。本次网红打卡地线索分四个类别进行征集，分别征集到自然景观类 352 条、人文景观类 1162 条、生活服务类 1290 条以及综合类 247 条，共计 3000 余条，各渠道阅读和浏览量达 1 亿多次。

（二）专家评审与网友投票

征集活动结束后，经过海选和专家评审两个环节，共有 198 个打卡地成功进入候选名单。2020 年 9 月 29 日，"首届北京网红打卡地"评选网友投票正式开始，投票截止日期为 10 月 20 日，网友可通过"文旅北京"官方微信公众号菜单栏"征集投票"栏目及北京时间客户端进行投票。此次评选将入围的网红打卡地分为自然景区、人文景观、文化艺术、阅读空间、街区园区、餐饮及创新零售、住宿 7 个类别。入围的 198 个打卡地候选名单，不仅囊括了传统的人文景观、自然景观以及餐饮购物打卡地，还新增了文化艺术类、阅读空间类打卡地。除了北京旅游必到的八达岭长城、景山公园这些传统热门网点，以及百花山国家级自然保护区、古北水镇等北京周边游的打卡地，还涵盖了红楼藏书馆、定都峰、龙门涧、大兴国际机场及地铁大兴机场线、望京小街、红砖美术馆、杨梅竹斜街、钟书阁等"新晋网红"和小众打卡地[1]。据报道，投票活动共有 742 万人次的参与量，最高票数近 12 万票。

（三）推荐榜单发布

2020 年 11 月 18 日晚，"夜赏北京文化之美暨 2020 首届北京网红打卡地榜单发布会"在位于石景山的首创郎园 Park·兰境艺术中心举办，揭晓

---

[1] 关子辰、杨卉：《"首届北京网红打卡地评选"投票活动开启》，《北京商报》2020 年 9 月 29 日。

了评出的 100 个北京网红打卡地推荐名单和 97 个提名名单，并根据入选打卡地的性质分为七大类主题榜单。为进一步扩大活动影响力，持续宣传和推广文旅消费新点位，北京市文化和旅游局还与滴滴出行合作，由滴滴出行提供千万元补贴，作为专属福利发放给消费者，方便市民和游客前往上榜网红打卡地消费"打卡"。

（四）媒体宣传推广

为了扩大活动的社会影响力，自 2020 年 9 月底开始，北京广播电视台在《北京新闻》《特别关注》《北京您早》等多档新闻节目及北京时间客户端、北京交通广播、新闻广播中融媒推出"走进北京网红打卡地"专栏，近 60 期报道分七大门类集中推出了新首钢、五道营胡同、大兴国际机场、城市绿心森林公园、华熙 LIVE 等一批有代表性的北京网红打卡地。与电视专栏同期进行的北京网红打卡地"拔草行动"利用线上线下融合推广，形成强大的宣传声浪。微博相关话题阅读量超过 1.5 亿次，讨论量超 5 万条；北京广播电视台与快手平台发起的"拔草行动 VLOG 挑战赛"播放量超 1.6 亿次，30 件优秀作品从 2000 余件征集作品中脱颖而出。2021 年 1 月 8 日，"北京网红打卡地'拔草行动'收官暨调研成果发布"活动举行，活动中首次对外发布了《北京网红打卡地调查研究报告》，用大数据的形式，对首批北京网红打卡地的概况、创新举措及发展前景，进行了系统性研究，并提出政策建议[①]。

四 "首届北京网红打卡地"榜单分析

2020 年"首届北京网红打卡地"榜单共有 7 大主题、100 个推荐打卡点。这些网红景点遍布北京 16 个行政区，其中朝阳区以 19 个网红地拔得头筹，东城区以 16 个网红地紧随其后。

---

① 《首份〈北京网红打卡地调查研究报告〉发布》，《新京报》2021 年 1 月 8 日。

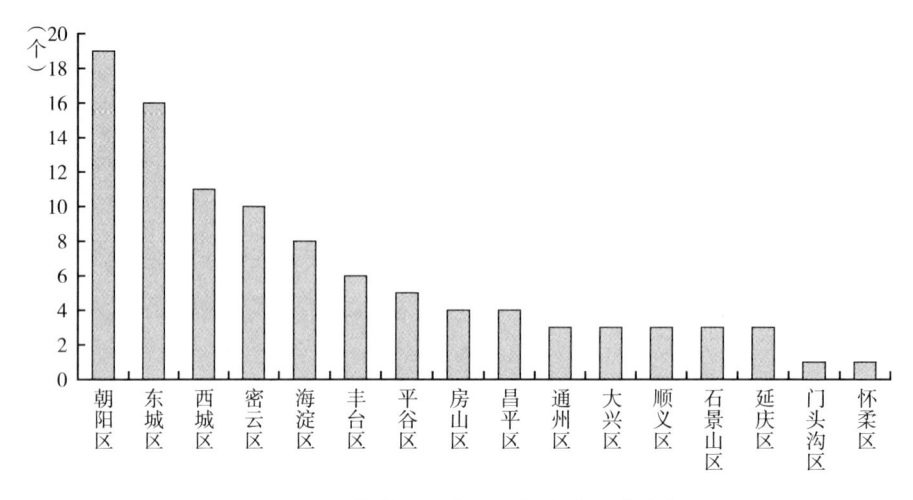

图1 2020年首届北京网红打卡地区域分布

第一类自然景观呈现的是生态多样、人与自然和谐相处的新空间。入选第二类人文景观的网红地数量众多、种类丰富，历史与现代交汇，人文与科技融合。在主打城市更新项目的第三类——街区园区类中，工业厂房变成了文创基地，旧貌换新颜。文化艺术作为其中的第四类，不仅含纳了传统文化的厚重底蕴，还探索着先锋实验的新锐潮流。在第五类阅读空间中，书屋的别致设计使人们的精神与感官一同在书海之中畅游与回味。餐饮及创新零售类中，故宫这等"角儿"与其他"新网红"一起登上咖位。在第七类的住宿中，民宅民宿齐亮相，不但让游客体验了一把原生态，还为当地老百姓办了实事。

这些在网络中走红的景点，不但深受消费者的喜爱，而且各有当家本领：它们之中既不乏名头响亮的故宫、长城等"国家队"；也不缺京味儿十足的城市招牌，如京剧、胡同等；更少不了潮范儿的国际新概念。从南到北，由古至今，100家网红地竞相绽放、争奇斗艳，给市民们奉上了一道道"盛宴"。每个分类的主要特点和案例分析如下。

（一）自然景观类：以生态体验游助力乡村振兴与城市休闲

入选自然景观的网红地共有12个，它们多位于北京主城区外部，既有

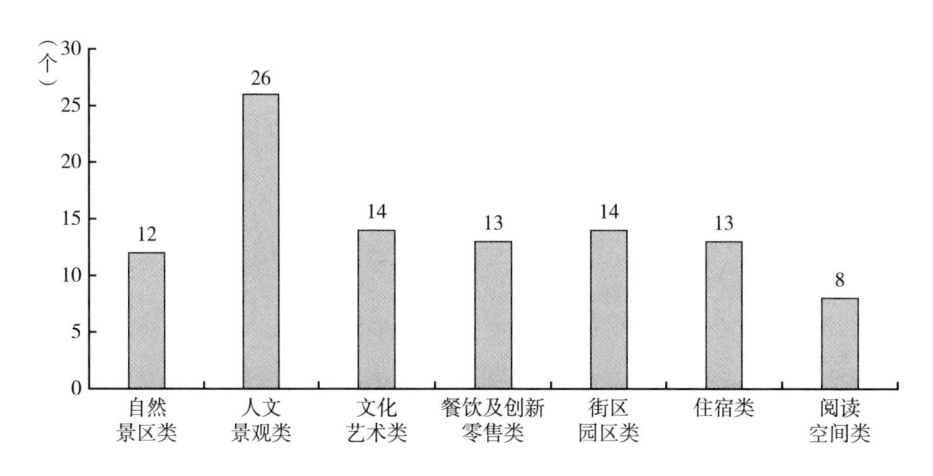

图2 2020年首届北京网红打卡地七大类别

生态多样化的自然公园,如百瑞谷自然风景区、东郊森林公园和云蒙山风景区等,也有时令性的花海世界,如平谷桃花海、北寨杏花观赏区和梨花、兰花大道等。

其中一类网红打卡地致力于以生态旅游助力乡村振兴工程。以峪口千亩油菜花田为例,它是峪口镇着力打造的平谷西部"油菜小镇"的名片。峪口镇以此为契机,积极推动集养生、休闲、生态于一体的新民宿"三带"建设。这两处千亩集中连片越冬油菜农田景观,不但是京津风沙源治理人工种草工程之一,也对优化农业产业结构、增加农民收入起到了重要的推动作用,同时拓宽了农民的致富渠道。

另一类则是以生态体验丰富城市休闲活动。其中北京温榆河公园极具代表性,它规划面积30平方公里,相当于5个奥森公园,是北京最大的"绿肺",集生态涵养、生境修复、蓄滞洪功能于一体,兼顾文化、休闲、体育等多元功能,形成蓝绿交织、林水相依、生物多样、生态惠民的大尺度生态空间,成为亲自然、高品质、国际化城市生态休闲公园。

在大众点评网关于北京温榆河的2311条评价中,"适宜家庭亲子"是被提及最多的,有743条,这与其丰富的景点资源带来的多样化、沉浸式的体验密切相关,如花溪锦田、活力东湖、松云华盖、飞瀑叠翠、芸上梯田、

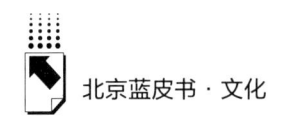

蒹葭照水和金沙滩等。除此之外，智慧游园、生态停车场以及完备的服务配套设施等也大大方便了游客游览和出行。开园后仅25天内，园区就累计接待游客超15万人次，日均游客达6000余名，最高单日接待游客接近17000人次。

（二）人文景观类：传承古代文明成果，展示伟大复兴成就

人文景观类入选项目多达26个，种类多元丰富，既有呈现传统文明厚重历史的周口店遗址、水峪古村落、景山公园、钟鼓楼，也有展示中华民族伟大复兴成就的大兴机场、凤凰中心。值得一提的是，长城相关景观有三个入选，分别是司马台长城夜景、八达岭夜长城、黄花城水长城，都体现了对长城旅游资源的当代再开发。夜间的灯光秀、无人机表演，为传统的长城旅游增加了新鲜体验，打造了北京夜经济消费升级的成功模式。

这一类别中，同为交通枢纽的青龙桥火车站与大兴国际机场极具代表性，二者一北一南，一古一今，呼应展示了中华民族古往今来人文科技所达到的高度。青龙桥站坐落于北京市延庆区，1908年9月建成通车，在运营了近百年后，现已转型为红色文化旅游地，先后被确立为爱国主义教育基地、北京市工业遗产以及全国重点文物保护单位。作为百年火车站，它位于第一条完全由中国人自主规划、修建的干线铁路——京张铁路上，因詹天佑在此创造性地设计了"人"字形铁路而著名。今天的青龙桥站大致保持了历史原貌，包括百年前的站房、京张铁路的原始铁轨以及人工扳动的道岔。此外，詹天佑的墓地及铜像、苏州码子碑石也是其中重要的人文景观。

2019年9月正式投运的大兴国际机场拥有世界最大的单体航站楼，被冠以"新世界七大奇迹"之首的名号，"凤凰展翅"的造型、8根C形柱撑起4万多吨的屋顶、机器人泊车等人工智能黑科技，让大兴国际机场大气恢弘、充满现代感和科幻感。开放后的第一个国庆长假，大兴机场成为北京最受欢迎的网红景点，观光游客和出行旅客比例甚至高达23∶1，一天迎接游客近10万人。

这两座交通枢纽站在空间、时间以及规模上都极其不同，在其所承载的意义上却一脉相承，从中国人建造自己的铁路，到包含40多项全球第一、98%"中国智造"的新机场，这两座建筑物的魅力都因熔铸了中华民族奋斗精神而熠熠生辉。

（三）街区园区类：城市更新计划的实践典范

街区园区类网红打卡地主要是城市更新计划的体现，其中旧工业空间的更新在14个网红地中占了8个，包括首钢园、751D·PARK、77文创园等，除此之外还包括商场、胡同、住宅区、河畔的翻新改造。

其中的首钢园是工业遗产保护与再利用的典范。首钢园位于北京市石景山区，2005年首钢搬迁开始转型，重新定位为"新首钢高端产业综合服务区"，在园区内规划建设了冬奥广场、石景山景观公园、工业遗址公园、公共服务配套区、城市织补创新工场五大片区，发挥地理区位、空间资源、历史文化、生态环境上的独特优势，成为城市更新的标杆。作为网红打卡地的首钢"三高炉"项目在工业遗存之上进行了艺术化空间改造。高炉内部和秀池底部修建了博物馆展厅、书店等文化空间，既有"生命之火""铁水光带"等抽象化的空间装置，也有对出铁平台极具震撼力的剖面呈现，还有炉顶新搭建的玻璃栈道，让游客可以从多角度直观感受到工业文明的力量。北京卫视跨年晚会、北京冰雪文化旅游节、中国科幻大会都在此召开，其还将代表中国参加威尼斯建筑双年展。

在大众点评网中，首钢园共获得了5036条评价，均分为最高的五星，在这些关于首钢园的评价中，最多的标签是"工业风格"，达到830条；此外也提到了其他特色景观，如极限冰雪项目、图书馆、湖群、大桥、无人车等。通过对多种媒介平台的调研发现，首钢园的工业形象对不同人群有不同的意义。在教育系统组织的参观报道中，在首钢园的游览激发了爱国情、强国梦；在"美篇"网站中，一些老年人以图片回溯"首钢人"的峥嵘岁月；在一些以青年为主要受众的公众号中，往往将钢铁厂与赛博朋克的意义勾连起来。

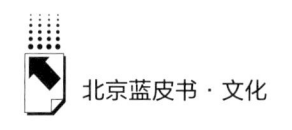

（四）文化艺术类：全国文化中心里的精神家园

入选文化艺术类的网红打卡地共有14个，它们中既有大而全的行业领军者，如首都博物馆、北京天文馆和清华大学艺术博物馆等；也有见微知著、弘扬传统的史家胡同博物馆、东四胡同博物馆和亮相·天乐园京剧体验馆等；还有现代时尚的北京枫花园汽车电影院、爱乐汇艺术空间和嘉德艺术中心等。

其中一类展馆着力挖掘优秀传统文化的价值，努力传承中华民族基因。以史家胡同博物馆为例，史家胡同是北京市东城区的一条著名胡同，也是才女凌叔华的故居所在地，这里浓缩了无数名人的风流往事，被誉为"一条胡同，半个中国"。2015年英国威廉王子曾专程造访史家胡同博物馆。北京胡同里的小微博物馆，是对古都人文精神的深度呈现，也让今天的城市更有温度。

另一类则在北京文化大战略规划的指导下做文章，为大众打造新的精神家园。以红砖美术馆为例，其地处北京市朝阳区崔各庄乡，于2014年5月开馆，致力于国际文化艺术交流与传播，为公众输出高品质的国际艺术展览。从2016年至今，将享有国际盛誉的法国"杜尚奖"持续介绍给中国观众，还多次举办了其他欧洲知名艺术家的展览，一度成为中国年度文化事件。此外，红砖美术馆还在中国率先提出创建"生态体验美术馆"的运营理念，建设"艺术湿地"。其建筑及园林的基本元素为红色砖块，构成了独特的建筑语言，不仅成为多部影视剧的取景地，也跻身北京最具文艺小资气息的自拍圣地之列。网上流传有多个版本的红砖美术馆摄影攻略，"随手拍就出大片"的口口相传又吸引来更多的游客，让美术馆自身也成为一件艺术品。

（五）阅读空间类：超高颜值的旅游目的地与城市会客厅

阅读空间类网红打卡地共有8个，除久负盛名的中国国家图书馆之外，入选的多是对老旧空间进行升级改造、重新活化的项目，如礼士书房、左安门角楼图书馆、春风书院和全民畅读书店等。它们不仅是阅读休闲的地方，也是城市人群文化交流的"城市会客厅"，还以超高颜值成为年轻人热衷的旅游目的地。

作为阅读空间更新的典型案例，北京红楼公共藏书馆是由北京西四的红楼电影院升级改造而成的，红楼电影院始建于20世纪30年代，原为红楼球社，1945年改为电影院，这座具有七十多年历史的老字号电影院于2019年正式转型为红楼公共藏书馆。它设有藏书区、阅读区、研究区等三个功能分区，并集藏书楼、公共图书馆、实体书店于一身。在公共区域还加入各种丰富多彩的主题日内容，融合图书、展览、沙龙活动、商品展示等多种形式，力图给用户带来沉浸式的文化体验。

有"盗梦空间"之称的钟书阁西单老佛爷店更是网红打卡地中的翘楚。钟书阁是由上海钟书实业有限公司全额投资建设的高端新概念书店品牌，全国直营店有20余家，其中北京西单老佛爷店于2020年4月21日开业，占地面积1100平方米，拥有50000多册图书。书店内部分为概念区、文创活动区、阅读区、咖啡区和童书区5个区域。其"逆天颜值"令人惊艳，月洞门、全镜面、竹林风等都让整个空间充满与众不同的体验，使读者流连忘返。非常有趣的是，被设计为圆形的门洞在参观者的笔下显得"生机勃勃"，有的称其为中国古典建筑中的月洞门，有的唤之以宇宙间的虫洞，有的将它比作海螺的优美线条，还有的认为它是时空穿越的通道。

（六）餐饮及创新零售类：中国风、北京味儿、国际范儿的消费体验

入选餐饮及创新零售的网红地共有13个，它们中既有代表传统中国风的八达岭长城礼品店、北京市珐琅厂和故宫冰窖餐厅等；也有品尝老北京味儿的满恒记火锅店和老磁器口豆汁店；还有国际范儿的轻奢高端新餐饮，如和·铁板烧、觅 MI LOUNGE 和涵·kan 日本料理等。

其中一类品牌努力把民族特色与现代生活相融合，打造出别具一格的消费体验。以故宫角楼咖啡馆为例，它于2018年12月开张，位于故宫博物院

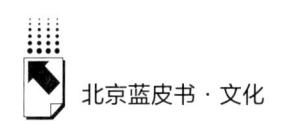

神武门西侧,古风装饰,茶饮糕点名称宫廷味十足,如"养心咖啡"、"乌金姜糖拿铁"、"龙杯"、"点绛拿铁"和"千里江山卷"等。故宫的雍容配上咖啡的闲适,使其自营业开始就如同 C 位出道一般,一夜蹿红,媒体竞相报道,网友蜂拥而至,成为潮男潮女打卡拍照的必选之地。

此外,北京 SKP-S 打造的"未来主义乌托邦"式主题商场也极具特色,并因此爆红网络。SKP-S 于 2019 年 12 月正式营业,整个商场以"数字—模拟—未来"为主题,贯穿了火星元素,让人们想象技术进步后人类移民至火星的生活,并通过对未来情景与过去时光的数字化表现,使商场处处都呈现出一种未来感,制造了一个沉浸式的"科幻世界"购物场景。现在,SKP-S 已成为北京文化与娱乐体验的新场域和时尚潮人拍照的热点打卡地。

(七)住宿类:留住乡愁、贴近自然的民宅民宿

入选住宿的网红地共有 13 个,受到消费者追捧最多的,便是身处山林、贴近自然的民宅民宿,如大城小苑、代舍民宿、北京草木缘居、老友季花园民宿和云峰山童话树屋等。它们有的以星座为主题,有的以古典风为特色,还有的以农耕文化为抓手,争相斗艳,打造出了多样化的生态住宿体验。民宅民宿的遍地开花不但反映了人们对美好生活的向往和追求,也以实际行动促进了乡村经济的发展,拓宽了农民发家致富的路子,并持续为乡村振兴添油助力。

北京陌上花开民宿 2018 年正式开业,这一大山之中的精品民宿是留住乡愁的典范之作。它位于有"北京最美乡村"之称的北京市密云区新城子镇花园村,这里背靠司马台长城,南望雾灵山群山,海拔 600 余米,是北京阳光初升的地方。此外,这里还是亚运会圣火采集地。陌上花开民宿整院面积达千余平方米,由 5 套不同风格的民宿组成:食栈、白桦书院、安达木河·左岸、花粟和半生米,分别体现老屋、乡墅、草堂等风格。其中白桦书院的观景房是最受欢迎的网红房之一,观景露台面向群山,视野开阔,是北京难得一见的风景。目前,位于四县交界之地的

陌上花开民宿已经成为京津冀年轻人的最爱之一，也是亲子教育、团队聚会的理想之所。

五 进一步做好北京网红打卡地推介工作的建议

2020年，"首届北京网红打卡地"评选活动在各种媒体上密集曝光，赢得了广泛的社会认知和认可，预计未来将连续举办。为进一步做好北京网红打卡地推介工作，助推北京文化旅游发展和全国文化中心建设，我们提出如下建议。

（一）进一步明确推介北京网红打卡地的目的

作为首都，北京发展旅游不能仅从产业层面考虑其意义，而应有更高的站位。在我们看来，宣传和推广北京网红打卡地，首先是为了疏解核心区的旅游密度。由于历史原因，北京的优势旅游资源高度集中，不管是故宫、天安门，还是后海、恭王府，都集中于核心区，其弊端非常明显。推介北京网红打卡地，首先是为了向其他区域疏解旅游人口，因此，推荐榜单应侧重于远离核心区的打卡地，而不宜继续推荐核心区的打卡地。其次是为了塑造北京现代、充满活力的城市形象。北京整体上给人的印象是一个文化古都，具有厚重的历史积淀，同时也是全国政治中心，严肃而庄重。其实北京也是一个充满活力的现代城市，打造北京网红打卡地，也是为了重塑城市形象，提升在年轻人心里的魅力和亲和力。再次是为了满足北京市民休闲旅游的需求。北京有两千多万常住人口，旅游内需极为巨大，再加上受疫情影响，国内长途游、境外游受到抑制，周末和节假日期间的郊区游、市内游需求极为旺盛。推出北京网红打卡地，也是为了满足本地市民的休闲旅游需求。最后是为了促进北京文化旅游产业发展。因此，应重点推荐那些有配套服务和产业价值的打卡地。

（二）细化榜单，分主题、分线路推荐网红打卡地

首届评选活动将网红打卡地分为自然景区、人文景观、文化艺术、阅读

空间、街区园区、餐饮及创新零售、住宿七个类别。作为首次尝试，这种尽量照顾到每一种业态和类型的做法有一定的合理性，但其弊端也比较明显，那就是无所不包反而降低了对特定人群的吸引力，实际参考价值打了折扣。同时，由于这些打卡地基本上都是一个个孤立的点，不仅彼此无法联系起来，也缺少与周边其他文旅资源的关联，就会造成一些打卡地对游客的吸引力不足。未来北京网红打卡地评选推荐活动应更加细化，分主题、分线路、分类型推介打卡地。这样不仅能达到精准传播的效果，提升对特定人群的吸引力，还能连点成线，发挥旅游资源整合的优势，提升打卡地的吸引力。比如，可以考虑推出"北京十大网红民宿""北京网红小吃店""北京大运河文化带网红打卡地"等。

（三）完善网红打卡地周边的旅游配套服务

北京网红打卡地推荐活动的主要目的不是增加旅游收入，但为了满足游客需求，提升打卡地的吸引力，保证推荐活动的口碑，也应该完善网红打卡地周边的旅游配套服务。对于那些可以挂牌的打卡地，应指导其完善和升级餐饮、住宿、休闲等配套服务，为游客提供全方位的旅游服务，而不能仅仅作为一个拍照打卡地。对于那些不宜挂牌的打卡地，在推介时应同时推荐周边的其他文化旅游资源，以及可供选择的交通、餐饮、住宿等服务。实际上，很多网红打卡地本身的吸引力很难让游客做出出行决定，只有具备成熟的配套服务，才能真正发挥其"网红"效应，将其知名度转化为旅游消费行为。

（四）充分利用短视频平台，实现网络口碑传播

网红打卡地一方面靠政府助推，另一方面靠自发的网络口碑传播。当前，短视频平台是最受用户欢迎的网络应用之一。《2020中国网络视听发展研究报告》显示，截至2020年6月，我国网络视听用户规模达9.01亿，人均单日使用时长为110分钟。短视频传播具有低投入、使用便捷、接地气等优点，当前很多网红景点都是通过以抖音为代表的短视频平台走红的。尤其值得注意的是，抖音App是目前在国外获得最大成功的中国传媒产品，其

中一半左右的用户位于海外。在西安成为网红的道路上，抖音就发挥了最重要的媒介作用。很多外国人都通过抖音认识了西安这座古城。因此，北京网红打卡地评选和推荐活动除了继续发挥主流媒体的作用外，要更重视短视频平台的作用。

（五）发掘北京独特的历史文化资源，推出网红名人故居

当前，各地在打造自己的网红景点时，都特别重视发掘本地独特的历史文化资源。比如，西安的"大唐不夜城"就主打唐朝文化，在这条1500米长的步行街上，仿古建筑在五光十色的灯光映衬下，让人仿佛穿越到了盛唐长安。再比如，2019年国庆期间，开封的一个4A级景区"大宋武侠城"突然走红，该景区也是充分利用了开封作为北宋都城的历史文化资源优势，以及周边少林寺武术文化的特色。北京历史文化资源十分丰富，集中了众多名人故居。作为一座城市的特殊坐标，名人故居是一个城市厚重文化的标志，也是充满历史故事的空间，未来北京网红打卡地评选可以专题形式推出一批网红名人故居。

（六）利用北京丰富的演艺资源，打造网红演出

观看演出是旅游经济的重要组成部分，也是活跃夜间旅游的重要方式。北京拥有丰富的演艺资源，这是国内其他城市无法相比的。据统计，2018年全年，北京共举办营业性演出24684场，票房收入达17.76亿元，观众达1120.2万人次。不过，目前这些演出的观众比较固定于少数剧迷群体，很多普通市民都没有观剧习惯，常年不看演出，而且这些演出对外地游客的吸引力不足。2018年北京市文化和旅游局通过开展"秀北京"文旅演艺推广、发布《北京旅游演艺推介手册》等方式大力宣传北京文艺演出，取得一定成效。北京人艺、长安大戏院、中国木偶剧院等都具有雄厚的演出实力，能够吸引特定人群，具备成为网红的潜力，未来应通过评选推荐活动推出一批网红演出。

B.15
2020年北京市动漫游戏产业发展报告

刘 瑾*

摘　要： 2020年，北京的经济发展受到了新冠肺炎疫情的严重挑战，但动漫游戏产业发展逆市上扬，表现抢眼，为疫情的防控工作和城市经济发展做出了巨大贡献。北京计划要在未来打造国际动漫网络游戏之都，借助现有优势、继续做强产业，深度挖掘优秀中华传统文化，自信中国表达，有效向世界传递北京形象与中国形象。

关键词： 北京市　动漫　游戏

2020年，新冠肺炎疫情全球大流行，北京是中国的首都，经受住疫情的考验，并迅速响应国家逐渐复工复产的呼吁，各产业按政府要求有的放矢地、细致入微地展开正常工作活动，一边防范疫情，一边恢复城市正常经济秩序和生活秩序。在各行各业都不得不考虑如何活下去的严峻现实情况下，北京市在2020年下半年发力，最终全年GDP达到3.6万亿元，全国城市GDP排名第二，实现了1.2%的实际增速和2.1%的名义增速。北京消费领域在下半年开始恢复，尤其是线上消费增速超过30%，经济发展速度在第三季度实现由负转正。由于新冠肺炎疫情的传染流行性，市民自觉留守家中，尽量减少外出活动。线下观影、文艺演出、文物拍卖、展览展会、景点旅游、游戏厅游戏、KTV唱歌、场地体育比赛等一系列现场文化活动都无

---

* 刘瑾，北京市社会科学院文化研究所副研究员，主要从事动漫游戏产业研究。

法进行，反向加速推进了"互联网+"业务的大力应用。在线购物、在线教育、在线娱乐、在线体育等方面的规模以上企业营业收入增长超过30%。在线动漫游戏产业作为在线娱乐产业的主要形式之一，在疫情中逆市上扬、表现亮眼，在一定程度上缓解了疫情期间人们内心的焦虑与创伤，一定程度地满足了人们的生活娱乐需求，为北京市经济恢复与发展做出了重要贡献。2020年北京动漫游戏产业总产值为1063亿元，其中动漫产业有168.71亿元、游戏产业有894.29亿元，比2019年增长了32%，占全国动漫游戏产业总产值的19.3%。

一 政策扶持细致入微

2019年12月14日，北京市委宣传部发布《关于推动北京游戏产业健康发展的若干意见》，提出未来将北京打造成为国际网络游戏之都，把北京建设成世界领先的精品游戏研发中心、网络新技术应用中心、游戏社会应用推进中心、游戏理论研究中心、电子竞技产业品牌中心，形成"一都五中心"的格局，并发布了13条促进北京市游戏行业发展的具体举措。

2020年1月8日，北京市发布《北京市文化产业高质量发展三年行动计划（2020~2022年）》，提出要重点加强网络动漫游戏的中国创意表达，支持原创动漫游戏产品开发，推动网络游戏创新发展，推动电竞产业发展。

疫情期间，为了帮助文化企业暂渡难关，2020年2月19日北京市文化改革和发展领导小组办公室出台了《关于应对新冠肺炎疫情影响 促进文化企业健康发展的若干措施》（简称"北京文化28条"），提前启动了2020年北京宣传文化引导基金（电影类、新闻出版类）申报工作和2020年市级电影专项资金申报工作，并保障资金上半年到位，给予相关电影企业一次性宣传发行补贴和创作制作特殊补贴；延迟文化企业社保缴纳，符合条件的中小文化企业还可获得上半年的按社会标准返还的相应额度的社保金；对符合条件的中小微文化企业减免房租。在给予文化企业帮助的同时，该措施也力求保障精品内容的创作生产水准和呼吁培

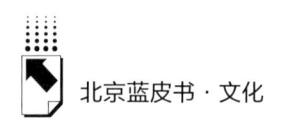

育新型业态、促进科技与文化融合、争取扩大文化消费、建设智慧园区等；提出提供优质政务配套服务，进一步简化流程手续；加大金融服务支持力度，推进文创板和文创银行的成立。

在"北京文化28条"的引领下，北京市于2月21日迅速出台《关于加强金融支持文化产业健康发展的若干措施》《北京市文化产业"投贷奖"风险补偿资金管理办法（试行）》，用信贷投放以及扩大"投贷奖"资金池的参与主体范围等方式切实帮助北京的文化中小微企业。金融机构、区主管政府部门、文化园区、文化企业在政策号召下，都迅速行动起来。华夏银行北京分行为37家疫情期间受影响的文化企业办理贷款延期，一些逾期还款的企业信息可免入征信系统，免除了部分企业的逾期罚息，落实了措施上的各项帮扶行为，为企业雪中送炭。

2020年4月9日，《北京市推进全国文化中心建设中长期规划(2019年~2035年)》发布。该规划提出要提升北京网络动漫游戏产品质量，打造国际影响力并提升国际竞争力；以网络游戏高质量发展为引领，打造建设国内网络游戏中心，举办电竞赛事和节展活动；推动游戏与科幻产业融合发展，打造高质量"北京创造"游戏产业品牌。2020年6月4日，北京网络游戏新技术应用中心在亦庄经济开发区挂牌成立，旨在落实打造北京为国际网络游戏之都的规划。亦庄经济开发区目前拥有比较完整的云技术产业链和较多的5G基站，能为未来开发云游戏提供完善的技术支持和硬件支撑。目前已有10多家云游戏企业入驻。

二 动漫企业发展后劲十足

（一）动漫企业认定稳步推进

2020年5月22日，文化部、财政部、国家税务局认定的2019年提出申请的42家动漫企业里，北京市有5家，分别是北京金丁美奇动画有限公司、北京声影动漫科技有限公司、北京力潮时代文化传播有限公司、北京其卡通弘文化传播有限公司、北京兴艺凯晨文化传媒有限公司。从 2009 年文化部联合相关部委开始认定第一批动漫企业到 2019 年，全国被认定的动漫企业一共有 930 家，其中北京有 106 家（见表 1）。从认定企业数量上来看，北京每年都有相对其他省市来说数量较多的动漫企业获得认定，在全国行业发展占有头部优势。由此可见，北京对动漫企业的政策扶持产生了效果，得到了企业的认可，能够吸引到相关创业者集聚北京。

表 1　2009～2019 年文化部等部委认定的动漫企业

单位：家

年份	全国通过认定的企业数量	北京市通过认定的企业数量
2009	100	26
2010	169	5
2011	121	8
2012	110	14
2013	87	6
2014	82	9
2015	61	4
2016	34	5
2017	79	16
2018	45	8
2019	42	5
总计	930	106

（二）电视动画题材备案稳中有升

根据国家广播电视总局的相关数据，2020 年全国备案电视动画片 570 部，总时长 175454 分钟，时长呈现下降趋势。其中，北京备案 50 部，占全国备案总数的 8.77%；北京备案动画时长 16636 分钟，占全国总时长的 9.48%。全国部分省、自治区及直辖市原创动画片备案部数及时长排名情况见表 2、表 3。从近几年的数据来看，北京排名整体上升，部数排名从以前的第六名提升到第四名，时长排名从第六名提升到第三名，北京市城市发展战略、文化发展政策扶持成效显现。北京一直以来提倡科技与文化双轮驱动

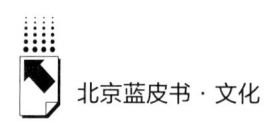

发展，尤其重视中关村科技园区的全国示范引领性建设，对动漫游戏产业政策倾斜力度大。以往的江苏、福建等动画大省排名下降，后劲不足。

表2　2020年部分省区市、中直原创动画片备案部数排名

单位：部，%

排名	地区	部数	比例
1	浙江	90	15.79
2	广东	88	15.44
3	上海	64	11.23
4	北京	50	8.77
5	江苏	41	7.19
6	福建	32	5.61
7	山东	32	5.61
8	安徽	30	5.26
9	辽宁	26	4.56
10	陕西	18	3.16
11	广西	16	2.81
12	重庆	14	2.46
13	河南	12	2.11
14	湖北	10	1.75
15	湖南	9	1.58
16	江西	7	1.23
17	山西	4	0.70
18	中直	4	0.70
19	四川	3	0.53
20	甘肃	3	0.53
21	天津	3	0.53
22	河北	3	0.53
23	云南	3	0.53
24	吉林	2	0.35
25	西藏	2	0.35
26	海南	2	0.35
27	黑龙江	1	0.18
28	内蒙古	1	0.18
	总计	570	100.00

表3 2020年部分省区市、中直，备案公示原创动画片时长排名

单位：分钟，%

排名	地区	时长	比例
1	广东	28290	16.12
2	浙江	27610	15.74
3	北京	16636	9.48
4	安徽	16003	9.12
5	山东	14823	8.45
6	江苏	12652	7.21
7	辽宁	9413	5.36
8	上海	8064	4.60
9	福建	8012	4.57
10	重庆	7269	4.14
11	河南	6448	3.68
12	陕西	4780	2.72
13	广西	3903	2.22
14	湖北	1742	0.99
15	甘肃	1557	0.89
16	江西	1474	0.84
17	中直	1441	0.82
18	天津	937	0.53
19	四川	741	0.42
20	湖南	694	0.40
21	河北	572	0.33
22	吉林	572	0.33
23	黑龙江	520	0.30
24	云南	516	0.29
25	山西	322	0.18
26	西藏	200	0.11
27	海南	198	0.11
28	内蒙古	66	0.04
	总计	175454	100.00

在2020年备案的原创动画题材选择上，北京市生产的动画片类型最多的是童话题材。全年50部作品里，童话题材动画片占26部，时长达到7328分钟；其次是教育类型动画片，虽然只有5部，但时长达到3571分钟（见表4、表5）。

表4　2020年全国及北京市原创动画片备案公示题材分类部数

单位：部，%

题材	全国	北京	其他地区	北京占比
童话	206	26	180	12.6
教育	183	5	178	2.7
科幻	60	10	50	16.7
其他	57	2	55	3.5
现实	39	5	34	12.8
历史	19	2	17	10.5
神话	6	0	6	0
总计	570	50	520	8.8

表5　2020年全国及北京市原创动画片备案公示题材时长

单位：分钟，%

题材	全国时长	北京时长	其他地区	北京占比
童话	67222	7328	59894	10.9
教育	52832	3571	49261	6.8
其他	21211	1456	19755	6.9
科幻	20665	1512	19153	7.3
现实	6662	189	6473	2.8
历史	5912	2580	3332	43.6
神话	950	0	950	0
总计	175454	16636	158817.3	9.5

（三）动画电影大放异彩

从归来的大圣到"我命由我不由天"的哪吒，中国国产动画电影故事叙述、美术画风、高科技技术应用都实现了巨大的飞跃。越来越多的受众从作品中找到文化认同感、归属感，让中国受众开始对国产动画产生了巨大的期待，从而带动票房收入、市场份额不断扩大。挖掘传统文化IP进行动画电影创作的方式在国内市场依然很受欢迎。原本计划在2020年春节档期上映的《姜子牙》动画电影由于受到疫情影响，从春节档期退出，最终在2020年国庆档期上映，收获票房16亿元人民币，表现一飞冲天，难能可贵。2020年中国电影票房收入从2019年的642.66亿元降到204.17亿元。全年票房前十名皆为国产电影。国产电影票房收入为170.93亿元，占总票房的83.72%。2020年上线动画电影32部，票房从2019年的115亿元降到29.18亿元，其中国产动画电影有16部，合拍1部。除了《姜子牙》以外，剩下的15部国产动画电影票房堪忧。进口动画电影16部，票房收入11.96亿元。

《姜子牙》和创造了中国动漫电影票房奇迹的《哪吒之魔童降世》都出品于光线传媒旗下的彩条屋影业，其总部在北京。所以，北京有国内制作动画电影优良的人员、技术、市场经验。彩条屋影业意在打造中国神话IP宇宙系列，深度挖掘中国传统文化知名IP，结合现代叙述表达和高科技技术画面呈现，走出一条属于中国动画人自己的路。

（四）动画原创能力不断提升

在国家和市级文化单位、宣传单位对国内动漫游戏原创产品的不断扶持鼓励下，北京市的动漫企业原创能力不断提高。在中宣部2020年"原动力"中国原创动漫出版扶持计划扶持的120部作品中，北京漫传奇文化传播有限公司的《微纪元》、北京重磅动漫文化传媒有限公司的《经典传承——中国好故事》、北京师范大学出版社（集团）有限公司的《藏在身边的历史博物馆》、北京锦熹文化传媒有限公司的《人民战疫》、众合优选（北京）文化传媒有限公司的《人民小法官》、中国动漫集团有限公司的《革命文物绘本故事（初心篇）》、北京爱奇艺科技有限公司的《无敌鹿战队》、北京卓漫游文化发展有限公司的《青春奏鸣曲》、北京漫传奇文化传播有限公司的《吞食者》、追光人动画设计（北京）有限公司的《新封神：哪吒重生》、北京飞腾无限科技发展有限公司的《女医辛夷传》、北京呆鸭屋文化传播有限公司的《逐火战记：特别消防队》、中版集团数字传媒有限公司的《镜花缘》榜上有名。

（五）动漫游戏展精彩纷呈

动漫游戏展的规模大小、举办频率显示出城市动漫游戏活力指数。大型的产品展示交流、高峰论坛的前沿摸索、真人cosplay的互动娱乐等，都让二次元文化在包容多元的城市文化空间里大放异彩。2020年北京市举办了多场动漫游戏交流展会。1月11日海淀区光耀东方国际会展中心举办了"北京M23梦次元冬日祭动漫游戏展"；1月18~19日，北京国家会议中心"第32届北京国际动漫游戏嘉年华（IDO32）"开幕；9月19~20日，在丰台区金鹏盛嘉酒店开展了"2020北京MAG动漫游戏嘉年华"活动；1月19日，在朝阳区e50园区举办了"2020北京雾山五行超次元漫画展"；10月1~8日，在石景山游乐园举办了"IDO漫展－北京国际动漫游戏嘉年华"；10月2~4日，在北京国际会议中心举办了"2020北京IJOY漫展xCGF中国游戏节"；11月28~29日，延期的"2020北京第22次M.Y.Comic动漫游戏节"在朝阳区酷车国际汇展中心顺利举行。

三 游戏产业逆市飞扬

中国互联网络信息中心2021年2月3日发布的第47次《中国互联网络发展状况统计报告》显示，截至2020年12月，我国网民规模为9.89亿人，手机网民规模为9.86亿人，网民用手机上网占99.7%。网民增长主体由青年群体向未成年人群体和老年群体过渡。网民人均每周上网时长达26.2个小时，但2020年3月的数据显示网民人均每周上网时长达30.8个小时，为近5年来上网时长最高数值。网民男女比例是51∶49，仍以20~49岁的青壮年为主。值得注意的现象是银发网民占比由2020年3月的16.9%提升到26.3%。

新冠肺炎疫情加速了社会数字化发展进程，个体、企业、政府纷纷养成数字化生存技能和习惯。网络扶贫工作缩小了城镇与乡村的网络发展差距。疫情期间，人们的生活主要通过互联网与外界进行交流沟通，所以，网络视频、网络实时通信、网络购物、网络新闻、网络支付、网络音乐等占比都非常高，网络游戏只是在网络娱乐中体现了较高的使用价值。2020年，我国游戏市场实际销售收入2786.87亿元，较2019年增加了478.1亿元，同比增长20.71%。游戏用户数量达到6.65亿人,同比增长3.7%。中国原创自主研发游戏国内销售收入为2401.92亿元,较2019年增长506.78亿元,同比增长26.74%。这些游戏"走出去"也收获了很好的战绩,主要海外市场是美国、日本、韩国,有些游戏甚至成为某些国家的头部游戏。原创游戏海外收入达到154.50亿美元,比2019年增长了38.55亿美元,同比增长33.25%。由网络游戏带动的电子竞技市场增长迅猛。2020年国内电子竞技游戏市场实际收入为1365.57亿元,比2019年增长44.16%。用户规模达到4.88亿人,同比增长9.65%。由于移动网络技术迭代更新和硬件不断升级,手机游戏成了网络游戏发展的主力军,占游戏市场整体收入比例达到75.24%,收入保持持续上升状态。客户端游戏与网页游戏呈现下降趋势,网页游戏下降尤其明显。2020年移动游戏市场收入为2096.76亿元,较2019年增长515.65亿元,增长32.61%。手机网络游戏用户达6.54亿人,同比增长4.84%。我国国内市场上共监测到345万款App,其中游戏类App数量达到88.7万款,占总App数的25.7%。移动游戏收入排名前三的类型分别是角色扮演类游戏(28%)、卡牌游戏(16%)和策略类游戏(12%)。各游戏厂商都发力手机游戏领域,腾讯与网易基本占领了网络游戏市场主体。注册在北京的互联网上市企业数量最多,占国内上市互联网企业总数的32.9%,这与北京是全国的科技创新中心的定位有直接关系。在互联网上市企业中,网络游戏类企业数量最多,占总体的24.5%。

伴随着国内5G网络的推广应用,以及云计算、云储存、人工智能技术、量子科技、区块链、物联网等高新技术的布局,手机的应用将会更加丰富便捷,与人们生活的方方面面将会更加密不可分,手机App的多样化选择将更加令人目不暇接、眼花缭乱。手机动漫游戏市场应用伴随着新技术的采用、网络流量空间与速度的提升将会表现得更加复杂、多元、开放。手机游戏创新加快,人气作品不断涌现。一些用时少的休闲小游戏也备受青睐。

2020年国内十大手游公司分别是腾讯游戏、网易游戏、中手游、完美世界、三七互娱、巨人网络、盛大游戏、昆仑游戏、龙图游戏、掌趣,其中

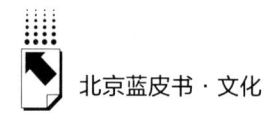

有4家总部在北京、4家总部在广东、2家总部在上海。广东游戏企业市场份额占比较北京企业稍胜一筹。

四 北京动漫游戏产业未来发展思考

北京动画电影企业成功打造中国传统文化IP，不断夺取业界高票房，以及北京动漫网络游戏企业在2020年的不俗逆市表现，让中国传统内容的创意表达成为可能，并为之积累了宝贵的产业经验。但也反映出北京市动漫游戏产业的一些问题，本文针对这些问题，提出几点思考。

第一，北京动漫产业的产业链还不够完整，产业成熟度急需提升。需要建立顶层产业设计。打造中国传统神话IP宇宙系列该如何选择及架构人物、故事叙事如何进行现代表达而不是生搬硬套、主题立意正面新颖温暖人心、画面风格如何与传统艺术结合而具有独特中国魅力等都应该有一个先期统领设计。目前我们的动画核心技术依旧薄弱，只能用人工劳力弥补，容易受到西方牵制，需要加大相关技术开发的扶持力度。投融资渠道需要进一步多元化，面对产品不同制作期的支持、面对不同规模大小的企业的支持应该是量体裁衣、按需供给。国外发行、播映渠道需要系统性搭建，有意识地扩大动漫游戏产品的影响力，加强深化与国际知名影视节展的交流沟通合作，加强预售、创投活动参与度，扩大与国外频道代理机构、运营商等的合作。目前严重缺乏熟悉国际市场渠道运作的复合型人才与团队。衍生品开发产业需要跟进。

第二，中国动画电影在输出时，需要进一步研究目标市场消费者的爱好与习惯，重点研究如何减少文化交流中的文化折扣现象。让更多的外国观众对中国的传统神话故事有一个大概的了解是其产生兴趣的前提。一些中国传统文化资源被国外动画电影使用后，往往产生了文化认识偏差，中国受众并不认可，比如动画电影《花木兰》及真人电影《木兰》。中国的动漫产品就是要彰显中国文化精神，体现中国气派与风格，讲好中国故事。一方面可以巩固青少年民族意识和国家认同，加强国家凝聚力和向心力；另一方面可以向世界推广我们的优秀传统文化，扩大其影响力与传播力，提高中华文化的世界认同度，增强国家文化软实力。

只要做足了高附加值原创，让投资商和渠道运营商看到巨大的增值空间，他们就敢于投资、购买、运营我们的动漫游戏产品，就能有效延伸我们的产业链。

第三，将结合了最新技术的动漫网络游戏与人们的现实生活结合，与城市的发展、城市的大型活动结合，不仅要满足人们的娱乐需求，更要满足人们生活中无法亲临现场的替代体验需求、知识获取型的功能性产品需求，成为活泼亲民有益的文化传播载体。在现实与虚拟世界中，建设立体化、全方位的中国文化传播体系，多途径多载体地进行文化输出。改变动漫网络游戏产业的一些短视行为，着眼长期发展目标，切实推进北京文化形象与文化竞争力建设。

B.16
2020年北京文化消费发展报告

张洪亮*

摘　要： 2020年受疫情影响，北京市的人均文化消费支出总体呈先降后升趋势，文化消费的空间得到了拓展升级，促进文化消费的主题活动积极展开，数字平台成为文化消费回暖的重要支点。下半年疫情好转、线下旅游和夜间消费活动的增加，共同推动文化消费额降幅收窄。目前北京的文化消费发展仍存在问题，首先，文化消费活动多由政府主导和补贴，民间自发消费需求有待释放；北京城乡间以及京津冀地区文化消费水平存在很大差距；夜间文化消费的空间及活动有待拓展和丰富。在疫情防控常态化背景下，首都北京应积极推动文化产品的供给侧改革，注重发展文化消费的数字化形态，实现文化产品准确投放并创新宣传渠道，健全现代文化市场体系。

关键词： 文化消费　经济复苏　文化发展

文化消费状况是衡量城市居民精神文化生活的重要指标，是居民家庭消费的重要组成部分，也是文化发展的重要内容。近年来，党和国家高度重视文化与文化消费对国家发展、社会进步的重要作用。2020年受到疫情影响，全世界的文化行业都受到了重创，联合国教科文组织预测文化系统将是受疫

---
* 张洪亮，北京市社会科学院博士后，助理研究员，主要研究方向为城市文化。

情重创最严重的行业,且是最难从其重创中恢复过来的行业之一[①]。但因我国对疫情的防控卓有成效,北京文化消费在经历了第一季度的冰冻后,也逐渐走向复苏。

一 2020年北京文化消费情况

(一)总体:降幅持续收窄

2020年在疫情的影响下,中国经济受到重创。疫情暴发初期,全国范围内文化行业收入都严重下降,2020年第一季度,全国规模以上文化及相关产业企业实现营业收入比上年同期下降13.9%,在文化及相关产业9个行业中,文化娱乐休闲服务收入降幅最大,同比下降幅度高达59.1%,其中娱乐服务下降最为突出,降幅为62.2%;景区游览服务降幅达61.9%;文化传播渠道类下降31.6%,其中广播影视发行放映、艺术表演的降幅分别为78.5%和46.2%。

首都北京人口密集,人员流动量大,在疫情通报后政府迅速启动了一系列防控措施,有效控制了疫情的蔓延,但与此同时,居家隔离政策,以及暂停聚集性线下活动的规定,使居民消费活动受到明显影响。北京市统计局"住户收支与生活状况调查资料"显示,2020年前三季度,北京市居民人均消费支出同比下降幅度为11.4%,数额仅为27944元;其中,城镇居民的人均消费支出数额为29947元,比上年同期下降了11.9%。其中,教育文化娱乐类的消费支出降幅更为显著。从2020年前三个季度的居民八项消费构成结构来看,北京人均教育文化娱乐支出额为1802元,同比下降44%,其中,城镇居民的人均教育文化娱乐支出达1973元,比上年同期下降43.9%。文化消费终端生产在疫情暴发初期迅速下降,呈现严重负增长趋

[①] Radermecker, AS. V. Art and culture in the COVID – 19 Era: For a Consumer-Oriented Approach. *SN Bus Econ* 1, 4 (2021).

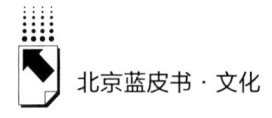

势，同比下降35%。

随着新冠肺炎疫情防控形势的不断好转，全市经济稳步恢复，北京市也启动了一系列旨在促进文化市场复苏、推进文化消费的措施。随着疫情防控和经济复苏同时进行，文化企业复工复产的速度明显加快，前期被压抑的居民文化消费需求得到了逐步释放。在经历了前8个月的负增长之后，9月，北京规模以上文化产业的总体收入数据回到正值，达到同比增长0.7%的水平。国庆长假期间旅游、演出等类型消费活动密集展开，进一步促进了文化产业的整体复苏。2020年第三季度，北京的消费者信心指数达到121.5，比上一季度高出3.5个百分点，为8年来最高。消费市场和消费态势逐渐好转，文化经济逐步回到正轨，疫情造成的短期冲击得到有效缓解。

（二）文化消费空间拓展升级

2020年北京的文化消费空间继续拓展，近郊和远郊的自然风光、人文景观受到更多关注，集休闲娱乐、艺术、购物等多功能于一体的消费空间升级现象突出。

首都文化消费空间不断拓展。在2020年北京市文化和旅游局发起的"首届北京网红打卡地"活动中，远郊（怀柔、平谷、密云、延庆）的自然景观和人文景观共有11处入选网红打卡地名单，近郊（通州、大兴、昌平、顺义、门头沟、房山）有12处，而传统城区（东城、西城、朝阳、海淀、丰台、石景山）共有15处（见表1）。说明在互联网和自媒体的信息传播环境下，北京市文化消费的主要空间不再过分集中于城市中心经典名胜方面，而是开拓至郊区。近郊、远郊的景观都得到了拓展和传播，并带动了周边文化消费的繁荣发展。

近郊、远郊的文旅消费空间以自然景观、古迹遗址、民宿资源为主，传统城区的文化消费空间则更多集中在文化艺术、阅读空间、文创园区、餐饮零售等方面。相比之下，近郊、远郊在人文艺术空间方面的消费资源相对欠缺。远郊的自然资源开发及其周边消费的崛起尤为突出，在住宿类网红打卡地评选中，远郊密云区的成绩非常显著，13个住宿类网红打卡地中密云区占据了7个，平谷区占1个，远郊区根据自然资源优势，进行了相应的配套开发和宣传推广。

2020年北京市文化消费空间继续升级，文化空间、园区逐渐发展为集多功能于一体的立体化消费场所，满足市民对餐饮、娱乐、购物、文艺演出和展览等多方面的消费需求。以王府井传统商务区为例，2017年入驻的王府中环近年来不断打造集人文、艺术与高端购物于一体的消费空间，2020年9月举办了艺术展等文化主题活动，12月起又举办了室内滑冰活动。类似地，东城区隆福寺地区也依托隆福寺丰富的历史文化资源，推陈出新，打造了立体化的现代文化休闲空间。这一新晋的网红打卡社区包含了阅读区域和面积达6000平方米的文化中心、飞行影院、特色精酿酒馆和餐厅等多层次空间。文化消费空间的优化升级，使文化资源形成集群规模，显著增强了空间的经济潜力。

表1　2020年北京网红打卡地区域分布

单位：个

类　别	传统城区	近　郊	远　郊	总　计
自然类	3	4	5	12
人文类	12	8	6	26
文化艺术	14	0	0	14
阅读空间	8	0	0	8
街区园区	12	2	0	14
餐饮及创新零售	11	0	2	13
住宿	1	4	8	13
总　体	61	18	21	100

（三）文化消费活动有序开展

2020年，为满足市民文化需求、助力疫后经济复苏，北京市政府和各区政府陆续主办了系列主题活动以激活文化消费。5月初，北京市发放了惠民文化消费电子券5000万元，其适用范围涵盖演出票务、电影票、图书采购、文

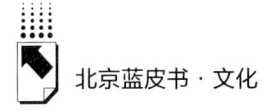

创产品、教育课程和景区门票等文化消费的各个方面。自2017年起，北京市国有文化资产管理中心便开始向北京市民发放惠民文化消费券以补贴居民文化消费需求，释放文化消费潜力。2020年考虑疫情对市民线下活动的影响，文惠券的适用范围还包含线上文化产品及服务。北京市推出网络阅读、网络视听、在线课程、文化电商等产品，以更好地满足市民文化消费需求。

一年一度的北京惠民文化消费季由北京市文化办等四家单位联合主办，是刺激市民文化消费、促进文化创新发展的重要品牌活动，至今已成功举办七届。第八届文化消费季于2020年9月启动，持续至12月，有丰富的品牌周活动，如"影视北京""艺术北京""书香北京"等，市民在参与这些活动的过程中，仍可使用上半年发放的惠民文化消费券。

和往年一样，2020年的惠民文化消费季仍然向社会公开征集十大系列榜单以及最能代表首都2020年文化消费趋势的50个代表性品牌。消费季期间共举办活动370余项，举办活动一万余场，参与人次达到23.89亿。其中北京坊、繁星戏剧村等入选"十大文化消费地标"；2020年的麦田音乐节、"诗词中国"以及短视频公司快手发起的"快手有非遗"等活动入选了"十大文化艺术活动"；由北京爱奇艺公司自制的网络综艺《乐队的夏天（第二季）》以及爱奇艺自制网剧《隐秘的角落》入选"十大网络视听精品"；此外还有"十大文化消费创意IP""十大文化创意产品"等系列评选活动。结合2020年疫情的特殊形势，本届文化消费季还增设了"年度特别贡献榜——抗疫防疫主题单元"的评选活动，五部文艺作品入选。朝阳区、海淀区、东城区、西城区等陆续推出了各自辖区内特色的消费季主题活动，形态丰富，受到市民欢迎。

（四）数字化消费模式抵御疫情冲击

2020年第一季度，在疫情影响下总体经济呈现下降趋势，但互联网文化消费和生产则逆流而上，保持着较快的增长速度。根据QuestMobile的调查结果，疫情之下，国内用户在咨询、生活、娱乐等方面的需求都转移到网络平台，我国移动互联网月活跃用户达到11.56亿人，比2019年底增加1700万人。

北京的数字经济及"互联网+"文化业态发展状况一直处于国内领跑地位,时至2019年,北京市的数字经济增加值占GDP的比重超过50%,位居全国之首。北京总计有37万个商家参与了2020年的"双十一"活动,参与商户数量在全国大中型城市中排名第二;在消费者的平台购买总量方面,北京也排名第二,其中新品牌、老字号、文旅产品消费需求旺盛。

文化消费的数字化形态,一定程度上缓解了疫情对线下实体文化经济的冲击。以音乐方面为例,2020年,超过70%的音乐人能够从QQ音乐、网易云音乐等数字音乐平台赚取收入,其中19%的从业者赚取收入达1000元以上。这个数字虽然直观来看较低,且与世界文化发达国家相比存在较大差距,但纵向比较的话已比往年提升很多[1]。在阅读方面,北京掌阅科技是国内领先的数字阅读平台,目前月活用户达1.4亿人,优质出版重磅书覆盖率在行业内位居第一。2020年前三个季度,北京掌阅科技的营业收入达到14.95亿元,比上年同期增长7.83%,归母净利润增长53.75%[2]。文艺演出方面,业内对疫情的反应十分迅速,将传统线下演出转移至线上,如国家大剧院推出"春天在线"系列音乐会,使观众能够足不出户欣赏音乐;北京京剧院则开通了线上平台,为观众直播现代京剧《许云峰》。短视频方面,目前领跑世界的头部企业快手、抖音都扎根北京,从QuestMobile的春季大报告数据分析来看[3],2020年3月抖音App的月活跃用户数已经达到5.18亿人,同比增长14.7%,月人均在线时长达到1709分钟,同比增长72.5%;另一重要短视频平台快手App的月活跃用户数达到4.43亿人,月人均在线时长为1205分钟,同比增长值分别为3.54%、64.7%。但与此同时,互联网网络广告营收出现下滑,同比下降19%。随着我国疫情防控工作逐步进入常态化,第三季度国内移动互联网用户的规模也趋于稳定,2020年1~9月,用户净增长规模已经超过上年全年的增长量[4]。

---

[1] 张丰艳:《2020中国音乐人报告》,第十期E法数字音乐论坛。
[2] 中国新闻出版研究院:《2019~2020中国数字出版产业年度报告》。
[3] QuestMobile:《2020中国移动互联网春季大报告》。
[4] QuestMobile:《2020中国移动互联网秋季大报告》。

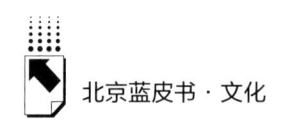

（五）文旅融合助力疫后经济复苏

在2020年前三个季度的消费数据中，旅游受到严重影响。第一季度，全国景区游览服务下降了61.9%，北京市的数据更为惨淡，前三个季度旅游区（点）收入合计270755.3万元，同比下降60.2%，接待游客11294.4万人次，同比下降54.3%；旅行社接待国内游客401284人，同比下降84.6%，入境游客为28148人，同比下降96%。但随着疫情形势好转，旅游消费的降幅明显收窄。据北京市文化和旅游局的统计数据，国庆长假期间，北京共接待游客998.2万人次，较上年同期增长8.4%，旅游总收入达到115亿元，较上年同期增长2.9%。

受疫情影响，国庆长假期间市民选择不出京游玩的比例暴增，远近郊区景点获得了良好契机，京郊精品民宿的入住率高达90%左右，京内旅游人数较2019年国庆假期增长了10.6%。整个国庆假期北京旅游总收入较上年增长了25%，高达23.9亿元。长假期间，开心麻花剧团、孟京辉工作室系列话剧、德云社相声大会等演出在北京各大剧场开演，全市举办营业性演出共88台436场，票房收入达2470.8万元。大麦网发布的数据显示，国庆期间，全国线下专业演出达4000多场，各类演出供应稳步增长，其中增长最快的是音乐节类型，同比增速高达130%，而线下演出消费实力排名前十的城市中，北京位居第一[①]。

（六）夜间消费解冻后明显上升

在中国旅游研究院发布的"2020中国夜间经济二十强城市"排名中，北京位列第一。2019年北京市商务局印发了《北京市关于进一步繁荣夜间经济促进消费增长的措施》，推出13项具体措施，努力打造"夜京城"城市消费品牌，此后发展北京夜间经济的工程陆续展开。2020年在疫情冲击下，相关政策的推行受到一定影响，但随着疫情防控的趋势向好，夜间消费场景逐

---

① 大麦网：《2020演出国庆档观察》。

渐恢复。夜游、夜展、夜市、夜读等活动陆续举办，灯影嬉游，场景多元。8月到12月，玉渊潭公园推出了沉浸式户外体验展，大批游客前往享受夜间光影游园；石景山游乐园开放夏季夜间园游会活动；北京世界公园启动夜游、夜间表演模式；八达岭夜长城、奥森公园、香山公园等补充了夜间餐饮供应。在国庆假期，北京夜间景区门票销售额较上年同期增长12.66%，其中王府井、南锣鼓巷、北京首创奥莱休闲驿站景区、北京市大栅栏商业街区等知名景点位居夜间门票销售排行的前十。夜间游玩、演艺活动也丰富多彩，国庆节前三天，北京首创奥莱休闲驿站在园区举办了持续62小时的文旅促销系列活动，仅10月1日，游客数量就比2019年同期增长了17%。

2020年6月发布的《北京市促进新消费 引领品质新生活行动方案》再次强调了点亮北京夜间经济的重要性，北京市陆续启动了"夜京城2.0"行动计划，包括设计研发了10条左右"夜赏北京"专门线路，策划夜跑、夜间秀场等户外活动；鼓励有条件的博物馆、美术馆、景区公园、特色商业街等夜间消费场所延长夜间营业时间等。预计到2021年底，首都"夜京城"地标打造将接近完成，进一步满足市民的夜间消费需求。

二 北京文化消费存在的问题分析

（一）政府主导，民间自发消费需求不足

我国作为世界第二大经济体，文化消费的规模和层次与世界主要发达国家相比，仍处于较落后水平。北京作为全国的文化中心，文化消费已经领跑我国。据统计，2019年北京市居民人均教育文化和娱乐支出为4311元，超出全国平均水平近72%，但即便如此，与发达国家的文化消费数据相比，也存在明显差距[1]。根据国际经验[2]，当人均GDP达1000美元时，

---

[1] 北京国有文化资产管理中心、中国传媒大学文化产业管理学院：《北京文化产业发展白皮书（2020）》。
[2] 李惠芬：《文化消费的困惑"国际经验"与实践的背离》，《南京社会科学》2019年第8期。

文化消费支出应占个人消费的18%；当人均GDP达3000美元时，文化消费支出比重应达23%；而当人均GDP达5000美元时，文化消费将会出现快速增长的现象。2019年，北京的人均GDP为164220元人民币，约25400美元，已远超5000美元，但北京市的文化消费占比并未出现井喷式增长。同年，全市人均消费支出为43038元，人均文化消费支出为4311元，也即文化消费在个人消费中的比重只占到了10%，文化消费占比存在发展上的天花板，有待突破。

在推动北京文化消费发展的过程中，政府有形之手与市场无形之手相结合，但政府主导的分量显然更多。政府不仅出台大量政策，且提供了技术支持，主办了各项主题宣传活动，开拓了文化消费的渠道，积极引导市民形成文化消费习惯。回顾2020年北京市的文化消费相关主题活动（见表2），可以发现大部分刺激文化消费的活动都是官方主导的，民间企业或民众自行发起的较少。在经济双循环的新背景下，构建经济新发展格局，扩大内需至关重要，政府不但应牵头文化消费活动和文化消费资源，也应积极联合民间文化组织、文化机构和企业，打造首都文化消费品牌，激发文化消费的内在动能，进一步释放居民潜在的、自发的文化消费需求。

表2　2020年北京市文化消费相关大型活动

活动名称	主办单位
2020北京消费季	北京市人民政府、中央广播电视总台
2020北京文创市集	北京市委宣传部、市委网络安全和信息化委员会办公室、市国有文化资产管理中心、市文化创意产业促进中心
第九届"动漫北京"游园活动	北京市文旅局
30条线路漫步畅游北京系列活动	北京市文旅局
佳作好戏亮相舞台系列活动	北京市文旅局
"双节"群众文化系列活动	北京市文旅局
北京信息消费节	市经济和信息化局、市商务局、朝阳区政府、石景山区政府、丰台区政府

续表

活动名称	主办单位
北京惠民文化消费季	北京市文资办、市文化局、市新闻出版广电局（市版权局）、市文物局
首届北京国际游戏创新大会	数字出版协会、海淀区委宣传部、中关村科学城电子竞技产业协会、北京时度效文化传播有限公司
"首届北京网红打卡地"评选活动	北京市文旅局

（二）文化消费区域发展不均衡

2020年前三季度，北京全市居民在教育、文化和娱乐方面的人均消费支出为1802元，其中城镇居民人均支出1973元，而低收入农户人均支出则为378元，即城镇居民在文化方面的支出水平，是低收入农户的5倍多。显然目前北京的文化消费主要还是高收入群体在带动，农村、低收入群体文化消费的意愿相对较弱且稳定性较弱。受消费结构、观念等限制，低收入群体在文化方面的消费以休闲娱乐消费为主，对于知识性、精神性的优质文化产品，消费需求和意愿不够强烈，城乡居民在文化消费结构上存在较大差异。

京津冀区域协同发展也面临着发展不均衡问题。《京津冀协同发展规划纲要》已加快了京津冀文化协同发展的步伐，但就文化消费分布和水平来看，京津冀三地仍然有较为明显的差距。

表3　京津冀部分城市居民每月文化消费金额统计

单位：%

城　市	100元及以下者占比	100~500元者占比	500元及以上者占比
北　京	25.83	39.33	34.84
天　津	22.61	47.62	29.77
石家庄	35.50	42.50	22.00
保　定	34.46	45.20	20.34

资料来源：刘焱、刘园园：《京津冀文化消费的影响因素与结构特征》，《河北大学学报》（哲学社会科学版）2020年第6期。

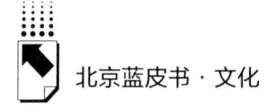

从表3可以看出，每月人均文化消费在500元及以上者北京占比最多，即北京的文化消费能力最突出；天津次之，天津市每月人均文化消费数额为100~500元，处于京津冀三地中的中间水平；而每月人均文化消费金额在100元及以下的，石家庄市占比最高，石家庄和保定每月人均文化消费金额在100元以下的比重分别为35.50%和34.46%，远远超过北京和天津，即河北省人均文化消费在京津冀三地处于低段水平。可见当前京津冀区域文化消费市场发展水平不够，三地尚未形成统一、开放、共享与内在联动协同创新的文化消费市场。

（三）夜间文化消费空间有待优化

自2019年北京市出台文件倡导大力发展夜间经济之后，北京市也推出了多项刺激夜间经济增长、激活居民夜间消费的举措。但目前，北京市的夜间经济动力有待增强，尤其是夜间文化消费场所需要拓展，夜经济"点亮"的面积需要扩大，活动丰富性亟须增强。根据学者的相关调研，目前北京市民对于夜间文化消费目的地的选择中，有如下几个方面的影响因素：通过旅游资讯选择游览地的游客占比为35.7%；以亲友（朋友圈）推荐作为游览依据的占比为39.6%；直接选择经典知名地的游客占比最高，为65.2%；选择新晋网红打卡地的游客占48.4%；还有22.6%的受访者表示并无确切目的地，而是"随性，走到哪看哪"[1]。这一现象说明夜间文化消费产品、场所的供给及其宣传推广效果都存在一定缺口。从数据中可看出，占据夜间文化消费主流的仍是传统的经典景区，然而就北京的情况而言，经典知名地多集中在老城区，受到距离限制，中青年上班族难以在工作日的晚上专程前往老城区进行夜间文化消费，因此，在新兴产业聚集区周围、近郊等居住人口密集区域的夜间文化消费空间应得到继续加强和拓展。新兴网红打卡地对市民夜间消费目的地起到了强大的引导作用，"打卡文化"尤其吸引着年轻

---

[1] 范文静、霍斯佳：《北京老城夜间文化消费需求与提升建议》，Science and Engineering Research Center, Proceedings of 2020 International Conference on Education E-learning and Social Science（EELSS 2020）。

游客，因此应积极把握契机，营造近郊网红打卡地，并丰富宣传推广通道，以满足中青年消费群体的夜间文化消费需求。此外，夜间消费与北京城市文化的深度融合程度也有待增强，应加快培育具有北京城市特色的夜间消费活动，注重文化与夜间消费的结合。

三 北京文化消费的对策与建议

（一）推动文化供给侧结构性改革

中国共产党第十九次全国代表大会报告指出，当前社会的主要矛盾"已经转化为人民日益增长的美好生活需要和不平衡不充分的发展之间的矛盾"，文化产业供给侧结构性改革必要而紧迫。从供给侧看北京市当前的文化产业发展状况，同样存在着同质化、发展不够充分、资源配置错位等结构性矛盾。对此，北京市应积极深化文化产业的供给侧结构性改革，通过开放并优化供给端，激活文化消费的内在动力，从源头上保障文化产品的质量。应加大优质文化产品的开发力度，缩减文化市场中低俗、低端、过剩的产品供给比重，重视文化精品、高科技产品的生产和推广；充分运用信息技术精准评估需求，提升文化产品供给的质量和效率，打造智慧型消费模式，实现文化产品供给的"精准滴灌"；优化文化产品的生产方式，实现从粗放型到精细型转型，有的放矢，鼓励原创，重点打造拳头型文化精品，提升文化产品的国际竞争力，培育具有首都特色的本土文化品牌；培育文化新业态，增强文化供给多样性，丰富文化消费场景，提供高质量、多元化、个人化的文化消费产品和服务；加强资金、人才、资源等基本要素保障，满足群众多样化精神文化需求，以文化创新刺激文化消费。

（二）加快发展数字化文化消费模式

在疫情防控常态化背景下，线上文化消费新模式发挥的作用日益凸显。2020年9月4日，习近平总书记在2020年中国国际服务贸易交易会开幕会致辞中表示，支持北京建设以科技创新、服务业开放、数字经济为主要特征的自贸试验区。在此语境下，政府应鼓励数字内容生产平台建设，并持续优化平台环境，为内容发布者提供更健康的创作环境和推广通道；积极运用前沿信息技术，例如大数据监测和定制，定位文化消费的用户市场，挖掘潜在用户；充分运用互联网技术，探索文化消费的数字化新场景，升级首都智能型文化消费平台，让新技术充分融入文化产品的生产和传播、流通环节中；持续推进"互联网+文化"的发展模式，打通线上和线下的传播、推广和供给渠道，将高质量有创意的首都文化品牌带到消费者面前；扩大文化消费新模式，变革文化消费的渠道，鼓励云上文化和线下文化消费场景联动，促进实体文化产品和信息内容产品的双重升级，打造标准化的O2O智慧型文化服务消费平台。在双循环的经济背景和疫情防控常态化的社会背景下，补齐文化消费供应链短板，加速北京的数字经济试验区发展，将数字经济对首都经济的作用发挥到最大，从而推动更高层次的改革开放新格局的形成。

（三）善用自媒体精准推广

大众传媒广告制造消费神话的时代正在逐渐退场，如今，以社交诉求为圆心的个性化、风格化的消费，日益成为消费者尤其是中青年消费群体的主流追求，消费者更期待通过消费行为，获得新奇好玩、具备社交功能且能彰显个性和审美趣味的多元体验，与之相呼应，社交平台日益成为文化产品营销的新形态。以推广城市地标性景点、餐饮娱乐场所为例，早期像大众点评等以PGC为基础，以UGC为核心的专业性推广平台，如今正受到小红书、抖音、微博等强社交属性媒介平台的冲击。2020年的北京网红打卡地评选活动中，钟书阁、地铁西郊线以及众多远郊景区等看似"冷门"的地点得以上榜，得益于抖音、小红书、口碑、微博等自媒体平台的宣传推广。比起具体的消费内容，城市热门打卡地的营销，更依赖于时髦、个性化、适合拍照等标签属性。文化产品作为一种精神产品，需要牢牢抓紧消费者的心理诉求和消费动因，结合不同平台的主力用户、传播方式、消费倾向，明确文化产品或文化地标的风格定位，进行最为高效、精确的匹配和推广，激发不同消费群体的内在消费动机,让文化产品直达用户,从而提升文化产品的有效转化率。

(四)提升文化消费层次

一座城市文化消费环境的打造,不仅关系到城市经济的发展,也反映了居民文化需求的总体层次和形象。作为全国文化中心的首都北京,文化消费不仅要蓬勃发展,在数量上求多,更要优化消费结构,提升消费层次。目前在北京乃至全国的文化消费内容结构中,同质化、低层次的文化产品,以及休闲娱乐等消费占据的比重较大。以网络文学为例,目前网文流量的半壁江山都被修仙、穿越和都市言情等类型占据,这类作品不但美学价值不高,且表达的核心观念往往无益于社会主义精神文明建设。同样,短视频、直播等平台固然为城市经济带来了巨大效益,但内容低俗、混乱、抄袭等乱象也频频出现,需要继续推进有关部门监督指导和平台自身整治清理工作,实现有序整改。随着文化资源日益丰富,居民的文化选择更加广泛,审美和精神需求也日渐增加,与时俱进提升文化产品的水准,营造文明和谐的文化消费环境对首都的文化建设至关重要。须积极推进更高水准的文化产品生产供给,在把握文化消费热点的同时,提升文化消费品质,更加注重优质文化、传统优秀文化以及当代先进文化潜力的挖掘,凸显北京深厚的文化底蕴,传扬大国首都精神。

(五)优化文化消费市场环境

目前,消费者对文化消费端有一些误解,尤其是对内容付费的认识还不够深化,自主性不强,例如仍然广泛存在的"网络文化=免费商品"的错误消费观,限制了内容付费产品的发展,而盗版盛行也对数字出版行业造成巨大损害。再如在音乐数字化付费方面,我国在线音乐付费用户规模尽管处于一个发展扩大的趋势中,但用户付费的习惯仍没有完全形成。首都作为全国文化中心,应积极培养市民文明的文化消费观,端正文化消费的态度,正确认识文化产品尤其是数字文化产品的经济价值。文化消费离不开健康的文

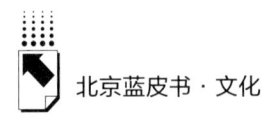

化市场环境，政府应积极发挥宏观调控职能，对文化消费市场进行正确引导和监督。在政策上要改进执法和监管的方式方法，依法打击扰乱文化市场秩序和盗版侵权的行为，扫除不健康的文化产品及服务，建立健全文化市场信用监管机制；创新文化治理模式，构建现代化的文化市场体系，优化文化消费环境。同时应建立科学的文化消费满意度评价体系，把民众反馈作为文化市场改进的依据，让各项激励政策更趋高效合理。

B.17 后疫情时代北京演艺行业的探索突破、特征趋势与生态体系建构

胡 娜*

摘 要： 后疫情时代北京演艺行业的发展出现了诸多变化。演艺文化与科技的融合成为行业重要的发展认知，这一认知既体现在顶层设计层面，也体现在疫情催化和行业本身升级等层面。在"上云上线"的总体导向下，北京演艺行业呈现出经典资源和剧目"上云上线"、超高清技术在演艺行业惊艳首秀、演艺跨界融合意识明显增强、线上与线下演出同步、原创剧目网络孵化开始出现、社交功能成为云演艺的重要内容等六大特征趋势。深入推动演艺行业"上云上线"，建构更为完善的生态体系是推进演艺行业文化与科技融合的必由之路。

关键词： 后疫情时代 演艺行业 "上云上线" 生态体系

2020年，对演出行业来说，无疑是充满挑战的一年。突如其来的疫情让依托于线下场馆消费的演出活动停摆，众多演出行业机构陷入经营困境或者倒闭。如果说在疫情初期，大家对疫情的估计不足，多数机构还在等待观望的话，随着国人对疫情认知的加深，传统依托于线下场馆演出的演艺行业开始了不同形态的网上探索与尝试。北京的剧场和院团以及演艺

---

* 胡娜，博士，中国戏曲学院国际文化交流系副教授、中国文化创意产业研究会产业发展部主任，主要研究方向为艺术和演艺经济。

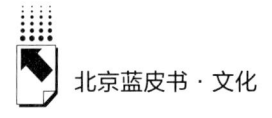

产业链其他各个环节，也在以不同的方式积极探索演艺行业的"上云上线"。演出行业的"上云上线"，不仅仅是对疫情的应对，也折射出演艺行业对文化与科技融合的认知。

一 演艺行业文化与科技融合的认知发展及突破

文化与科技的融合，是文化产业发展从认知到实践的重大问题，也是文化产业高质量发展必须突破的着力点。具体到演出行业，由于原有价值形成的基础、文化信息资源分布的特征、行业存在的认知差异与发展趋势的差异而又与其他文化产业的部类呈现出不同的发展形态。总体而言，演艺行业文化与科技融合的认知与进展体现在以下几个方面。

（一）演艺行业文化与科技的融合开始纳入顶层设计的范畴

2016年国务院出台《"十三五"国家战略性新兴产业发展规划》，数字产业被列入五大十万亿级战略新兴产业之一。其后，文化部出台《关于推动数字文化产业创新发展的指导意见》，提出大力推动包括演艺娱乐、文化旅游在内的传统文化产业数字化转型升级。2020年《北京市推进全国文化中心建设中长期规划（2019年～2035年）》发布与实施，提出北京在未来要建设演艺之都和音乐之都，而且在发展路径部分明确指出要推动相关行业与科技结合，如在演艺中要依托科技"推出沉浸式、互动式等演艺业态"，在音乐行业中"支持互联网音乐产业核心技术和大数据研发，推动音乐与互联网、大数据、人工智能等新技术融合创新。"[1] 演艺行业文化与科技的融合正成为北京文化建设的重要实践。

---

[1] 《北京市推进全国文化中心建设中长期规划（2019年～2035年）》，来源http://www.beijing.gov.cn/zhengce/zhengcefagui/202004/t20200409_1798426.html。

（二）疫情催化演艺行业与科技融合的进程

中国的演出行业也开始更加关注与科技的结合。但相比文化产业的其他组成门类，演艺这样一个长期依托线下场馆、受众体量有限，且以演出票房为主要赢利方式的领域，数字化发展一直较为缓慢，对文化与科技结合的理解还较为单一，产业结构也相对单一。即便是长期汇聚世界高端演出资源和国家代表性剧院团的北京，也是更多地关注优质剧目的引进和剧目创作，而对产业生产要素的配置和产业链的拓展建设关注有限。此次疫情给依托线下消费和票务赢利的传统演出行业造成了极大的冲击，让行业从业者不得不面对行业本身产业结构的问题。

（三）"上云上线"助力演艺行业升级拓展

2020年7月17日，文化和旅游部召开帮扶企业纾困推动产业发展经验交流会，明确提出要把握数字经济机遇，狠抓线上发展，加快产业数字化、数字产业化，释放数字化对文化产业和旅游产业的放大、叠加、倍增作用。要巩固云演艺发展势头，推动演艺企业、机构"上云上线"，积极探索可持续的商业模式[1]。一方面是疫情的倒逼；另一方面是相比受剧场空间限制的传统线下演出，互联网给演艺带来了更为惊人的关注度和传播力，让演出行业发现了更多可能。如果说在此之前表演艺术的线上传播只是个别机构的实践探索的话，在线下演出停滞的今天，演艺文化的在线传播，成为政府、行业、社会共同关注的话题。2020年，是5G和直播技术在表演艺术领域的运用加速推进、线上演艺形态多元化发展的一年。北京原来依托于线下文化场馆消费的文化演艺机构将剧目视频、演出、活动、艺术教育搬到了线上，甚至开始直播带货，各种在线项目让人目不暇接。经历过近一年的线上探索，从疫情初期的线上尝试到现阶段一些演艺组织机构在线上传播的基础上开始

---

[1] 《文化和旅游部召开帮扶企业纾困 推动产业发展经验交流电视电话会》，https://www.mct.gov.cn/whzx/whyw/202007/t20200717_873584.htm。

考虑更加系统的、长期的线上业务规划以及线上和线下的融合，演艺行业文化与科技融合的趋势日益明显。

2020年2月，中国演出行业协会演艺新业态发展委员会宣告成立，国家京剧院、中国歌剧舞剧院、北京保利剧院管理有限公司、中演演出院线发展有限责任公司、北京演艺集团有限责任公司等多家北京地区的演艺机构加入，充分体现了北京演出行业在面对疫情挑战及适应技术发展方面的担当与探索意识。如前文所说，演艺行业就艺术与科技结合，特别是互联网平台对舞台艺术生产、传播、消费的影响已经开始形成共同的问题意识和探索意识。从文化与科技融合的时代发展趋势，到疫情这场社会公共危机给行业提出的现实需求，再到演艺行业自身的内部提升、内涵式发展，演出产品的"上云上线"不是一时之需，也不是传播介质、传播平台的改变，而是将演出行业的内生发展与外部需求深度联结的一次认知转换。

二 北京演艺行业"上云上线"的特征与趋势

"上云上线"已经成为演艺行业的重要趋势，2020年2月，北京市《关于应对新冠肺炎疫情影响　促进北京文化企业健康发展的若干措施》（下文简称《措施》）发布，全产业链、组合拳政策支持文化企业渡过难关，并特别指出培育产业发展全新动能。为帮助演艺和娱乐企业应对疫情影响，北京市明确提出进一步鼓励推出线上公共文化产品和服务、培育演艺和娱乐新业态。北京市也提出，针对具备网络传播条件的北京文化艺术基金支持的项目，项目单位可利用微博、微信、微视频等网络资源，开展网络直播、展览、授课等线上文化活动，并且网上开展的文化活动可纳入项目实施计划。在系列政策的指导下，北京市的文化演艺活动的线上传播开始展开。总体而言，"上云上线"体现出以下六个方面的特征与发展趋势。

（一）经典资源和剧目"上云上线"

北京市文化和旅游局组织的第九届北京市文学艺术奖舞台艺术获奖剧目

展演、北京影偶艺术周,以及国家话剧院、北京人艺等多家院团都将经典资源上传至互联网云端或开设专门的云平台。除了演出资源的"上云上线",不同的演艺机构也在结合自身机构定位和现实情况的基础上,通过与互联网的联结探索演艺文化传播的新路径。

(二)超高清技术在演艺行业惊艳首秀

自2020年4月11日起,国家大剧院陆续推出"春天在线""声如夏花""华彩秋韵""冬日之约"等系列线上演出,更是全球首次将5G+8K超高清技术运用在表演直播中。这些线上高水准演出和高品质直播,已在此次全球疫情中成为国家大剧院重要文化品牌乃至世界艺术领域的重大文化事件。

(三)演艺跨界融合意识明显增强

中国东方演艺集团的演艺线上传播实践和思路则体现了鲜明的跨界融合意识,除了线上演艺项目的探索外,线上艺术教育、海内外新媒体营销渠道建立、产学研融合是其发展特色。其与不同性质的研究机构共同成立全息演艺实验室、文化演艺社群经济实验室以及开展系列研究等举措,都体现了其对演艺行业"上云上线"的认知不仅是在产品或者活动层面,还有对演艺产业结构的探索,同时也关注到了研究分析以及人才在演艺产业结构转型中的作用。

(四)线上与线下演出同步

北京演艺集团作为目前国内艺术门类最齐全、内容产品最丰富、资产量最大的国有演艺机构,除了创作三百余部抗疫作品线上播放外,还积极探索推动线上演艺的发展。2020年4月30日,北京演艺集团首个网络剧场——"京演快剧场"上线;5月5日,集团首届线上演出季推出。2020年7月24日,北京演出市场开放后的第一场演出——集团旗下北京民族乐团带来的弹幕音乐会《国·潮》在全国地方戏演出中心上演,也实现了北

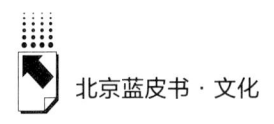

京演艺集团线上线下剧场的同时开启。在此之后,北京演艺集团着力推进了全天候线上演出品牌"京演剧场"的打造,集结集团下属不同剧院、不同表演艺术门类的院团资源,根据观众观演习惯,安排演出内容、创新栏目设计。互联网意识已经开始融入内容生产、线上传播及管理运营等多个环节。

在疫情期间,北京人艺除了将经典演出资源"上云上线"外,6月12日的北京人艺建院68周年纪念日直播演出500万人实时观看的纪录更是将舞台表演和互联网的结合推向了新的高潮。2021年春节,北京人艺的线上演播活动中,除了现场演出的同步直播,还有经典剧目的网络放送以及名家导赏、演员拜年、文创分享以及艺术家大师课等诸多环节。作为北京新兴的演艺地标,天桥艺术中心推出了系列线上艺文活动、剧场经理TalkShow以及在线艺术教育等不同样态的线上项目。在剧目创作上,由中国歌剧舞剧院出品、四海一家运营的全国首部线上音乐剧《一爱千年》在天桥艺术中心演出。之后,天桥艺术中心也启动剧目创投,在线下演出的同时推出了话剧《春逝》的线上版本。

(五)原创剧目网络孵化开始出现

由北京文化艺术基金发起、宽友文化运营的培源青年戏剧人才培养及剧目孵化平台,将剧本朗读、showcase搬到线上,通过网络直播为全国各地的观众、专家、投资人和原创剧本搭建交流平台,在创新在线活动形式的同时,也强化了互联网在信息传播和产业资源匹配上的优势。天桥艺术中心在这一平台上选择了原创剧本《春逝》启动线上线下的剧本创投项目,国内多个艺术节也纷纷开设培源剧目孵化板块。剧目孵化的"上云上线",更有效地打通了生产要素市场,互联网在原创剧目孵化中的价值逐渐显现。

(六)社交功能成为云演艺的重要内容

从北京演艺行业的"上云上线"来看,不同表演艺术门类、不同体量

后疫情时代北京演艺行业的探索突破、特征趋势与生态体系建构

大小、不同性质的院团、场馆都做出了有益的尝试。值得关注的是,在此次演艺行业的线上转型过程中,国有文艺院团和传统上被认为传播路径单一的戏曲院团表现出了鲜明的责任与担当意识。6月7日,北京京剧院国内首部采用线上方式进行云首演的戏曲大戏《许云峰》拉开了戏曲在线首演的大幕。2021年2月,为响应"就地过年"号召,国家京剧院与咪咕以5G+4K云演播的全新模式联合推出经典大戏《龙凤呈祥》。有别于传统线下演出和之前单一的演出直播,此次线上版本的《龙凤呈祥》突出多视角、云互动、云导赏、跨界传播,强化导赏环节,增加艺术讲解,设计了"云包厢""云呐喊""云打赏"等互动功能,展示了院团与制作团队对戏曲在线演播社交功能的探索。此外,北京演艺集团下属的多家戏曲院团也创新地开展了多种线上演出和活动,并将线上项目作为院团发展的重要目标列入了机构的整体规划中。

从疫情初期的观望等待,到后来探索尝试再到现在的持续思考和上升到组织战略的系统规划,北京演出行业对于演出"上云上线"的思考与探索已经由形式、途径向更深入的管理运营意识转化。从某种意义上来说,文艺院团的此次上云上线,不仅是共度时艰的举措,更是行业对自身的一次反思和突破。

三 建构演艺行业"上云上线"的生态体系

理解、看待演艺行业的"上云上线",需要将演艺行业对疫情的应对与产业长远发展的需求结合,从更加完整的生态体系建构来考量。

其一,新业态不是单一的技术运用,而是由内至外的新关系的建设。于演出行业内部,对作为传统业态的演出来说,数字化转型背后更重要的是行业从业者的认知观念转变,包括新创作观念、对艺术与科技结合后表演关系的认知以及新的管理运营理念,这是一个涉及演艺产业不同环节的内部变革问题。于外,数字化转型对技术与平台有较强的需求,这就要求演艺行业认真思考和互联网机构、科技企业的合作关系与形式。特别是在建设初期赢利

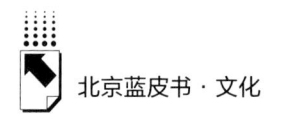

模式还不清晰的情况下，更需要寻求更多共同的价值增长点，在此基础上结合不同的表演艺术内容、互联网平台企业定位、分账和收益规则设计不同的合作模式。

其二，重新认识创作与消费的关系。"上云上线"是外部形态，而健康的、可持续的新业态的建构从某种意义上来说是一个完整且不同于过往的新生态的建构过程。要在新生产与新消费中寻找、创建新关系，特别是以用户为导向的新的观演关系，以适应并刺激新消费的产生。互联网消费的重要特点是鲜明的大众参与和社交属性，这与传统的剧场观演形成的空间社交不同。而这种风格迥异的社交属性又会对观演关系带来新的挑战。传统演出行业对受众的关注形式较为单一，对网络文化消费的特征把握更是不足，这些都是现阶段演艺产品"上云上线"的掣肘。

其三，线上线下关系有待进一步明确。虽然"上云上线"已经成为传统文化产业数字化转型的重要方式，但从行业发展的现实来看，由于互联网行业存在数据泡沫、线上演出付费转化率较低等现实问题，演出从业者因无法在短期内得到清晰的赢利模式而有所疑虑。这种疑虑也是对线上与线下的关系缺乏清晰认知的结果。对于优质剧目来说，线下消费和线上消费不仅是消费场景的差异，更有观众消费心理的需求差异和消费体验的差异，这决定了线上与线下不是替代品而是互补品。但这也意味着线上与线下需要新的、有区分度的、更加完整的消费体验场景建构。

其四，演艺线上传播的产品竞争力和营销水平需要进一步提升。"上云上线"拓展了演出的传播途径，5G技术和互联网平台的介入，在一定程度上推动了演出从窄众传播向宽众传播的转换，但同时也将演出产品置于和大众娱乐产品同样的消费竞争中。大IP、粉丝经济、下沉需求、娱乐性强往往是网民关注度较高的线上产品的主要特点。与此同时，对于强调便捷性、即时性、碎片化的互联网文化消费来说，动辄长达一两个小时而缺乏娱乐性、互动性的舞台演出并不具备优势，因此，属于不同表演艺术门类的演唱会、综艺活动、话剧、戏曲、舞蹈，都应该有基于自身艺术特色和传播特点的新方案。并且不同艺术的价值增长点也各不相同，营销导流方案也有所差异，这都需要院团、剧场、经纪机构及技术平台的深度挖掘。

《北京市推进全国文化中心建设中长期规划（2019年~2035年）》提出建设演艺之都，并特别提出做强演艺运营，从不同角度发展完善演艺产业结构。演出的"上云上线"，背后更深层次的是融合创新思维、产品思维、受众思维、管理运营思维等互联网思维在演艺产业中的体现。演艺行业的数字化转型，和众多其他传统文化产业、行业、领域一样，既要关注前沿，开放创新，也要深耕内容，夯实产业逻辑，只有这样才能真正实现健康的、可持续的发展，我们的"上云上线"也才能真正满足人民群众的文化消费需求。此次疫情让不同国家的演出行业都面临共同的危机，当之前的种种先进经验完全无法借鉴参考、线上成为主要出口的时候，如何面对这场危机是全世界所有演艺从业者的共同问题。而在全国文化中心城市建设进程中的北京，应该带头探索演艺行业数字化转型的解决方案，以北京经验、中国经验为世界演艺行业发展贡献智慧与力量。

B.18 "十四五"时期北京市文化产业布局优化和功能提升研究

刘 敏 程婧瑶[*]

摘 要： "十四五"时期北京市文化产业的布局在"十三五"的基础上深入推进，呈现出"一核一城三带两区"总体布局框架逐步构建、以集聚区为重要载体的发展格局加速形成、各具特色的文化新地标不断涌现、文化消费集聚区得以发展等总体特征。但是，也有各城区文化产业发展存在差距、"一城三带"之间缺乏关联性等问题。破解这些问题，可以从构建"一核、五极、两轴、多节点"总体布局、优化六个特色文化产业功能布局、打造多层次文化产业集聚区、开发具有国际影响力的新兴文化空间、有效利用非首都功能疏解腾退空间、有效利用非首都功能疏解腾退空间、推动环首都生活圈文化产业功能布局等方面开展工作。

关键词： 文化产业 布局 功能 "一城三带"

一 北京市文化产业布局现状及特征

（一）"一核一城三带两区"总体布局框架逐步构建

"十三五"时期，北京市提出了"一核一城三带两区"的总体架构。

---

[*] 刘敏，博士，国家地理空间信息中心副研究员；程婧瑶，国家地理空间信息中心高级工程师。

"一城"是指北京旧城墙之内62.5平方公里的老城范围,"三带"分别指大运河文化带、长城文化带、西山永定河文化带。大运河文化带即京杭大运河北京段,全长82公里,横跨昌平、海淀、西城、东城、朝阳、通州、顺义等7个区;长城文化带即长城北京段,横跨平台、门头沟等6个区,全长573公里;西山永定河文化带涵盖昌平、海淀、石景山、丰台、门头沟和房山等8个区。"一城三带"基本涵盖了北京全部世界文化遗产,共同构成了北京建设历史文化名城的基础,是重要的首都功能区,也是京津冀协同发展空间载体和文化纽带。

(二)以集聚区为重要载体的发展格局加速形成

"十三五"时期,北京市积极出台鼓励政策,推动文化产业集聚区建设。为了促进文化产业发展,2006年北京市政府将文化产业作为北京市"十一五"期间重点发展的主导产业,将建设文化产业集聚区作为推动文化产业发展的主要途径。2006~2010年,北京市陆续认定了30个市级文化创意产业集聚区;2014年北京市提出要建设20个文化创意产业功能区;2018~2019年北京市出台《北京市文化创意产业园区认定及规范管理办法(试行)》《关于加快市级文化创意产业示范园区建设发展的意见》,并认定首批33家北京市文化创意产业园区,为北京市文化产业的高质量发展提供了空间载体支撑,文化产业集聚区分布格局基本形成。从首批认定的33家北京市文化创意产业园区分布来看,西城区8家,东城区4家,朝阳区10家,海淀区5家,大兴区3家,通州区、昌平区、经济技术开发区各1家。从业态来看,包含设计创意、文化旅游、文化艺术、广播影视、动漫游戏、出版发行、广告会展等多个领域。2020年,为进一步推动文化产业园区高质量发展,根据《北京市级文化产业园区认定管理办法(试行)》(京文领办发〔2020〕4号),中共北京市委宣传部组织开展了2020年度北京市级文化产业园区认定评审工作,评审确定了98家"2020年度北京市级文化产业园区",其中市级文化产业示范园区10家、市级文化产业示范园区(提名)10家、市级文化产业园区78家。

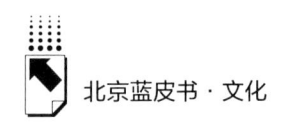

（三）各具特色的文化新地标不断涌现

"十三五"时期，北京建成了一系列具有国际影响力的新型文化空间。在文化艺术区方面，朝阳区积极建设了文化创意艺术区798、751D·PARK北京时尚设计广场、草场地艺术区、方家胡同46号、藏经馆胡同11号、北京22院街艺术区等文化创意艺术区。在文化小镇方面，积极建设了古北水镇、斋堂文化旅游小镇、雁栖国际会都小镇等特色文化小镇。在文创街区方面，东城区、西城区积极建设了皇城、大栅栏、鲜鱼口、什刹海、南锣鼓巷等重点老城历史文化街区和王府井等历史文化商业街区，朝阳区积极建设了三里屯等现代文化商业街区。在文化旅游景区方面，通州区环球影城主题公园等北京文化旅游新地标正在建设中，预计2021年建成开园。届时北京将利用主题公园的溢出效应，推进旅游、演艺、娱乐、文创等产业布局。

（四）文化消费集聚区得以发展

北京市文化消费集聚区已见雏形。2018年，北京市出台《关于推进文化创意产业创新发展的意见》，提出在西单、王府井、前门、三里屯、蓝色港湾等商业地区建立"文化商圈"，促进文化艺术与商业深度融合发展。2015年北京娱乐信报基于消费者主要文化消费场所、文化地区消费特色等因素，分析提出北京市十大文化消费圈，分别是长安街核心圈、东四剧场圈、工体潮流圈、南锣文艺圈、天桥演艺圈、五棵松文体圈、首体演出圈、鸟巢休闲圈、798新锐圈、潘家园古玩圈。从空间分布上看，这些商圈主要集中在东城区、西城区、海淀区和朝阳区。这些文化消费集聚区集聚了商贸、演艺、体育、古玩、休闲、娱乐、会展等文化业态，并已对周边地区文化产业发展起到了辐射带动作用。

二 北京市文化产业布局存在的问题

（一）各城区文化产业发展存在差距

中心城区文化产业发展远超其他地区。从文化产业空间载体上看，2018

年北京市首批认定的市级文化创意产业园区共33家，27家集中在东城区、西城区、海淀区、朝阳区，丰台区、石景山区尚无园区入选。从文化产业收入来看，东城区、西城区、海淀区、朝阳区2018年部分规模以上文化产业收入分别高达1447.6亿元、1009.2亿元、4469.7亿元、2267.3亿元，同期丰台区、石景山区仅为167亿元、426亿元。从区域产业发展定位来看，中心城区文化产业定位明确，但周边地区产业定位尚待优化，尤其是三大文化带地区（大运河文化带、长城文化带、西山永定河文化带）集聚了大量文化旅游资源，但文化产业发展规模和影响力均需进一步提升。

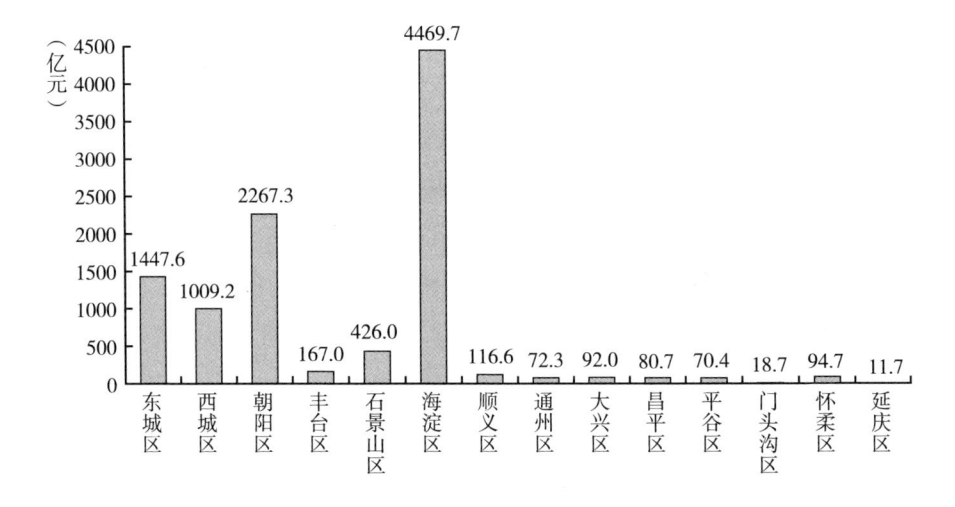

图1 2018年部分区规模以上文化产业收入

（二）"一城三带"文化产业关联性需要进一步提升

北京市已明确要建设以"一核一城三带两区"为总体架构的全国文化中心，但中心城区文化产业发展对周边三大文化带发展的带动性仍需进一步提升。在园区发展上，多数园区能够满足本园区企业服务需求，但集聚效应仍需提升，应进一步强化不同园区之间的产业联系，从而促进文化产业链和产业集群的培育和完善，以技术创新推动文化产业发展，

构建"高精尖"产业体系,进一步发挥"一城三带"拉动京津冀协同发展的作用。

三 北京市文化产业布局优化和功能提升重点任务

以习近平新时代中国特色社会主义思想为指导,坚定不移地走中国特色社会主义文化发展道路,全面贯彻落实党的十九届二中、三中、四中、五中全会和习近平总书记北京重要讲话精神,严格遵循北京全国文化中心定位,以高质量发展首都文化产业为主线,充分耦合"一核一城三带两区"的文化资源格局,构建"一核、五极、两轴、多节点"总体布局,以文化产业功能区、文化产业园区、具有国际影响力的新兴文化空间(文化新地标)为空间载体,联通带动中心城区与三大文化带共同发展。创新产业要素空间配置和功能组合模式,引领中心城区与通州城市副中心协同联动发展,着力提升北京全国文化中心的凝聚荟萃、辐射带动、创新引领、传播交流和服务保障功能,有效发挥文化产业对传统历史文化区域、工业遗址、老旧厂房、盘活腾退空间的带动作用,推动京津冀文化产业协同发展。

(一)构建"一核、五极、两轴、多节点"总体布局

构建"一核、五极、两轴、多节点"文化产业发展布局,实现"一城三带"文化产业功能衔接。

"一核"包括东城区、西城区。发挥产业发展的极核枢纽功能,促进产业中心隆起。以皇城文化、民俗文化为主线,强化历史文脉和老字号文化产业传承发展,做精做优非遗文博产业,打造高端文化旅游体验区。以天坛—天桥演艺功能区为重点,打造集演艺总部、剧目创作、文艺演出、旅游休闲等功能于一体的国家级演艺娱乐核心区。依托区域优势,大力发展文化金融、文化投融资等特色产业,积极发展创意设计、艺术品交易、出版发行等文化产业。

"五极"包括海淀区、朝阳区、通州区、丰台区、石景山区。其中,海淀区重点发展以"互联网+"、人工智能、虚拟现实、新一代通信技术等为特征的高精尖文化科技融合产业,超前培育下一代广播电视无线网(NGB-W)服务、新型文化终端设备、文化云平台、文化大数据等文化互联网新业态,依托科技优势,推动北京市游戏行业做优做大做强,建立精品网络游戏研发中心、网络游戏新技术应用中心,发挥北京中关村国家级文化和科技融合示范基地载体作用,提升制度创新和科技创新引领功能,推动形成可复制可借鉴的文化创新发展模式和政策体系。朝阳区积极推动媒体融合、创意设计、演艺娱乐和文化贸易发展,加快建设国家文化产业创新实验区,依托751D·PARK北京时尚设计广场等文化集聚区,大力发展时尚产业集群,搭建国内外时尚创意设计产业互动交流平台,建设具有国际影响力的时尚创意中心。北京城市副中心与东城区、西城区、朝阳区、海淀区联动,依托台湖演艺小镇、电影小镇、设计小镇、环球影城等文化集聚区,重点发展演艺娱乐、文化创意、文化旅游等业态,加快推进大运河文化带发展。石景山区重点打造数字娱乐产业集群,发展动漫游戏等产业,以新首钢国家体育产业示范区为重点,加强体育装备设计研发、冰雪产业等体育产业发展。丰台区重点发展戏曲文化、数字出版、内容创作、文化传媒等产业,依托园博园和卢沟桥文化创意产业集聚区,积极构建戏曲产业体系,办好中国戏曲文化周,打造中国戏曲文化中心。

"两轴":东西向文化产业发展轴、南北向中轴线发展轴,连通一城三带,打造文化产业发展引领区,辐射带动津冀文化产业园区转型升级和提质增效。东西向文化产业发展轴依托大运河文化带,推动海淀区、东城区、西城区、朝阳区与通州城市副中心、石景山区、亦庄等上下联动,促进沿线文化科技、创意设计、演艺娱乐、广播影视等业态集群式发展。中轴线发展轴依托中轴线历史文脉,推动东城区、西城区与丰台、大兴、房山、顺义、怀柔等区联动发展,促进艺术品交易、广播影视、文化旅游等业态的发展。

"多节点"包括大兴区、房山区、顺义区、昌平区、怀柔区、门头沟

区、平谷区、密云区、延庆区。其中，大兴区和北京经济技术开发区充分利用首都新机场的带动辐射效应，重点推进创意计服务、媒体融合等产业发展。房山区、顺义区、昌平区、怀柔区重点发展广播影视、演艺娱乐等产业。门头沟区、平谷区、密云区、延庆区重点推动文化和旅游融合发展。

表1 北京各区文化产业布局

名称	布局业态	空间载体
东城区	历史文脉和老字号文化产业、文物文博创意产业、内容创作、创意设计、艺术品交易、文化投融资等业态	中关村雍和航星科技园、北京（永外）时尚创意产业基地、美术馆—隆福寺高端艺术品交易区、嘉诚胡同创意工场、北京德必天坛WE国际文化创意中心、77文创园（包括美术馆、雍和宫、国子监）、前门、鲜鱼口、王府井等文化街区
西城区	演艺总部，剧目创作，文艺演出，旅游休闲，文化金融产业，版权投资、登记、运营、评估、融资、授权、交易、再开发等版权运营新业态	天坛—天桥核心演艺功能区、金融街片区、中国北京出版创意产业园、北京设计之都大厦、北京DRC工业设计创意产业基地、展览路片区、琉璃厂、报国寺、"新华1949"文化金融与创新产业园、西什库31号、西海四十八文化创意产业园区、天宁1号文化科技创新园、北京文化创新工场车公庄核心示范区（西城区）
海淀区	以"互联网+"、人工智能、虚拟现实、新一代通信技术等为特征的高精尖文化科技融合产业，下一代广播电视无线网（NGB-W）服务、新型文化终端设备研发、文化云平台、文化大数据、动漫游戏等文化互联网新业态	中关村海淀园、西山文化创意大道、中央新影集团影视产业创意园（中关村科学城）、中关村电子城北区、清华科技园、中关村数字电视产业园、中关村东升科技园、768创意产业园、中关村软件园
朝阳区	新媒体、设计服务、文化演艺、国际文化贸易、文化投资运营、文化智库、文化娱乐高端经纪、体育赛事组织等业态	三间房国家动漫产业基地、中国传媒大学创业基地、1919音乐文化产业基地、CBD-定福庄国际传媒产业走廊、垡头产业基地、中国出版创意产业基地、莱锦文创园、郎园Vintage文化创意产业园、东亿国际传媒产业园、751D·PARK北京时尚设计广场、恒通国际创新园、北京电影学院影视文化产业创新园平房园区、北京懋隆文化产业创意园、铜牛电影产业园、798艺术区、北京塞隆国际文化创意园、尚8国际广告园、潘家园、奥林匹克公园、欢乐谷

续表

名称	布局业态	空间载体
通州区	演艺演出、艺术创意、文化旅游等业态	通州九棵树区域、北京台湖出版物会展贸易中心、通州宋庄区域、北京国际旅游度假区(环球影城)、弘祥1979文化创意园、大运河文化带
丰台区	戏曲文化、数字出版、内容创作、文化传媒等业态	中国动漫游戏城、园博园会址、卢沟桥文化创意产业集聚区、北京国家数字出版基地、中国戏曲学院、中国评剧院、北京京剧院
石景山区	动漫网游、电竞游戏等业态	中关村石景山园、中国动漫游戏城
大兴区（亦庄）	创意计服务、新媒体等业态	大兴钧天坊、中国北京星光电视节目制作基地(星光影视园)、国家新媒体产业基地、北京印刷包装产业基地、中国(大兴)设计瑰谷、北京城乡文化科技园、亦庄北京数字电视产业园、数码庄园文化创意产业园
房山区	生态旅游、会展服务等业态	永定河文化带、云居寺、周口店
顺义区	文化艺术、艺术品交易、会展服务等业态	雅昌印刷标准化(胶印)技术应用研究与推广基地、顺义国展产业园、天竺文化保税功能区
昌平区	文化艺术、演艺演出、历史文化及生态旅游等业态	腾讯众创空间(北京)文化创意产业园、国家大马戏院、北京魔术城、海落新都市中心和昌平京北文化中心、长城文化带
怀柔	影视制作、会展服务、文化休闲旅游等业态	中国(怀柔)影视产业示范区、雁栖湖国际会展中心、长城文化带
门头沟区	文化旅游休闲产业、艺术品交易等业态	北京宝玉石文化博览交易中心、永定河文化带、长城文化带
平谷区	音乐产业等业态	中国乐谷
密云区	文化旅游休闲等业态	古北口镇、密云水库、长城文化带
延庆区	文化旅游休闲、冰雪文化旅游等业态	2019北京世界园艺博览会会址、崇礼滑雪场

（二）优化六个特色文化产业功能布局

重点优化出版服务、广播影视节目制作和传输服务、数字内容服务、创意设计服务、艺术品拍卖及代理和销售、文化娱乐休闲服务六大特色文化产业功能布局。

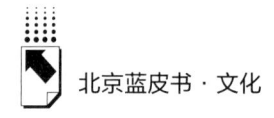

1. 出版服务功能布局

依托中国北京出版创意产业园、朝内大街周边,优化出版资源配置、鼓励新媒体发展,打造中国出版业改革试验区。依托北京国家数字出版基地,发展面向互联网、移动网络和智能移动设备的数字出版产业,打造国家数字出版基地。依托北京台湖出版物会展贸易中心,打造北京出版物会展贸易产业中心。

2. 广播影视节目制作和传输服务布局

以中关村电子城西区和北区、石景山园、亦庄北京数字电视产业园为重点,大力促进文化科技融合,推动新媒体高端设备制造业发展,加快5G+4K/8K+AI应用实践的战略布局,建设"北京超高清电视应用创新实验室"。以中国北京星光电视节目制作基地、国家新媒体产业基地为中心,中国(怀柔)影视产业示范区为重点,提升电影剧本创作、拍摄、制作、交易及综合服务水平,逐步拓展新媒体研发、运营、服务等新兴业态发展。以通州九棵树区域数字音乐为重点,积极促进数字音乐创作、音乐教育与培训、音乐产品录制等发展,打造全国音乐中心。鼓励顺义国展产业园、雁栖湖国际会展中心与老国展、北京展览馆、农业展览馆联动,建设全国一流、世界知名的会展服务中心,助力北京打造国际政治和文化交流中心。

3. 数字内容服务功能布局

以中关村东城园和石景山园等为重点,促进数字内容产业和动漫网游研发、原创开发、设计制作、运营、版权交易及衍生品授权等业态发展;以三间房国家动漫产业基地为重点,促进动漫设计、影音配套等动漫产业业态发展。以中关村海淀园为重点,发展文化软件服务、互联网信息服务、文化增值电信服务、移动互联等业态,逐步拓展人工智能、大数据、云计算等新业态。

4. 创意设计服务功能布局

以西城区北京设计之都大厦、北京DRC工业设计创意产业基地、中国(大兴)设计瑰谷建设为重点,依托北京市工业设计基础和产业孵化体系,促进机械设计、移动终端设计、汽车设计等高端制造业设计服务业态发展，打造我国工业设计交流中心。以朝阳区798、751D·Park等园区为重点，与东部、北部地区文化艺术业态联动发展，建设国内外现代艺术的汇聚交流中心和现代艺术创作中心。以展览路片区为重点，强化建筑设计、城市规划与设计、室内设计等领域在全国的领先地位。推动传统文化艺术创作和文化艺术品交易向创意设计、文化艺术中介服务等业态发展，逐步形成艺术工作室、艺术孵化器、创意工场、展览培训等新业态。发展传媒产业辐射带动通州新城发展，加快发展通州原创艺术产业，构建创意文化氛围，以文化产业促进支撑北京城市副中心建设。

5. 艺术品拍卖及代理和销售功能布局

以美术馆—隆福寺高端艺术品交易区为重点，发展高端文化艺术品拍卖、展示和鉴赏服务等业态，打造首都文化艺术品市场品牌和中国艺术品产业博览会品牌。以潘家园、琉璃厂、报国寺等历史文化区域为重点，发展传统古玩艺术品、工艺美术品及收藏品交易业态。以通州宋庄区域为重点，加快原创艺术及工艺美术产业化步伐，打造服务于原创艺术及工艺美术品的展示和交易中心。门头沟以北京宝玉石文化博览交易中心为重点，促进郊区相关区域发展高端化、专业化的大型文化艺术交易功能集聚区。

6. 文化娱乐休闲服务布局

以北京南城传统演艺集聚区为重点，发展文艺创作与表演服务业，重点支持优秀演出剧目创作、展演和特色剧场建设，建设北京市演艺文化中心。以中国戏曲学院、中国评剧院、北京京剧院、园博园会址、卢沟桥文化创意产业集聚区为重点，构建戏曲演艺、教育、展示、体验、衍生品等产业体系。以北京国际旅游度假区、欢乐谷、世界公园为重点，大力推动以酒店业、演艺业等为代表的文化娱乐产业发展。以前门、大栅栏、王府井等老字号为重点，通过老字号企业与文化企业的协作，建设各类老字号品牌保护、挖掘与弘扬推广的文化产业基地。以三大文化带丰富的生态旅游休闲资源为重点，建设文化休闲与娱乐功能区域，以文化旅游休闲产业发展促进生态保护和传统农业转型升级。

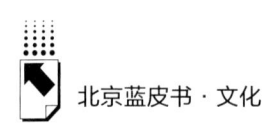

表 2　北京市文化产业空间功能布局

名称	区域范围	空间功能
出版服务	中国北京出版创意产业园、朝内大街周边、北京国家数字出版基地、北京台湖出版物会展贸易中心	打造中国出版业改革试验区、国家数字出版基地、北京出版物会展贸易产业中心
广播影视节目制作和传输	中关村电子城西区和北区、石景山园、亦庄北京数字电视产业园、中国北京星光电视节目制作基地、国家新媒体产业基地、中国（怀柔）影视产业示范区、通州九棵树区域、顺义国展产业园、雁栖湖国际会议中心、老国展、北京展览馆、农业展览馆	建设"北京超高清电视应用创新实验室"，拓展新媒体研发、运营、服务等新兴业态，打造全国音乐中心、世界知名的会展服务中心
数字内容服务	中关村东城园和石景山园、三间房国家动漫产业基地、中关村海淀园	促进数字内容产业和动漫网游研发、原创开发、设计制作、运营、版权交易及衍生品授权、动漫设计、影音配套、文化软件服务、互联网信息服务、文化增值电信服务、移动互联等业态发展
创意设计服务	西城区北京设计之都大厦、北京DRC工业设计创意产业基地、中国（大兴）设计瑰谷、朝阳区798和751D·Park、展览路片区、通州新城	打造我国工业设计交流中心，建设国内外现代艺术的汇聚交流中心和现代艺术创作中心，强化建筑设计、城市规划与设计、室内设计等领域在全国的领先地位，推动通州原创艺术产业化
艺术品拍卖及代理、销售	美术馆—隆福寺高端艺术品交易区、潘家园、琉璃厂、报国寺、通州宋庄区域、门头沟北京宝玉石文化博览交易中心	打造首都文化艺术品市场品牌和中国艺术品产业博览会品牌，发展传统古玩艺术品、工艺美术品及收藏品交易业态，打造服务于原创艺术及工艺美术品的展示和交易中心，促进郊区相关区域发展高端化、专业化的大型文化艺术交易功能集中区
文化娱乐休闲	北京南城传统演艺集聚区域、中国戏曲学院、中国评剧院、北京京剧院、园博园会址、卢沟桥文化创意产业集聚区、北京国际旅游度假区、欢乐谷、世界公园、前门、大栅栏、王府井、三大文化带生态旅游休闲资源	建设北京市演艺文化中心，构建戏曲演艺、教育、展示、体验、衍生品等产业体系，促进文化娱乐产业发展，以文化旅游休闲产业发展促进文物保护、生态保护和传统农业转型升级

(三)打造多层次文化产业集聚区

以产业集聚区为依托,实现中心城区对周边地区文化产业发展的辐射带动作用。依托尚8国际广告园、莱锦文创园、郎园Vintage文化创意产业园、东亿国际传媒产业园、北京懋隆文化产业创意园、北京CBD国际传媒产业园、北京国家广告产业园、铜牛电影产业园、创立方·自空间CBD写字园等,打造国家文化产业创新实验区。

依托北京四达时代软件技术股份有限公司、利亚德光电股份有限公司、掌阅科技股份有限公司、北京蓝色光标数据科技股份有限公司等,打造国家级文化和科技融合示范基地。

依托北京天竺综合保税区等,打造国家对外文化贸易基地(北京)。

依托星光影视园、北京大兴新媒体产业基地、格雷众创园、华商创意中心、海淀区东升镇兴华新媒体文创空间等打造国家新媒体产业基地。

以清华科技园、中关村软件园、航星文化科技产业园、北京文化创新工场车公庄核心示范区、腾讯北京总部文化产业园区、东雍创业谷、数码庄园文化创意产业园、尚8远东科技文化园、天宁1号文化科技创新园、E9区创新工场、中国文化大厦文化科技创新园、恒通国际创新园、百旺弘祥文化创意产业园、海淀文教产业园、北化机爱工场文化科技融合产业园、中国动漫科技产业园一期、中关村数字电视产业园、中关村东升科技园、中国人民大学文化科技园、腾讯众创空间(北京)文化创意产业园、泰达科技园·文创区、北京城乡文化科技园、东尚·E园等为重点,打造文化科技融合集聚区。

以嘉诚胡同创意工场、751D·PARK北京时尚设计广场、798艺术区、西什库31号、西店记忆FunsTown、768创意产业园、77文创园、"北京德必天坛WE"国际文化创意中心、隆福寺文创园、亮点文创园、鑫企旺文创园、大磨坊文化创意产业园、咏园、"红桥智·创"文化创意空间、"德必龙潭WE"国际文化创意中心、北电科林107号院文化创意产业园、亿达·圣元荟、倍格生态、北京DRC工业设计创意产业基地、北京设计之都大厦园区、北京坊、北京塞隆国际文化创意园、锦珑（北京）设计创意园、尚8设计+文化创意产业园、电通创意广场、NICEWORK新生代中小企业聚集地、醉库国际文化创意园、觿堂文化艺术园区、半壁店1号文化创意产业园、菁英梦谷广渠文创园、北服创新园、吉里（北京）国际艺术区、北京化工集团华腾易心堂文化创意产业园、中关村创客小镇、创业公社·中关村国际创客中心文化创意园、创文时代文创空间、首科大厦文化创意产业园、北京石榴中心文化创意产业园、依文城堡欧洲园文创产业园、首钢文化产业园、首创郎园Park文化创意产业园、北京智慧长阳文化创意产业园、北京大学创业训练营房山基地、青创动力文化创意产业园、弘祥1979文化创意园、顺义金马文化创意产业园、宏福文创园等为重点，打造文化创意设计集聚区。

以北京电影学院影视文化产业创新园平房园区、北京电影学院·东郎电影创意产业园、阿里文娱集团总部园区、北京天桥演艺区、繁星戏剧村、文心华策国际影视交流中心、中国电影导演中心、北京万荷文化艺术硅谷创意产业园、大稿国际艺术园区等为重点，打造演艺影视产业集聚区。

以中国北京出版创意产业园、国家音乐产业基地中唱园区、北京印刷学院文化创意产业园、北京平谷国家音乐产业基地等为重点，打造出版发行集聚区。

以"新华1949"文化金融与创新产业园、经济日报文化金融融合创新园等为重点，打造文化金融融合集聚区。

（四）开发具有国际影响力的新兴文化空间

积极推动标杆性文化设施建设，精心打造一批对标国际水准、链接国际资源的文化艺术区、文化小镇、文创街区、文化景区等，形成具有国际影响力的新兴文化空间。建设引领国际潮流的近现代文化艺术区。重点提升天坛—天桥演艺功能区、音乐产业功能区等国际文化艺术展演空间和798、751D·PARK、宋庄等国际化现当代艺术空间，规划建设展现中国现当代艺术成就的美术馆、博物馆，建立现当代艺术博物馆，打造中国现当代艺术窗口的新地标。

发展具有世界水准的特色文化小镇。重点提升古北口镇、斋堂文化旅游小镇、雁栖国际会都小镇、高丽营文创小镇等既有文化小镇的国际文化影响力，加快建设周口店北京人文化小镇、台湖演艺小镇、张家湾设计小镇、宋庄艺术小镇、北京电影小镇等新型的文化小镇，打造东西融汇的国际文化街区。

结合世界历史文化名城建设，以皇城、大栅栏、鲜鱼口、什刹海、南锣鼓巷等重点老城历史文化街区为核心，建设传承中华历史文化的国际文化街区；以王府井等老字号商业区为重点，建设一批具有国际知名度的历史文化商业街区；以三里屯、华熙 LIVE 等现代文化商业街为核心，建设一批国际化的现代文化商业街区。建设一批新型的国际文化旅游景区。围绕三大文化带保护建设，加快打造"三山五园"历史文化旅游景区、云居寺文化景区、大运河文化旅游景区、红色文化旅游景区等历史文化旅游新地标。结合新型文化发展，打造北京环球主题公园、2019 中国北京世界园艺博览会、中医药文化旅游示范基地、北京首钢工业文化景区等现代文化景区新地标。

（五）有效利用非首都功能疏解腾退空间

以优先用于保障中央政务功能、补充完善国家文化设施为目标，盘活存量资源，充分总结发挥国内外旧城改造经验，促进非首都功能疏解腾退空间的文化产业发展。在城市核心区（中央政务区）老城及长安街、中轴线沿线，通过对世界文化遗产、文化保护单位、历史建筑、中华老字号、历史文化街区进行非首都功能疏解，实现建筑物整体保护，依托内环路串接重要文化场所，增强历史文化遗产展示整体水平，营造特色景观视廊。在全市范围内，采用工业厂房改造利用、传统商业设施升级、有形市场腾退转型等方式，逐步推动传统产业空间转型，形成文化产业发展新的空间增量，制定并实施有效的空间改造利用政策措施，为改造利用腾退空间建设文创园区提供支撑，促进城市更新。

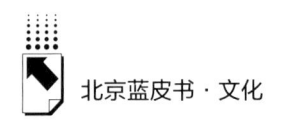

（六）推动环首都生活圈文化产业功能布局

以大运河与京津冀西北部生态涵养区为文化旅游协同发展板块，强化贯通中心城区与通州副中心历史文脉。促进北京、天津文化产业联动发展，有序疏解文化消费商品市场，共建京津地区文化产权交易市场。促进北京、石家庄、保定文化产业联动发展，逐步引导北京文化产业生产制造环节等行业外移。促进北京、秦皇岛文化产业联动发展，推动两地创意商品、文化装备制造产品的创意设计和生产制作环节协同共建。以京津冀西北部生态涵养区生态系统完整、环境质量较好、水资源丰富等优势为依托，推动北京市山区、天津市山区、张家口市、承德市等地区文化旅游市场一体化发展，打造京津冀文化休闲旅游新板块。借助承办冬奥会、男篮世界杯、世界园艺博览会契机，推动区域体育休闲产业、文化旅游产业协同发展。

文化遗产保护与文化交流传播

Cultural Heritages Preservation and Cultural Communication

B.19
2020年北京历史文化名城保护新进展

晏　晨[*]

摘　要： 2020年北京市历史文化名城保护按照整体保护、分区域推进的思路持续推进，以中轴线申遗保护带动老城保护和风貌更新，"三条文化带"保护建设不断深入，文化遗产的保护、传承、利用日益融入现代文化生活。当前北京历史文化名城保护还存在着名城保护的广度和深度尚需扩大、保护建设区域差异较大、保护利用水平不一、传统文化品牌影响力不足、文旅融合的基础性服务设施水平较低等问题，需要结合名城保护实践，不断解决名城保护的制约性因素，推动北京历史文化名城保护工作成效不断提升。

关键词： 历史文化名城保护　中轴线申遗　老城　三条文化带　文化遗产

---

[*] 晏晨，博士，北京市社会科学院副研究员，主要研究方向为城市美学和历史文化保护。

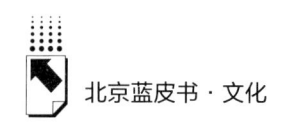

2020年4月，北京市政府发布了《北京市推进全国文化中心建设中长期规划（2019年~2035年）》（以下简称《规划》）以及《关于新时代繁荣兴盛首都文化的意见》（以下简称《意见》），围绕做好首都文化这篇大文章，对推进全国文化中心建设进行了顶层规划和深入而具体的部署，明确了全国文化中心建设的方向、任务和路径，为新时期深化北京城市文化发展建设、加强历史文化名城保护提供了指导和依据。为促进文化传承发展，北京全国文化中心建设按照"四个文化"基本格局和"一核一城三带两区"的总体框架展开。"四个文化"中古都文化排在首位，历史文化资源构成北京城市发展的基础。"一核一城三带两区"中"一城三带"即老城和"三条文化带"，历史文化名城保护在北京全国文化中心建设中发挥着举足轻重的作用，并成为彰显大国文化影响力、高质量建设凸显文化自信与多元包容魅力的世界历史文化名城的重要推动力。2020年北京历史文化名城保护继续围绕中轴线申遗、老城整体保护、"三条文化带"保护建设等主要工作展开，不断开拓文化遗产保护传承的新局面，持续深化历史文化名城保护工作。

一 深化历史文化名城保护法治化建设，中轴线申遗保护稳步推进

（一）北京历史文化名城保护的法治化进程加快

2020年《北京历史文化名城保护条例（草案）》《北京中轴线文化遗产保护条例（草案）》先后提交市人大常委会审议，对北京历史文化名城和中轴线文化遗产的保护原则、保护范围、保护措施、保护责任等提出具体要求，加快名城保护的法制化进程。为了适应新形势下历史文化名城保护实践，以新理念和新思路深化名城保护，2020年9月，于2005年公布实施的《北京历史文化名城保护条例》修订版开始征求意见。修订版对于保护对

象、保护主体、实施方式进行了明确规定，不仅将保护范围进一步扩大至全部行政区域，严格限制历史文化街区核心保护范围内的新建改建扩建活动，而且鼓励历史文化街区、传统平房区和特色地区进行申请式改善，达到恢复四合院格局、修缮房屋、完善社区公共服务以及改善居住条件的多重要求，经市人大常委会审议后于2021年3月正式实施。

2020年11月，北京市文物局起草的《北京中轴线文化遗产保护条例（草案征求意见稿）》面向社会公开征求意见；12月，《北京中轴线文化遗产保护条例（草案）》提交北京市十五届人大常委会第二十七次会议审议，该草案明确了中轴线文化遗产保护对象与原则，包括传统轴线及两侧、遗产环境构成要素、非物质文化遗产三部分，并从保护措施、传承利用、法律责任等方面予以规定，提出设立中轴线文化遗产保护发展基金。2021年条例正式出台后将进一步促进中轴线文化遗产保护和可持续利用开发。

（二）中轴线申遗保护工作稳步推进

自2011年北京中轴线申遗文物工程正式启动、2012年被列入《中国世界遗产预备名单》以来，中轴线申遗保护取得了一系列重要进展。在保护格局上统筹点、线、面，将中轴线申遗保护与老城风貌复现结合起来，着力实现了一批长期不合理使用文物的单位和住户的搬迁腾退，近年来先后展开了大高玄殿、景山寿皇殿、先农坛、天坛、社稷坛、太庙等重要遗产点和周边环境的整治腾退、修缮和展示利用；同时再现中轴线南段御道景观，给市民提供了感古知今、休憩娱乐的慢行空间，逐步复现中轴线遗产风貌，不断提升遗产保护、管理、利用水平。2020年北京市落实《北京中轴线申遗保护三年行动计划》，原本被占用的重要文物建筑逐渐完成腾退及修缮保护工作，根据具体情况加以利用并融入当代生活。东城区启动钟楼修缮工程和邻近地区综合整治、永定门御道遗址保护以及宏恩观主体建筑腾退，皇史宬在腾退基础上开展内部环境整治①。为提升街区整体品质，西城区推进"鼓楼西大街整理与复兴计划"打造稳静街区②，形成包括元代码头、古迹高墙、口袋公园和富有历史典故的独特街区景观结构。2021年还将继续推进地铁8号线织补项目、北中轴艺术馆项目、地安门外大街空间品质提升项目、西板桥水系恢复等，凸显中轴线整体风貌，一道形成中轴线"连线成片"的格局。同时，北京市通过丰富的展览活动如"紫禁之巅望中轴"2020北京中轴线申遗特展③普及中轴线文化，营造了遗产保护全社会参与的氛围，公众对申遗的重要性有了更深入的认知。

二 老城持续探索保护利用新途径，街区品质和居民生活条件不断提升

2020年8月《首都功能核心区控制性详细规划（街区层面）（2018年~2035）》获国务院批复，结合老城整体保护与市政基础设施完善和和谐宜居的目标，以中轴线申遗为抓手推进老城整体保护，在历史文化保护的同时着力改善民生。为推动老城保护和风貌重现，东西城在区域内积极探索老城保护和城市精细化管理协调互促的融合路径，不断提升历史文化资源保护利用水平，推动老城保护更新和居民生活品质提升。作为历史文化名城保护的重点地区和中轴线申遗保护覆盖区域，东西城严格落实老城不能再拆的要求，开创保护更新新模式。

东城区试点"美丽院落"微整治，持续探索"共生院"发展模式。东城区集合居民、街道和设计师等试点平房区院落"微整治"，包括前门、景山、东华门、东四、朝阳门等7个街道在内的44个"美丽院落"于2020年

---

① 《东城启动两个申请式退租项目》，https：//baijiahao.baidu.com/s？id=1654981103778452432&wfr=spider&for=pc。
② 《古韵斜街焕新生 鼓楼西大街东段整治提升后亮相》，http：//www.bj.chinanews.com/news/2020/1124/79790.html。
③ 《2020北京中轴线申遗特展"紫禁之巅望中轴"今日开幕》，http：//news.163.com/college/20/0929/22/FNNOFMBR00018RA8.html。

年底亮相①。该项目从居民生活条件改善入手，拆除私搭乱建、完善便民设施、整治卫生环境并加强协商共治，营造良好的人居生活环境。今后东城区还将结合实践经验形成"美丽院落"标准，引入保洁、便民服务等平房区物业管理服务并在全区内铺开。"共生院"模式则融腾退改造、保护性修缮、居民居住条件改善和新居民、新业态引入于一体，根据实际情况采取"一院一策"规划设计，实现新旧建筑共生、新老居民共融、新生活和老传统共生。作为修缮整治提升的样本院落，雨儿胡同30号院以"共生院"打造"雨儿人家"，改造后不仅解决了居民厨卫需求，还利用闲置空间搭建了集居民公共活动、社区服务、展览展示等多重功能于一身的社区治理空间。此外，东城区还于2020年启动首批试点项目雍和宫大街直管公房47号、51号、55号、123号四个院以及东直门北二里庄申请式退租，这一创新政策充分尊重胡同居民主体意愿和选择权，鼓励居民签约退租，对腾退院落进行恢复性修建，可在未达到整院退租的情况下实现居住条件改善。

在文物腾退及保护利用方面，2020年西城区砖塔胡同、西板桥和大栅栏观音寺片区申请式退租不断推进，灵境胡同33号、35号完成腾退，粤东新馆、宜兴会馆完成文物腾退，历代帝王庙历经一年多精心修缮后于年底重新开放。京报馆、庆云寺修缮工程持续推进，京报馆修缮完成后将建邵飘萍纪念馆，预计2021年夏天开放。为恢复老城历史景观的空间秩序，保护好中轴线景观视廊，北海医院和天意商城由23.7米降至9.6米。为了使文物利用更加合理有序，西城区还发布了第一批文物建筑活化利用计划②，集合社会力量，以市场化运作支持文物项目保护和利用，推出歙县会馆、西单饭店旧址、晋江会馆（林海音故居）、梨园公会等7处活化利用项目。为了持续优化老城区居住环境，在社区责任规划师的助力下，广内街道、什刹海街道、陶然亭街道等利用腾退空间、零散或闲置地块拓展公共服务，

---

① 《期待！2022年年底前，北京东城将再改造百余个"美丽院落"》，https：//m. sohu. com/a/433954921_ 255783? scm = 1002. b000b. 1f20323. article_ rec。
② 《西城七处文物建筑均完成腾退　活化利用方案已进入预审程序》，http：//bj. people. com. cn/n2/2020/1205/c82838 - 34458037. html。

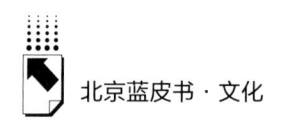

通过引入便民菜站、生活服务中心等方便居民生活，不断增强居民幸福感和获得感。

三 "三条文化带"保护不断深化，文化保护效益得到提升

大运河、长城、西山永定河"三条文化带"集合了自然、历史和文化资源，既是北京历史文化名城保护的核心组成部分，也以其丰厚的底蕴和内涵构成城市创新发展的重要基础。2020年"三条文化带"依照《北京市大运河文化带保护传承利用实施规划》《北京市长城文化带保护发展规划（2018年~2035年）》《北京市西山永定河文化带保护发展规划（2018年~2035年）》谋篇布局，积极推动文化带规划建设，举办多样化文化活动，并通过建设公共文化活动中心、加快环境整治实现文化带保护效益提升。

为了推动大运河文化带保护建设，通州发布《通州区大运河文化带保护建设规划》[1]《通州区大运河文化带保护建设三年行动计划（2020年~2022年）》，明确"一河、三区、多点"的发展格局。"一河"即以大运河河道为基础的文化带；"三区"即运河水城展示区、文旅展示区和生态观光区；"多点"涵盖通州古城、路县故城、漷县古城等历史遗产传承点，宋庄艺术创意小镇、张家湾设计小镇等现代文化创新点以及包括张庄村、儒林村等特色古村落在内的休闲文化体验点。《通州区大运河文化带保护建设规划》还明确了大运河文化保护带保护建设的中长期目标，同时确立了建设通州古城、路县故城、张家湾古镇遗址公园等以及创建北京东部首个5A级景区的任务。作为大运河北京段的源头，昌平区加强对白浮泉遗址文物的保护工作，核准《北京昌平大运河白浮泉遗址都龙王庙壁画保护设计方案》。2020年11月，"行走运河，赋能小康"大运河文化节作为首次市级层面举

---

[1] 《〈通州区大运河文化带保护建设规划〉昨发布》，http：//www.bjwmb.gov.cn/jrrd/yw/t20200622_987434.htm。

办的大运河文化节，集合包括通州、西城、东城、朝阳、海淀、昌平、顺义七区在内的大运河北京段沿线区域的文化资源，利用线上线下结合的形式推出39项主题活动，以丰富文体活动带领公众领略运河千年风采。

长城文化带保护方面，继续开展箭扣长城修缮工程以及中国长城博物馆改造提升工程，积极挖掘文化遗产的当代价值，彰显遗产的精神标识和世界意义。2020年北京市文物局组织开展长城抢险项目，包括长城抗战文化相关点段、坍塌严重的敌台和烽火台、毁坏较严重的墙体等。怀柔区在对境内长城的每一座敌台进行编号的基础上，详细查探了险情并为后续抢险修缮提供依据和方案，在部分人力无法到达的区域采用无人机和激光测距仪等科技手段进行精细化三维建模并开出精准"药方"，2021年拟按照最小干预、不改变文物现状的原则对185号敌台等四处坍损严重的部位进行抢险加固。延庆区积极落实《延庆区长城保护发展三年行动计划（2020～2022）》，发挥长城保护员的示范带头作用，针对延庆境内长城墙体在六区内最长且多为无人看守的野长城现状，招聘并发动村民加入长城保护员队伍开展巡查巡护，承担包括劝阻监督、险情监测、垃圾清理等工作，此外还积极采用无人机等先进手段，人防与技防结合建立全覆盖的长城保护体系。延庆还启动首批长城古民居保护性修缮，对张山营镇东门营村41号院等5座传统院落进行修缮，恢复百年古民居的民俗文化。加强长城文化学术研讨和交流，2020年长城文化节通过开展中英"双墙对话"线上学术会议、第二届中国长城文化学术研讨会和成立长城研究性保护修复基地[①]等途径加大对长城文化内涵的挖掘与阐释。完善长城保护管理，同时增进公众对长城历史文化价值的了解和认识，在两个月活动期间开展了展览展示、中秋晚会、文艺创作、文化市集、公益讲堂等活动，提升了公众参与水平，并创新推出夜游模式，举办"爱我中华 修我长城"主题灯光秀及特色文化演出，让承载着中华民族自强不息奋斗精神的长城遗产成为人民的宝贵精神养分。

---

① 《2020年北京长城文化节正式启动，为公众点亮"夜游模式"》，https://www.sohu.com/a/412611722_426335?_trans_=000014_bdss_dkwcdz12zn。

西山永定河文化带以保护为核心,采用多种形式推动文旅融合发展。作为西山永定河文化带的重要节点,石景山启动模式口文保区37处民俗院落修缮,该项目将环境整治、民生改善和区域有机更新结合起来,在文物保护基础上实现业态提升,引入餐馆民宿、咖啡文创和老字号等,并借助"共生院"模式打造模式口市民会客厅"京西百变院子"。同时加强对法海寺、承恩寺、田义墓的本体保护。房山区积极办好民俗文化节,推动文化保护传承,10月初"遇见南窖 慢品西山"2020北京西山民俗文化节暨"月圆京城 情系中华"房山区中秋节文化活动在房山区南窖乡正式启动,活动通过"云上直播"方式呈现了大鼓、民乐等文艺演出以及"老杨讲民俗"文化专题节目和民俗文化论坛,并设置房山民宿推介和特色礼物展卖区域,融合中秋节日氛围推介南窖古商镇文化,呈现古街韵味和魅力。门头沟区利用京西古道历史文化资源,开发了非遗旅游古道路线、古村落路线和古寺路线,并借助"云逛门头沟""云游"揽客带动文旅消费,推介潭柘寺、戒台寺、妙峰山等旅游景区以及琉璃烧制技艺等非遗项目,以"智慧+"激发传统活力,激活京西古道新商机。

"三山五园"历史文化保护区迎来新契机。2020年9月,海淀"三山五园"进入国家文物局公布的首批国家文物保护利用示范区创建名单。为落实国务院办公厅《关于加强文物保护利用改革的若干意见》,文物保护利用示范区的创建将在城市历史文化遗产的保护管理、活化利用、展览展示上不断探索新思路、提出新方法、完善新举措,形成示范效应,推动更大区域遗产保护。2020年10月,为统筹推进"三山五园"历史文化保护区的保护建设工作,海淀区进一步推进"三山五园"地区环境改造和整治工作,东西水磨处于圆明园东墙和清华大学西墙之间,2019年底东西水磨地区改造项目启动,截至2020年8月该项目腾退工作基本完成,腾退率超96%。海淀区另有福缘门、挂甲屯、二河开等6个待腾退区域,目前海淀青龙桥街道福缘门社区、挂甲屯社区已启动入户调查,将进一步开展地区环境改造和综合整治。

四 文化遗产保护形式多元，文旅融合助推名城保护

北京具有底蕴深厚的城市文脉并集聚了丰富的历史文化资源，利用这一重要优势，北京市近年来加大力度开发历史文化遗产，做好文化遗产的活化利用。2020年为了顺应疫情防控形势需要，打破空间限制、足不出户的"云游"模式成为文博行业热点。以传统文化为基础的特色文化IP开发和利用不断深化，遗产类文化节目收获观众越来越多的关注和好评，推动优秀传统文化传承不断开拓新局面。

（一）"云游"提升疫情期间遗产旅游热度，数字化文物展示深入观众

由于线下旅游不得不按下"暂停键"，2020年春节期间，不少博物馆为聚拢人气纷纷推出"云直播""云看展"等新形式吸引观众线上观展。踏青时节北京故宫博物院推出"云游故宫"活动，更是吸引了超996万网友一同走进尚处于封闭中的故宫，领略宫禁中的无边春色，感受历史的温度。由于2020年是紫禁城建成600周年，这一直播也成为故宫600年来首次直播，成为故宫利用现代技术不断开拓保护传承新局面的新举措，"云游"的沉浸感、实时性、互动性也给观众带来了更好的体验感。2020年，故宫博物院还集合"微故宫"微信公众号、新华社客户端、新华网等多个媒体平台同步推出"数字故宫"小程序，同时满足购票预约、VR观展、AI导览等服务，为线下线上观展提供极大便利。文化与自然遗产日期间，北京市聚焦老城整体保护、"三条文化带"建设、古遗址保护等内容，借助新媒体技术推出云展览、云直播、云推介、云表演、云赏析等8个类型53项线上推广活动。朝阳区也借助区内北京民俗博物馆、中国紫檀博物馆等开展"云游"朝阳线上直播，丰富的"云游"模式给文化遗产保护利用提供了新思路、新途径。

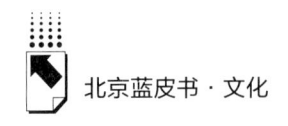

（二）推动文物的合理利用和文化传承发展，打造特色文化IP

践行"文化东城"理念，东城区积极打造"故宫以东"文化旅游品牌，集中展示东城区依托深厚的历史文化和旅游资源开发的文化主题旅游线路产品，入选全国国内旅游宣传推广典型案例；同时，还推出胡同文化系列节目《故宫以东》，展示东城区包含四合院、胡同、砖雕在内的丰富历史文化遗存，宣传东城历史文化故事。海淀文旅集团则致力于开发"三山五园"文创产品、数字文化展示中心，打造海淀特色文化IP。为不断普及"三山五园"历史文化内涵，海淀区利用"三山五园"题材的古代绘画、书籍等特色文化内容，将西郊线有轨电车打造成"三山五园"历史文化主题列车，以文化消费助力遗产融入现代城市文化生活。前门大栅栏商业街实现品质化发展，打造精品文化商圈，使遗产文化景观和现代文化设施、文化项目、文化业态有机融合，形成传统与现代交相辉映的文化地标，推动优秀传统文化传承创新。

（三）文博展览掀起观展热潮，文化节目"遗产热"带动全民关注

9月，"丹宸永固——紫禁城建成六百年"展在故宫博物院午门开幕，展览全面介绍了紫禁城的规划、布局、建筑、宫廷生活和营缮工作，让观众近距离感受紫禁城历史文化和传统美学。12月，流失海外的重要文物马首回归圆明园，"百年梦圆——圆明园马首铜像回归展"在圆明园正觉寺开展，以马首展为起点，圆明园今后将以正觉寺为中心建设圆明园博物馆，常设圆明园出土文物、回归文物、考古研究成果展览。近年不断涌现的遗产类文化节目引发全社会对传统文化的较高关注，《上新了·故宫》《遇见天坛》《如果国宝会说话》《国家宝藏》《此画怎讲》等优质节目刷爆网络，受到广泛好评。纪录片《我在故宫六百年》沿用2016年姊妹篇《我在故宫修文物》的创作团队，围绕人与建筑、文物的故事展开讲述故宫故事，献礼故宫建成600周年，引发收视热潮。

五 整体推进北京历史文化名城保护的问题和对策建议

2020年北京历史文化名城保护的亮点主要集中在中轴线申遗、老城保护、"三条文化带"保护建设以及遗产保护利用的"云游"模式开发方面，并在加快推进文保区环境整治项目、推动文物修缮整治和提升居民生活品质上着力。全市范围内围绕传统文化主题开展多样化文体活动，在普及传统文化和探索遗产传承利用的多元形式上做出了丰富有益的实践，但目前仍存在着名城保护的广度和深度尚需扩大、保护建设区域差异较大、保护利用水平不一、传统文化品牌影响力不足、文旅融合的基础性服务设施水平较低等问题，建议从以下几个方面予以加强。

（一）不断扩大文物遗产保护范围，持续提升名城保护品质

将于2021年发布实施的《北京历史文化名城保护条例》（修订版）将保护范围从核心区扩大到整个北京市，这预示着北京名城保护工作一方面要不断扩大文物保护的范围，将保护视野由核心区扩展到其他区域，对市域范围内尚未进入保护名录但具有保护价值的文物和遗产采取必要的保护措施，对衰颓和濒临消失的文物采取及时的抢救性保护措施；另一方面需要在全域视野下对不同类型和层级的文物进行全方位的妥善保护，完善文物遗产的数字化档案，在保护前提下依据具体条件探索差异化的活化利用途径。在扩大保护区域和对象范围的同时也要持续提升历史文化保护的品质，因物因地因时制宜，结合文物特征和周边环境采取相应的保护措施，尽可能地恢复历史景观风貌，让人文传统与自然生态有机融合，提升名城历史文化品质，擦亮北京历史文化金名片。

（二）依托地域历史文化资源优势，形成各具特色的保护利用格局

目前历史文化名城文物保护的区域差异较为明显，总的来说东城、西城、海淀等区是历史文化保护利用水平比较高的地区，当然这与东城、西城、海淀

历史文化资源集中、经济发展水平较高以及可投入经费较多有关，但也不能否认北京作为历史底蕴深厚的古代都城，历史文化资源分布并不局限于某一区域，遍布全市的散点或成片历史文化资源构成了遗产保护利用的富矿。就当下形势而言，各区文保力度不平衡的状况较为明显，由于尚未形成"全市一盘棋"的合力，不同区在保护水平上也呈现出较大差异，在涉及跨越多个区的"三条文化带"保护上尤其显著。近年来，通州副中心建设发展、城南发展进入快车道、冬奥会筹备等城市发展重点任务的推进，给郊区历史文化保护提供了新的契机。不同地区要在全面清点并整理区域内历史文化资源的基础上，以城市总体规划为指导确立文保工作的亮点和重点，不断挖掘文化内涵和特色，可通过聘请专家参与规划论证、加强与核心区交流文保经验等提升保护利用水平，市级层面可考虑加大对这些地区的调研走访和文保资金投入力度。

（三）融合传统价值与现代需求，讲好文物遗产故事

北京历史文化名城保护中传统文化品牌影响力仍显不足，除了故宫、颐和园、圆明园等几个较为成熟的大IP之外，其他包括中轴线、长城、大运河在内的著名文化遗产以及更多不太知名的文化遗产在衍生产品开发和数字化展陈上还处于初级阶段，大运河和长城的知名度并未有效转化为号召力和影响力，这表明在历史文化传承发展上仍有一段较长的路要走。丰富的历史文化资源构成了文物保护利用的前提，但更重要的是如何用遗产讲好文化故事，传递传统文化内涵和精神。设计文化符号、开发文创产品、设计主题游路线、经典形象影视化、举办文化节庆等手段看似都有所借用，但离开了对历史文化资源的深入研究和挖掘，往往显得缺乏内涵和深度。当前年度节庆活动构成了历史文化保护的重要内容，但各地活动内容同质化仍较为严重，传播效果不佳。要实现传统文化的创新性发展和创造性转化，就要在梳理当地文脉的基础上，发掘遗产与地域文化、社会发展、自然环境等的内在关联，让保护融入活化利用，促进当地发展和人居生活改善。

（四）完善旅游公共服务设施，提升遗产文旅融合开发效益

北京打造历史文化名城和国际旅游目的地，开发高品质的遗产旅游路线和产品十分重要，需要提升遗产旅游的基础性服务设施水平。一是提高遗产地的交通便捷性，改善游客换乘环境，提高换乘便捷性，完善重要景点附近的旅游交通和导览标识；二是完善旅游公共服务设施，包括提供旅游指南、开发旅游应用软件，优化游客投诉、医疗保障、多语种服务等便民服务系统，打造传统文化游精品路线。

B.20
2020年北京文化传播分析报告

景俊美 吴国保[*]

摘　要： 本报告分析了2020年北京文化传播的现状，认为文化政策能及时跟进并指导实践，文化活动丰富多彩，手段和方式创新成效明显，文化进口持续增长、线上传播成为亮点。但也存在政策的落地效果不足、传播未能形成合力、海外市场待细分等问题。报告建议未来需强化受众的参与式传播，实现政策落地的精准性和有效性；利用共同情感"接口"，主动融入国际文化格局；通过文化产品构筑交流空间，提升文化的传播力和辐射力。

关键词： 文化传播　文化政策　文化活动　海外传播　文化软实力

2020年是极不平凡的一年。这一年是脱贫攻坚的决胜之年，也是全面建成小康社会的收官之年，还是百年来最严重的传染性疾病新冠肺炎疫情大流行的一年。从文化的角度看，这一年的文化产业、文化传播和文化服务均受到严重影响。然而，任何事情的发生都有其两面性。面对突如其来的疫情，文化如何应对、传播如何更有效地实现，是需要持久研究的重大课题。作为政治中心、文化中心和国际交往中心的首都北京，更要在前瞻性、系统性和全面性上进行综合研究。

---

[*] 景俊美，博士，北京市社会科学院副研究员，主要研究方向为民族艺术与文化产业；吴国保，博士，中国美术馆馆员，主要研究方向为书画实践与理论研究。

一 2020年北京文化传播现状

（一）传播保障：文化政策及时跟进并指导实践

文化政策是文化传播的有效保障，特别是在突发事件的应激状态下，政策的及时出台有利于调控文化传播的方向。2020年初，北京出台了《北京市文化产业高质量发展三年行动计划（2020~2022年）》，为未来三年首都北京的文化发展指明了方向。随后，新冠肺炎疫情暴发，为有效应对这一突发事件，北京在疫情暴发初期即出台了《关于应对新冠肺炎疫情影响 促进文化企业健康发展的若干措施》，力争在"凝聚共克时艰强大合力、保障精品内容创作生产、培育产业发展全新动能、加大金融服务支持力度和优化提升政务服务水平"[1] 等方面解文化企业的燃眉之急。随着疫情的不断变化，政策也在不断调整和聚焦，3月至12月，北京相继出台了《关于应对新冠肺炎疫情影响 促进旅游业健康发展的若干措施》《新冠肺炎疫情期间文物拍卖企业网上拍卖监管办法》《疫情防控期间北京地区博物馆有序开放工作导则》《关于新时代繁荣兴盛首都文化的意见》《北京市入境旅游奖励与扶持资金管理办法》《关于深化"放管服"改革促进演出市场繁荣发展的通知》《在线旅游经营服务管理暂行规定》《北京市文化旅游体验基地认定及管理办法（试行）》《北京市旅行社经营境内旅游业务和入境旅游业务告知承诺制度实施办法》《北京市旅游市场黑名单管理办法（试行）》《北京市文化和旅游行业信用分级分类监管管理办法（试行）》《北京市文化和旅游行业失信信息信用修复与异议处理办法（暂行）》等一系列政策。这些政策既包括与时俱进的"放管服"，也包括更加聚焦的行业化、领域性或更加具体的实施办法与管理办法（见表1），是文化传播特别是在地传播的重要保障。

---

[1] 北京市文化改革和发展领导小组办公室：《关于应对新冠肺炎疫情影响 促进文化企业健康发展的若干措施》，《北京日报》2020年2月20日。

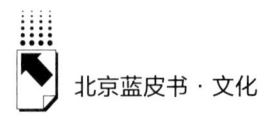

表 1 2020年北京市部分文化政策（包括与北京有关的国家性政策）

发布日期	名　称	颁发单位	主要内容
1月8日	北京市文化产业高质量发展三年行动计划（2020~2022年）	北京市国有文化资产管理中心、北京市人民政府	包括引言、重点任务、保障机制和重点项目4个部分
2月25日	关于应对新冠肺炎疫情影响 促进文化企业健康发展的若干措施	北京市文化改革和发展领导小组办公室	凝聚共克时艰强大合力、保障精品内容创作生产、培育产业发展全新动能、加大金融服务支持力度和优化提升政务服务水平
3月13日	关于应对新冠肺炎疫情影响 促进旅游业健康发展的若干措施	北京市文化和旅游局	落实暂退旅游服务质量保证金政策,加强对导游的综合服务,用好旅游发展补助资金,提升旅游融资担保服务水平,推动旅游投融资交易,做好京郊旅游保险服务,发挥财政奖励资金引导效能,推动全市普惠政策落地,提高行政审批效率,加大旅游投诉调解力度,开展旅游企业员工线上线下培训,发挥社会组织作用和鼓励景区推出在线旅游产品和电子文创产品
3月13日	新冠肺炎疫情期间文物拍卖企业网上拍卖监管办法	北京市文物局	包括总体目标、基本原则、监管内容、具体办法、处理措施6个方面
3月23日	疫情防控期间北京地区博物馆有序开放工作导则	北京市文物局	总体要求、内部管理、开放准备、开放服务、公共卫生、应急处置6个方面
4月10日	关于新时代繁荣兴盛首都文化的意见	中共北京市委	高举中国特色社会主义伟大旗帜,建设社会主义意识形态思想高地;传承源远流长的古都文化,彰显中华优秀传统文化的时代价值;弘扬丰富厚重的红色文化,培育全市人民爱党爱国爱社会主义的深厚情怀;发掘特色鲜明的京味文化,塑造和谐宜居的城市人文品格;繁荣蓬勃兴起的创新文化,培育首都文化发展的核心动能;丰富高品质文化供给,增强人民群众文化获得感幸福感;推动中华文化"走出去",建设展示大国文化自信的首要窗口;加强党对首都文化建设的全面领导

续表

发布日期	名称	颁发单位	主要内容
4月28日	北京市文物局关于北京地区博物馆有序恢复开放的通知	北京市文物局	确定"有序开放图书馆、博物馆、美术馆等室内公共场所并实行限流",做到切实提高政治站位,严格落实中央和市委关于疫情防控的重要部署;切实落实主体责任,确保恢复开放万无一失;加强组织领导,及时沟通恢复开放工作信息和情况
6月16日	北京市入境旅游奖励与扶持资金管理办法	北京市文化和旅游局	总则、奖励与扶持资金项目内容与范围、奖励与扶持资金管理程序、监督检查和附则5个部分
9月18日	关于深化"放管服"改革促进演出市场繁荣发展的通知	文化和旅游部	提升审批效能、规范新业态发展、实施精细化管理、落实主体责任和强化组织保障
9月27日	在线旅游经营服务管理暂行规定	文化和旅游部	总则、运营、监督检查、法律责任和附则5个部分
11月12日	北京市文化旅游体验基地认定及管理办法(试行)	北京市文化和旅游局	总则、认定条件、认定程序、日常管理、支持和服务、附则6个部分
12月14日	北京市文化和旅游行业信用分级分类监管管理办法(试行)	北京市文化和旅游局	包括总则、信用评价、信用监管、权益保护和附则5个部分

(二)国内传播:文化活动丰富多彩,手段和方式创新成效凸显

文化传播是一个城市的基本功能之一,在地性是其区别于其他城市的重要标识。北京的文化特质与历史底蕴决定了其在文化传播上的特性,新冠肺炎疫情又使得2020年的文化传播产生了一些新的变化。从国内传播看,新冠肺炎疫情得到有效控制后,线下活动逐步恢复。诸多文化活动如2020北京·平谷世界休闲大会、第十五届中国北京国际文化创意产业博览会、北京国际电影节、2020年北京国际车展等延期举行,全国基层院团戏曲会演、大学生戏剧节、大学生电影节等则全部改成线上举办。不过整体来看,活动仍然丰富多彩(见表2),特别是2020年下半年,各项活动不

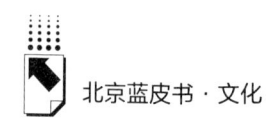

仅延续了往年的成功做法与有益经验，而且结合新的时代特点，进行了必要的创意创新。

从传播范围来看，因为几乎所有的文化活动都开展了线上与云端探索，这些文化活动的影响力和知名度跨越北京的地域范围，辐射全国甚至全世界。从时间轴来看，4月底之前以线上推广为主，5月后则逐步有序恢复线下活动，而且探索了更加灵活的传播渠道。如5月成功举办了"逛京城、游京郊——2020年'中国旅游日'北京市文化和旅游局线上云游北京活动"，主办方通过网络手段，借助抖音、今日头条等新媒体和16区融媒体以及平面媒体，以"线上发布+景区云游"的形式，打破时间和空间的限制，创新活动举办方式，带领市民更全面、更深入、更直观地感受京城文化和京郊之美。活动特意增加了直播带货环节，专为湖北"拼单"，并把北京老字号美食、特色文创产品、京郊土特产、非遗作品等列为带货内容。在线观看总人次高达500万，点赞数约4.7万[1]。8月，"寻找最美长城守护人（北京）"宣传推介活动暨2020年北京长城文化节开启，活动时间跨度约为2个月，基于常态化防疫的形势，体现了线上线下有机结合、物质文化遗产与非物质文化遗产有机结合、文化与旅游有机结合、文化与生态有机结合"四结合"理念[2]。9月，北京时尚消费月通过线上与线下相结合的方式聚焦"老城文游"，"快手发现"官方账号单场直播近两个小时，吸引逾570万人次观看，最高同时在线人数为7.2万，收获逾33.9万粉丝表达的喜爱之情[3]。11月，"诗意的爱给远方——最美北京援助地优秀风光摄影和微视频展"活动进行现场展示。活动特别结合国家和北京市各项重大举措，联合八省区90个地区的群文工作者，以线上展和线下展相结合的方式，促进文旅发展并巩固扶贫效果。12月，北京市广播电视局走进首都师范

---

[1]《"逛京城、游京郊——2020年'中国旅游日'北京市文化和旅游局线上云游北京活动"成功举办》，http://whlyj.beijing.gov.cn/zwgk/xwzx/gzdt/202005/t20200519_1902517.html。

[2]《2020年北京长城文化节8月8日启动！这些活动等你来！感知长城之美，体验长城文化》，https://baijiahao.baidu.com/s?id=1674393295466180916&wfr=spider&for=pc。

[3]《"点亮北京·点亮四九城"活动开启，网红打卡地有这些》，https://baijiahao.baidu.com/s?id=1678271173384922284&wfr=spider&for=pc。

大学科德学院，组织开展了"法律进校园"主题宣传活动，有效宣传了习近平法治思想，突出宣扬了宪法精神、民法典实质性修改要点和广播电视网络视听行业法规①。通过"法律进校园"活动，将法治观念融入师生的日常生活，延伸了广播、电视和网络视听的法治宣传触角，实现了法治宣传方式的创新。

表2 2020年北京市部分文化活动（包括在京举办的国家性文化活动）

日期	名称	主办单位	主题或主旨
4月15日	2020北京·平谷世界休闲大会	北京市人民政府	提升生活品质
5月19日	2020年"中国旅游日"北京市文化和旅游局线上云游北京活动	北京市文化和旅游局	逛京城、游京郊
7月24日	歌华传媒杯·2020北京文化创意大赛	北京市文促中心	奋进新时代 创意赢未来
8月8日	"寻找最美长城守护人（北京）"宣传推介活动暨2020年北京长城文化节	北京市委宣传部	做好常态化疫情防控 促进文化消费
8月22日	第十届北京国际电影节	国家广播电影电视总局、北京市人民政府	梦圆·奋进
8月26日	第27届大学生电影节	北京师范大学	新时代 新主流 新形象
8月31日	第十九届金刺猬大学生戏剧节	北京戏剧家协会、北京市朝阳区文化和旅游局、北京市朝阳区文化馆	将热爱戏剧的大学生通过这个平台凝聚在一起
9月4日	2020年中国国际服务贸易交易会	商务部、北京市人民政府	全球服务，互惠共享
9月7日	全国基层戏曲院团网络会演	中宣部、文化和旅游部	共同打造国家级的"云端"基层戏曲艺术盛宴
9月11日	大戏东望·2020南锣鼓巷戏剧展演季	蓬蒿剧场	戏剧温暖城市

---

① 《北京市广播电视局在国家宪法日组织开展"法律进校园"主题宣传活动》，http：//gdj.beijing.gov.cn/zwxx/gzbgl/202012/t20201208_2159294.html。

续表

日期	名称	主办单位	主题或主旨
9月13日	2020北京菊花文化节	北京市园林绿化局（首都绿化办）、北京市公园管理中心	菊颂古坛神韵 香传盛世华章
9月19日	北京时尚消费月	北京市文化和旅游局	点亮北京·点亮四九城
9月22日	2020北京国际设计周	北京国际设计周组委会办公室、北京设计学会、视觉中国	民生之维
10月21日	第七届当代小剧场戏曲艺术节	北京戏剧家协会、北京天艺同歌国际文化艺术有限公司	渡
10月28日	第27届北京电视节目交易会（2020·秋季）	北京市广播电视局	聚心 聚力 剧精彩
11月3日	"诗意的爱给远方——最美北京援助地优秀风光摄影和微视频展"活动的成果展	北京市委宣传部、北京市文化和旅游局、北京市文学艺术界联合会、北京市扶贫协作和支援合作工作领导小组办公室	2020首都市民系列文化活动——"影像北京"
11月7日	2020北京大运河文化节	北京市委宣传部、中国新闻社	2020首都市民系列文化活动——"影像北京"
12月4日	"法律进校园"主题宣传活动	北京市广播电视局	深入学习宣传习近平法治思想，大力弘扬宪法精神，推进北京新视听高质量发展

（三）海外传播：文化进口持续增长，线上传播成为亮点

海外文化传播既包括在海外举办的各种文化活动，也包括通过商贸、会展、访学、旅游、体育等其他方式进行的文化交往。受新冠肺炎疫情的影响，2020年海外文化活动受到重创，往年举办的品牌活动"欢乐春节""美丽中国""中国旅游文化周""魅力北京"等受到不同程度的影响，中秋活动基本改为线上举办。其中，"点亮整个天堂——中秋"全球联动品牌活动充分利用了网络数字化推广中国文化和旅游，成为讲好中国故事、传播中华声音的典型代表。总体来看，为适应新的时代特征和国际交流模式，2020

年的海外传播更侧重通过直播、短视频、虚拟展览、"云"表演和互动体验等方式展现中华魅力，"数字化在线活动创新工作模式"成为最大的亮点。

除了文化交流活动外，海外文化传播的影响力还主要体现在文化的进出口贸易上。受全球性传染性疾病——新冠肺炎疫情的影响，2020年的文化贸易逆差严重。综观2018~2020年北京市文化产品进出口贸易情况可知，在2019年出口贸易额呈大幅增长之后，2020年北京市文化产品出口贸易额呈明显的下降趋势，降幅为16.5%。疫情对进口的影响相对较小，2020年虽然是三年来增幅最小的一年，但仍呈增长趋势，增幅为15%（见表3）。疫情及国际形势的各种不确定性还会产生更持久的影响，未来北京的文化传播力在贸易上"引进来"与"走出去"的作用如何发挥，将是一个需要深入研究的课题。

表3 2018~2020年北京市文化产品进出口贸易对比

单位：万元，%

年份	进口额	同比增长	出口额	同比增长
2018	1236847	18.8	271673	-32.1
2019	1764400	42.6	631482	132.4
2020	2028553	15.0	527470	-16.5

二 存在的主要问题

（一）政策的可持续性待检验，落地效果不足

文化政策是文化治理的重要手段，也是文化传播的有力保障。但政策的出台有一个过程，即使是再完美的政策，其落地效果关键还要看执行力和执行方式。疫情期间，北京虽及时出台了《关于应对新冠肺炎疫情影响 促进文化企业健康发展的若干措施》《关于应对新冠肺炎疫情影响 促进旅游业健康发展的若干措施》《新冠肺炎疫情期间文物拍卖企业网上

拍卖监管办法》等一系列政策，然而政策对文化企业、个人及文化市场的未来走向的影响力如何，都有待实践和时间的检验。从北京市社会科学院与中国人民大学校友会联合开展的"新冠肺炎对京津冀中小企业影响调查"的研究分析看，疫情期间企业各类生产成本大幅增加、正常经营的资金链紧张、疫情结束后恢复生产经营信心不足等问题十分明显，然而现有政策未能充分考虑疫情结束后政策的持续性和细化举措[①]。

（二）线上传播效果参差不齐，未能形成传播合力

受新冠肺炎疫情和数字化的影响，无论是在地传播、国内传播还是海外传播，线上选择都成为必然趋势。然而受传播主体、传播内容和传播能力的影响，很多文化活动的辐射力和覆盖面十分有限。以一些院团的云剧场为例，有很多活动或演出的点击量竟然停留在个位数或十位数，不仅不能产生传播效果，甚至形成了新的文化壁垒，一定程度上造成了文化资源的浪费。也有一些经典剧目或品牌活动，从受众市场看有很大的前景，然而播出平台的影响力和水平不足使得传播主体和受众之间有一种无法逾越的数字鸿沟，这就需要文化活动的主办方及传播主体突破技术障碍，探寻在技术革新的条件下如何形成传统与新媒体的传播合力，进而实现良好的传播效果。

（三）文化贸易逆差严重，海外市场待细分

文化贸易是文化交往的重要途径，检验着文化传播的影响力和整体文化软实力。从北京海关的官方数据看，2020年的文化贸易逆差虽然有所下降，但主要由体量的大幅下滑所决定。国内国外双循环战略是新发展格局的重要组成部分，但并不意味着我们要转向"封闭"的国内循环。相反，开拓海外市场仍然是文化传播的有效途径，甚至是实现传播中国声音的最

---

① 王鹏：《新冠肺炎对京津冀区域中小企业影响的调查研究与建议》，《看一眼（内刊）》2020年第8期。

好途径。当然,海外市场的开发不会一蹴而就,更不能用砸钱的方式去毫无头脑地进行盲目开发,细分市场、地域、民族和个体的差异还有很长的路要走。

三 主要对策建议

(一)强化受众的参与式传播,实现政策的精准性和有效性

任何政策的出台,都是为人服务的。服务对象的满意度是文化政策好坏与否的重要标尺。文化政策一直是指导北京甚至我国文化发展的有力保障,所以学者指出"在政策上支持文化传播,在法规上保障文化传播"[1],既是实现文化大繁荣大发展和中华民族伟大复兴的条件,也是实施中国文化"引进来""走出去"重要战略的组成部分。宏观上,要通过政策结合服务和功能发挥综合优势;微观上,要激发人的内生动力,提高大众对文化的关注度和参与性,实现用内容满足需求、以政策促进发展的良好局面。

(二)利用共同情感"接口",主动融入国际文化格局

破解文化传播困境的密码,关键在于找到不同文化间的交集或"接口"。找到中国文化传播的"正确打开方式"[2],需要进行多维度的探索。首先,要利用共同情感"接口",主动融入国际文化格局。其次,要善于构建共同经历,探索相互理解、多维沟通的精神家园,必要时可以营造"感同身受"的现实体验,短视频博主李子柒的文化传播力就体现在这种体验的精细、精美和精致之中。最后,要聚焦共同价值观,如对公平正义的歌颂和对真善美的追求,以及对人类命运共同体的关注等。

---

[1] 李红秀:《"一带一路"倡议下的文化传播与民心相通》,《人民论坛》2020年第32期。
[2] 陈鸿瑶:《"第三空间"视角下的文化传播策略》,《传媒》2020年第10期。

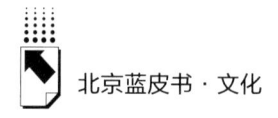

（三）通过文化产品构筑交流空间，提升文化传播力和辐射力

文化传播特别是国际文化传播不仅要探寻路径多样化，还要注重文化产品的合作与开发。当前，我国在亚投行、自贸区和经济走廊建设等方面的努力，是推进区域经济建设和文化有效传播的重要举措，然而这些大的战略性探索还需要文化细节和文化产品的支持与保障。近年来在海外热播的电视剧《琅琊榜》《延禧攻略》《锦绣未央》《三生三世十里桃花》《微微一笑很倾城》等，都反映了国产剧的良好发展势头，这也是视听语言呈现文化美感的精品意识使然。不同文化间的交流与文化传播决不能单纯依靠灌输与宣传，具体且微而精的文化产品是传播的王道。

B.21
2020年北京非物质文化遗产保护与传承报告

黄仲山[*]

摘 要： 2020年，北京非物质文化遗产保护与传承受到新冠肺炎疫情极大的影响，但非遗业界承受住压力，克服不利因素，总体保持了稳中有进的发展态势，在资源建设、产业发展、文化传播等方面取得佳绩，并且在构建文化品牌、发展重点领域、凝聚核心人群等方面表现突出，形成亮点。由于外部环境因素和自身发展局限，非遗业界在发展中也存在路径依赖等问题，需要结合非遗行业发展内外因素来解决，并在文化抗疫、公共文化服务、人才培养等方面积极推进，提升非遗文化发展水平，扩大非遗文化影响力。

关键词： 非物质文化遗产 文化旅游 文化传播

2020年，新冠肺炎疫情席卷全球，北京这座城市经受住疫情的考验，但文化建设也受到社会环境极大的影响，形成与往年平稳推进不同的发展路径与格局。非物质文化遗产保护与传承工作克服疫情带来的种种不利因素，在非遗名录体系建设、非遗文化产业开发、非遗传播体系构建等方面取得了一定的成绩，尤其是非遗业界高举文化"战疫"的旗帜，将非遗保护与传

---

[*] 黄仲山，北京市社会科学院文化研究所副所长，副研究员，主要从事文化理论和文学理论研究。

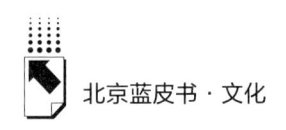

承和"战疫抗疫"结合起来，体现了非遗文化高度的社会融合性和现实实践性。

一 非物质文化遗产保护与传承的整体格局与发展态势

2020年，北京非物质文化遗产保护与传承整体上呈现稳中有进的发展态势，在非遗资源发掘整理、非遗文化产业推进、非遗元素应用场景拓展等各方面都有所突破，尤其是结合"战疫抗疫"主题，非遗业界积极响应，结合非遗文化元素创作作品、举办活动，取得了良好的社会效益。

（一）强化资源建设，留存文化记忆

非物质文化遗产的资源建设是保护与传承工作的重要环节，也是需要长期投入的基础性工作，这其中包括非遗历史资料的发掘、整理、留存，以及非遗名录体系建设等。在这些方面，北京每年都持续投入资金和人力，使珍贵的非遗资源得以保存。

7月1日，北京市委宣传部、市文化和旅游局、市财政局联合发布《北京市非物质文化遗产传承发展工程实施方案》。该方案要求"在普查登记、建立名录和抢救性记录工作的基础上，建立全面、科学的记录体系。"这份方案明确提出到2025年，累积要对50位以上国家级、市级非遗代表性传承人展开记录，留存基础资料。2020年11月，北京非物质文化遗产保护中心组织记录团队对北京皮影戏国家级代表性传承人路宝刚进行记录拍摄工作，就是对该实施方案的具体实践。

非遗名录体系也是资源建设的重要成果，经过多年努力，北京市已形成较为成熟完整的名录体系，包括国家级、市级、区级非遗名录的推荐、筛选、配套政策和资金投入等，都形成规范的模式，既为各级各类非遗项目编列了档案、为保护提供了依据，也使非遗保护更具目的性，更有科学性。2020年，在各区级名录的基础上，通过各区推荐，第五批市级非物质文化遗产代表性项目名录的推荐名单出炉（见表1），这份名单中所列的推荐项目覆盖了非遗

全部十大门类，包括民间文学、传统音乐、传统舞蹈等，可见名单具有广泛代表性，也说明北京在非遗各领域都具有深厚积累。

表1 北京市第五批市级非物质文化遗产代表性项目名录推荐项目名单（共53项）

	项目名称	保护单位
民间文学（1项）	什刹海传说	北京市西城区什刹海民俗协会
传统音乐（2项）	李家务道教礼俗音乐	北京市大兴区长子营镇李家务村村民委员会
	延寿圣会音乐	北京市通州区张家湾镇前街村村民委员会
传统舞蹈（2项）	北辛庄村高跷秧歌	北京市平谷区王辛庄镇北辛庄经济合作社
	马卷村五虎棍	北京市顺义区马坡镇文体广电服务中心
传统戏剧（1项）	北京曲剧	北京市曲剧团有限责任公司
曲艺（2项）	京韵大鼓（白派）	中青美思（北京）文化传播有限公司
	京韵大鼓（少白派）	北京市石景山区文化馆
传统体育、游艺和杂技（3项）	三皇炮捶拳	北京市武术运动协会
	王其和太极拳	北京大学
	天桥杂耍	北京杂技团
传统美术（3项）	汉白玉雕	北京石窝雕塑艺术学校
	火绘葫芦技艺	北京吉祥八宝葫芦手工艺品产销专业合作社
	制扇技艺（北京宫廷团扇）	北京市西城区非物质文化遗产保护中心
传统技艺（27项）	传统百宝镶嵌制作与修复技艺	故宫博物院
	传统木器制作与修复技艺	故宫博物院
	传统漆器修复技艺	故宫博物院
	传拓技艺	北京马国庆文化艺术工作室
	传拓技艺（甲骨传拓）	国家图书馆
	传拓技艺（全形传拓）	全国农业展览馆
	传统书画装裱修复技术	北京集古斋文化有限公司
	雕版刷印及线装书装帧技艺	北京华艺斋古籍印务有限责任公司
	敦煌遗书修复技艺	国家图书馆
	青铜器修复及复制技艺	国家博物馆
	手迹类文物临摹复制技艺	国家博物馆
	官式建筑营造技艺（恭王府）	文化和旅游部恭王府博物馆
	金属锻錾工艺	北京市金属工艺品厂有限责任公司
	古法黄金制作技艺	北京握拉菲首饰有限公司
	景泰蓝制作技艺	北京铭客诚景泰蓝工艺品有限公司
	和香制作技艺	北京隆和昌商务有限公司
	鸟笼制作技艺	北京市丰台区人民政府东铁营街道办事处
	北京沙燕吉祥鸟制作技艺	北京峪沟福地人和种植专业合作社
	丰泽园鲁菜制作技艺	北京市丰泽园饭店有限责任公司
	北京同春园江苏菜制作技艺	北京华天饮食集团公司

续表

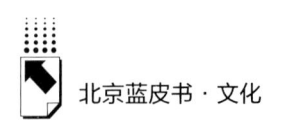

	项目名称	保护单位
传统技艺(27项)	北京阳坊传统涮羊肉制作技艺	北京阳坊胜利食品有限公司
	延庆火勺制作技艺	北京市延庆区饮食服务行业协会
	宫廷面点(泡泡糕)制作技艺	北京凯瑞御仙都餐饮投资控股集团有限公司
	通州饹馇制作技艺	北京亚泰福源食品有限公司
	龙门米醋制作技艺	北京龙门醋业有限公司
	大兴南路烧白酒酿制技艺	北京隆兴号方庄酒厂有限公司
	京西黄芩茶制作技艺	北京市门头沟区旅游事业发展服务中心
传统医药(9项)	段式针法	北京弘医书苑文化传播有限公司
	丰盛正骨	北京市丰盛中医骨伤专科医院
	孟氏刺络疗法	北京潭柘仁寿中医医院有限公司
	裴氏正筋疗法	北京金道筋健康科技有限公司
	中医推拿按动疗法	北京按摩医院
	中医二十四节气导引养生法	中国中医科学院医学实验中心
	燕京萧氏妇科	北京中医药大学东直门医院
	中医传统制剂方法(同仁堂西黄丸传统制作技艺)	中国北京同仁堂(集团)有限责任公司
	中医传统制剂方法(血余蛋黄油制作技艺)	首都医科大学附属北京中医医院
民俗(3项)	恭王府春分祈福习俗	文化和旅游部恭王府博物馆
	黑水湾淘金习俗	北京市平谷区金海湖镇黑水湾村经济合作社
	训鹰习俗	觿堂文化投资管理(北京)有限公司

(二)融入现代生活,传递传统与时尚融合理念

非遗文化是一种活态文化,跟随时代生活的变化而变化,积极融入现代生活,是非遗保持活力与生命力的关键因素,尤其是融合时尚元素,不仅增强了非遗文化的传播效果,还促进了非遗产业化。不少非遗项目传承人通过不断探索,将非遗技艺融入生活用品、时尚工艺品制作环节,比如景泰蓝制作工艺已广泛应用于首饰、家居装饰等制作,京绣也深度融入时尚服饰设计制作行业,戏曲盔头制作技艺中的点翠工艺被应用于首饰制作,这些优秀的非遗技艺成为现代时尚设计的富矿。非遗传承人也在不断尝试开发时尚元素,融入现代生活,带动了"非遗+时尚"的一波又一波热潮。

近些年北京在时装周、设计周、服贸会等大型展会中都突出非遗元素，为"非遗+时尚""非遗+生活"的设计产品提供展示舞台。9月22日，历时八天的2020北京时装周落下帷幕，本届时装周带有浓厚的非遗元素，专门设置了"非遗时尚"版块，在时装秀场展示非遗纺织刺绣等技艺，如"致敬非遗之美"特色时装秀等，突出非遗的时尚韵味，体现了"非遗+时尚"的完美融合，不仅使传统工艺注入了时尚产业的活力，也为本次时装周增添了文化底蕴。

非遗文创搭建了传统与时尚的桥梁，北京非遗业界在文创产业模式方面逐渐摸索出成功路径，在非遗元素应用、IP开发、产品功能拓展等方面不断突破，盈利模式也越来越成熟。以本年度举办的第五届北京文化创意大赛为例，大赛共有23个非遗及IP开发类项目入选百强，这说明非遗文创已成为北京文创产业发展一个极为重要的领域。此外还有专门以非遗为主题的文创活动，如西城区举办的"民间瑰宝　魅力之都"2020北京非物质文化遗产时尚创意设计大赛，活动共收集各类非遗文化设计作品229件，并从中评选出奖项，其中包括设计作品40件，体现非遗文创的旺盛活力。另外，从消费端也可以看出非遗文创越来越红火的趋势，自7月31日开始的2020北京文创市集是文创产品展售的窗口，其中非遗文创产品占据了很大比例，成为文创市集的一抹亮色。

（三）注重传承环境，涵养非遗文化生态

要顺利推进非遗保护与传承工作，离不开良好传承环境的营造，这其中包括自然环境和人文环境。《北京市非物质文化遗产传承发展工程实施方案》明确提出非遗保护的基本原则就包括要保护非遗的传承环境，这从政策层面确立了非遗保护的一个努力方向。

在古都环境的保护方面，北京目前围绕"一城三带"进行了文化遗产的整体保护，尤其是中心城区基本禁绝了盲目拆建的现象。而且随着疏解非首都功能政策的推进，古都的历史文化街区从功能到风貌都能维护，这就为非遗传承创造了一个具有浓厚底蕴且非常稳定的文化环境。从人文环境来

看，经过多年的传播推介，非遗保护的必要性和相关政策已深入人心，首都市民对非遗文化的认可度、接受度、融入度都高于国内其他城市。根据武汉大学国家文化发展研究院学者对中国19个主要城市非遗场景水平的测度，北京的综合指数为4.10，高居榜首，而且在社区指数、设施指数、人群指数、活动指数、价值观指数全部五个分类指数上都明显高于上海、广州、深圳等大都市，更是远远高于杭州、南京、重庆、成都、武汉、天津等直辖市或省会城市（见表2）。

表2 中国城市非遗场景水平测度结果

城市	综合指数	社区指数	设施指数	人群指数	活动指数	价值观指数
北京	4.10	0.72	1.10	0.45	0.77	1.06
上海	3.65	0.63	0.91	0.58	0.60	0.94
广州	1.63	0.29	0.52	0.26	0.30	0.25
深圳	2.10	0.49	0.52	0.43	0.38	0.27
杭州	2.49	0.51	0.50	0.47	0.35	0.66
南京	1.86	0.25	0.54	0.39	0.29	0.38
重庆	0.84	0.37	0.14	0.14	0.08	0.10
成都	0.65	0.11	0.16	0.18	0.11	0.09
武汉	2.10	0.60	0.52	0.37	0.19	0.42
天津	2.02	0.27	0.49	0.43	0.53	0.30

资料来源：陈波、赵润：《中国城市非遗传承场景评价指标体系构建与实证》，《华中师范大学学报》（人文社会科学版）2020年第4期。

表2中所列的非遗场景水平各指数对应的是非遗保护与传承传播的人文环境，实际上，人文环境包括但不限于这些指数呈现的内容，从构建文化生态的目标来看，其所涉及的各种环境关系更为广泛与复杂，包括针对非遗命题认知与认同的社会氛围、面对非遗保护的政策环境、围绕非遗文化研究的学术环境、融合非遗元素的商业环境等。无论是从数据、公布的各项政策还是结合各种场景的文化体验来看，北京在营造非遗传承环境方面领先国内其他城市，这显然有效地促进了非遗文化深入社会各领域，使古都北京的传统文化底色更加鲜明。

（四）凸显"抗疫"主题，传递文明健康生活理念

新冠肺炎疫情全面影响社会文化建设与居民文化生活，同样也成为非遗文化产品和活动的重要主题，比如本年度文化和自然遗产日活动的主题就是"非遗传承健康生活"，倡导市民传承非遗文化，强身健体，科学防疫，创造美好生活。

本年度北京围绕"抗疫"主题举办了多场非遗文化活动。自2月开始，北京日报客户端与北京市文旅局联合推出"抗击疫情 北京非遗公开课"，邀请了40位非遗传承人录制短片在网络发布，受到广大网友热烈追捧，观看量达160余万。这些非遗短片内容大多紧扣"战疫"主题，强调强身健体、科学饮食、弘扬中医药文化等，比如跟传承人学太极拳、形意拳，制作花茶、中药香囊等，还带动网友在居家防疫期间学习其他非遗技艺，舒缓心情，比如制作剪纸、做糖画等。除此之外，不少线下文化活动也突出防疫主题，挖掘传统文化中抗疫祛病的内容元素，12月，恭王府博物馆以"祈福纳祥趋吉避疫"为主题，举办"国家级非物质文化遗产滑县木版年画保护成果展"，通过年画展示民间传统中避疫祈福的美好愿望。

（五）借助网络平台，打造多元化传播平台

疫情期间，线下各类非遗文化活动的举办因疫情防控而受到较大限制，这给互联网线上传播提供了外部动因，加快了非遗项目和企业在网络传播中的布局，促使线上传播和营销活动暴发。尤其是网络直播作为近年来新兴的网络传播形式，在非遗网络营销和文化传播中发挥重要作用，非遗老字号纷纷在京东、淘宝等网购平台开通直播账号。4月，非遗企业尝试复工复产，东来顺、内联升、荣宝斋等13家老字号店铺在京东集体亮相，进行直播带货，推动非遗产品的营销。在另一个网购平台淘宝，已有一半以上的北京老字号入驻直播。

此外，北京拥有众多互联网企业，在非遗文化线上传播方面拥有独特优势，尤其是许多非遗传承人和非遗项目通过视频网站亮相，吸引社会公众广

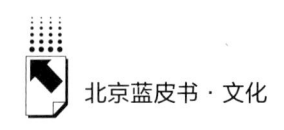

泛关注。抖音和快手这两个短视频网站作为行业佼佼者，在非遗文化传播方面也走在前列。2020年，快手联合非遗定点研培高校和业界专家打造非遗学院，进行线上直播授课，许多非遗项目也在快手平台开通频道直播。截至2020年底，快手国家级非遗项目覆盖率达到96.3%，快手围绕这些非遗项目举办了很多线上活动，大大增加了受众。抖音也将非遗作为优质内容进行重点开发，推出"非遗合伙人"计划，组织多种非遗文化活动，比如"2020抖音·看见音乐计划"，形成合辑《国韵潮声》，其中包含了诸多非遗音乐元素，如民歌、戏曲等。除了视频网站，新浪网和千龙网等门户网站、去哪儿网等旅游网站、北京本地宝等生活网站都是传递北京非遗文化的窗口。各种类型的网站围绕北京非遗话题，通过文字、图片、视频等形式，将非遗文化资讯、非遗文化旅游、非遗历史故事等传递给网民，使非遗文化成为人们日常生活中所获信息流的重要部分。

二 非物质文化遗产保护与传承的重点与亮点

经过多年的发展与积极探索，北京非物质文化遗产保护与传承已较好地融入日常生活，依托重点部门展开的工作，扎根重点领域形成文化优势，借助重要时间节点带动传播热潮，凝聚核心人群形成非遗保护的牢固根基。

（一）依托重点部门，打造非遗保护与传承示范基地

在非遗传播领域，有不少表现亮眼的部门，除了文旅部门、非遗中心等专门机构，还有一些部门，如传媒和文博等行业，长期致力于打造非遗特色文化品牌项目，成为非遗保护和文化传承传播不可或缺的一环。

各大博物馆历来是非遗保护与传承传播的重要基地，恭王府博物馆长期走在非遗文化传播与教育一线，承担国家非物质文化遗产展示保护基地的建设任务，每年都定期举办系列活动，打造以非遗为核心内容的文化活动品牌。比如"良辰美景·恭王府非遗演出季"就是恭王府长期坚持的文化品牌，在每年的文化和自然遗产日上演昆剧、古琴等传统艺术，至2020年已

举办13届。除了传播北京本地非遗文化,恭王府作为国家级博物馆还为来自全国各地的非遗项目提供展示平台,2020年11月,该馆举办"三山湟水间·花儿与少年"青海西宁非物质文化遗产精品展,全面展示青海河湟地区非遗保护与传承的成果。恭王府博物馆还长期关注非遗相关学术研究,举办各类学术讲座,将"非物质文化遗产展示与传统技艺研究"确立为馆级科研方向,与中国社会科学院研究生院、中央美术学院、北京建筑大学、四川大学等高校、科研机构合作,开展非遗相关项目研究。此外,恭王府博物馆还利用网络平台积极传播非遗文化,在官网上将非遗作为主要展示内容,其在线上线下融合互动方面也可圈可点,比如由恭王府博物馆牵头举办的"中国非物质文化遗产服饰秀",采用了线上线下同时展演的方式,吸引了数千万观众观看,促进了非遗文化的传承传播。

以恭王府博物馆为代表的一批文博单位积极参与非遗保护与传承工作,不仅为这些博物馆增添了多样化的文化内容,也为非遗项目带来生机,这在社会各行业部门中形成了良好的示范效应,将来会有更多的行业部门以更为积极的姿态,参与非遗保护与传承工作中。

(二)扎根重点领域,形成有特色的非遗传播

非遗保护与传承需要深耕厚植,尤其是充分发挥优势,扎根重点领域,先在这些领域大放异彩,从而提升非遗文化的整体形象。北京长期以来力推的非遗品牌战略,就是集中优势领域,推广拳头产品,将这些非遗技艺和产品作为文化符号推向传播一线,强化大众对非遗保护与传承的认知。

比如燕京八绝,即景泰蓝、玉雕、牙雕、雕漆、金漆镶嵌、花丝镶嵌、宫毯、京绣八种工艺门类,历史悠久,工艺精湛,开创"京作"传统工艺高峰,因此一直是北京力推的非遗项目。2020年初,位于石景山区的承恩寺燕京八绝艺术馆升级为博物馆,博物馆于2021年对外开放,是燕京八绝艺术品收藏展览的重要场所,共展示400多件传世精品。该博物馆也将燕京八绝行业的非遗传承人、从业者集聚起来,组织文化交流,面向市场进行展售。受疫情影响,2020年燕京八绝线下主题活动较少,但在电视和网络媒

体中热度不减,北京电视台《这里是北京》栏目在7月的两期节目中分别以"燕京八绝——至精至美""燕京八绝——取材有道"为主题对燕京八绝的工艺和故事进行描绘。燕京八绝作为北京非遗的一个重要品牌,在网络中保持较高的关注度和知名度,百度搜索量达到128万条。面对当下时代的消费习惯和审美需求,燕京八绝的工艺大师们不断创新工艺手段和形式,结合现代生活开发新产品,从高端工艺品到普通生活用具,都拥有不错的市场前景。

(三)借助重要节点,增加非遗文化能见度

在非遗业界共同努力下,目前非遗文化活动基本能覆盖全年,即便是2020年受疫情影响,但借助网络传播等形式,弥补了线下活动不足的问题,非遗文化活动基本做到全年不断档,保持了非遗文化的能见度。

借助重要节假日尤其是传统节日、重要纪念日等展开非遗文化集中展示,是提升非遗文化影响力的重要方式。每年的文化和自然遗产日都是非遗集中宣传和展示的重要时间节点,2020年的文化和自然遗产日是6月13日,"遗产日+非遗"被设定为重要活动板块,北京各区都组织了大量的非遗主题活动,在社会中形成独特的非遗文化景观。比如以"非遗伴您逛京城、游京郊"为活动主线,力推非遗文化旅游,共举办近50场线上非遗宣传展示活动,还推荐了近50条线下"非遗+旅游"路线,参与的非遗资源达到500余项。除此之外,北京还举办了"京城老字号非遗购物节"活动,在6月中上旬,以"京城非遗扮靓美好生活"为主题,联合京东、快手等网络平台,组织26家非遗老字号集中进行直播销售,将非遗文化传播与满足居民消费需求结合起来,带动非遗文化消费人气。

经过多年发展,北京在重要节庆日、文化和自然遗产日等重要纪念日,都形成了以非遗为核心内容的文化传播路径,结合古都丰富的建筑、文物等历史遗存,努力讲好古都的文化故事,使文物活起来,使文化活起来。古都文化因非遗而变得精彩纷呈、活力无限,非遗也因这些重要节点的集中推广拓展了公众认知度。

（四）凝聚核心人群，形成非遗保护中坚力量

非遗传承人、非遗研究专家、非遗行业组织管理人员、非遗爱好者等，形成非遗保护与传承传播的核心人群，凝聚这部分核心人群的力量，确保了非遗文化保护与传播传承能够在稳定的轨道上运行。

2020年12月，由文化和旅游部指导，光明日报社、光明网主办的2020"中国非遗年度人物"100名候选人名单中，北京（包括在京中央单位）有多人入选，涵盖非遗保护与传承各个方面，既包括非遗传承人，如国家级非物质文化遗产代表性项目传统香制作技艺（药香制作技艺）国家级代表性传承人李时亮、国家级非物质文化遗产代表性项目风筝制作技艺（北京风筝哈制作技艺）国家级代表性传承人哈亦琦，也包括非遗文化策展人，如首都博物馆展览原总设计师马怀伟，还包括非遗文化管理者，如中国纺织工业联合会副会长孙淮滨、东城区非物质文化遗产保护中心主任杨建业。此外，研究者、媒体人、传播者、教育者也有多人入选，如中央美术学院民间美术系教授杨先让、人民日报社记者郑海鸥、中国社会科学院研究员朝戈金，这些入选者在非遗业界做出了重大贡献，具有较广泛的影响力，是北京非遗保护与传承工作的中坚力量。

从这些核心人群的能力来看，非遗传承人不仅掌握核心的传统技艺，还需具有较高的人文素养，掌握一定的市场营销技能。北京多年来重视非遗传承人的研修培训，自2016年开始试点"中国非物质文化遗产传承人群研修研习培训计划"，北京市文化和旅游局委托清华大学、北京大学、中央美术学院、中国戏曲学院等在京院校开展研习培训，截至2020年，已举办各类研修研培班46个，培训了来自全国各地的传承人1140余人。在2020年的研培计划中，举办了涉及京剧、雕漆技艺、玉雕、汝瓷烧制技艺等非遗项目的研培班共5期，培训来自北京本地以及对口帮扶地区等地的非遗传承人100余人。通过这种培训，不仅提升了非遗传承人各方面的能力素养，还促进了非遗业态的交流。此外，北京是非遗文化研究的重镇，也聚集了大量非遗爱好者，他们能够通过学术研讨会、图书出版、网络评论等形式，推动非

遗文化向外扩散，从而拓展以非遗为核心内容的文化传播流量通道。2014年，西城区启动非遗传承志愿者招募活动，至2020年已坚持了7年，有36个非遗项目公开招募，共培养传承志愿者308人。通过招募志愿者，搭建了非遗爱好者与传承人交流的桥梁，志愿者也成为非遗文化传播的使者，吸引了更多的文化爱好者参与。

需要说明的是，聚焦非遗保护与传承工作的重点、突出亮点，其实与整体保护并不矛盾。当下社会文化竞争非常激烈，北京文化发展建设面临着传统文化与现代文化、民族文化与外来文化等多重矛盾。非遗作为北京文脉根系的重要组成部分，如果不能做到重点发力，不能在社会中做出亮点，非遗文化的整体就不可避免会走向没落。做好重点项目、重点领域等的推介工作，不断增强它们的文化竞争力，无论是顶托效益，还是溢出效益，其他非热门项目、非重点领域，也会因此受益。对于文化部门来说，将部分非遗项目和企业推向市场，为它们营造良好的文化氛围，使其在市场中产生自我造血机制，而将直接的资金扶持提供给亟待抢救和输血的非遗项目，似乎是目前最好的选择之一。

三 非物质文化遗产保护与传承的问题分析

2020年北京非物质文化遗产保护与传承工作经受住疫情的考验，在种种不利的外部因素影响下仍取得了一定的成绩，而且不乏亮点，但一些延续性的问题仍然存在，而且受疫情等因素影响，出现了一系列新的问题，需要在实际工作中不断解决。

（一）非遗保护与传承模式建构存在路径依赖问题

北京在非遗保护与传承中一直保持较高的创新度，比如在产业结合模式、资源整合方式、文化传播渠道等方面积极探索，形成一套行之有效的方法路径并引领全国，但这并不意味着发展道路上可以一劳永逸，非遗保护模式建构应该是一个开放的过程，而不应形成固化的、封闭的模式。

非遗保护与传承是一项系统工程，积极创新已有成效，但路径依赖也同时存在，比如在非遗历史资料的挖掘整理、非遗文化活动的开展、非遗产品的营销等领域都或多或少存在路径依赖问题。不少非遗文化活动同质化现象严重，创新性不足，在当下求新求变的传播氛围中很难给人耳目一新之感，无法吸引更多人参与。此外，不少传承人机械理解文化传统保护的方法内涵，一味地强调原汁原味，缺乏持续改进和打磨，停留在技艺粗糙的原始阶段，造成产品单调，不符合现代审美需求，也无法融入大众生活，从而失去了非遗活态文化的价值意义。

非遗保护与传承工作永远在路上，非遗文化保护需要不断尝试新方法和新路径，非遗文化传承传播需要越过代际鸿沟，融入新鲜血液，这就需要打破既有程式，抛弃路径依赖，用"活"的方式、"活"的理念，维系非遗活态文化的本色，使非遗文化永远生机勃勃。

（二）非遗文旅开发还不够充分与完善

非遗是北京文化旅游的核心资源，近些年北京一直尝试开发非遗文化旅游线路，将非遗文化传承传播与文化旅游结合起来。仅在2020年文化和自然遗产日和端午节期间，全市推行的"非遗+旅游"线路和活动就达到百余项，其中京郊的旅游线路有50余条，由此可以看出，北京在推广非遗文化旅游方面做出了不少努力。

然而结合北京整体的旅游市场来看，非遗文化主题旅游还没有形成气候，北京旅游产品的主流还是知名景区，非遗文化在旅游活动中的参与感不强，大多依附于景区游，没有形成独立的且具有一定知名度的特色旅游线路。许多开发的非遗游项目，其市场效果没有达到预期，旅游体验不尽如人意。首先是旅游产品的设计并没有在原有格局上有明显突破，目前旅游产品中，非遗活态文化体验主要集中在演艺领域，而手工技艺等非遗项目的展示在生动性、趣味性方面还有待加强。其次，非遗旅游线路产品开发过程中，对非遗项目的串联、组合，对游览线性时间的规划等，还缺乏专业性的思考与精心组织，导致旅游过程大量空白时间出现，旅游体验大打折扣。最后，

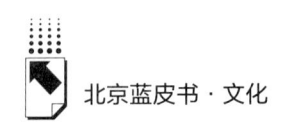

非遗旅游存在重产品展销、轻文化体验的现象，现场展示技艺不走心，游客亲身体验走过场，无法形成真正有吸引力的旅游产品。

（三）非遗技艺传承还需多样化

非遗传承的核心是技艺传承，如果技艺失传，非遗的文化传承也无从谈起。北京多年来努力推动非遗项目技艺传承，推动"非遗名家传艺工程"，帮助濒临失传的非遗项目面向社会公开招徒，延续非遗文化基因。

然而，不少非遗项目的传承链条还比较薄弱，很多非遗从业人员满足于维系舒适的小圈子，没有拓展传播范围的意愿，导致传承链条过于单一。面对时代变迁，很多非遗传承人不愿打破过去家族式传承模式，没有在师徒传授模式之外，形成分级分类、灵活多样的社会化传承，这种低效率传承增加了非遗技艺失传的风险。此外，在传承过程中，重技艺传授而忽视文化传承，使学习者得其形而失其神，导致非遗在代际传承中，既失去原有的韵味，又因技艺不够纯熟，无法融会贯通，失去面对市场潮流大胆创新的自信和能力。

四 推进非物质文化遗产保护与传承的对策分析

北京非物质文化遗产保护与传承在不断探索中改进优化，在一年年积累的经验中完善，在持续推进的压力与动力下前行。针对目前存在的问题，结合首都发展建设的现实，需要在以下方面重点展开工作。

（一）做好长期应对疫情准备，深度参与文化抗疫工作

在新冠肺炎疫情全球大流行的外部环境下，非遗文化交流必然会受到持续的影响，疫情也将成为未来很长一段时间内非遗保护与传承最为重要的影响因素之一。疫情对非遗文化活动举办、非遗保护工作开展等产生了一定影响，但总体是可控的，完全可以通过一些积极的替代措施来抵消影响。非遗业界需要从两方面着手应对，一是努力消除不利影响，二是积极利用非遗文化融入抗疫。

首先，非遗文化为抗疫战疫提供了许多古老的智慧，比如传统中医药就在抗击新冠肺炎疫情中发挥了重要作用。同仁堂作为北京老字号医药品牌，积极捐赠药物，向北京市慈善协会、北京市温暖基金会捐赠价值500万元以内的医药用于抗疫，向境外华人华侨、中资机构、留学生群体、驻外使领馆捐赠抗疫药品，累计捐赠超过20万人份，不仅满足了人们的药品需求，还向社会各界传递了中医药文化。同仁堂无疑做出了很好的示范工作，通过参与抗疫，医药、保健类非遗产品可以扩大社会认知度，将传统的健康医学理念以科学的方式向公众传播。其次，许多体育类、演艺类、手工技艺类非遗项目可以调适生活、强身健体，为疫情隔离期间提供了锻炼身体、愉悦心情的手段。此外，许多非遗文创产品以自己的方式记录抗疫故事，彰显抗疫英雄形象，如"北京面人"传承人"面人张"张俊显通过面人展示抗疫场景，致敬医务工作者，以栩栩如生的作品传递鼓舞人心的精神力量。

新冠肺炎疫情可能还会持续很长时间，非遗业界应充分谋划未来发展之路，为疫情影响下的各种危机做好预案，从文化发展新形势出发，尝试新路径和新方法，比如充分利用互联网平台，打通线上线下传播渠道，将疫情对线下活动带来的限制压缩至最小。非遗业界面对疫情，应积极行动而不是一味强调危机，积极加入全社会团结抗疫的行动中，展示非遗文化鼓舞人心的社会功能，从而提升非遗的整体文化形象。

（二）立足公共服务，拓展非遗文化产业领域

在北京建设全国文化中心"一核一城三带两区"总体框架布局中，"两区"就是指建设公共文化服务体系示范区和文化产业发展引领区，建设公共文化服务体系与发展文化产业都是北京文化建设的重要目标，两者应齐头并进。非物质文化遗产相关业态兼具文化事业与文化产业属性，需要同时在两个方面拓展发展空间，这也带来公益性和经济效益的两种导向。北京作为文化中心，理应在非遗文化的发展导向上率先探索出行之有效的路径。

从政策导向来看，做大做强非遗文化产业可以对北京文化发展与产业转型形成支撑效益，近些年北京非遗文创发展较快，与政策上的支持和引导是

分不开的。另外，非遗文化的保护与传承不能完全交给市场，不能试图以产业发展思路来解决所有问题。从非遗业态整体发展格局来看，相关产业的发展只有建立在满足人民群众文化生活需求这一根基之上，才能走得稳，才有持久的动力。在2020年7月发布的《北京市非物质文化遗产传承发展工程实施方案》中，要求将非遗代表性项目纳入基本公共文化服务目录，这就强调了非遗文化的公共属性，同时也为非遗文化产业拓展提供了一种思路。将非遗文化产业发展与公共文化服务供给结合起来，既维护了非遗业界的经济利益，也满足了人民群众的文化需求，使非遗文化产业与公共文化服务相互促进，共同发展。

（三）用好政策红利，助推非遗产业进入市场风口

习近平总书记曾引用古诗词"好风凭借力，送我上青云"，希望以北京冬奥会为契机，推动冰雪运动发展，这句话同样可以用来形容非遗产业发展。文化的发展离不开政策大环境，非遗文化产业可以借政策东风加速发展。

第一，站在战略高度理解文化产业发展趋势。北京确定"四个中心"发展战略定位，建设全国文化中心是未来北京发展建设的基本方向，非遗文化产业发展顺应北京发展总的方向潮流。此外，京津冀协同发展也为非遗文化产业链拓展提供了更多的想象空间，北京珐琅厂等非遗老字号已面向河北进行产业链布局，实现经济效益、文化效益多赢。第二，融入首都发展整体政策框架，找准非遗文化产业发展路径。2020年9月，中国（北京）国际服务贸易交易会开幕，在服贸会展销平台上，非遗文化产品大放异彩。目前北京得到中央大力支持，正努力建设国家服务业扩大开放综合示范区和北京自由贸易试验区，非遗文化产业将在这一宏观政策框架下迎来绝佳的发展契机。第三，结合北京各领域具体政策，寻求非遗文化产品营销突破口。比如北京大力发展夜间经济，非遗文化产品可以深耕夜间消费，助推夜经济的活跃，提升夜间文化消费体验。此外，与数字经济的发展潮流呼应，非遗文化产业可尝试以数字和互联网为重要推手，打通非遗文化传播的流量通道，从

而拓展非遗文化产品的消费市场，使非遗文化产业能够享受到数字经济发展的红利。

（四）加强人才培育，拓展非遗研培计划覆盖范围

北京是全国非遗人才培育的重要基地，每年投入大量人力物力开展研培工作，提升了非遗从业人员的素养。但从目前来看，文化部门组织的各类非遗研培计划目标人群还比较集中，覆盖面不够广泛。大量从业人员市场营销经验比较缺乏，技艺传承相对封闭，文化素养有待提升，这需要业界多渠道拓展培训范围，制订有针对性的、专业化的培训计划。

除了面向非遗从业人员，非遗相关的培训可以覆盖社会更广泛的人群，包括非遗文化志愿者、爱好者、青少年在校学生等，以提供培训服务的方式达到文化传播的效果。在培训方式上，应打破非遗技艺传承的单一模式，技艺传承不应以直接培养传承人为目的，而应增加体验式、短期式、菜单式的技艺培训，按受众文化程度、学习难易度、培训目的等进行分级分类，适当降低非遗技艺学习门槛。一些非遗项目易学易会，很大程度上是对培训方式和内容进行了改进，比如北京刻瓷第四代传承人周晓明为方便初学者，整合相关的工具和颜料，开发了刻瓷套装，使技艺传授更简单易行，这为非遗培训工作提供了很好的思路。因此，可以通过内容模块化、目标分众化、教学网络化等方面的改造，解决培训资源不足、学习困难大等问题。

非遗行业发展所需的人才是多样的，也是多层次的，人才培育的方式和过程也不应僵化。应借助阶梯性、常态化的人才培育，全面提升非遗从业人员业务素养，并且在更多的人心中种下非遗文化的种子，带动非遗行业的可持续发展。

B.22
2020年北京胡同治理现状及对策分析报告

王淑娇*

摘　要： 北京胡同治理工作成果显著，本文主要从重顶层设计，强政策保障；创工作新制，促长效管理；清违搭违建，还传统风貌；立停车细则，疏交通拥堵；补公服设施，助便民生活；建环境景观，现最美胡同；展文化内涵，延胡同记忆等方面概述北京胡同的治理现状，并分析其中存在的胡同特色不够鲜明，胡同文化有待继续挖掘；强化居民参与，进一步实现多元主体共商共治；整治工作与保留老北京日常生活场景有待兼容；公共空间营造不足，胡同空间形象不够突出等问题，并提出相关的对策建议。

关键词： 胡同　公共空间　城市文化

历史上，北京的胡同众多，素有"著名的胡同三千六，没名的胡同赛牛毛"的说法，众多的胡同不仅成为北京城的历史缩影和文化符号，也作为居住空间的重要物质载体而存在。因此，关于胡同的保护与治理就不仅仅具有保留古都风韵、推进全国文化中心建设和世界级文化典范地区建设的重要现实意义，同时也是一项关切到居民生活的综合性民生项目。近年

---

* 王淑娇，博士，北京市社会科学院副研究员，主要研究方向为西方文论和城市文化。

来，北京老城的历史风貌保护受到越来越多的关注，《北京城市总体规划（2016年～2035）》和《首都功能核心区控制性详细规划（街区层面）（2018年～2035）》都提到老城不能再拆，核心区的历史建筑应保尽保，要最大限度地保留住历史印记。在这样一种共识下，北京市以"十有十无一创建"为目标深入开展胡同整治提升专项工作，从环境治理、便民设施、文化挖掘、空间打造等多个方面改善了胡同的环境风貌，提升了胡同内居民的生活满意度和幸福感。

一 北京胡同保护与修缮现状

在相关政策的指导和支持下以及相关部门的全力规划和投入下，北京市街巷胡同保护与治理取得了非常显著的成果，并获得社会各界高度赞誉。胡同整治和管理的具体细则和实施方案被陆续制定出来，各区根据自身情况出台了相应的行动计划和工作意见，街巷胡同内的环境得到大规模改善，胡同历史文化内涵被进一步挖掘，便民设施服务的完善和公共空间的改造有效提升了胡同居民的生活质量。

（一）重顶层设计，强政策保障

《首都功能核心区控制性详细规划（街区层面）(2018年～2035)》围绕加强老城整体保护，提出要通过建立传统胡同、历史街区保护名录，保护街巷胡同脉络肌理与空间尺度等方式推进传统胡同与历史街巷的保护。东城区发布《安定门街道区域发展战略规划（2011年～2030年）》，规划指出，要以方家胡同46号为基本点，借助示范带动作用提升胡同整体发展水平。2017年正式出台的《西城区街巷胡同整治提升三年行动计划》制定了以每条背街小巷有政府代表（街长、巷长）、有自治共建理事会、有物业管理单位、有社区志愿服务团队、有街区治理导则和实施方案、有居民公约、有责任公示牌、有配套设施、有绿植景观、有文化内涵和无乱停车、无违章建筑（私搭乱建）、无"开墙打洞"、无违规出租、无违规经营、无凌乱架空线、无堆物堆料、无道路破损、无乱贴乱挂、无非法小广告以及开展文明街巷创建为主要内容的"十有十无一创建"的总体目标。《西城区"十三五"期间不可移动文物保护行动计划》强调了对于胡同历史文化内涵的挖掘。2017年印发的《昌平区街巷胡同及相关道路空间整治提升三年（2017~2019年）行动实施方案》提出了"十无、一创建、一评比"街巷胡同整治提升工作任务，即街巷胡同道路综合整治提升要实现"无私搭乱建、无开墙打洞、无乱停车、无乱占道、无乱搭架空线、无外立面破损、无违规广告牌匾、无道路破损、无违规经营、无堆物堆料"的目标，在此基础上创建"五好"文明街巷胡同，评比商业街区文明商户。2020年5月正式实行的《北京老城保护房屋修缮技术导则（2019年版）》对胡同修缮提出了专业的技术指导和管控要求，明确提出，二环路以内胡同的环境整治应保留胡同原有肌理，准确挖掘胡同空间的老北京文化特色。

（二）创工作新制，促长效管理

菜市口西片区、砖塔胡同、雨儿胡同等多个地区开展了"申请式退租"项目，在"居民自愿、平等协商、公平公开、适度改善"的原则上，探索出了一种创新性的整治路径。"申请式退租"包含了"申请式腾退"和"申请式改善"。"申请式腾退"即居民可以自由选择是留下还是迁出，选择迁出的居民可以获得更完善的生活条件，同时可以为留下的居民腾出更多空间。"申请式改善"即在居民同意拆除院内违法违章建设的前提下恢复院落传统风貌，优化院落公共空间，同时根据居民自身情况安装厨卫浴等生活基础设施。以南锣鼓巷为例，南锣鼓巷四条胡同内共有118个院落，其中有57个公房院，通过"申请式退租"，共腾退437户居民，涉及56个院落。在不改变整体空间格局的基础上对腾退空间进行重新设计，打造成"共生院"，成为"申请式退租"项目中的一大亮点。具体而言，就是在坚持"一院一策"和"一户一方案"的原则下对院落内的腾退空间进行整体上的重新设计，形成建筑风格上的统一，即"建筑共生"；吸引青年人入住，和胡同内的原住居民一起形成"居民共生"；注入新文化，实现传统居住文化和现代居住文化的新旧融合与共生。另外，通过严格落实街巷长制和街巷理事会促进街巷胡同长效管理。西城区在各个街巷胡同中都设置了公示牌，公示牌上有街长、巷长的姓名、电话以及相关职责、物业单位、社区志愿者等详细信息，并明确街巷理事会的日常管理事物，落实各街巷胡同属地责任。

（三）清违搭违建，还传统风貌

2019 年，围绕琉璃巷、西南园胡同、铁鸟胡同、前孙公园胡同、兴胜胡同、后孙公园胡同和万源夹道 7 条胡同，西城区椿树街道建成胡同慢行系统，也就是由政府牵头拆除胡同内的私搭乱建，将胡同恢复到青砖灰瓦的传统风貌，还居民慢节奏舒适生活。2020 年 6 月初，什刹海地区周边十五条胡同开始了拆违工作，共拆除违搭违建 236 处，并在此基础上对原有建筑进行修缮，保留门墩、台阶等传统建筑符号，以灰色为主调重新粉刷墙面，共整修 4492.4 平方米墙面，粉刷 16971 平方米墙体。2020 年，西城区广内街道启动了地区煤棚拆除整治工作，城管执法队协同街巷长和社区工作者对地区煤棚使用情况进行摸排，共拆除 4 个社区 150 处胡同内的违法建设，下一步将做好拆后环境恢复工作，并积极修复好破损墙面、地面，根据居民需求合理规划腾出空间。2019 年，牛街城管执法队成立专项拆违工作组，对烂缦胡同内的违搭违建情况进行走访摸排，2019 年共拆除违建 29 处，腾退面积达 300 多平方米。2020 年 7 月，西城区牛街烂缦胡同开启新一轮违建拆除工作，目前已拆除胡同南侧一处主体建筑面积达 600 余平方米的荒废建筑，随着胡同整治后续工作的持续推进，烂缦胡同逐渐展现出传统的老北京风貌。截至 2020 年 9 月，东城区共拆除 75.8 万余平米违章违法建设，拆除 9.3 万余块不规范匾额，封堵 7800 余处违规"开墙打洞"，清理 2 万余千米（架空）缆线，成为北京首个无凌乱架空线地区。

（四）立停车细则，疏交通拥堵

2019 年，南锣鼓巷出台《南锣鼓巷历史文化街区机动车停车规划》，这是北京市首个历史文化保护街区停车规划。规划提出宽度在 6 米以下的胡同路内不停车，6米以上胡同适当设置停车位；不断挖潜建设停车资源，以空间换空间的方式逐步减少胡同停车；基本清除胡同路内停车位，基本实现胡同路内不停车的中远期目标。截至目前，福祥胡同、蓑衣胡同、炒豆胡同、前圆恩寺胡同、雨儿胡同等实现了胡同不停车，胡同内交通秩序得到有效疏解，环境得到显著改善。为了解决停车难的问题，苏州胡同所在的苏州社区从2018年初就开始规划详细的停车方案，在摸清居民汽车数量的情况下，利用腾退后的空置空间修建三个立体车库，并自发成立胡同停车引导队，极大改善了胡同内的乱停乱放现象。2020年8月，东四九条成为新的不停车胡同，胡同内实现了居民停车自治管理，见不到外部车辆入内。2019年干面胡同引入专业停车管理团队助力胡同停车管理，建立车辆停泊信息化监管系统，对车位进行实时管理，有效推进智慧停车建设。到2020年，干面胡同共设置停车位124个，基本满足居民以及政府机关、商业经营、餐饮服务等多种业态的停车需求。胡同内居民可凭房产证、户口本和行驶证提出申请获得专属停车位。另外，干面胡同还开放了错时共享停车区域，早上七点到下午五点，胡同区域内的闲置车位可以对周边车辆开放，实行错时共享停车。

（五）补基础设施，助便民生活

公共服务基础设施的严重不足一直以来都是胡同治理工作中的一大难题，因此，补齐硬件设施，尽可能满足居民的生活需求就理所当然地成为街巷胡同环境整治工作中的重要内容。位于西城区二环里白纸坊地区的盆儿胡同综合整治前基础设施老旧破损，上下水管道老化，时常出现严重堵塞，极大影响居民日常生活。2019年6月，盆儿胡同启动整治工作，在拆除违建后着重于配套提升和功能完善。截至2020年5月，盆儿胡同内共增设18套路灯和立杆，增设监控探头，完成空调室外机支架更换600台，增设无障碍设施，完成上下水改造98.7%，更换全部雨水管，极大地补齐了长久以来生活基础服务设施的短板。胡同公厕数量少且脏乱差的问题一直困扰着胡同居民，近年来，北京各区都掀起了一场"厕所革命"，如今西城区已经有超过500座胡同公厕被改造。草场四条胡同内的17个公厕如今都变得干净整洁，成为胡同社会治理的样本。2020年，丰台区将全区546座街巷胡同三类及以上公厕引入社会化管理机制。2020年，施家胡同将一些腾退后的四合院改造为包括"魅力煤东"百姓之家在内的功能完备的便民服务设施，为居民提供食堂、蔬菜直通车、便民洗衣、便民维修等日常生活服务。东城区在胡同中引入新技术和新标准，通过雨水控制等专业措施和环保化粪池、新式马桶、生物降解等新技术基本解决胡同内污水排出问题，实现了胡同居民"如厕不出院"的生活要求。2020年，借助"政府支持引导、产权单位配合、院落集体申请、居民费用共担"的形式，东城区继续深入展开物业进院行动，实现胡同居民个人生活需求与物业生活服务之间的精准对接，推动胡同便民生活服务精细化发展，疫情期间不断壮大的"胡同管家"队伍更是成为东城区胡同治理的一大品牌。

（六）建环境景观，现最美胡同

在过去的很长一段时间里，胡同保护与治理都处在"有面无里"的尴尬状态，胡同临街的建筑、胡同的外墙修缮得干净整洁，胡同里面的环境却很差。自从突出精细化治理以来，胡同环境品质得到了显著提升。在拆除违建和清理杂物后，苏州胡同空置出来的角落被放置了不少绿植，由物业和社区共同做好绿化工作。环境美化工作获得居民大力支持，居民自觉美化各自院楼门前的小空间，并利用空闲时间为胡同内各处花坛除草、浇水。2020年，什刹海周边十五条胡同中，共新改建26个花坛，合计148平方米，清理86吨渣土垃圾和12卡车大件废弃物。东城区是北京第一个实现"周末卫生大扫除活动"全覆盖的地区。2020年，在《北京市生活垃圾管理条例》的全面实施下，东城区实现了胡同内垃圾桶的全撤离，改由专人定时定点收取垃圾，真正实现"垃圾不落地"，胡同环境品质得到极大提升。2020年8月，文昌胡同和文华胡同正式推行"垃圾不落地"，每天早上七点到九点和下午六点半到八点半，都会有专人挨家挨户收取垃圾，已基本实现胡同内撤桶目标，胡同内不仅不再有垃圾堆积、不再有垃圾散发出来的异味，居民们更是积极加入进一步的胡同环境美化工程中,对花箱进行主动认领且负责日常性维护工作,并在自家门前种起瓜果花草,打造别具特色的"墙根儿小花园",真正实现了胡同内"一步一景"。2020年,包括东城区东华门街道韶九胡同、西城区牛街街道登莱胡同、西城区天桥街道校尉营胡同、密云区鼓楼街道马莲厂胡同等在内的30条街巷入围十大北京最美街巷评选,在最终评选出的十大北京最美街巷中,东城区建国门街道苏州胡同、西城区金融街街道文华胡同、朝阳区朝外街道化家胡同榜上有名。新评选出的十大最美街巷成为北京街巷胡同精细化治理的成果典范。

(七)展文化内涵,延胡同记忆

2019年,椿树街道的七条胡同设计了京剧文化特色浮雕墙和介绍胡同文化背景与胡同历史的故事墙,为胡同内的慢生活增加了文化气息。2019年,西城区在醋章胡同、永庆胡同、西砖胡同开展了为期7天的以胡同文化展览、非遗技艺展示为主要内容的胡同文化节,此次胡同文化节在"非遗@胡同,我们的节日"主题下以非遗精品廊、会客厅、大师工作室、非遗书院、互动社区五个板块充分展现胡同文化魅力。在2019年的街巷胡同专项整治行动中,西城区尤其注重结合胡同历史,挖掘胡同文化,比如在胡同口设置明显标牌介绍胡同的名称由来和历史发展等。2020年,东城区进一步深入推进胡同历史文化挖掘工作,完成了一批高质量的尽显"首都风范、古都风韵、时代风貌"的文艺作品,如《胡同12号》《隆福寺》等;将草厂、三眼井等地区的胡同名称来源、胡同故事、胡同名人等历史信息以整合为二维码的方式向外讲述。目前,东城区内已有7个胡同博物馆,形成了胡同内的"十分钟文化圈"。2020年9月17日,北京国际设计周之"行走的胡同"胡同文化季活动在北京东四胡同博物馆正式开幕,该活动一直延续到11月中旬。活动以"胡同中的创意生长"为主题,分胡同文化展、胡同创意市集、胡同非遗工坊、胡同演艺、胡同文化大师沙龙五个板块呈现内容丰富、形态多样的北京文化。2020年10月,史家胡同博物馆又推"朝阳门WALK"文化项目,此次项目借助"胡同闲游"、"往昔风流"、"四合院完全指南"、"看'门'道"四条线路串联起朝阳门街道辖区内的多个名人故居、文保单位和文化空间等,让参观者在感受胡同空间尺度与文化肌理的同时也将史家胡同博物馆的文化功能延展到更大的区域中。

二 北京胡同治理存在的问题与不足

(一)胡同特色不够鲜明,地域文化有待继续挖掘

《北京老城保护房屋修缮技术导则(2019版)》指出,关于胡同的环境整治要尤其注意准确把握胡同的文化特色,挖掘具有独特性内涵的地域文化,不仅要保留和修复胡同内原有的文化符号和文化元素,如上马石、拴马桩、泰山石等,还要在避免外来异质文化元素移植的原则下进一步塑造具有老北京传统文化特色的胡同街区。因此,在胡同环境的治理过程中首先要以整洁干净、清楚"脏乱差"为目标,就目前的治理情况来看,已经塑造了良好的胡同环境景观,胡同生态得到较好重塑。其次需要做到整洁但不整一,避免胡同风貌上的千篇一律,也就是要在保持胡同环境干净整洁的基础上进一步开发和挖掘胡同特色文化,在融入地域性文化元素的同时将胡同空间建设成富有区域特色的文化名片,而这正是当前胡同治理工作需要进一步深化推进的内容。

(二)强化居民参与,进一步实现多元主体共商共治

胡同治理工作势必会牵涉多方利益主体,"尤其是拆除违章自建房,腾退已被占用的原共建配套设施如厕所,低洼院增高涉及相邻房的采光和通风等,这将影响到一些居民个人的切身利益"[1]。虽然在过去几年时间里北京

---

[1] 严锦荣:《北京街巷胡同综合改造修缮工作的对策和建议》,《北京房地产》2008年第6期,第76~78页。

市在拆除胡同违搭违建工作中下足功夫且取得重要进展，但因为违建原因复杂等各方面因素，拆除难度很大，拆除过程繁复，甚至个别街区胡同内还会偶发违建现象。比如，在接到关于大栅栏韩家胡同16号院的违建投诉后，相关负责人摸排了解房主和租户情况，与当事人谈话超过80次，谈话时长超过1500分钟后才最终做通房主的工作，使得拆除工作顺利进行。胡同治理工作牵扯居民、城管、房管、街道办、居委会等多个主体，由于认识和立场的不统一，具体工作中时常会有不同观念和态度出现，其中任何一个环节的停滞都会严重阻碍胡同空间的修缮整治。缺乏具体的、明晰的可操作规划或政策，更会在实际工作中造成各利益主体之间的僵持状态。

（三）整治工作与保留老北京日常场景有待兼容

胡同并不是一种抽象意义上的文化景观符号，不仅是一个城市历史与文化的印记，也是历世历代叠合、投射、沉积下来的活的标本，建立在日常景观之上的内涵丰富的生活场景、邻里之情、生活习俗等真正构成了其中最具有延续价值也最为生动的胡同记忆。胡同的整治与胡同内老北京生活场景的保留本质上并不矛盾，如果能更好地实现二者的兼容，则会让治理后的胡同不仅更具有人间烟火气，还能还原胡同以及老北京的生活。但是在实际的治理工作中，有不少人提出质疑，花大力气的改造虽然完成了，胡同却少了原来的生活气息，独特的街巷胡同氛围好像也不在了，胡同环境的整齐绝不应该以生活美学的消失为代价，如何实现胡同环境优化与以生活场景为主要内容的场所营造理应成为重点思考的难题。

（四）公共空间营造不足，胡同空间形象不够突出

胡同是在北京城市历史发展中不断形成与完善的主要居住空间和生活空间，作为北京城市格局中的基本脉络线，胡同更是承载和积淀老北京传统文化与风俗民情的历史文化空间。因此，关于胡同的治理就不仅仅是文化展示与传承的问题，还涉及空间意义上的形象营造。只有营造具有辨识度的、在视觉上形成变化感和节奏感且以人为尺度、充满生活烟火气息的胡同空间印

象，才能真正成为打造历史文化"金名片"、延续古都风貌和历史风韵的空间策略。在过去的胡同治理工作中，胡同硬件设施的改造一直都是工作终点，拆除违章建筑、补齐生活设施等举措确实美化了胡同环境，提升了胡同品质，但是，在下一步工作中，更应该在已经取得的成果的基础上，促进工作重点由硬件设施改造向公共空间营造和胡同空间形象打造转变。

三 推进胡同治理工作的对策建议

虽然近年来北京市在街巷胡同治理工作中取得了可喜的成果，但在总体上尚有一些问题和不足，还需要从以下三个方面重点推进：一是深度挖掘最具有独特性的胡同文化精神内涵；二是进一步推动形成胡同治理合力，构建多元共治的局面；三是加强整体空间规划，实现胡同环境治理与城市文化发展有效衔接。

（一）深度挖掘具有独特性的胡同文化精神内涵

作为北京城市文化的重要构成部分，胡同文化与胡同精神的保护、利用与传承在历史名城文脉延续中发挥着关键性的作用，并且在一种现代性转换的更新语境中与当代城市文化形成了良性互动的共生关系。以胡同空间为物质载体的胡同文化与胡同精神本身内涵丰富，是建筑文化、生活场景、人伦关系、审美理念等在空间上的集中表现，更为重要的是，它是一种蕴含浓郁民俗气息的生活文化和居住文化。改造和治理后的胡同之所以会出现特色不鲜明的问题，很大程度上就是因为对这种承载着北京人世世代代生活印记的居住文化的挖掘深度不够。针对这一问题，首先需要注意的就是，胡同治理和相关改造工程须以居民的居住和生活为主，将居民的生活需求放在首位，而不是采取简单的管理思维模式。其次是通过实地考察、社会调研、文献查阅与座谈会等多种形式，对胡同重要的历史故事、历史人物、建筑特色等进行完整的采集和核准，并在此基础上对胡同的历史价值进行综合性评估。最后，应建立多元的胡同文化传承路径，不仅在空间上将其他业态的文化形式

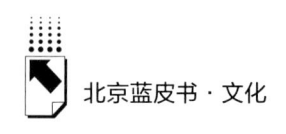

引入胡同，还可以促进胡同文化与其他文化类型，如茶文化、戏剧文化、皇家文化等有机结合。

（二）进一步推动形成胡同治理合力，构建多元共治的局面

胡同治理是一项涉及主体多、牵扯面很大、步骤繁复、所需资金量大的综合性、系统性工程，因此，单是某个部门或某几个部门很难担负起这项时间长、任务重的艰巨工作，必须推进各方力量的共同参与以形成合力，确保胡同治理工程的后续推进。虽然北京市的胡同治理工作通过党建引领搭建议事平台、建立街巷长制、实现"申请式退租"等方式极大地促发了各方力量的参与积极性，但是，在各个区相继启动新一轮街巷胡同环境整治提升行动计划的语境下，继续有效推动多元主体的共商共治以形成治理合力才是题中应有之义。首先，需要制定相关的规范性文件，明确各方责任和义务，根据胡同历史价值、保存状态、整治难度分类别、分步骤地确定具有实操性与可行性的规划细则。其次，应建立起合法化、科学化的治理模式，在符合各项相关保护修缮标准和管控要求的前提下，依靠现代科技和专家论证等方式，建立起一个信息量更大、数据更新更快、对象更清晰的胡同相关资料数据库，建立起胡同治理项目信息共享渠道。最后，应在充分尊重居民意愿的原则下，做好胡同治理的后续生活服务工作，发挥居民的主动性，让居民参与到对胡同治理工作的监管工作中，消除胡同治理和改造后再现违建和脏乱差等现象。

（三）加强整体空间规划，实现胡同环境治理与城市文化发展的有效衔接

胡同环境治理工作不能仅仅将胡同硬件设施的改善、胡同特色文化的展示作为重点，还应该以更新、转换、统筹等观念为指导，加强胡同空间与周边城市空间的整体规划。胡同治理从微观和中观层面涉及院落改造、环境优化等具体工作，在宏观意义上，胡同治理工作还应该包括胡同空间打造、胡同周边环境改造与区域建设的联合。因此，为了继续推动胡同治理工作，需

要将胡同空间与周边城市空间的再生产、将胡同文化的传承与现代北京城市文化建设有效衔接起来，实现从孤立的胡同空间的治理到进行总体上的当代城市文化发展的转变。首先，需要挖掘胡同所在区域的地域文化，深入研究胡同文化与地域文化在文化内涵、文化形态与文化特色上的差异性与延续性，在与地域文化特色相协调的基础上展现胡同文化，使得胡同文化的挖掘与地域文化的传承形成相辅相成的良性格局。其次，胡同空间的改造与治理必然涉及更大城市空间范围内的环境再生和文化再生，必须将其与北京城市的总体空间结构，尤其是老城整体格局的保护结合起来进行充分考虑。

B.23 首都新发展阶段推动"三条文化带"的保护与建设研究

王林生[*]

摘 要： 新发展阶段对首都文化建设提出更高的目标，"三条文化带"在世界城市文化体系、中国城市文化体系和首都城市发展体系中，将发挥探索"中国方案"、破解同质化困境和保护城市文化遗存的作用。"三条文化带"建设也面临着与城市总规之间的文脉贯通、内涵挖掘和与科技的双向赋能等方面的问题。解决这些问题，是一个系统性工程，需要统筹历史意识、当代意识、文化意识以及跨界意识等在"三条文化带"保护与传承中的作用。

关键词： 文化建设 "三条文化带" 文化体系 文化遗存

首都社会经济文化进入历史的新发展阶段，这就意味着文化建设在新的历史阶段具有更高的目标和追求。在促进首都城市文化建设的过程中，以"三条文化带"（大运河文化带、西山永定河文化带和长城文化带）为代表的文化遗产，对塑造新时代首都城市文化公共形象和提升文化产业发展水平的意义价值开始彰显。因此，推动"三条文化带"在新发展阶段语境中的系统性转化和发挥好其固有的空间文化功能，既有助于传统文化遗产活化利

---

[*] 王林生，博士，北京市社会科学院文化研究所/首都文化发展研究中心副研究员，主要研究方向为文化产业和城市文化。

用，加快传统文化创造性转化和创新性发展，又可以赋予城市文脉以新的内容和形式。

一 新发展阶段推动"三条文化带"保护建设的价值与意义

"三条文化带"是首都城市文化建设的重要内容，作为整体文化现象的"三条文化带"，以线性文化遗产的空间形式，突显出保护对象和思路从单独个体走向线性整体的转变。这种思路的转变，不仅是一种保护理念的转变，更突显出"三条文化带"在首都新发展阶段的价值与意义。

（一）在世界城市文化体系层面，"三条文化带"的保护与建设是世界探索城市发展新路径中所提供的"中国方案"

世界城市文化的发展路径是多元的，在城市从工业时代转向后工业时代的历史探索中，如何发挥文化在当代城市转型发展中的作用与价值，是每一个城市探索的重点。当前，城市文化的发展大多依靠文化产业、创意经济的支撑，关注的焦点是全球产业资本对城市文化的重构，注重的是缺乏特色的产业园区、文化地产项目对城市的直接驱动。近些年来，首都大力发展文化产业和创意经济，"三条文化带"为在这一导向下探索出符合城市本身文化底蕴的特色路径，形成城市文化发展的"中国方案"提供了思路。

"三条文化带"的提出及相关实践是从文化空间的角度对城市进行的一次解构和重构。当"三条文化带"与城市发展结合在一起时，带状文化遗产所在空间中的文化遗迹、生态环境、人文环境、基础设施、社会组织、群体、个人等节点便构成了城市带状空间网络，形成了对城市文化有关变化的方向和影响必须做出连接和选择。这些节点在城市带状空间网络内，相互联系、相互作用。"三条文化带"对首都而言其意义体现在它们以空间的形式解构首都何以是历史文化名城，大运河文化带、西山永定河文化带和长城文化带构成了对首都城市功能演变、城市文脉形成、社会实践关系状貌的高度概括，又充分依据城市文脉以文化空间的形式重构了城市的身份标识，进而使"一城三带"成为首都在世界城市文化体系中的一个特定的符号身份，成为"一个富有意味的对象"。以线性文化遗产为基础资源的带状空间对城市整体文化建设的推动，是北京迈向"世界文脉标志"的重要支撑。

（二）在中国城市文化体系层面，"三条文化带"的保护与建设是破解城市同质化发展困境的重要探索

在融入全球化、快速现代化和城市化的过程中，我国城市文化建设也面临着同质化的困境，如"千城一面""千园一面""千品一面"。在新发展阶段，首都城市文化建设的重要目标是强化首都风范、古都风韵、时代风貌的城市特色，而依托"三条文化带"构建历史文脉和生态环境交融的整体空间结构，是首都破解城市文化同质化困境，探索特色化发展和形成示范效应的重要路径。

文脉是一个城市"因文化地的历史主线"。资源禀赋、区位地理、生态环境等因素的差异，造就了城市特有的人文地理和发展主线，以及城市文脉的稀缺性和唯一性。在首都城市的发展过程中，"三条文化带"作为北京文脉乃至中华文明的精华所在，是首都城市文化在中国城市文化体系中最具独立竞争优势和其他城市不可复制的基础性资源。因此，以"三条文化带"为基础，构建首都风范、古都风韵、时代风貌的城市特色，是建立在首都固有城市文化资源基础上的城市特色。在文化内涵上，"三条文化带"分别指向以西山永定河为根、长城为卫、运河为养的城市文化空间，不仅彰显出城市深厚的精神文化底蕴，也构成了首都城市最具识别性的文化符号。因此，在这个意义上，"三条文化带"遵循历史、现实和未来相结合的逻辑，成为依托线性文化遗产推进城市文化特色化发展的重要示范。

（三）在首都城市文化体系层面，"三条文化带"是整体性保护与利用文化遗产的探索与尝试

整体性保护是文化保护的重要原则，是国家战略设计的重要组成部分。从政策顶层设计的角度来说，整体性保护是传承中华文脉、构建中华优秀传统文化传承发展体系的重要组成部分。《中华人民共和国非物质文化遗产法》中指出"实行区域性整体保护"，《乡村振兴战略规划（2018～2022年）》指出"全面保护文物古迹、历史建筑、传统民居等传统建筑"，《长城、大运河、长征国家文化公园建设方案》也强调要"根据文物和文化资源的整体布局、禀赋差异及周边人居环境、自然条件、配套设施等情况"，重点建设各类文化主体功能区[①]。可以说，整体性保护的原则体现在推进各类文化建设的过程中。

我国以文化带的形式整体性推进文化保护与利用的第一个国家层面的规划是 2014 年公布实施的《藏羌彝文化产业走廊总体规划》，这条文化产业廊道横跨西部七省区。在城市领域，从顶层设计高度以明确的文化带形式推进城市文化建设，北京"三条文化带"具有探索和示范意义。《北京城市总体规划（2016 年～2035 年）》提出"加强三条文化带整体保护利用"，这种整体性在规划上综合考虑文物、行政边界、自然资源和人文资源等规划相关的各类边界，以综合、跨区域和共享的人文地理架构，以创新的科学视角将文化带内诸多个体以新的形式关联起来，为城市文化建设和文化保护提供了一个多边的、更加完整和准确的文化图景。这就意味着，整体性保护不仅是保护对象的增多和区域范围的扩大，更重要的是通过单独个体之间的关联提升带状区域的文化价值。因此，作为单独个体的文化要素不再是孤立的文化遗迹，而在整个文脉谱系中具有独特的功能；作为整体性保护与利用的"三条文化带"则强化了其自身在整个城市发展中的作用，使得相互关联的

[①] 《中办国办印发〈长城、大运河、长征国家文化公园建设方案〉》，《光明日报》2019 年 12 月 06 日 01 版。

个体转化为一个不可分割的整体，与城市发展紧密结合在一起。如，之前对长城的认知一般停留在狭义防御和广义民族精神的层面上，而长城文化带与首都城市发展、中华文明发展结合在一起时，其所具有的作为均衡牧耕地理坐标和文化坐标的意义便得以彰显。

二 "三条文化带"建设在新发展阶段面临的障碍与问题

在新的历史发展阶段，"三条文化带"在首都城市文化建设中发挥着重要的作用，但是从首都宏观发展的角度来说，"三条文化带"建设仍存在一些亟待解决的障碍和问题。

（一）以文脉贯通城市总体规划与"三条文化带"专项规划之间的关系有待加强

随着《北京城市总体规划（2016年~2035年）》《北京市推进全国文化中心建设中长期规划（2019年~2035年）》等文件的公布与实施，"一城三带"已明确成为首都的文化框架。《北京市西山永定河文化带保护发展规划（2018年~2035年）》《北京市大运河文化保护传承利用实施规划》《北京市长城文化带保护发展规划（2018年~2035年）》等也相继实施。城市的发展有其特有的脉络，城市文脉作为"因文化地的历史主线"，是城市乃至区域差异化发展的重要保证。尽管总规对"一城三带"总体文化框架的内容已有描述，"三条文化带"已经成为首都城市文脉的重要内容，但是专项规划的实施仍侧重各自专项，对"三条文化带"文化空间意义的理解与方案的实施，与首都城市总体文脉的整体联系仍然薄弱。"三条文化带"与城市总体文化建设之间并不是"分－总"关系，而是一个涉及全局的整体性问题，关系到北京城市的整体文化空间建构，是城市文脉的具体呈现。因此，强化"三条文化带"与城市总体文化发展的关系，彰显"三条文化带"在首都城市文化中的个性化、差异化是未来城市发展的重点。

（二）"三条文化带"的文脉主旨不清晰，文化内涵有待深入挖掘

"三条文化带"历史文化资源丰富，种类众多。如大运河文化带有 40 处物质文化遗产和 43 项非物质文化遗产，长城文化带有 6 类 2356 处历史遗存，西山永定河文化带有不可移动文物 1574 处，众多的文化资源虽然以历史遗存的方式串联在地理空间上，但是缺乏从文脉的角度对文化带本身的主旨进行提炼概括，以避免文化带陷入"如数家珍"的尴尬境地。同时，"三条文化带"在首都城市发展中均发挥着一定的功能，与首都城市发展的关系密切。由于缺乏对"三条文化带"的文脉梳理及系统性研究，不仅"三条文化带"承载的核心内涵掩映在种类丰富、数量众多的单体文化遗存的保护与利用中，造成"三条文化带"在历史上对城市发展的驱动作用仍然模糊，而且，不利于充分利用"三条文化带"的特色文化资源打造城市特色文化空间。此外，"三条文化带"中的重要遗存、历史事件与首都城市发展的关系没有得到充分彰显，如京西古道与城市的发展关系。"三条文化带"在城市总体发展中的意义仍不明晰。

（三）"三条文化带"的文化资源尚未对城市文化发展形成高效支撑，资源转化与利用的力度有待加大

首都城市的发展需要文化与科技的"双向赋能"和"双轮驱动"，当前，首都文化优势和科技优势均较为明显，但是文化与科技之间的"双向赋能"仍较为薄弱，体现为"三条文化带"尚未能孵化出知名文化 IP，未能给文化的跨界化和科技的文化化提供必要支撑。一方面，文化的科技化仍不足，"三条文化带"内的大量文化资源仍以线下的方式存在，尚未充分通过文化的创造性转化和创新性发展，以文化数字的方式传承且融入生活。"数字三山五园展"仅是"三条文化带"中的个案，文化的科技化仍有大量空白。另一方面，科技的文化化也较为薄弱，即科技仍然缺乏必要的文化场景。文化场景是文化与科技融合的集中展示，文化资源的转化利用与科学技

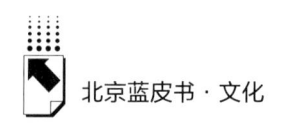

术的应用，是文化IP的一体两面。因此，培育和孵化"三条文化带"的文化IP，是推进"三条文化带"资源转化的必要条件。

三 系统性推动"三条文化带"的保护与建设

当文化遗产的保护理念从"单独个体"走向"线性整体"时，文化保护与利用的系统性便显现出来。所谓系统保护，是一种有规划、有目的、积极的、稳妥的保护利用，它的提出与实践和当代文化保护利用中存在的"随机保护"密切相关。随机保护人为地割裂了文化遗产与所在区域地理、所在环境之间的互动关系，割裂了文化遗产的历史文化传统与现代创新创意的继承关系，割裂了文化遗产物质价值与象征价值之间的互应关系，使得文化遗产的保护与利用陷入孤立无联、自我想象的境地。

（一）从历史的角度认识"三条文化带"的价值

历史意识针对的是"为什么"要进行系统性保护，是系统保护的先决条件。只有理解线性文化遗产的历史目的和文化价值，才能够以更为合理的方式保护和利用文化遗产。而这一价值只有放在城市总体发展的格局中，才能通过城市文脉贯通"三条文化带"与城市总体保护的关系。

"三条文化带"是在首都城市历史发展过程中形成的。西山永定河文化带孕育了北京城，永定河和大西山共同造就了北京小平原，形成了"山水人和，家国情怀"的文化精神，使北京历史文化成为中华文明源远流长的伟大见证。长城文化带伴随着首都城市历史功能演化与调整，形成了多元一体的文化格局和特色，成为古代各民族碰撞与融合的舞台[1]，以及中华民族的精神象征。而大运河文化带在首都城市发展中，不仅见证了城市的沧桑巨

---

[1] 董耀会：《长城是中华民族融合的纽带，强化了对中华文化的认同》，《中华民族报》2021年1月8日，第5版。

变,而且成为中华民族活着的、流动的精神家园。因此,只有坚持历史意识,"三条文化带"专项保护的价值才能在城市总体发展格局中显示出来。

(二)从当代的视角规划"三条文化带"的转化方向

坚持历史意识并不意味着要一味地固守历史,而是更为注重文化遗产在当代语境下的保护与利用,规定了系统保护的方向。线性文化遗产始终处于面向未来的语境变化之中,《文化线路宪章》指出:"随着时间的推移,历史元素发生了变化,新的元素被加入,这些新元素应该置于文化线路功能性关系的大框架内加以评估。"[①] 因此,在线性文化遗产保护与利用中,坚持当代意识就是基于线性文化遗产已形成的功能,在融合新元素的基础上,重新挖掘文化遗产的功能潜力,对其进行创造性转化和创新性发展,巩固和拓展线性文化遗产与所在区域、城市之间形成的功能关系。

在首都城市文化实践中,推进"三条文化带"的创新性转化和创意性发展,其目的就是通过创新和创意赋予文化遗迹以新的形式,使其融入当代文化生活,成为城市文化构建中的重要组成部分。整体而言,"三条文化带"在历史上从不同维度推进了首都城市建设,是首都城市功能的重要组成部分,而现在加强"三条文化带"的保护与建设,既是以此继续推进首都城市文化发展的重要路径,更是要通过梳理、提炼、转化和利用"三条文化带"的传统文化资源,为当下文化与旅游融合、文化与科技融合提供坚实的文化内容支撑,通过文化内容转化与活化为城市融合发展提供动能。互联网科技是当代新的元素,互联网与"三条文化带"的融合也是必然趋势,但是对二者的融合,不能仅仅停留在以"智慧+"赋能古风物打造新型消费场景和以"文化遗产+数字创意"为内核的沉浸交互体验式文化项目这一表层的产业层面,还应在整个城市发展进程中审视文化遗产与互联网的结合对城市发展的推动作用。如西山永定河文化带上的模式口改造和首钢改造,在城市更新的宏观视角下,更易于把握项目改造对城市发展的意义。

---

① 国际古迹遗址理事会(ICOMOS):《文化线路宪章》,丁源译,《中国名城》2009年第5期。

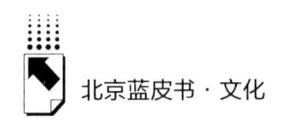

（三）从文化的高度推进"三条文化带"的转化与利用

在系统保护中把线性文化遗产作为整体的文化现象是坚持文化意识的集中体现。文化意识在系统保护中针对的是"怎么样"进行保护的问题，它是衡量保护质量的重要标准。《北京市推进全国文化中心建设中长期规划（2019年~2035年）》指出，"大运河、长城、西山永定河三条文化带承载了北京'山水相依、刚柔并济'的自然文化资源和城市发展记忆，历史悠久、内涵丰富、底蕴丰厚，是北京文化脉络乃至中华文明的精华所在，是京津冀协同发展、深度交融的空间载体和文化纽带。"[1] 在这个对"三条文化带"性质的描述中，对"三条文化带"所扮演的城市发展记忆、北京文化脉络、中华文明精华和京津冀文化纽带的角色予以充分确证。文化角色的确证，也充分说明对"三条文化带"的认知已超出单纯的物质遗存和物理空间层面，上升到意识、观念、精神的高度。

基于此，系统保护线性文化遗产便要求把文化保护视为坚持文化意识的基本内核。当前，对文化遗产或文化资源的转化与利用，是以市场或产业化的方式推进的，而这必然会追求一定商业利益。但是在现实中对文化遗产的过度商业化开发现象比比皆是，如长城八达岭段节假日的超负荷旅游接待、故宫面向游客服务的商铺数量过多和密度过大等，严重冲击着文化遗产本身的原真性、整体性。因此，以线性文化遗产为对象的商业开发中，文化保护是重要内容。"文化遗产地旅游的重心，应是在文化保护、传承与创新的基础上进行文化展演、文化体验和文化创意。不论文化遗产地是否具有商业传统，都不应违背上述原则"[2]，而这也成为相关顶层设计的重要内容。2020年10月发布实施的《国家文物局文化和旅游部关于加强石窟寺等文物开放管理和实行游客承载量公告制度有关工作的通知》，明确要求"坚持保护第

---

[1] 《北京市推进全国文化中心建设中长期规划（2019年~2035年）》，http://www.beijing.gov.cn/zhengce/zhengcefagui/202004/t20200409_1798426.html。
[2] 李庆雷、王愉超：《文化遗产旅游地过度商业化的表征、实质与对策》，《中国旅游报》2018年4月17日，第3版。

一的原则，妥善处理保护利用与旅游开发的关系"，① 避免过度商业化、娱乐化。

（四）从跨界的层面推动"三条文化带"与科技的双向赋能

系统创意中的跨界意识，是指要在文化遗产保护与利用的过程中促进与其他行业、领域的融合，从历史发展的角度来讲，线性文化遗产与社会经济的关系从来都不是一维的。这也就是说，文化遗产本身与诸多领域存在着相互的关联，这就要求我们对文化遗产的保护与利用必须坚持跨界意识，这是系统保护"怎么样"实现的必要条件。

在当代语境中，这种跨界不仅仅是区域跨界，如长城文化带涉及平谷、密云、怀柔、延庆、昌平、门头沟等6区24镇，更是指创新遗产保护和利用模式，探索多样性的文化生态系统与互促保护模式，探索文化遗产与设计、展示、传播、影视、游戏等领域和行业的相互赋能和产业加持。"三条文化带"文化资源丰富，对"三条文化带"的保护与利用，不应仅仅停留在线路本身，而应以跨界意识充分挖掘文化带的遗产资源，并在与其他行业的互动中，借势借力讲述"三条文化带"的故事。《国家宝藏》《如果国宝会说话》等影视节目的流行，已说明跨界是当代文化遗产保护与利用中可借鉴的路径。

需要指出的是，系统性推进"三条文化带"的保护与利用，是一个整体性的工作范畴，这四个层面并不是孑然独立，而是彼此间存在着关联的，它们从不同层面推动了线性文化遗产的系统性保护，也揭示出保护与利用并不是一个随机的、个人化的偶然过程，而是包含着必然性的因素，内含高度系统化、体系化知识要素组合的强力支撑。因此，在首都城市文化建设中，只有以系统观统筹保护与利用"三条文化带"，才能真正发挥"三条文化带"在新发展阶段的价值与作用。

---

① 《国家文物局文化和旅游部关于加强石窟寺等文物开放管理和实行游客承载量公告制度有关工作的通知》，http：//www.gov.cn/zhengce/zhengceku/2020 - 10/29/content_5555820.htm。

B.24
京郊民宿推动北京乡村文化振兴分析

张 丽*

摘 要： 乡村振兴的一个重要内容是乡村文化振兴，京郊民宿的发展是文化振兴的一个较好抓手，是乡村文化"走出去"的使者。经过多年的发展，乡村旅游逐渐升级，民宿经营逐渐吸引多方资本投入、高新技术投入以及文化创意人才的投入。随着北京乡村旅游不断发展，京郊民宿创新发展存在着较大的空间，目前京郊民宿体现的文化主题包括自然景观文化、人文建筑文化、特色餐饮文化、田园采摘文化、文化创意产品等类型。要想运用好京郊民宿这个平台来彰显京味文化与乡味文化的魅力，还需要抓住发展机遇，结合本地乡情、市情和国情，以乡村旅游资源为条件，以乡村特色文化为核心，创造性地开发旅游产品，传承好乡村传统文化。

关键词： 民宿 乡村振兴 文化振兴

在 2020 年举办的中国国际服务贸易交易会旅游服务专题展览上，北京乡村民宿的发展成果得到广泛的展示，与乡村民宿相关的旅游产品以及旅游线路得到推广。2020 年 11 月 27 日，北京首届乡村民宿大会在延庆召开，全市民宿发展树立了总体战略思维，以属地责任为依托、以部门责任为承载的工作格局开始形成，为乡村民宿经营奠定了坚实的基础。后疫情时代，北

---

* 张丽，博士，北京市社会科学院副研究员，主要研究方向为国际关系与城市公共外交。

京乡村旅游呈现良好态势，乡村民宿成为北京乡村旅游新模式。这一年，在民宿经济的发展带动下，北京乡村文化发展焕发出巨大的魅力。

一 民宿推动北京乡村文化魅力彰显

近年来，北京非常重视乡村文化建设。北京市文化和旅游局的数据显示，截至2020年，北京累计创建中国美丽休闲乡村多达38个、全国乡村旅游重点村32个、星级民俗旅游村274个、民俗接待户6000多个，全市699家乡村民宿品牌，包含1668个院落8211间房，已经接待游客达到17110人次。北京乡村特色生态资源多样丰富，同时，乡村更具有人文资源优势，乡村的环境、民俗、生活方式、农耕文化等影响力大，为发展乡村新业态提供了基础，促进了文化产品创新与文化服务高质量发展。目前京郊民宿体现的文化主题包括自然景观文化、人文建筑文化、特色餐饮文化、田园采摘文化、文化创意产品等。

（一）自然景观文化

自然景观是大自然本身的产物，不具有明显的人类利用的痕迹，属于自然地形或生物，具有空间性与时间性，比如地质景观、地形景观、生物景观等，体现自然的雄伟美、秀丽美、奇特美。自然景观是天然赋予某地的优势资源经过开发、保护形成的，在开发过程中应保护自然景观的天然性、地域性，使其保持自然属性的美。一般来说，一种景观成为被欣赏的旅游之地，与其体现的文化因素相关。多种构景因素有机融合、相互配合，与周围环境融于一体，体现综合美。自然景观成为人们审美的对象，满足人们的精神需求，满足旅游者追求体验的心境。静谧的乡村景观正是通过自然天成的环境与人们的审美的契合，散发乡村文化的自然之美，彰显着生态文明与人们的价值追求。

乡村民宿利用农村自然景观让人们回归乡土意境，在休闲时间体验自然之美。游客在欣赏自然风光、感叹乡村宜人风景之时，也对美丽农村建设起

到了推动作用。青山绿水、白云蓝天，农村风景的维护彰显新时代农村生态文明的进步。

（二）乡村餐饮文化

乡村旅游过程中一个特别的招牌就是特色餐饮文化。乡村特色餐饮具有地域差异性正反映了不同地区乡村文化的魅力。通过一个地区的特色菜品与相关服务，旅客感受到不同乡村地区的风俗乡情、生活方式，体验时代变迁带给农业农村的巨大变化。

餐饮文化的吸引力来自地域特征，既促进民宿旅游发展，又带动农产品消费，有利于通过农业产业的发展促进乡村文化的发展。依托乡村特色风味菜品营销，集乡村观光、休闲娱乐于一体的民宿经济受到游客的喜爱。围绕特色农产品消费，一系列的农村产品得以走出乡村，走进城市居民的消费视野。蔬菜水果和农副土特产品的供应，与田园采摘相结合，形成接地气的乡土文化，既向居民供给了消费品，又让人们感受到乡愁乡情，使游人更加了解风土人情，以及当代生产生活的高质量发展。

民宿的起源就来自于人们内心对简单、质朴生活的向往。餐饮活动是一种地域的民俗活动，在餐饮文化的熏陶中，游客不仅体验农家乐饮食的美味，而且感受亲自采摘的乐趣。原生态农产品提供的乡村产品与服务，反映的是民俗文化的价值与时代意义。从农家乐的形式逐渐衍生出多种生态的对自然的体验，消费者心理偏好于具有浓厚乡土气息和原生态的空间感觉。由此看来，民宿为乡村振兴带来新渠道、注入新活力，是农业经济发展的新模式，反映出农业物质生产与精神文明的共同进步。

（三）人文建筑文化

乡村民宿利用农村屋舍的特点，加以改造，进行装饰，让游客体验到远离喧嚣城市的轻松。古朴的民屋建筑搭配着彰显节气风俗的装饰，比如春节的民宿贴春联、挂红灯笼、贴窗花等，彰显着中华民族古老的节日文化氛围，中秋节的民宿挂苞谷穗、辣椒串、大蒜辫等则洋溢着秋收的喜乐，诠释着中华民族勤劳、奋斗的精神。

自然古朴的乡村特有的民居建筑是乡村民宿发展的优势资源。在建筑风格上反映出的民俗文化是乡村文化的重要内容，反映着人们的物质追求和精神世界的变迁。农田、花园、庙宇等，不仅呈现出地区的人文地理特征，也承载着乡村地域的风土人情，是乡村文化现象的综合体。对于人文建筑文化的保护与传承不仅具有科学价值，同时也具有深刻的教育意义与历史价值。

（四）农家创意文化

农民辛苦劳作的手工制作品传递着乡土文化。在乡村旅游产业发展进程中，除了土特农产品之外，农业手工制品、传统工艺品蕴含着农家创意文化，逐渐受到游客的青睐。

目前，品牌效应通过民宿的持续发展开始受到重视，一些乡村旅游纪念品的市场潜力巨大，是旅游经济新的增长点。乡村中的农业资源经过劳动加工转化成特殊产品，在满足游客需要的同时，还提高了就业率，增加了乡村旅游收入，更推动了乡村文化创新发展。

（五）文体娱乐文化

民间文艺演出等娱乐活动是乡村非物质文化，对人们了解当地民俗、区域文化产生了持久吸引力。乡村民宿的一个特点是不仅提供住宿服务，还承担住、吃、休闲娱乐功能。在乡村民宿举办主题体验活动，能够把乡村民俗文化融入现代活动中，对于传承、创新、发展优秀传统文化具有现实意义。乡村文娱活动既可以采用当地民俗娱乐方式的展演，也可以邀请专业文化演职人员进行公益性或商业性演出，以多种形式繁荣当地文化市场。目前亟须对当地民间艺人才艺的保护与传承，比如雕刻、民乐、绘画、刺绣等。民间艺术发扬光大是乡村文化振兴的一个组成部分，对于文艺事业发展有重大意义。通过对技艺、风俗等非物质文化遗产的传承，复活乡村历史，讲述农家历史故事，激活乡村发展精神动力。民宿经济是农村经济发展中一种新的产业形式，由于民宿本身的经营特点，乡村文化融入农业经济发展中，使新农村建设与城市发展有了进一步融合的契机。可以说，无论是从土地民舍的利用，还是从农业劳动力的就业，抑或是从文化产品与服务的供给来看，民宿在自身的成长过程中都为乡村经济发展注入了新动力。

二 以民宿发展推动乡村文化振兴的机遇与挑战

当前，民宿文化的创新发展面临着比较好的机遇。北京市委、市政府非常重视民宿经济发展与乡村旅游发展工作，最近几年来，在政策扶持、规范管理、营造环境等方面发挥了积极作用，还另外成立专门的乡村民宿发展协调小组，建立良好的推动乡村民宿发展的体制机制。在防控疫情工作中，制定明确的防控工作要求，细化防控措施，根据文旅行业企业经营特点，为乡村旅游业的发展与乡村民宿经济持续发展提供安全保障，确保防控与安全生产的制度落实到位。

为促进乡村民宿发展，北京市乡村旅游评定委员会开展评选活动，评出乡村旅游特色业态、五星级民俗户和民俗旅游村。2020年10月北京举办民宿发展推进会，推出了乡村民宿宣传片，鼓励发展乡村休闲农业、休闲旅游，授予23个村"全国乡村旅游重点村"称号，新选出13个"中国美丽休闲乡村"，落实乡村振兴战略。一批精品民宿的快速发展，既带动旅游发展，又彰显了北京文化的魅力。乡村民宿牵引乡村旅游升级发展，使乡村旅游能够惠及乡村居民，也惠及全市居民，成为北京乡村的支柱产业，并在现代服务发展中凸显北京文化。

同时我们也要看到，从农村文化振兴角度来看，民宿发展中文化主题仍然要应对来自各方的挑战，积极解决发展中存在的问题。

（一）民宿旅游主题内容设计生硬，文化底蕴有待挖掘

以接近大自然、体验农村生活、放松紧张心情等为主要目的的旅游活动使旅游者选择乡村民宿，更多的是将乡村文化作为一种精神享受，这也是当前乡村民宿入住率较高的原因，尤其是在节假日，城市居民把乡村民宿作为休闲娱乐的一种选择。在这种背景下，乡村民宿的经营业务主要还是在节日假期，平日接待游客人数较少，民宿发展缺乏相应的契机。而民宿内容上以传统的农家乐主题居多，休闲娱乐、园田采摘等形式多见，古旧村落旅游开发不够，高端民宿精品酒店供给不足。

（二）民宿经营模式以经济收益为主，社会效益显现有待强化

在乡村振兴的进程中，农村消费升级是发展趋势，尤其是在乡村旅游发展进程中，对于农村文化产品的相应开发、创意与营销，更具有发展前景。加之互联网技术的广泛应用，农村文化创意产品的市场巨大，对民宿经济发展具有带动作用，因此，民宿的发展进程中，需要特别重视农村文化的社会效益。

目前，投资人在经营民宿过程中，盘活闲置农宅，取得更多的经济收益，而在更高品质、更完善的现代化基础设施和高质量的服务方面，还不能满足消费者的需要，存在着结构性供给不足。在民宿及相关产业的投入领域，民宿经济产业链的长度被拉长，而深度仍然需要拓展，乡村民宿彰显的文化内涵与创新尚存在空间。

（三）民宿治理的文化观念尚需要增强

文化观念和价值观念以及社区行为准则等是民宿经济发展的精神力量。近年来，乡村民宿发展形式不断创新，越来越具有多元化趋势，与当地社区共生，与社区治理紧密结合。但是，民宿发展过程中的问题逐渐显露出来，乡村文化资源亟待盘活，迫切需要政策扶持与制度监管。

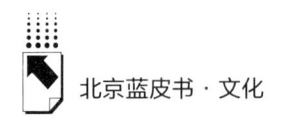

（四）乡村文化品牌经营特色有待进一步塑造

从民宿所在的空间区域来看，民宿发展中反映出的区域特色文化旅游品牌不够鲜明，这将影响民宿的特色经营发展。文化品牌的塑造必须融入区域经济社会发展的背景，从区域资源优势与本地风俗出发，围绕传承保护当地的文化传统加以投入，创造人民喜爱的乡村民宿品牌。

目前，在文化传承保护方面，明显具有竞争力的民宿品牌并不多，民宿旅游投入的人才、资金力量仍然不够。民宿大多集中在旅游区，与区域旅游产业的发展相互依存。精品民宿数量较少，增量空间有待开发，需要拓展文化产品与服务的多元方式，开发特色民宿精品，创造文化弘扬的新模式，向着具有全国影响力和全球影响力的方向发展。

三 发挥京郊民宿振兴乡村文化的对策

乡村振兴的一个重要内容是乡村文化振兴，京郊民宿的发展是文化振兴一个较好的抓手。经过多年的发展，乡村旅游逐渐升级，民宿经营逐渐吸引多方资本投入、高新技术投入以及文化创意人才投入。随着北京乡村旅游不断发展，京郊民宿创新发展存在着较大的空间，要想运用好京郊民宿这个平台、彰显京味文化与乡味文化的魅力，还需要抓住发展机遇，结合本地乡情、市情和国情，以乡村旅游资源为条件，以乡村特色文化为核心，创造性开发旅游产品，传承好乡村传统文化。

（一）提供政策引导和安全监督

随着民宿经济的发展，乡村旅游市场需求旺盛，为文化建设与发展提供了平台，要巩固已有的乡村文化发展的基础，创新乡村文化，更加需要政策的明确指引。北京乡村民宿承载着人民对美好生活的向往和追求，产业前景广阔。要使乡村民宿与乡村文化交相辉映，成为北京京郊旅游的一道风景线，为北京文化再添新名片，需要进一步创新民宿管理体制，坚持宏观指导、政策引导、机制协调，推动民宿规范化发展。在安全监督方面，要强化行业监管，严格对民宿环境、消防、卫生、治安等的检查，杜绝乡村民宿行业在开发、准入、监管以及规范经营层面上存在的诸多安全问题。要加速科学立法，对软硬件配套设施与服务进行规范化管理，强化监管主体责任，消除安全风险隐患，从而保障民宿业健康发展。围绕民宿基础设施的建设，提升公共服务能力，高标准推动民宿发展，强化民宿在传承文化、农村乡风乡韵等方面作用，引领乡村民宿特色化、品质化提升。

（二）深度挖掘文化内涵

在乡村旅游产品的提供过程中，要把乡村民宿逐渐打造成为文脉传承、价值彰显和风情体验的载体，让民宿在文化弘扬方面发挥正能量。要不断提升文化内涵，并与信息化、工业化互动，发挥高科技作用，释放乡村旅游过程中文化本身的感召效应。在节庆旅游日扩大消费市场，拓展消费新空间，通过系列活动把乡村民俗特色与活动有机结合，让市民既享受到节日气氛，又感受到时代新风尚。乡村文化产业振兴是乡村文化振兴的推动力量，抓住民宿发展的时间节点，推动多业态融合发展，加强文旅合作，提升乡村旅游业产品和服务质量，开发消费市场，把农业生态文明与乡土文明带进旅游消费中，既延长产业链，又弘扬中华民族文化和乡土文化。

（三）释放首都城市功能力量

释放城市功能具有的内在能量，以城促乡，推动城乡融合发展。要立足首都的城市战略定位，进一步发挥北京全国文化中心的示范引领作用，把握好"大城市小农业"和"大京郊小城区"市情及乡村发展的规律，进一步构建产业联动与融合发展的乡村发展业态，促进乡村在产业、人才、文化、生态与组织方面的全面振兴。

北京乡村民宿需要完善建设，需要重视挖掘乡村文化资源优势，投入文化创意人才资源，把乡村民宿特色与城市功能紧密结合，从北京首都功能提

升的角度进一步强化乡村旅游、民宿经营、乡村文化振兴之间的相互促进作用，从而提出具有针对性的可操作方案，促使北京乡村的经济与文化得到长足发展。

（四）农村文旅融合示范发展

将民宿和乡村振兴与文化保护相结合，统筹推进乡村旅游融资担保、政策性保险服务与旅游资源交易的平台建设，满足相关主体的融资需求。进一步建设宣传推广平台，运用新媒体平台加强专题宣传推广，建设智慧管理平台，推进智慧管理和智能服务升级发展。利用北京乡村全面振兴的机遇期，推动文化创意产业与服务业创新，推出有北京特色的文化产品与服务。通过开发文化旅游服务、产业联动发展，以乡村民宿为发展纽带，将民宿经济纳入区域经济发展总体布局中，强化规划引导。进行全产业链发展，深入全面挖掘乡村的文化资源，把文化资源注入乡村旅游的发展过程中。在保障乡村旅游和民宿经济高质量发展的同时，使乡村文化与乡村旅游以及京味文化相互促进，相互推动。乡村民宿在发展中要与美丽乡村建设紧密结合，培育主体积极性，努力开拓创新，既发展农业集体经济，又传承文化，大力彰显农村的乡土文化，带动中国文化焕发时代色彩。多业态融合，高品质发展。突出独特的乡村文化，深入挖掘乡俗风情，把景区旅游与文化体验相结合，推出品牌化民宿，加快推进农村三次产业的融合发展，打造乡村民宿发展的新格局。

（五）多方力量协同推进，形成共建共治的综合治理合力

建立市、区两级联动的机制，深入基层统筹社会力量，充分调动相关行业主体的积极性，引入社会资本，推动乡村民宿产业高质量发展。拉动内需发展，将民宿产业纳入国内国际相互促进的新发展格局中，探寻乡村文化发展的多元模式，打造民宿发展的北京样本，推动北京的乡村文化振兴迈上新台阶。

（六）重视古村落保护，发展新时代农耕文明

古村落是传统文化发源地，旅游开发竞争日益激烈，开发商要摒弃急功近利的思想，重视古村落原生文化的价值，要保护古村落，了解地域风土人情、生活习俗，开发风格各异的风景文化民宿，突出展现不同小村的文化特色。要完善古村落基础设施，加强村民和游客在绿色环保方面的意识，减少生态环境破坏，弘扬古村落体现的农耕文明，让村民和古村落共同发展，全面振兴乡村及乡村文化。在城市全面规划建设进程中，要科学合理地利用生态资源，把周边环境的开发与生态景观的保护结合起来，发展生态度假、生态健康等多种类型的乡村民宿产品，满足不同消费者的需求，提供民宿创意文化产品与服务。要加强民宿经营中文化主题创作，开发特色餐饮、农事体验、工艺研学等民宿产品，打造特色鲜明、品质优良的产品体系。

乡村振兴战略的实施是全面建设社会主义现代化国家的重大历史任务，乡村文化振兴是乡村振兴战略的一项重要内容。在新的历史阶段，繁荣发展新时代乡村文化面临机遇，而民宿经济发展与乡村文化的振兴密切相关，二者的相互促进效应如果能够极大地发挥，将使优秀传统文化与现代文化有机融合，乡村文化的繁荣发展潜力被激发，乡村社会文明不断进步。

Abstract

Anuual Report on Cultural Development of Beijing (*2020 – 2021*) is based on the teamwork of researchers in Institute of Culture in Beijing Academy of Social Sciences, and coordinated with experts and scholars from various sectors of society, which analyses every aspect of cultural developments of Beijing and provides an annual report. This report is under the guidelines of Xi Jinping Thought on Socialism with Chinese Characteristics for a New Era and Xi Jinping's speech during the work inspection in Beijing, and followed the principles and policies of General Office of Beijing Municipal People's Government on cultural development and progress, in combination with the realities of cultural development and key goals of Beijing's 14th Five-Year Plan for cultural development.

Anuual report on cultural development of Beijing (*2020 – 2021*) has been retrospectively generalized the general trend and integral situations of Beijing's cultural development in the year of 2020, and analysed the new developments and progresses. This report sticks to the principles of giving comprehensive outlines in accordance with making the focal points stand out, focusing on the key problems of Beijing's overal cultural developments, with the methods of data mining, case analysis and parallel comparison, thus analyses the situations, shortages of Beijing's cultural developments as well as their causes, and put forward targeted and feasible suggestions.

Anuual report on cultural development of Beijing (*2020 – 2021*) contains a general report and four divisional sections, which include capital's culture construction and strategy of cultural development, culture infrastructure and public services, culture industries and culture economy, as well as preservation of cultural heritage and cultural communication. The general report can be divided into four parts, the first

Abstract

part reviews the overal trend and analyses indexes related to cultural development; the second part generalized situations and tendencies of every aspect of cultural developments in 2020; the third part provide a review and prospect of achivements in 13th Five-Year Plan and the blueprint of 14th Five-Year Plan; the fourth part focuses on the existing problems of cultural development in 2020 and proposes corresponding suggestions.

Four divisional sections focus on capital's cultural strategy and policies, public services, culture industries, as well as preservation of cultural heritage and cultural communication, involving focal points and hotspots such as constructions of cultural industrial parks, urban innovation development, coordinated cultural development of Beijing-Tianjin-Hebei, cultural development of Tongzhou subsidiary administrative center, mass cultural activities, promotion of public service, cultural finance, the animation industry, internet-famous site, cultural consumption, public governance of hutongs and quadrangle courtyard, cultural tourism, historic city, the Three Belts and intangible cultural heritage. These reports not only systematically analyse the overall cultural development, but also provide detailed and in-depth research on specific spheres of culture, and propose practical countermeasures and suggestions based on the problems of cultural development.

Keywords: Cultural Construction Public Cultural Services Culture Industry Cultural Heritage Protection Beijing

Contents

I General Report

B.1 Opportunities Coexist with Challenges, Steadily Forging Ahead
the Construction of the National Cultural Center

Huang Zhongshan / 001

Abstract: In the year of 2020, the coronavirus pandemic had hit the world and caused strong and far-reaching impact on almost all works of life, Beijing's cultural development had been significantly affected by the pandemic as well. The revenue of cultural industry and cultural tourism had dropped dramatically in the first half of the year; the progress of cultural activities, construction work, project operation, enterprise restructuring and etc. in the fields of public service and preservation of cultural heritage had slowed down even experienced stagnation. Under the circumstances, Beijing had swiftly taken some actions to introduce policies and stabilize the situation, thus keep the loss to the minimum. Thanks to the effective epidemic prevention in the second half of the year, the green shoots of recovery had been showed in every aspect of society, cultural development had also witnessed a strong recovery. Public cultural centers had reopened on a limited basis, cultural activities had got warm again after lock-down, industrial factors had circulated smoothly, cultural projects and cultural infrastructure had been resumptive, reform of institutional mechanism had accelerated. With the help of supportive policies and the rebound of market demand, the cultural industry in the year of 2020 had experienced a partially decrease but kept a slightly rise as a whole.

Considering the future cultural development in Beijing, this report proposes prospect and suggestion as follows: 1. Significant differences have shown in the development of cultural industry in districts of Beijing, along with the transformation and development of Beijing and industrial restructuring, it could be predicted that during the 14th Five - Year Plan, the development patterns of cultural industry in districts of Beijing will manifest changing trends as bellow: Tongzhou District and Shijingshan District are east and west growth engines, Haidian District and Chaoyang District are two peak clusters, Dongcheng District, Xicheng District and Fengtai District are stable with a slight decline, suburbs and outer suburbs still fall behind in cultural industry in the capital city, but Huairou District will become the growth pole in cultural industry. 2. Cultural industry had made great achievements in adversity in the field of content production in the year of 2020, as the main bottleneck in cultural industry, content production had gone through restructuring and accumulated motive force of a new-round growth compared with downward trend in fields of channel and terninal. If policy and market are showing a good situation of steady development in the coming one or two years, the cultural industry should have a substantial growth. 3. Balancing the relationship between the national cultural center and science technology innovation center as the strategic positioning of capital development. On the one hand, cultural industries should keep increase steadily, on the other hand, promoting the integration of culture and technology, thus emerging industry such as digital culture would maintain rapid development.

Keywords: Pandemic Caused by Covid - 19; The National Cultural Center; Capital Culture; Cultural Industry

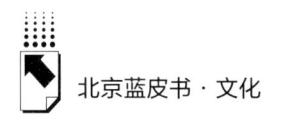

Ⅱ Capital Culture Construction and Culture Development Strategy

B.2 Assessment of Beijing Cultural Economic Policies and

Development of Institutional System (2006 -2019)

Wang Peng, Zheng Yan and Zheng Boquan / 046

Abstract: As cultural economy prospers and cultural system reform makes progress, the connotation of cultural economic policy in Beijing has changed in three periods. To make accurate and objective assessment of cultural economic policies in Beijing, this paper develops an assessment system before evaluating the policies between 2006 and June 2020, and makes suggestions on the development of the policies from 2021 to 2025 based on the assessment results about policy content, policy effectiveness, policy feasibility, policy influence and satisfaction.

Keywords: Cultural Economic Policies; Assessment System

B.3 Study of Guidelines on Construction and Development of

Cultural Industry Parks in Beijing

Mei Song, Liao Min and Xi Dalong / 063

Abstract: Cultural industry is an important pillar industry of the capital, and cultural industry park is the main space carrier of cultural industry. In promoting the construction of the national cultural center, Beijing has made great efforts to realize the transformation and upgrading of the city's cultural industrial parks. This paper makes overall and in-depth analysis on the significance, guiding ideology, applicable areas, basic principles, and main contents of "Guidelines on Construction and Development of Cultural Industry Parks in Beijing", aiming to provide standardized guiding for the construction, management and service of cultural industry parks in Beijing, as well as reference for government departments in management and identification of these parks.

Keywords: Beijing; Construction and Development of Cultural Industry Parks; Guidelines

B.4 Beijing's Creative City Construction and Development Report in 2020　　　　　　　　　　　　　　　　　　*Chen Hongyu* / 075

Abstract: To build an innovative country, the construction of innovative cities is also an important strategy for the overall innovation and transformation of capital cities. In 2020, Beijing emphasized and accelerated the construction of innovative cities according the " accelerating the construction of an innovative country" proposed by the Nineteenth National Congress. Beijing has opened a new chapter in the construction of creative cities in the new era, focusing on the creative policy from the centre government and local government, the Integration of culture and science, construction of culture and science, the brand of cultural creativity in Beijing.

Keywords: Beijing; Creative city; the Integration of culture and science

B.5 The Present Situation, Characteristics, Problems and Countermeasures of BeiJing-TianJin-HeBei's Cultural Integration Construction in 2020　　*An Jing, Jiang Qian* / 089

Abstract: In 2020, the coordinated cultural development of Beijing, Tianjin and Hebei was seriously challenged by COVID -19. However, under the overall guidance of the state, these three regions made joint prevention and control, which further promoted the development of cultural communication in the joint fight against COVID -19. During the epidemic, Beijing, Tianjin and Hebei have explored a new way of spreading culture through the internet, which enables culture to penetrate into the people's minds and further promotes the spread of culture. However, there are still some problems in the coordinated development of the three areas, and there are still new problems should be solved. Therefore, the three areas need to continue to coordinate and cooperate to promote the prosperity and development of culture

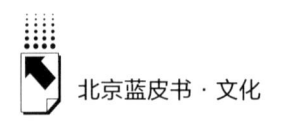

Keywords: BeiJing-TianJin-HeBei; Coordinated Development; Cultural Integration Construction; COVID -19 outbreak

B.6 Report on Cultural Construction and Development of Beijing Sub Center in 2020 *Wang Wenchao* / 103

Abstract: 2020 is the year of transformation and development of the cultural construction of Beijing's sub center, which is of great significance. We have made great achievements in deeply excavating the historical and cultural resources with the Grand Canal as the core, accelerating the construction of a multi-point supporting cultural tourism development pattern, and promoting the high-quality development of public cultural services. During the "14th five year plan" period, the cultural construction of urban sub centers will enter a new development stage, practice the new development concept, and make more contributions to the construction of national cultural center in the process of gradually integrating into the new development pattern.

Keywords: Urban sub center; cultural construction; Grand Canal; high quality development

Contents

III Cultural Infrastructure and Public Service

B.7 On the Development of Public Cultural Services in
Beijing in 2020 *Zhang Kai* / 116

Abstract: In 2020, Beijing overcome the difficulties brought by the COVID-19 epidemic, and continue to promote the construction of public cultural services, which have made important progress in policy guidance, space expansion, digital cultural resources construction, and promotion of public cultural services. This report sorts out the current situation of the development of public cultural services in Beijing in 2020, and points out that there are still some problems in the development of public cultural services: public cultural space and facility layout is not reasonable, the degree of integration of public cultural services and travel industry is not good, the efficiency of digital culture resource service is needed to enhance, the efficiency of community public cultural service facilities service is not good. In the future, Beijing needs to speed up the the construction of public cultural services in outlying suburbs, deepens the integration of public cultural services and tourism, builds intelligent system of public cultural services, and explores various forms of construction modes of community public cultural space.

Keywords: Public cultural service; public cultural space; digital cultural resources

B.8 The Progress of Beijing's Public Cultural Service Efficiency
Improvement and Related Countermeasures in 2020
Yang Jingjing / 129

Abstract: In 2020, Beijing has accelerated the completing public cultural service system policies, increased the investment of public cultural facilities, deepened the supply-side reforms in the cultural field, and strived to improving the effectiveness of public cultural services. With the perfection of city's public cultural legal system, institutional system and facility construction, low efficiency of public cultural services, as well as uneven public cultural products and services has became the bottleneck restricting of the high-quality development of Beijing's public cultural services. For these, Beijing should deepening institutional innovation, carrying out the "bilateral" reform of supply and demand, promoting the integration and sharing of cultural resources, increasing factor protection to promote the further improvement of the effectiveness of public cultural services.

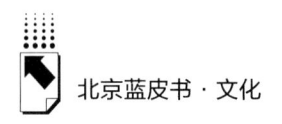

Keywords: Public Cultural Service System; Service Efficiency; Cultural Undertaking; Beijing

B.9 On the Development of Libraries in Beijing in 2020
Teng Yishu, Zhu Ling and Huang Xiaofeng / 139

Abstract: In 2020, the development of Libraries in Beijing will mainly focus on the construction of new libraries, the efficiency of literature borrowing and circulation services, the construction of "One Card" and branch library system building. By analyzing the practical problems faced by the libraries, the report puts forward some countermeasures and suggestions, such as promoting the online and offline reading space service, improving the socialized operation efficiency, innovating the reading promotion service, and constructing the "Internet and smart" public library.

Keywords: One Card; General and Branch Libraries; Online reading; Digitization Construction; Cultural rights

Contents

B.10　Analysis on Beijing's Construction of Public Cultural

　　　　Space in 2020　　　　　　　　　　　　　　　*Chen Lei* / 153

Abstract: The number of physical bookstores has been increased greatly under the auspices of a government initiative In Beijing, and the transformation of old buildings into cultural spaces will be more standard and scientific. Important progress has been made in the construction of cultural facilities and sports grounds in Beijing. This report summarizes Beijing's construction of public cultural space of 2020, and analysis the new issues. It also proposes some countermeasures and suggestions for the development of Beijing Public Cultural Services.

Keywords: Beijing; Public cultural space; Community; Physical bookstore; Museum

B.11　Research Report of Beijing Museum in 2020

　　　　　　　　　　　　　　　　　　　　　　Li Chongrong / 164

Abstract: In 2020, Beijing museum facing the test of COVID -19, has actively tried innovation mode to explore a road in line with the characteristics of the times and the historical trend, which has been still in its infancy. According to the relevant data released by the State Administration of cultural relics and Beijing Municipal Bureau of cultural relics, this paper analyses the 2019 -2020 situation of Beijing museums from the aspects of quantity and level, ownership and classification, number of collections, exhibition and educational activities, and number of visitors. Considering the development trend of museum industry and practice, we know the main problems of Beijing museum are cultural relic activation, brand strategy, IP marketing and unbalanced development of different types of museums, etc. In view of this, this paper puts forward some suggestions, such as accelerating the construction of cultural relic activation project, building museum brand, enhancing the interaction with the audience, and strengthening ties and communication with different museums.

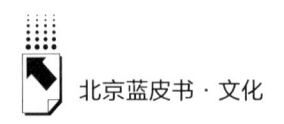

Keywords: Beijing museum; cultural relic activation; brand strategy; interaction and communication

Ⅳ Culture Industries and Culture Economy

B.12 Innovation, Problems and Countermeasures of Beijing Cultural Finance in 2020

He Qun, Zeng Qinyun and Wang Ruoxi / 177

Abstract: In 2020, Beijing has achieved various innovations in the field of cultural finance and finance under the background of epidemic prevention and control. In terms of cultural finance, Beijing adjusted its budget closely following the situation of the epidemic, increased the investment of various cultural funds and special funds, and took multiple measures to support cultural enterprises to overcome difficulties; in cultural finance, Beijing's innovative cultural financial support tools realized the realization of bank enterprises Accurately connect, promote state-owned capital to invest in Beijing listed cultural enterprises, and vigorously reduce the financing costs of cultural enterprises. However, Beijing's cultural finance and financial sector is also facing the problems of the cultural consumption cycle to be restored, the adjustment of the global focus of the digital cultural industry, the continued coldness of the cultural capital market, and the optimization and integration of cultural financial services. In this regard, we should work together to accelerate the process of reshaping the cultural ecology, optimize the efficiency of digital cultural and creative finance, promote the healthy development of the cultural capital market, and integrate cultural financial service resources to meet these challenges.

Keywords: cultural industry; cultural finance; cultural finance

B.13 Report of Beijing Cultural Tourism Development under the COVID −19 Epidemic in 2020

Jing Yanfeng, Liu Min and Han Ziwei / 192

Abstract: The epidemic of covid −19 is rampant all over the world in 2020 and caused a major blow to the global tourism industry. Based on urban function orientation, the main work of Beijing's cultural tourism focus on the construction of seven world cultural heritages and three cultural belts, and take deepening the structural reform of culture and tourism supply side as the main line. The paper analyzes the features of Beijing culture and tourism market under the COVID −19 epidemic in 2020, investigate the Beijing citizens culture and tourism consumption behavior at night, forecasts the trend of the future development.

Keywords: Epidemic; Integration; Consumption at night

B.14 Report on the Development of Beijing's Internet-famous Site for Snapping in 2020

Chen Guozhan, Zheng Yiran and You Yang / 215

Abstract: Tourists taking selfies or pictures from a photogenic site and sharing on social media has led to the popularity of internet-famous site for snapping. To avoid the crowdedness in top attractions, insufficient development of new sites, lack of supporting facilities, inactivity of night tour, Beijing Municipal Culture and Tourism Bureau announced top 100 "internet-famous site for snapping" of Beijing in 2020. These public vote winners have shown intangible cultural heritage and present performances, improved urban revitalization and rural vitalization, and supported the construction of national cultural center.

Keywords: integration of culture and tourism; snapping-sharing tourism; internet-famous site for snapping

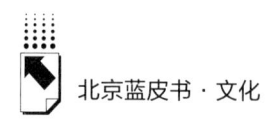

B.15　The Analysis on Beijing's Animation, Cartoon and

Game Industry in 2020　　　　　　　　　　*Liu Jin* / 232

Abstract: The economic development of Beijing was greatly influenced by COVID-19 in 2020. However, the animation, cartoon and game industry of Beijing played an important leading role in market economy with its rising statistics, contributing a lot to the development of city during the epidemic. It is planned to developed Beijing as an international animation, cartoon and game centre. Beijing should strengthen its animation, cartoon and game industry. Basing on the realistic advantages, deeply and thoroughly understanding the traditional Chinese culture, express and spread the image of Beijing and China in our Chinese style with our culture confidence with the modern technology.

Keywords: Beijing; Animation and Cartoon; Game; Rise; 2020

B.16　Report on Beijing's Cultural Consumption in 2020

Zhang Hongliang / 244

Abstract: Affected by Covid-19, the cultural consumption in Beijing firstly decreased and then increased. The space for cultural consumption has been expanded and upgraded. Official programs that aim to promote cultural consumption have been launched respectively. Online consumption became more important for the recovery of the economy. As the condition of Covide-19 gradually improved, offline tourism and night economy increased, which promote the recovery of cultural consumption. At present, there are still some problems in the development of cultural consumption in Beijing. First of all, cultural consumption activities are mostly dominated by the government, thus civil potential consumption needs to be released; Secondly, the gap in consumption among Beijing, Tianjin and Hebei are still huge; Thirdly, night economy and cultural activities during night-time have to be promoted and enriched. In a time of post covid -19, the quality of cultural products should be improved, and the environment of online consumption should be promoted, the promotion channels of cultural production should be accurately designed, and cultural market should be managed.

Keywords: Cultural Consumption; Economic Recovery; Cultural Development

B.17 The Exploration, Characteristics and Ecological System Construction of Beijing's Performing Arts Industry in the Post-epidemic Era *Hu Na / 259*

Abstract: Many changes have taken place in the development of Beijing's performing arts industry in the post-epidemic era. The integration of performing arts culture and technology has become an important development cognition of the industry, which reflects not only the top-level design level, but also the level of epidemic catalysis and the upgrading of the industry itself. Under the overall guidance of "On the Cloud and Online", Beijing's performing arts industry presents classic resources and repertoires "On the Cloud and Online", the debut of ultra-high-definition technology in the performing arts industry is stunning, the awareness of cross-border integration of the performing arts has increased significantly, and online and offline performances Six characteristic trends include synchronization, network incubation of original dramas, and social functions becoming an important content of Cloud Performing Arts. Deeply promoting the "On the Cloud and Online" of the performing arts industry and building a more complete ecosystem is the only way to promote the integration of culture and technology in the performing arts industry.

Keywords: Post-epidemic; the performing arts industry; "on the cloud and online"; ecosystem

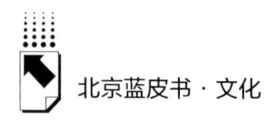

B.18 Research on the Optimization and Function Improvement of Beijing's Cultural Industry during the 14th Five-Year Plan

Liu Min, Cheng Jingyao / 268

Abstract: During the "14th Five-Year Plan" period, the industrial layout of Beijing's cultural industry was further advanced on the basis of the "13th Five-Year Plan". The overall layout of the cultural industry shows the gradual construction of the overall layout framework of "one core, one city, three belts and two districts", the accelerated formation of a development pattern with agglomeration areas as an important carrier, the continuous emergence of new cultural landmarks with various characteristics, and cultural consumption clusters To be able to develop and other overall characteristics. However, there are also problems such as gaps in the development of cultural industries in various urban areas and lack of relevance between the "one city and three belts". The problems of broken shoes can start from the construction of the overall layout of "one core, five poles, two axes, and multiple nodes", optimizing the functional layout of six characteristic cultural industries, creating multi-level cultural industry clusters, and developing emerging cultural spaces with international influence. Effective use of non-capital functions to relieve vacated space, effective use of non-capital functions to relieve vacated space, etc., to enhance industrial layout and functional optimization.

Keywords: Cultural industry; layout; function; "one city and three belts"

V Cultural Heritages Preservation and Cultural Communication

B.19 New Progress in Preservation of Historic City in Beijing 2020

Yan Chen / 283

Abstract: In the year of 2020, new achievements have been made in the field of preservation of historic city. Based on the working idea of Integrated presevation and regional advancements, the preservation of the central axis for World heritage application, the preservation of the old city's style and features, the preservation of the three cultural belts have been constantly advanced, the preservation and utilization of the cultural heritage has been integrated in modern life gradually. There are still some problems existed in excavating cultural connotation, the inability of cultural preservation and utilization, and the insufficiency of development of cultural tourism. More efforts should been delivered to solve the restrictive factors and promote the preservation of historic city in Beijing.

Keywords: Preservation of the old city; Application for the List of the World Heritage of the central axis; The old city; The three cultural belts; Cultural heritage

B.20 The 2020 Analysis Report of Cultural Communication in Beijing *Jing Junmei, Wu Guobao* / 296

Abstract: This report analyzes the current situation of Beijing's cultural communication in 2020, and believes that cultural policies can follow up and guide practice in a timely manner, cultural activities are rich and colorful, means and methods are innovative and effective, cultural imports continue to grow, and online communication has become a highlight. However, there are still some problems, such as the lack of implementation effect of the policy, the failure of communication to form a joint force, and the need for overseas market segmentation. The study suggests that in the future, it is necessary to strengthen the audience's participatory communication to achieve the accuracy and effectiveness of the policy; use the common emotional "interface" to actively integrate into the international cultural pattern; build communication space through cultural products to enhance the communication and radiation power of culture.

Keywords: Cultural Communication; Cultural Policy; Cultural Activity; Overseas communication; Cultural Soft Power

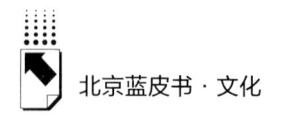

B.21 Protection and Inheritance of Beijing's Intangible Cultural

Heritage in 2020 *Huang Zhongshan / 307*

Abstract: In 2020, the protection and inheritance of intangible cultural heritage in Beijing were greatly affected by the global spread of the COVID-19, but the industry cycle withstood pressure, overcome the disadvantage factors, and generally maintained a steady and progressive development trend. It has achieved good results in resources construction, industry development, cultural transmission, etc, and made an outstanding performance in building cultural brands, developing key areas, uniting core groups, has formed a bright spot, which has formed a bright spot. Due to external environmental factors and its own development limitations, the industry of intangible cultural heritage also has problems such as path dependence in its development. It needs to be continuously optimized and improved in combination with the internal and external factors of the industry development, and actively promote anti-epidemic cultural producing, public cultural services, talent training, ect, promote and enhance the development level, and expand the influence of intangible cultural heritage.

Keywords: Intangible Cultural Heritage; Protection and Inheritance; COVID-19; Cultural Tourism; Cultural Transmission

B.22 Analysis Report on Current Situation and Countermeasures

of Beijing Hutong Governance in 2020 *Wang Shujiao / 324*

Abstract: Beijing Hutong governance work has achieved remarkable results. This paper provides overview of the current situation of governance of The Hutong in Beijing mainly from emphasizing top-level design, strengthening policy protection, creating a new system of work, promoting long-term management, cleaning up illegal construction, recovering traditional style, establishing parking rules, traffic order, making up public service facilities, helping people live conveniently, building environmental landscape, presenting the most beautiful hutong, exhibiting cultural connotation, prolonging hutong memory, etc. The paper also analyzes existing problems including the hutong characteristics are not clear enough, hutong culture needs to be dug further; The rectification work should be compatible with the daily life scene of the old Beijing, the public space is not created enough, the image of hutong space is not prominent enough. Finally, the paper puts forward the relevant countermeasures.

Keywords: Hutong; current situation; problems; suggestions

B.23 The New Development Stage of the Capital Promotes the Protection and Inheritance of the "Three Cultural Belts"

Wang Linsheng / 336

Abstract: The new development stage puts forward higher goals for the capital's cultural construction. In the new development stage, the "Three Cultural Belts" will play an important role in exploring the "Chinese plan", in the urban urban cultural system, the Chinese urban cultural system, and the capital urban development system. Solving the homogeneity dilemma and protecting the role of urban cultural heritage pathways. The construction of the "Three Cultural Belts" also faces problems in terms of contextual connection with the city's master plan, connotation excavation, and two-way empowerment with technology. Solving these problems is a systematic project. It is necessary to coordinate the role of historical awareness, contemporary awareness, cultural awareness, and cross-border awareness in the protection and inheritance of the "Three Cultural Belts".

Keywords: new development stage; "Three Cultural Belts"; inheritance; systemic

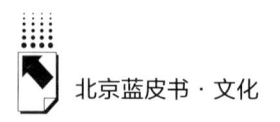

B.24 Analysis on Rural Culture Revitalization by Rural
Retreat Hotel　　　　　　　　　　　　　　*Zhang Li* / 346

Abstract: Rural culture rejuvenation is an important part of rural revitalization. Rural retreat hotels in Beijing suburbs are very good impetus for local cultural development and can help rural culture to "go out". After years of development, rural tourism has gradually upgraded, and the operation of rural retreat hotels has gradually attracted capital investment, high-tech investment and cultural and creative talents. As rural tourism in Beijing evolves, there is even greater potential for the innovation and development of rural retreat hotels in the suburbs of Beijing. At present, the cultural themes of Beijing suburban hotels include natural landscape, historical architecture and local customs, special cuisine, pick-your-own farms and creative arts and culture, etc. In order to make the best of Beijing suburban rural retreat hotels to display the charm of Beijing culture and rural culture, we need to seize opportunities for development, understand local, urban and national conditions, make full leverage of rural tourism resources and the specialties of rural culture and tap on the rich traditions of the countryside, so as to develop more new and attractive rural tourism products.

Keywords: Rural Retreat Hotel; Rural Area; Rulture Revitalization

社会科学文献出版社

皮 书

智库报告的主要形式
同一主题智库报告的聚合

❖ 皮书定义 ❖

皮书是对中国与世界发展状况和热点问题进行年度监测，以专业的角度、专家的视野和实证研究方法，针对某一领域或区域现状与发展态势展开分析和预测，具备前沿性、原创性、实证性、连续性、时效性等特点的公开出版物，由一系列权威研究报告组成。

❖ 皮书作者 ❖

皮书系列报告作者以国内外一流研究机构、知名高校等重点智库的研究人员为主，多为相关领域一流专家学者，他们的观点代表了当下学界对中国与世界的现实和未来最高水平的解读与分析。截至2021年，皮书研创机构有近千家，报告作者累计超过7万人。

❖ 皮书荣誉 ❖

皮书系列已成为社会科学文献出版社的著名图书品牌和中国社会科学院的知名学术品牌。2016年皮书系列正式列入"十三五"国家重点出版规划项目；2013~2021年，重点皮书列入中国社会科学院承担的国家哲学社会科学创新工程项目。

权威报告·一手数据·特色资源

皮书数据库
ANNUAL REPORT(YEARBOOK) DATABASE

分析解读当下中国发展变迁的高端智库平台

所获荣誉

- 2019年，入围国家新闻出版署数字出版精品遴选推荐计划项目
- 2016年，入选"'十三五'国家重点电子出版物出版规划骨干工程"
- 2015年，荣获"搜索中国正能量 点赞2015""创新中国科技创新奖"
- 2013年，荣获"中国出版政府奖·网络出版物奖"提名奖
- 连续多年荣获中国数字出版博览会"数字出版·优秀品牌"奖

成为会员

通过网址www.pishu.com.cn访问皮书数据库网站或下载皮书数据库APP，进行手机号码验证或邮箱验证即可成为皮书数据库会员。

会员福利

- 已注册用户购书后可免费获赠100元皮书数据库充值卡。刮开充值卡涂层获取充值密码，登录并进入"会员中心"—"在线充值"—"充值卡充值"，充值成功即可购买和查看数据库内容。
- 会员福利最终解释权归社会科学文献出版社所有。

卡号：717247264384
密码：

数据库服务热线：400-008-6695
数据库服务QQ：2475522410
数据库服务邮箱：database@ssap.cn
图书销售热线：010-59367070/7028
图书服务QQ：1265056568
图书服务邮箱：duzhe@ssap.cn

S 基本子库
SUB DATABASE

中国社会发展数据库（下设12个子库）

整合国内外中国社会发展研究成果，汇聚独家统计数据、深度分析报告，涉及社会、人口、政治、教育、法律等12个领域，为了解中国社会发展动态、跟踪社会核心热点、分析社会发展趋势提供一站式资源搜索和数据服务。

中国经济发展数据库（下设12个子库）

围绕国内外中国经济发展主题研究报告、学术资讯、基础数据等资料构建，内容涵盖宏观经济、农业经济、工业经济、产业经济等12个重点经济领域，为实时掌控经济运行态势、把握经济发展规律、洞察经济形势、进行经济决策提供参考和依据。

中国行业发展数据库（下设17个子库）

以中国国民经济行业分类为依据，覆盖金融业、旅游、医疗卫生、交通运输、能源矿产等100多个行业，跟踪分析国民经济相关行业市场运行状况和政策导向，汇集行业发展前沿资讯，为投资、从业及各种经济决策提供理论基础和实践指导。

中国区域发展数据库（下设6个子库）

对中国特定区域内的经济、社会、文化等领域现状与发展情况进行深度分析和预测，研究层级至县及县以下行政区，涉及省份、区域经济体、城市、农村等不同维度，为地方经济社会宏观态势研究、发展经验研究、案例分析提供数据服务。

中国文化传媒数据库（下设18个子库）

汇聚文化传媒领域专家观点、热点资讯，梳理国内外中国文化发展相关学术研究成果、一手统计数据，涵盖文化产业、新闻传播、电影娱乐、文学艺术、群众文化等18个重点研究领域。为文化传媒研究提供相关数据、研究报告和综合分析服务。

世界经济与国际关系数据库（下设6个子库）

立足"皮书系列"世界经济、国际关系相关学术资源，整合世界经济、国际政治、世界文化与科技、全球性问题、国际组织与国际法、区域研究6大领域研究成果，为世界经济与国际关系研究提供全方位数据分析，为决策和形势研判提供参考。

法律声明

"皮书系列"(含蓝皮书、绿皮书、黄皮书)之品牌由社会科学文献出版社最早使用并持续至今,现已被中国图书市场所熟知。"皮书系列"的相关商标已在中华人民共和国国家工商行政管理总局商标局注册,如LOGO( )、皮书、Pishu、经济蓝皮书、社会蓝皮书等。"皮书系列"图书的注册商标专用权及封面设计、版式设计的著作权均为社会科学文献出版社所有。未经社会科学文献出版社书面授权许可,任何使用与"皮书系列"图书注册商标、封面设计、版式设计相同或者近似的文字、图形或其组合的行为均系侵权行为。

经作者授权,本书的专有出版权及信息网络传播权等为社会科学文献出版社享有。未经社会科学文献出版社书面授权许可,任何就本书内容的复制、发行或以数字形式进行网络传播的行为均系侵权行为。

社会科学文献出版社将通过法律途径追究上述侵权行为的法律责任,维护自身合法权益。

欢迎社会各界人士对侵犯社会科学文献出版社上述权利的侵权行为进行举报。电话:010-59367121,电子邮箱:fawubu@ssap.cn。

社会科学文献出版社